요정들의 비밀

프랑스 전래 동요

꼬불꼬불 꼬부라진 고개고개 너머
요정들이 사는 숲이 있지요
그곳그곳 이상한 곳 누가누가 아나?
들국화가 말을 하면 알지요

무지개 어떻게 만드는지
여치가 어째서 울어대는 지를!
반딧불 어떻게 불켜는지!
들국화꽃만 알고 있지요.

2016년 10월
청계자유발도르프학교에서
치유동화 워크숍을 진행한
저자, 수잔 페로우

마음에 힘을 주는 치유동화
healing stories
for challenging behaviour

Healing Stories for Challenging Behaviour ⓒ 2008 Susan Perrow
Korean translation ⓒ 2016 by Green Seed Publication

이 책의 한국어판 저작권은 **Hawthorn Press**와 독점 계약한 [사] 발도르프 청소년 네트워크 **도서출판 푸른씨앗**에 있습니다. 저작권법에 따라 한국 내에서 보호를 받는 저작물이므로 무단 전재와 복제를 금합니다.

마음에 힘을 주는 **치유동화** _만들기와 들려주기

1판 1쇄 발행 · 2016년 5월 1일
   2쇄 발행 · 2016년 11월 30일
   3쇄 발행 · 2020년 3월 20일
   4쇄 발행 · 2023년 3월 15일

지은이 · 수잔 페로우
옮긴이 · 하주현

펴낸이 · 발도르프 청소년 네트워크 도서출판 푸른씨앗
      편집 · 백미경, 최수진, 김기원, 안빛
      디자인 · 유영란, 문서영
      번역 기획 · 하주현
      홍보마케팅 · 남승희, 이연정
      표지 그림 · 이영희(땀디자인)

등록번호 · 제 25100-2004-000002호
등록일자 · 2004.11.26.(변경신고일자 2011.9.1.)
주소 · 경기도 의왕시 청계로 189-6
전화번호 · 031-421-1726
전자우편 · greenseed@hotmail.co.kr

www.greenseed.kr

값 **20,000원**
ISBN 979-11-86202-06-7 73800

마음에
힘을 주는

치유동화

healing stories
for challenging behaviour

만들기 와
들려주기

수잔 페로우 지음 하주현 옮김

도서출판
프씨o
푸른씨앗

01 다음의 이야기들은 병기한 작가의 허락을 얻어 수록했습니다.

- *The Fisherman*, Elisabeth Aoko
- *The Antelope, the Butterfly and the Chameleon*, Lucy Njuguna
- *The Feather from the Lake*, Catherine Karu
- *The Towel Poem, The Towel Story*, Emily Stubbs
- *The Story of Silky Wriggly*, Susan Haris
- *A Story for Simon-Why the Sky is Blue*, Susan Haris
- *A Ball of Wool*, Jane Dolahenty
- *Child Star*, Alison Brooking
- *Shimmer Wing, Never-Get-Enough*, Sandra Frain
- *The Monkey Tree*, Jilly Norris

02 과거 Immortal Books에서 출판했던 이야기들을 전부 조금씩 수정했으며 Immortal Books와 협의하여 이 책에 수록했습니다.

03 저작권이 있는 이야기는 저자를 찾기 위해 할 수 있는 모든 노력을 다했습니다. 미처 싣지 못한 정보를 출판사로 알려주시면 추가 인쇄시 적절하게 공지하겠습니다.

온 세상의… 모든 아이에게
이 책을 바칩니다.

차례

- 추천의 글_낸시 멜런 013
- 들어가며_이야기가 가진 치유의 빛 016 / 이 책의 활용법 019

I _ 나의 이야기 여정 022

1 말라비틀어진 자두를 싱싱하고 촉촉하게_이야기로 말하는 이유 023

상상의 힘과 이야기 023/상상력을 풍성하게 가꾸려면 029/이야기가 정말 효과가 있을까 030/내가 이런 이야기까지 쓸 수 있을까 034/자기 점검 항목 036

2 가정생활 속 이야기의 빛 038

브라우니 요정 040/길고 지루한 시간을 이야기와 함께 043/장롱 속 마법여행 046/상상 놀이와 '꼬마 요정'들 047/창의적인 가족 문화 049/시와 창의성 052/샴푸 곰돌이 052/『구름 소년』이 '우주의 지배자'를 이기다 054

3 교육 현장 속 이야기의 빛 059

시에서 이야기 만들기(문지기 나무) 059/숲에서 바다로 062/어젯밤에 집에 불이 났어요! 066/발로 차고 때리는 아이 067/어수선한 현관 069/환경을 위한 치유 동화 070/뜨개바늘과 주머니칼 073/이야기 의사 선생님 075/쓰기와 소재 찾기, 고르기, 정리하기 077

II _ 치유이야기 쓰기 080

4 '이야기'와 '행동' 081

이야기란 무엇인가? 081/'이야기'에 대한 몇 개의 은유 082/치료적 이 야기란 무엇인가? 083/아이들의 행동에 영향을 주는 요인들 085/상황과 관계 086/아이 행동에 대한 성인의 영향 평가하기 090/무엇이 문제행동 인가 091/상황과 행동을 구체적으로 묘사하기 092/아이들에게 꼬리표를 달아선 안 된다 094/불균형에서 균형으로 095/양육의 씨실과 날실 098

5 이야기 쓰기를 위한 기본 얼개 100

은유 101/적절한 은유를 고르는 요령 104/은유 또는 이야기 씨앗 106/여 정 108/해결 109/치유이야기 분석 112/이야기 쓸 때의 마음가짐 116/이 야기 소품 117/특정 상황에 집중하기 119/상황에 맞게 각색하기 120/반 복, 리듬, 운율 122/행복하고 희망찬 결말 123

6 연령에 따른 이야기 선택 125

이야기가 있는 시, 운율이 있는 이야기 126/이야기 게임, 손가락 놀이와 율동 127/점층식 이야기와 우스개 이야기 128/자연이야기와 '옛날' 이야 기 129/민담과 동화, 그리고 환상의 발달 131/연령별 이야기 분류 133

7 진실과 도덕성 136

이 이야기 진짜에요? 136/자연 관찰하기 137/허풍, 거짓말, 황당한 이 야기 138/거짓말 대회와 유머 141/도덕적 이야기와 교훈적 이야기 142

8 이야기 만들기 연습 145

캥거루 형제 145/비둘기 두 마리 146/탁자 아주머니와 의자 아이들 147

Ⅲ_문제행동과 이야기 150

9 떼쓰기, 지루함 152
심심한 개코원숭이 음토토 152/떼쟁이 아기 고래 155/삐거덕 침대 158/별 사과 159/부활절의 비밀 162

10 거짓말 166
비둘기와 하이에나 166/도둑질하는 개 168/아난시와 끈끈이 조각상 171/ 아킴바와 마법 소 174/빨간 앵두 175

11 사려 깊지 않은 행동 178
템베의 장화 178/주머니칼과 성 179/털실 뭉치 182/꽃을 사랑하는 소녀 184/할머니와 당나귀 185/ 할머니와 개미들 188

12 이기심과 욕심 190
빛의 정원 190/욕심쟁이 주머니쥐 195/마법 물고기 201/욕심 많은 아난시 이야기 205/아난시와 그림자 205/제 꾀에 넘어간 아난시 206/아난시와 새 207/나무 요정 '프랜지파니' 209

13 참을성 없는 태도 211
심술쟁이 펠리컨 211/참을성 없는 얼룩말 216

14 게으름 219
아기 피리새 삼형제 219/어부 이야기 222

15 시끄럽고 어수선함 226

왁자지껄 난쟁이 226/모자라 모자라 229/새들의 합창 231

16 꼬집기, 때리기, 싸우기 233

꼬집기쟁이 게 233/거대한 손톱 235/제레미와 마법 막대 237/아름다운 여왕 241/못 자국 245

17 자신감 부족 247

꼬마의 뱃놀이 247/부끄럼쟁이 딸기와 왈가닥 산딸기 249/호박 요정 251/세상에서 가장 작은 뽀글이 255

18 놀리기, 괴롭히기 257

빛나는 공주 257/호수에서 건진 깃털 260/보이지 않는 사냥꾼 262/로도피스 267/딱정벌레는 어떻게 예쁜 빛깔을 갖게 되었을까? 270/우락부락 숫염소 세 마리 273/빨간 트럭 이야기 276

19 협동과 참여 277

파란 꼬마 수건 277/지혜로운 비둘기 281/벤지와 순무 283

20 거칠고 산만한 행동 286

왈가닥 붉은 조랑말 286/달팽이와 호박 289/잔디별 요정 291/제이든과 요정의 달걀 294

Ⅳ _어려운 상황에 처한 아이들을 위한 이야기 298

21 변화와 적응 299

새로운 건 다 싫어 299/카멜레온의 하루 302/'모두 제자리' 농부 아주머니 303/꼬마 조가비 307

22 정리하기 309

정리 대왕 테디 309/꼬마 싸리 빗자루 312

23 두려움과 악몽 316

하느님의 정원 316/영양과 나비와 카멜레온 318/구두장이와 꼬마 요정 320/마리아의 푸른 망토 324/토끼 가족과 덤불숲의 불 326/왕이 될 아이 328

24 질병, 슬픔, 죽음 331

비단 꼬물이 이야기 331/날아라, 독수리야 333/시냇물과 사막과 바람 334/우유 단지에 빠진 개구리 336/진흙 아이 336/실비아의 인형 340/하늘하늘 날개 나비 341

25 동생이 태어났어요 346

마법 지팡이 346/물의 아이 348

26 분리 불안 350

원숭이 나무 350/엄마 달 352/아기 코알라 354

# V_이야기 들려주기의 기술 358

27 '들려주기'와 '읽어주기' 359
이야기 들려주기 359 / 이야기 읽어주기 361 / 이야기 들려주기 기법과 의식 363

28 문화의 다양성 존중하기 368
다른 문화에 대한 존중과 배려 368 / 다양한 문화권 이야기의 장점 368 / 문화마다 다른 이야기 의식 370

29 청중과 상황에 따른 고려 372
이야기의 종류 372 / 청중과 장소 373 / 혼합연령의 청중 374 / 즉흥적인 이야기 375

30 소품 사용 377
왜 소품을 이용할까? 377 / 소품을 사용할 것인가 말 것인가? 379 / 소품의 범위 380 / 다양한 소품의 예 381

31 이야기 들려주기 평가 기준 383

32 하루에 이야기 한 편 385

33 에필로그 387
이야기 그물망 389 / 린델웨의 노래 393

- 동화 찾아보기 397
- 이야기 도표 완성본 399
- 추천 도서와 웹 사이트 401
- 추천의 글_리타 테일러 407

감사의 글

이야기꾼으로 성장하는 길에 처음부터 끝까지 함께한 세 아들 키이런Kieren, 사이몬Simon, 제이미Jamie와

늘 예상보다 훨씬 큰 지지와 사랑을 보내주는 남편 존John

수많은 이야기를 들려주고 싶은 내 손주들

이야기에 담긴 빛을 알아봐 주고 이 책을 쓸 수 있도록 격려와 도움을 아끼지 않았던 낸시 멜런Nancy Mellon, 마틴 라지Martin Large, 마이클 모란Michael Moran, 매튜 바튼 Matthew Barton

"인생의 도전을 절대 거절하지 말라"고 가르쳐 준 동료이자 멘토인 오랜 친구 수잔 해리스Susan Haris

그리고, 나의 이야기에 영감을 주고 긴 세월 동안 함께 노래하고 춤추었던 호주와 아프리카에서 만난 모든 아이들과 부모, 교사들에게 감사의 마음을 전합니다.

추천의 글

전자 매체의 범람에 대한 반작용으로 이야기 들려주기 문화가 세계 곳곳에서 눈에 띄게 부활하고 있다. 전자 기기의 위용에 눌려 귀 기울여 듣고 말하는 힘이 다 사라진 것처럼 보일 때도 있었지만, 그럴수록 오히려 인간적이고 직접적인 의사소통을 간절히 바라는 마음이 한편에서 자라고 있었던 것이다. 21세기 초반, "이야기꾼이 되자. 나의 두 발을 지금 이곳에 굳건히 딛고 서자. 심장과 숨결에 온기를 불어넣자. 상상력을 다듬자. 육체와 영혼을 울릴 수 있는 살아 있는 언어를 되찾자!"는 외침에 수 만 명이 호응했다. 스마트폰과 컴퓨터, 문자메시지의 해악을 예견이라도 한 듯 각국의 이야기꾼들은 오랜 세월 외면당해온 이야기 문화를 회복하기 위해 하나둘 모이기 시작한 것이다.

실물 크기에 육박하는 초대형 TV가 거실과 안방, 부엌을 점령하고, 책이나 신문 같은 인쇄물은 아무도 읽지 않아 먼지를 뒤집어 쓴 채 집 안 곳곳에 처박혀있는 시대에 전혀 다른 형태의 소통을 원하는 사람들이 여기저기서 이야기 모임을 만들고 있다. 이야기를 통해 다음 세대에게 인류의 지혜를 전수하는 역할을 되찾기 위해 노력하는 부모, 조부모, 교사, 공동체 지도자들도 점점 늘어가고 있다. 이들의 노력으로 온전한 문장과 본래의 줄거리, 맛깔스런 입말이 되살아나고 풍성해지면서 가정과 학교를 비롯한 수많은 모임에서 우리가 그토록 기다리던 따뜻한 온기가 가슴과 가슴으로 전해지고 있다.

예로부터 이야기꾼은 청중을 즐겁게 하는 예능인이자 예술가였으며, 공동체 안에서 이야기를 통해 사람들의 상처를 치유하고 보듬는 역할을 담당해왔다. 실제로 고대엔 이야기꾼의 길과 치유자의 길이 별개가 아니었다. 정신적 영감이 살아있는 이야기는 지극히 짧은 시간에도 이야기하는 사람과 듣는 사람 모두를 한 단계 성장시킬 수 있다. 상상 속에서 우리는 모든 문제의 본질을 상으로 그릴 수 있으며, 상상이야말로 무심코 지나쳤거나 애써 외면해온 진정한 변형의 지혜와 해결책의 무한한 원천임을 깨달을 때, 이야기꾼의 내면에는 과거의 마을 주술사들과 유사한 힘이 깨어난다.

2000년대 초반, 새로운 시대를 준비하려는 교사와 상담사, 치료사들이 모여 마음의 병을 치료하고 아이들과 사회를 건강하게 만드는 수단으로 이야기를 이용하려는 사람들이 더 있는지 알아보기로 했다. 곧 여기저기서 답신이 이어졌다. 이야기를 가지고 작업하던 여러 분야의 사람들이 움직이기 시작하면서 곳곳에 세미나와 협의체가 만들어졌다. 지금은 〈국제 치유이야기 연합International Healing Story Alliance〉이 조직된 상태다. 미국에 기반을 둔 이 단체에 영국, 스웨덴, 호주를 비롯한 여러 나라의 이야기 단체들이 결합해서 구전의 전통을 되살리고 살아있는 입말이 가진 온전함과 기쁨을 회복시키는 일에 동참하고 있다.

여러 단체와 협력하던 중 나는 이야기가 신체와 영혼에 미치는 영향에 대해 강연 해달라는 요청을 받고 2006년 처음 호주를 방문했다. 일정 중 우연찮게 바이런 베이에 들렀다가 이 책의 저자인 수잔 페로우의 초청으로 그 집에 머물게 되었다. 수잔은 그간 이야기꾼과 교사로 일하면서 어떤 일을 해왔는지 겸손한 어조로 조금씩 털어놓았다. 대화가 무르익어가면서 수잔의 서랍과 공책에서 이야기를 가지고 해왔던 수많은 시도와 성과가 하나둘씩 모습을 드러냈고, 나는 긴 세월 동안 수잔이 '치유이야기꾼'의 부름에 얼마나 멋지게 응해 왔는지, 얼마나 눈부신 성과를 거두었는지를 알고 놀라움과 감탄을 금할 수가 없었다. 지금 여러분 손에 들려 있는 이 책은 그때 우리 둘 사이에서 오갔던 감동과 영감의 결과물이다.

몇 달 동안 애쓴 끝에 수잔 페로우는 이야기꾼으로 걸어온 영감 넘치는 모험의 길을 한 권의 책으로 정리했다. 수잔의 따뜻한 마음씨와 상상력, 지혜가 이야기 들려주기의 즐거움에 불을 붙이고 독자 내면에 깃든 치유의 힘을 일깨우리라 확신한다. 부디 이 책을 통해 여러분의 입에서 어른 아이 할 것 없이 모든 이에게 힘을 줄 수 있는 치유의 언어가 흘러넘치기를 소망한다.

낸시 멜런Nancy Mellon
『아이들에게 이야기 들려주기Storytelling with Children』 저자

들어가며

이야기가 가진 치유의 빛

이야기에 아이들의 문제행동을 '치유'하는 힘이 있음을 처음 경험했을 때 나는 어둠을 밝히는 환한 빛을 발견한 느낌이었다. 엄마와 교사로 아이들을 만나면서 '이야기가 가진 빛'에 대한 관심은 더욱 깊어졌고, 가정과 일터에서 세계 각국의 지혜로운 이야기를 각색하여 그때그때 필요한 이야기를 만들기 시작했다. 여러 해 뒤에 동아프리카에서 교사 양성과정 교수로 일하던 중 이야기에 대한 나의 느낌을 한마디로 표현해주는 아름다운 스와힐리어 표현을 만났다.

"앙가자Angaza(빛을 밝히다)"
"하디티 콰 쿠앙가자 우시쿠Hadithi kwa kuangaza usiku(밤을 밝히는 이야기)"

이 책은 두 가지 목적을 위해 세상에 나왔다. 하나는 '이야기의 빛'을 독자와 함께 나누는 것이고, 다른 하나는 독자 스스로 치유이야기를 쓸 수 있도록 안내하는 것이다. 이어지는 본문에는 전래동화와 현대 창작동화, 개인적 경험에서 나온 이야기를 활용하여 성장과정에 아이들이 겪기 쉬운 어려움과 문제행동을 긍정적인 방향으로 변형시킬 여러 가지 제안이 나온다. 이와 함께 교사, 부모, 보육교사, 아동심리치료사들이 각자의 다양한 경험과 능력에 따라 직접 문제행동에 맞는 치유이야기를 만들 수 있는 방법도 소개한다.

본문에 실은 총 85편의 이야기는 필요한 이야기를 찾아 들려주거나 이 이야기들을 본보기삼아 창작 또는 각색할 때 찾아보기 쉽도록 유형별로 분류해놓았다. 이야기마다 서두에 적정 연령과 활용방법에 대한 짧은 제안도 수록했다. 이야기 유형에는 흔히 볼 수 있는 문제행동(거짓말, 게으름, 놀리고 괴롭히기)과 일상생활(정리정돈), 생활의 큰 변화(이사), 특별한 어려움(분리불안, 두려움과 악몽, 질병과 슬픔) 등이 있다.

주로 3세에서 8세 아이들에게 적합한 이야기와 제안을 모았지만 이 범주를 벗어나는 이야기들도 있다. 어린아이를 위해 쓴 이야기에서 청소년이나 어른이 큰 깨달음을 얻는 경우도 드물지 않다. 이런 경험도 이야기 서두에 따로 언급해두었다.

이야기가 얼마나 신비롭고 강력한지 잊어버리기 쉽다.
이야기는 눈에 보이지 않는 침묵 속에서 일한다.
이야기는 정신과 자아의 내용에 영향을 준다.
이야기는 당신을 변화시키며 당신의 일부가 된다.

-벤 오크리[01]

---

[01] Ben Okri 나이지리아 시인이자 소설가. 『천국의 새Birds of Heaven』(London: Phoenix, 1996)

또한 직접 치유이야기를 만들어보고 싶은 사람들을 위해 이야기 만들기의 기본 얼개를 소개한다. '은유', '여정', '해결'의 3단계를 따라가다보면 조금씩 이야기 만들기에 자신감이 붙을 것이다. '치유Healing'란 사전적으로 '균형의 회복, 건강하고 온전해짐'을 의미한다. 이 책에서 말하는 치유이야기는 아이들의 행동이 어떤 식으로든 균형을 잃었을 때 건강과 온전함을 회복하도록 도와주는 이야기를 가리킨다.

이야기 만들기 3단계 중 '은유'는 듣는 사람이 상상 속에서 이야기로 들어가도록 도와주며, 부정적이고 불균형한 상태와 긍정적이며 균형을 회복한 상태를 구체적인 상으로 떠올리도록 연결해주는 역할을 한다. '여정'은 '긴장'이 고조되는 단계다. 사건이 전개되면서 상황과 행동은 '불균형'한 상태로 접어들었다가 다시 온전하고 긍정적인(죄책감은 유발시키지 않으면서) 상태로 '해결'된다.

이 책에는 기본 얼개를 이용한 이야기 만들기 연습 외에도 연령별 이야기, 다문화적 관점, 소도구와 소품 사용, 이야기 들려줄 때의 지침 등이 담겨 있다. 이런 제안을 발판삼아 여러분 스스로 용기를 내어 각자의 상황에 맞는 이야기를 쓰고 들려주며, 까마득한 옛날부터 존재해온 이야기 문화의 명맥을 잇고 새롭게 발전시킬 수 있기를 바란다.

동서고금을 막론하고 유서 깊은 문화에서는 지혜로운 '어른'들이 이야기와 은유를 이용해서 부족과 공동체의 아이들을 가르치고 이끄는 역할을 수행해왔다. 이들은 '지혜로운 이야기'를 이용하여 아이들의 상상 세계 속으로 들어가 긍정적이며 확실한 방식으로 아이들에게 올바른 행동을 전달했다. 이 책이 그런 은유와 이야기의 부활에 기여하기를 희망한다.

이 책의 활용법

먼저 이론적으로 분석하고 질문하기보다 가벼운 마음으로 Ⅰ부 나의 이야기 여정을 함께 걸어보기를 권한다. 여러분의 관심과 용기를 북돋고자 나의 개인적인 경험담을 많이 실었다. 다음엔 Ⅲ부와 Ⅳ부로 넘어가 유형별로 이야기 몇 편을 뽑아서 읽어보라. 이제 이야기를 만들어볼 마음이 생기고 자신에게 필요한 이야기를 어떻게 쓰는지가 궁금해졌다면 Ⅱ부로 돌아가 치유이야기 쓰기에 필요한 제안과 방법을 읽는다. 어느 정도 준비가 되었다 싶으면 마지막으로 이야기 들려주기 요령과 조언을 실은 Ⅴ부를 읽는다.

  이 책에 실린 자료를 '부모용', '교사용', '치료사용'으로 구분하지 않았다. 많은 부분에서 서로 겹친다고 믿기 때문이다. 학교 청소시간에 협동하지 않는 아이 이야기에서 부모가 집에서 뒷정리를 함께 할 아이디어를 얻을 수 있다. 가족끼리 서로 솔직하지 않은 상황에 대한 이야기를 통해 교사가 좋은 영감을 얻을 수도 있다. 상담치료사들 역시 가정과 학교 상황에 대한 이야기에 도움을 주거나 새로운 영감을 받을 수 있다.

  잊지 말아야 할 것이 있다. 이야기가 모든 어려움과 문제행동을 치료하고 교정할 수 있는 만병통치약이 아니라는 사실이다. 모든 상황마다 딱 들어맞는 이야기가 있는 것도 아니다. 인간의 행동은 관계와 상황에 따라 달라지기 때문에 그런 맥락 없이 거짓말, 친구 꼬집기 등 문제행동만 따로 떼어 이야기하기란 사실 불가능하다. 아이는 가족, 학교, 사회, 지구라는 인간관계와 주변 환경의 복잡한 그물망 속에 존재하며 그 속에서 성장한다. 아이를 양육하고 가르치며 상담하는 여러분이야말로 아이들의 인간관계이자 맥락이고 아이들의 개별 특성을 가장 잘 아는 사람이다. 따라서 아이의 개별적인 필요에 부합하는 이야기를 여러분 자신보다 더 잘 쓸 수 있는 사람은 없다.

이 책이 제 몫을 다해 여러분에게 치유이야기를 써볼 용기와 영감을 주는 데 성공한다면, 부디 완벽함에 집착하지 않길 바란다. 처음 써본 이야기에는 빈틈이 있기 마련이다. 레너드 코헨[01]은 '빈틈이 있어야 빛이 들어오는 법'이라고 노래했다. 첫 발을 떼 보았다는 것만으로도 엄청난 의미가 있다. 빈틈으로 새어 들어온 빛에서 최고의 가르침을 얻을 수도 있다.

울림이 오래 남는 종을 울려라.
완벽해야 한다는 생각을 버려라.
빈틈이 있다, 세상 만물에는 빈틈이 있다.
그래야 빛이 들어올 수 있는 법이니.

〈성가Anthem〉중에서

이 책은 여러 해 동안 셀 수 없이 많았던 '시도'의 산물이다. 그간의 경험을 한 권의 책으로 엮는 일이 결코 쉽지 않았지만 동시에 큰 기쁨이기도 했다. 이론적 얼개를 만드는 과정은 생각보다 많은 시간과 노력이 필요했다. 하지만 이야기 자체는 30년 이상 아이를 키우고 가르치고 상담하면서 다듬었던 터라 상대적으로 훨씬 수월하게 정리할 수 있었다.

---

[01] Leonard Cohen 캐나다 태생의 시인이자 소설가, 가수

수십 년 동안 이야기 연수와 연구 모임을 진행하면서 늘 우리 내면의 '이야기꾼'이 다시 세상에서 날개를 펴고 빛을 발할 기회를 엿보고 있다고 느껴왔다. 나의 모든 경험을 가정과 학교, 공동체 속에서 이야기가 부활하는 것을 돕기 위해 세상에 내보낸다. 이 책에 숨은 보물을 찾아내 여러분이 돌보는 아이들에게 이야기가 지닌 치유의 빛이 전해지기를 두 손 모아 희망한다.

수잔 페로우*Susan Perrow*

2007년 9월

I
나의 이야기 여정

1 말라비틀어진 자두를 싱싱하고 촉촉하게_이야기로 말하는 이유

2 가정생활 속 이야기의 빛

3 교육현장 속 이야기의 빛

1 말라비틀어진 자두를 싱싱하고 촉촉하게_이야기로 말하는 이유

상상의 힘과 이야기

한 어머니가 '영재' 자질을 보이는 아홉 살 난 아들을 아인슈타인에게 데려와서는 아들의 수학 실력을 더 향상시킬 수 있는 비결을 물었다. 아인슈타인은 "아이에게 이야기를 들려주십시오."하고 대답했다. 어머니는 만족하지 않고 수학을 잘할 수 있는 법을 끈질기게 되물었다. 이에 아인슈타인은 이렇게 말했다. "아이가 지적으로 탁월하기를 원한다면 이야기를 들려주십시오. 그리고 아이가 지혜로워지길 원한다면 더 많은 이야기를 들려주십시오."

이야기와 상상력에 대한 아인슈타인의 관점을 보여주는 위의 일화를 1970년대 교생실습 중에 처음 읽었다. 제일 좋아하는 과목이 수학이던 터라 그런 탁월한 천재가 왜 상상력을 '지식'보다 훨씬 높고 중요하게 여겼는지 호기심이 일었다. 그는 지식이 현재 우리가 알고 이해하는 것에 국한되는 데 비해, 상상력은 인류가 앞으로 알고 이해하게 될 모든 것을 포괄한다고 했다. 아인슈타인에 따르면 상상력은 진보를 이끌어내는 힘이며, 위대한 발명은 상상력의 소산이다.

그의 견해는 당시 내게 신선한 충격이었고, 처음으로 이야기와 상상력과 교육을 연결시키는 계기가 되었다. 나는 24세에 교사 자격증을 따고 취업을 했다. 아이들을 만난 지 6개월도 못되어 '이야기'가 아이들의 상상력에 얼마나 강력한 힘을 미치는지를 경험하는 기회가 찾아왔다.

그때 나는 호주 시드니의 한 유치원 보조 교사로 일하고 있었다. 크리스마스를 몇 주 앞두고 담임교사는 크리스마스 이야기로 『호두까기 인형』 중 한편을 고르고, '달콤자두 요정'이 교실을 깜짝 방문한다는 계획을 세웠다. 요정으로 분장할 사람이 필요했다. 담임 교사는 자신의 판단을 믿으라며 나를 설득해 요정 옷을 입혔다. 처음 그 제안을 들었을 때 말도 안 된다며 웃었던 기억이 난다. 당연히 아이들이 대번에 요정이 나라는 것을 알아볼 것이고, 그러면 멋진 동화의 분위기만 망치게 될 거라 생각했다.

요정이 오기로 한 날, 놀이시간에 살그머니 교실을 빠져나가 비품실로 가서 '요정' 의상으로 갈아입었다. 어머니께 빌려온 하얀 공단 웨딩드레스를 입고 한 손엔 황금별이 달린 요술지팡이를, 다른 손엔 '달콤자두(견과류와 건포도를 빨간 셀로판지로 싼 것)'가 가득 담긴 바구니를 들었다.

그 사이에 담임교사는 25명의 아이들을 둥글게 앉혔고, 나는 약속한 순간에 잔뜩 긴장한 채로 춤을 추며 원 안으로 들어갔다. 그런데 아이들이 넋을 잃고 쳐다보는 것이 아닌가! 담임교사가 『호두까기 인형』에 나오는 음악을 연주하는 동안 아이들에게 차례로 '달콤자두'를 나눠주었다. 한참 그러고 있는데 얼마 전 여섯 살 생일이 지난 남자아이가 손을 내밀어 내 요정드레스를 살짝 건드리더니 눈이 휘둥그레져서 "나 요정 드레스 진짜로 만져본 거 처음이야!"하고 친구들에게 속삭이는 소리가 들렸다.

요정이 떠나고 평상복으로 갈아입은 다음 아이들이 놀고 있는 마당으로 나갔다. 부모가 오면 같이 열어보려고 아직도 '달콤자두'의 포장을 뜯지 않고 소중하게 쥐고 있는 아이들도 있고, 환한 얼굴로 조금씩 아껴먹는 아이들도 있었다. 아이들은 나를 보자 일제히 "수잔 선생님, 어디 가셨어요? 안 계신 동안 달콤자두 요정이 왔다 갔어요!"하고 외쳤다.

여러 가지 질문이 생겨났다. 세월이 지나 아이를 낳고 키우면서도 비슷한 경험이 반복되자 이야기가 아이들의 상상에 미치는 영향을 본격적으로 연구해봐야겠다는 생각이 들었다.

아이의 상상력이 얼마나 깊고 넓은지 이해하기 위해 먼저 아이와 어른의 의식 차이를 들여다보았다. 교사 교육 기간에 아동 발달을 공부했기 때문에 아이가 크기만 작은 성인이 아니란 사실은 알고 있었다. 나의 세 아들과 우리 유치원 아이들을 봐도 아이와 어른은 하늘과 땅만큼 달랐다. 신체, 정서, 사회성, 인지능력의 차이는 성숙이나 발달의 관점에서 논리적으로 설명할 수 있을 것 같았다.

하지만 상상력은 달랐다. 대부분의 다른 특성과 달리 상상의 힘은 광대하고 경이로운 수준으로 시작하지만 오히려 자라면서 조금씩 시들어간다! 지금도 기억나는 어린 시절에 상상은 나를 구름 위로도 데려가고(구름은 말도 되고 돌고래나 용이 되기도 했다), 언덕을 넘어 마을 밖으로도 데려다주었다.(나는 우리 집 옆을 지나는 기찻길을 따라 온갖 모험이 기다리는 넓고 넓은 바깥세상으로 나가는 상상을 했다) 심지어 상상의 힘은 집 마당에 핀 꽃이나 나무, 곤충들의 가느다란 떨림, 비밀스런 맥박 속으로도 들어가게 해주었다. 돌이켜보면 그때 나는 뭐든지 할 수 있고 뭐든지 얻을 수 있다고 느꼈다. 내가 세상이고 세상이 바로 나였으니까! 하지만 그 뒤 몇 년 동안 '성장 발달'의 시기를 보내고 성인이 되었을 때 나의 상상력은 완전히 쪼그라들었고 상상으로 사고하는 힘을 되살리기 위해 힘겨운 노력을 기울여야 했다. 친구들도 비슷한 경험을 토로한다. 이걸 어떻게 설명해야 할까?

수년간 이 문제의 답을 찾아 헤맸다. 답은 교육심리학이나 아동 발달에 관한 책이 아니라 시인들의 영감 넘치는 작품 속에 있었다. 이 문제에 관해 처음으로 내 마음을 깊이 울린 문장은 워즈워스Wordsworth의 『송가: 불멸성에 대한 암시Ode_Intimations of Immortality』에서 찾을 수 있었다. 이 작품에서 시인은 천상에서 온 아이가 지상에서 탄생, 유년기, 사춘기를 거쳐 성인이 되어가는 여정을 아름다운 언어로 표현한다.

> 우리의 태어남은 한갓 잠이며, 망각 -
> 우리와 함께 솟아나는 영혼, 우리 인생의 별은
> 다른 세상에선 서산 너머로 졌다,
> 그러곤 멀리에서 다가온다 -
> 완전한 망각이나
> 완전히 벗은 상태가 아니라,
> 우리는 찬란한 영광의 구름을 이끌고
> 본향인 신에게서 현세로 왔다.
> 유년 시절에는 천국이 우리 곁에 있다!
> 성장하는 아이 위로
> 감옥의 그림자가 조여오기 시작한다.
> 그러나 아이는 그 빛을 본다, 그리고 그것이 흘러나오는 원천을,
> 아이는 환희 속에서 바라본다.
> 청년은, 하루하루 동쪽에서 멀어지며
> 걸어가야 하지만, 아직은 자연의 사제.
> 그리고 찬란한 미래의 꿈이
> 그 길을 동행한다.
> 오랜 시간이 지난 뒤 성인은 그것이 사멸하고 있음을,
> 평범한 하루의 빛으로 스러져가고 있음을 지각한다.
>
> 『송가: 불멸성에 대한 암시』 중에서

이 시는 나에게 아동기의 의식 상태를 더욱 포괄적으로 바라볼 수 있게 도와주었다. 어린이에서 성인으로 자라는 과정에는 '진보'와 함께 '상실'도 존재한다. 새근새근 잠든 아기를 볼 때면 저절로 마음이 평화롭고 경건해지며 천사의 존재를 실감하면서, "유년 시절에는 천국이 우리 곁에 있다"는 시인의 표현에 절로 고개를 끄덕이게 된다. 하지만 이 '찬란한 영광의 구름'은 점차 그 빛을 잃어간다. 워즈워스는 "성장하는 아이 위로 / 감옥의 그림자가 조여오기 시작"하다가 마침내 "찬란한 미래의 꿈이… 평범한 하루의 빛으로 스러져간다"고 애도한다.

  천상을 향해 열린 문, 천상과의 살아있는 관계가 스러지거나 사멸하지 않게 할 방법은 없는 걸까?

  이 문제를 두고 오랫동안 고민하던 중 바로 얼마 전 이야기꾼인 내게 엄청난 용기와 기쁨을 주는 글을 만났다. 『물질과 상상력과 정신 Matter, Imagination and Spirit』[01]에서 저자 오웬 바필드 Owen Barfield는 워즈워스처럼 정신세계와 물질세계, '감추어진' 것과 '일상적인' 것이라는 두 가지 현실에 대해 설명한다. 하지만 바필드는 어른들을 이런 살풍경한 이분법 속에 버려두지 않고, 두 세계를 연결하여 이쪽과 저쪽을 자유롭게 오갈 수 있는 다리를 제시한다. 물질과 정신을 연결하는 다리는 바로 '상상력'이다. 바필드는 상상 활동을 '무지개 다리'라는 아름다운 그림으로 설명한다. 물론 두 세계를 연결하는 방법에 상상력만 있는 것은 아니다. 기도나 명상, 음악 같은 방법으로도 다리를 만들 수 있다. 하지만 내게는 '상상'이 다리가 된다는 그림이 깊은 인상으로 남았다.

---

01 추천 도서와 웹 사이트 (401쪽) 참고

이런 시적인 설명은 동화와 이야기가 아직 꿈꾸는 상태로 물질적, (그보다 섬세하고 미묘한) 정신적 현실 모두를 열린 마음으로 받아들이는 아이들에게 그토록 명쾌하게 전달되는 이유를 이해하게 했다. 그렇다면 어떻게 해야 이야기에 담긴 진실을 타고난 상상의 능력에 잘 부합하는 방식으로 아이들에게 전달할 수 있을까? 이야기와 상상을 이용한 교육을 받지 못했거나 풍부한 상상력이나 창의성을 타고나지 못한 어른이라면 상상하는 힘을 다시 깨우기 위해 부단히 노력하는 수밖에 없다.

아들이 여섯 살 때 동화를 왜 좋아하냐는 질문을 받은 적이 있다. 아들은 이렇게 대답했다. "동화에 나오는 이야기가 제 생각이랑 똑같거든요." 이 어린이다운 지혜를 통해서도 동화와 어린이가 어떤 관계인지 또 다른 맥락에서 이해하게 되었다. 아이들에게는 상상의 세계와 정신세계가 물질적, 일상적 세계와 조금도 다르지 않은 '현실'인 것이다. 아이들은 두 세계를 연결하는 다리를 나비처럼 팔랑팔랑 자유롭게 넘나들 수 있다. 이에 비해 대부분의 어른들은 거추장스러운 다리가 무수히 달린 애벌레처럼 아주 느리고 굼뜨게 기어갈 뿐이다.

언젠가 존경하는 선생님께서 이야기꾼의 여정은 '정신적 순례길'이라고 말씀하신 적이 있다. 처음 이 말을 들었을 때는 이야기가 정신성과 무슨 관계가 있는지 이해하지 못했다. 이제는 알 것 같다. 이야기는 상상의 힘을 키워주며, 어른들이 애벌레의 껍질을 벗고 나비가 되어 '숨겨진' 진실의 정원을 자유롭게 날아다닐 수 있도록 도와준다는 것을.

상상력을 풍성하게 가꾸려면

이야기 강좌에 한 젊은 의사가 참석한 적이 있다. 수업 첫날 각자가 강좌에 참여한 이유를 이야기하는 자리에서 그는 대학교에서 6년 동안 의학을 공부했다고 자신을 소개했다. 6년이 지나고 보니 (그의 표현을 빌자면) '말라비틀어진 자두'처럼 감정이 메말라버렸다는 것이다. 그러면서 이야기 강좌가 심성을 어린 시절처럼 '싱싱하고 촉촉한 자두'로 되살려주길 기대한다고 했다. 강좌 초기에는 이야기 만들어오는 과제에 당근의 한살이를 소재로 한 밋밋한 이야기(이야기 소품으로 진짜 당근과 당근 씨앗을 가져왔다)를 들려주었지만, 몇 주가 지나면서 이야기를 쓰고 들려주는 실력이 눈에 띄게 성장했다. 지금은 어린 환자와 잘 소통한다고 칭찬을 듣는 좋은 의사가 되었다. 그는 진료실에 이야기 보따리를 두고 아이가 긴장한다 싶으면 이야기 소품(종이 개구리, 작은 인형, 반짝거리는 조약돌 등)을 꺼내 재미난 이야기를 들려주었고, 그러면 별 어려움 없이 진료를 하고 주사도 놓을 수 있다고 했다.

성인이 되어 정신없이 분주하게 살다보면 상상력이 '바싹 말라' 버리기 쉽다. 상상력도 근육처럼 잘 쓰지 않으면 퇴화하기 때문에 다시 그 힘을 키우려면 연습을 해야 한다. 중고등학교 시절 받았던 교육은 과학과 논리적 사고 육성을 최우선 과제로 여겼다. 상상력은 날로 시들어가고 있었지만 그 불씨를 살려주는 선생님은 극히 드물었다. 어른이 된 지금 나는 시와 이야기를 읽고 쓰면서 상상력에 건강한 양식을 공급한다. 대학교에서 나의 이야기 강좌를 듣는 학생들에게 학기 내내 어린이를 위한 이야기를 매일 한 편씩 읽으라고 조언한다. 여러분도 상상력이 '말라비틀어진 자두'처럼 메말랐다고 느낀다면 이 책에서 10편의 이야기를 골라 매일 한 편씩 읽어볼 것을 권한다. 아이들을 위해 쓴 이야기이긴 하지만 그 은유와 상상, 여정이 어른이 된 우리 영혼에도 충만한 양식이 되어줄 것이다. 효과를 체험했다면 성인용이든 어린이용이든 계속해서 더 많은 이야기를 읽는다. 『반지의 제왕Lord of Rings』 같은 판타지 소설도 상상력을 위한 좋은 양식이다. 이야기 강좌나 이야기 들려주는 자리에 참석해보는 것도 좋다.

    자연 역시 훌륭한 영감의 원천이다. 돌이켜보면 가장 멋진 이야기는 숲을 거닐거나 해변을 산책할 때, 공원이나 정원에 앉아있을 때처럼 자연 속에서 떠오르는 경우가 많다. 이야기를 구상하다가 '막힐 때' 자연으로 나가면 상상력이 풍성해진다. 집 안에 있더라도 창밖에 보이는 나뭇가지와 나무껍질, 새순, 영롱한 빗방울을 조용히 응시하다보면 이야기가 술술 풀리곤 한다.

    자연은 긴장을 풀어주고 깨끗하게 정화시켜주며, 활력과 생기를 주고 건강을 선사한다. 사실 자연을 통해 우리는 우리 내면과 다시 연결된다. 특히 어린아이들을 위한 이야기를 쓸 때는 자연의 경이로움과 아름다움에 몰입하는 시간을 규칙적으로 가지려 노력해야한다. 인생의 경이로움과 아름다움에 마음을 열 수 있기 때문이다.

이야기가 정말 효과가 있을까

어린이와 달리 성인들이 상상으로 사고하기 힘든 가장 큰 이유는 현대 생활에도 이야기가 여전히 의미와 중요성을 가지고 있음을 믿지 못하기 때문이다. 이야기 들려주기를 연구 주제로 장학금을 신청하기 위해 대학 학장을 찾아갔을 때, 학장은 비웃으면서 이것이 정말 연구 과제가 될 만한지 먼저 증명해보라고 요구했다. 몇 년 뒤 석사학위 수여식에서 학장이 내 손을 잡고 힘차게 흔들었을 때 나는 진정으로 뿌듯함을 느꼈다! 그의 의심과 회의는 차츰 순수한 관심으로 바뀌어갔고, 얼마 안 가 그 대학에 '이야기 들려주기' 강좌를 개설하기에 이르렀다.

학기마다 이야기의 효용에 회의적인 눈길을 보내는 사람이 몇 명씩은 있다. 한번은 심리학자이자 엄마인 한 수강생이 자신의 경험을 들려주겠다고 나섰다.

"처음에 나는 이야기와 상상력 따위는 '말도 안 되는 헛소리'라고 여겼으며 과학도로서 직접 '실험'해보리라 결심했다. 그러던 어느 날 아이들을 데리고 공원에 갔다가 할머니와 어린 손녀가 그네 옆에서 말다툼하는 것을 듣게 되었다. 할머니는 그네에 있는 안전띠를 매주려 하고 손녀는 싫다고 버티는 상황이었다. 안전띠를 안 매면 그네를 안 밀어주겠다고 하자 아이는 그네에 앉아 울음을 터뜨렸다. 할머니는 안전띠를 안 하면 떨어져 팔이 부러질 거고, 병원에 가게 되면 엄마가 몹시 속상해 할 거라는 말로 아이를 설득하고 있었다.

이야기의 효용을 의심하면서도 나는 논리적인 설득보다 상상을 이용한 방법이 없을까 분주히 생각을 더듬던 중 아주 창의적인 생각이 반짝 떠올랐다. 할머니에게 다가가 내가 아이를 달래도 될지 허락을 구한 다음, 아이에게 이렇게 말했다. '이 그네에는 마법의 끈이 있단다. 그걸 매면 너는 공주가 되어 그네를 타고 아주 높이까지 올라갈 수 있게 된단다. 어때, 마법의 끈을 매보지 않을래?' 아이는 울음을 뚝 그치고 눈을 동그랗게 뜨고는 올려다보며 고개를 끄덕였다. 내가 한 말과 효과에 스스로 놀라면서 안전띠를 매주자 할머니는 그네에 앉은 아이를 밀어주었고 두 사람의 갈등은 이야기에 대한 나의 불신과 함께 눈 녹듯 사라졌다."

　　이야기 자체에 대한 불신에 더해 자신의 창조성에 대한 의심까지 찾아올 때가 있다. 네 살 아들을 둔 한 아버지는 아이가 변기 주변에 흘리지 않고 깔끔하게 소변보는 것을 가르치느라 애를 먹고 있었다. 은유의 창조적 힘에 관한 수업을 들은 다음 ('똑바로'라는 추상적 단어 대신에) 간단하고 시각적인 단어인 '폭포'를 사용해보았다. 호기심이 발동한 아이는 변기 속으로 매끈한 폭포줄기를 흐르게 하는 과제에 도전하러 즉시 화장실로 달려갔고, 그 후론 화장실 갈 때마다 잊지 않고 멋진 폭포 만들기에 신경을 쓰더라고 전했다. 아이의 아버지는 짧은 단어 하나가 가져온 결과에 놀라워하면서, 이를 '최초의 창조적인 성취'라고 부르며 매우 의기양양해했다. 은유의 힘을 경험하고 용기를 얻은 아버지는 아들과 딸에게 잠자리에서 들려주는 이야기를 직접 만들어보기에 이르렀다. 나중에 이런 경험을 통해 가족 간의 유대와 함께 자신의 창조성도 몰라보게 자랐다고 회고했다.

　　이야기 만들기 연수에 참가한 교사와 치료사들에게 오늘 안에 이야기 하나를 만들 수 있겠냐고 물어보면 '못 한다'는 대답이 여기저기서 터져 나온다. 하지만 서너 시간 동안 본보기로 여러 편의 이야기를 듣고 기본 원칙에 따라 생각을 정리하는 단계를 거치면서 상상력에 싱싱하게 물이 오르고 나면, 자신도 모르게 멋진 이야기를 만들어 내고 스스로 놀라곤 한다.

　　이야기 문화 속에서 나고 자란 아프리카 교사들조차 이야기를 지을 수 있을지 의구심을 보일 때가 많다. 나의 석사 논문의 주제는 이야기 문화에서 자라지 않은 내가 어떻게 하면 아프리카 교사들에게 그들 문화에 내재된 이야기 들려주기 기술을 '일깨워 줄' 수 있을 지에 관한 연구였다. 자유로운 토론과 이야기 자체의 힘을 통해 잠들어있는 기억들을 끌어내는 것이 한 가지 방법이다. 케이프타운에서 교사 교육을 할 때였다. 소그룹 토론이 잘 진행되지 않자 나는 어떤 나무에 대한 짤막한 이야기를 들려주었다. 나무는 한때 튼튼한 뿌리가 있어 키가 크고 건강했지만 잘 돌보지 않았더니 더 이상 자라지 못하고 약해져서 잎이 다 떨어져버렸다는 이야기다. 시들어가는 나무의 상을 통해 참가자들은 자신의 '이야기 나무'에서 어린 시절의 기억을 하나둘 끌어올리기 시작했다. 나이든 여성 수강생 한 명은 앞에 나와 바닥에 앉더니 자신의 할머니가 이야기를 들려주면서 '우하리(조롱박으로 만든 일종의 현악기)'를 연주하던 모습을 시연해주었다. 이를 시작으로 온갖 기억과 이야기가 정말 봇물처럼 쏟아져 나왔고, 어렵지 않게 '이야기 나무'의 현재와 미래 모습을 그려볼 수 있었다. 나무의 이미지와 토론 과정이 사람들의 막혔던 말문을 열어준 것이다. 그날 수업은 전 시간에 비해 훨씬 풍성하고 내실 있게 진행되었다. 전 시간에 어린 시절의 기억을 발표해보라고 했을 때는 선뜻 입을 여는 학생이 한 명도 없었다. 이 토론은 (하고 싶은 이야기가 넘쳐 결국 다음 수업으로까지 연장했다) 참가자들을 과거의 이야기 문화와 재회하게 해주었고, 특히 나이든 여성 참가자들은 그동안 잊고 지낸 이야기 실력을 되찾는 기회가 되었다. 가장 반가운 것은 앞으로 자국과 세계 각국의 이야기를 더 찾아서 좋은 이야기를 많이 들려주고 싶다는 마음과 소망이 자라났다는 점이다.

    케이프타운에서 중급반 수강생들에게 직접 이야기를 써서 들려주라는 과제를 냈을 때도 수강생 10명 중 숙제를 제출한 것은 3명에 불과했다. 이야기를 만들지 못한 학생들은 시무룩한 모습으로 교실에 들어와서 "수잔 선생님, 너무 어려워요. 이야기를 어떻게 써야 할지 모르겠어요."하고 하소연했다. 나는 교실 앞에 의자 하나를 가져다놓고 앉은 다음, 내가 만든 이야기 한 편을 들려주었다. 이어서 숙제를 해온 3명의 학생이 시범에 힘을 얻어 차례로 나와 이야기를 들려주었다. 발표가 끝나자 방 안의 분위기는 완전히 달라졌다. 3명의 이야기꾼들은 스스로를 아주 자랑스러워했다. 이에 자극을 받은 2명의 학생이 이야기 의자에 앉아 즉석에서 만든 이야기를 들려주었다. 수강생들은 이야기 의자에 특별한 힘이 있다고 확신했고, 우리는 함께 예쁜 색깔의 리본으로 의자를 꾸몄다. 다음 주 수업 시간에는 나머지 5명의 학생이 앞다투어 리본 의자에 앉으려했고, 모두 동화를 멋지게 들려주었다.

내가 이런 이야기까지 쓸 수 있을까?

치유이야기 작가로서의 능력에 대한 스스로의 의심을 거둘 수 있는 계기가 있었다. 처음 동아프리카 구호단체의 교사 교육센터에서 일할 때다. 나이로비에서 이야기 강좌를 진행하던 중에 한 젊은 케냐인 엄마가 찾아와, 세 살 때 '아야(유모)'에게 성추행 당한 아들을 도와달라고 요청했다. 당시 아이는 성병에 감염되어 약이 효과를 보일 때까지 몇 달 동안 소변을 볼 때마다 극심한 고통에 시달려야 했다고 한다. 엄마가 나를 찾아왔을 때 아이는 여섯 살이었고, 몸은 완전히 나았지만 여전히 정서적으로 그 고통에 대한 두려움에 시달리고 있었다. 아직 혼자 화장실을 가지 못할 뿐 아니라 엄마가 옆에 앉아 노래도 불러주고 책도 읽어주어야 간신히 긴장을 풀고 볼일을 보는 상태였다.

학교에 갈 나이가 가까워지자 엄마는 아이가 두려움을 극복하도록 도와줄 방법을 애타게 찾고 있었다. "이야기가 혹시 도움을 줄 수 있지 않을까요?"

충격과 막막함을 동시에 느꼈다. 이야기가 가진 '치유'의 힘을 가르치고는 있지만, 이 정도로 심각하고 어려운 문제는 한 번도 만난 경험이 없기 때문이다. 물론 어떻게든 돕고는 싶었지만 과연 그 과제를 감당할 만한 능력이나 통찰력이 있을지 자신이 없었다. 한참을 고민한 끝에 그런 분야에 훈련받은 심리학자는 아니지만 최선을 다해 노력해보기로 마음먹었다. 그 뒤로 며칠 동안 밤잠을 제대로 이루지 못했다. (이야기 작가가 되려는 사람은 창작의 고통으로 인한 불면을 각오해야 할 것이다!)

먼저 엄마에게 아이를 만나게 해달라고 부탁했다. 아이는 갈색 피부에 키가 크고 당당하게 잘생긴 소년이었다. 그 모습에서 젊은 왕자의 인상을 받았고, 그 직관을 따르기로 했다. 엄마에게 (물론 아이 귀에는 안 들리게) '왕이 되기 위해 태어난' 왕자 이야기가 좋겠다고 했다. 다만 아프리카 문화에서는 왕이나 왕자가 낯선 개념이라는 점이 살짝 마음에 걸렸다. 다행히 아이는 왕이나 왕비, 궁전이 나오는 이야기를 아주 좋아한다고 했다.

이제 출발의 실마리를 잡은 나는 그날 밤 희미한 촛불 아래서 줄거리를 이리저리 구상하며 밤을 꼬박 새웠다. 은유, 여정, 해결의 얼개에 따라 『왕이 될 아이』(23장 328쪽)를 완성했고, 호주로 돌아오는 비행기를 타기 직전에 아이 엄마에게 이야기를 건네주었다.

'해결' 단계를 어떻게 설정할지는 고민할 필요도 없었다. 아이가 내면의 힘과 자신감을 찾아내는 것이 급선무였다. '여정'은 간단히 말해 햇빛에서 나와 어두운 성에 들어갔다가 다시 밝은 햇살 속으로 나오는 과정이었다. 방해물 '은유'와 조력자 '은유'도 여럿 등장한다.(Ⅱ부 참고) 두 달 뒤 엄마는 이야기가 아이의 마음을 다독이는데 성공했다는 메일을 보내주었다. 이 일은 내가 치유이야기꾼의 길을 계속 걸어가는데 큰 힘이 되었다.

자기 점검 항목

여기까지 읽은 상태에서 '이야기'와 '이야기 들려주기'에 도대체 어떤 가치가 있는지 여러 가지 의문이 드는 것은 아주 자연스러운 일이다. 더 읽기 전에 지금까지 강좌에 참가했던 사람들이 자주 제기한 5가지 질문을 살펴보자. 자신에게 해당된다 싶으면 표시하고 또 다른 질문이 있다면 빈 칸에 적어보자.

- ☐ 나는 창의적인 사람이 아니다.
- ☐ 나는 아이의 행동을 은유나 상으로 전혀 떠올릴 수가 없다.
- ☐ 나는 결코 이야기를 만들지 못할 것이다.
- ☐ 내 아이의 문제행동은 상이나 이야기를 통한 방법으로는 결코 해결할 수 없다.
- ☐ 나는 이야기에 '치유'의 힘이 있는지 잘 모르겠다.
- ☐ _____

책을 다 읽은 뒤에 이 목록을 다시 확인해보기 바란다.

다음 두 장에서는 이야기꾼으로 걸어온 나의 여정과 함께 이야기가 가정 및 교육활동에 미친 영향을 서술했다. 개인적인 일화와 경험을 책에 포함시킨 이유는 생생하고 구체적인 사례가 이야기의 치유력을 더 잘 실감나게 할 거라 여기기 때문이다. 편의상 가정의 상황과 학교 및 치유센터의 상황으로 구분하지만 직업과 상관없이 두 장 모두 읽어보기를 권한다. 여러 영역에서 아이들과 이야기로 작업한 경험이 서로에게 좋은 아이디어를 줄 것이다. ●

2 가정생활 속 이야기의 빛

돌이켜보면 이야기의 빛은 반짝이는 실타래처럼 나의 가정생활 곳곳에 눈부신 수를 놓아주었다. 이 장에서는 나의 세 아들이 아주 어릴 때부터 초등학교 시절을 거쳐 성인이 될 때까지 이야기가 우리 가족의 삶을 아름답게 빛내주고 용기와 힘을 주었던 경험을 여러분과 나누려 한다. 글쓰기에 앞서 아이들의 시각에서 바라본 이야기를 듣고 싶어 지금은 성인이 된 세 아들 키이런(29세), 사이먼(28세), 제이미(26세)를 '인터뷰'했다. 본문의 사례는 아이들과 나의 기억을 합친 것이며, 물론 본인들의 허락을 받아 수록했다. 우리의 경험이 독자들의 가정생활에 이야기의 빛을 엮어 넣는데 조금이나마 도움이 되기를 바란다.

교사로 일하면서 이야기의 강력한 힘을 이미 경험한 터라(3장 참고) 아이의 건강한 발달에 이야기가 얼마나 중요한지를 잘 아는 상태로 육아를 시작했다. 나는 헌책방과 벼룩시장, 도서관을 돌며 아이들을 위한 이야기책을 사 모았다. 아이들이 자라면서 이야기 목록은 구전동요와 자연이야기에서 민담과 동화로, 또 세계 각국의 민담과 신화, 전설로, 그러다가 아이가 10대에 접어들면서는 탐험가와 모험가의 생애로까지 확장되었다.(이야기 종류에 대해서는 6장 참고)

아이들이 어릴 때 하는 부모역할 중 잠자리에서 이야기를 들려주는 시간이 가장 좋았다. 사실 저녁이면 손 하나 까딱하기 힘들 정도로 녹초가 되는 날이 허다했지만 (특히 남편 없이 혼자서 아이를 키우던 시기에는) 이야기를 들려주거나 책을 읽어주다 보면 오히려 내가 위로를 받고 새로운 힘을 얻을 수 있었다. 그래서 유달리 피곤하고 처지는 날에는 기운을 차리기 위해 일부러 우스꽝스럽고 운율 있는 이야기를 골라 들려주었다.

"올빼미와 아기 고양이가 바다로 갔어요, 강낭콩처럼 파랗고 예쁜 배를 타고서…"
또는
"크리스토퍼 로빈은 에취콩 에취콩 재채기를 했어요…"

밀른 시리즈[01]에 나오는 두 번째 시는 아이들이 아플 때면 침대 끝에 걸터앉아 큰 소리로 읽어주곤 했다. 유머에는 상황을 밝고 가볍게 만들어주는 힘이 있다. 빵에 발라먹을 '약간의 버터'를 찾는 왕이 등장하는 『왕의 아침식사』도 우리의 애송시였다. 특히 아이들이 아침 식탁에서 말다툼을 벌일 때면 분위기 전환에 탁월한 효과를 발휘하곤 했다!

아이들이 자라면서 이야기나 시를 (식탁에서) 들려주는 비중은 점차 줄고 각자 원하는 책을 찾아 읽는 단계로 넘어갔다. 우리 집에서는 TV 시청보다 책을 읽는 것이 훨씬 흔한 풍경이었다. 학교 선생님들은 이런 습관의 긍정적 효과를 금방 알아보시곤 했다. 둘째 사이먼은 '책이 TV보다 좋은 이유'라는 주제로 글쓰기 대회에서 상을 받은 적이 있다. 그 글은 "지금 읽고 있는 책이 어찌나 재미있는

---

01 앨런 알렉산더 밀른 A. A. Milne(1882~1956) 크리스토퍼 로빈이 주인공인 4권의 시리즈(『곰돌이 푸 Winnie-the-Pooh』 포함)로 유명한 영국 작가. 『왕의 아침식사』는 『우리가 아주 어렸을 때 When We Were Very Young』, 『우리는 이제 여섯 살 Now We Are Six』(동요집)에 나오는 시

지 이 글을 쓰는 시간도 아까울 지경이다…"로 시작했다. 상품은 물론 도서상품권이었다.

브라우니 요정 동화01

큰아들이 일곱 살일 때 이야기의 힘을 통해 기대하지 않은 멋진 선물을 받은 적이 있다. 가끔 두 동생이 먼저 잠들고 나면 『황금 오솔길Golden Pathway』이라는 어린이 책 전집에서 큰애 키이런만을 위해 특별히 이야기 한 편을 더 읽어주곤 했다. 당시 나는 아들 셋을 혼자 키우며 힘든 시절을 보내고 있었다. 『브라우니 요정』은 그런 내게 기쁨과 활력, 위로와 치유의 힘을 불어넣어주었다.

『브라우니 요정』에는 아내와 사별하고 혼자서 힘겹게 두 아들을 키우는 아빠가 나온다. 아빠는 낮에는 직장에 다니고 늦은 밤이나 이른 새벽에 요리와 청소, 빨래 등 집안일을 해야 했다.

어느 날 할머니가 집에 오셨습니다. 큰 아이는 할머니에게 아빠가 늘 기분이 나쁘고 화를 내는 이유를 아시냐고 물었습니다. 할머니는 브라우니 요정들이 아빠를 거들어주러 집에 오지 않아서 그럴 거라고 대답하셨습니다.
아이는 어디로 가야 브라우니 요정들을 만날 수 있는지 물었습니다. 아빠가 다시 웃을 수 있도록 요정들에게 집으로 돌아와 달라고 부탁하고 싶기 때문입니다. 할머니는 요정들이 어디에 사는지는 숲에 사는 지혜로운 늙은 올빼미만 알고 있다고 하셨습니다. 그리고 할머니는 댁으로 돌아가셨습니다.
그날 밤 아이는 잠을 이루지 못하고 뒤척이다가 마침내 굳게 마음을 먹고 아직 사방이 캄캄한 새벽에 지혜로운 늙은 올빼미를 찾으러 숲으로 갔습니다. 살금살금 집을 나와 숲길을 한참 걸어간 끝에 드디어 올빼미를 만난 아이는 브라우니 요정들이 사는 곳을 알려달라고 부탁했습니다.

올빼미는 아이에게 오솔길을 따라 호수를 찾아 가라고 대답했습니다. 달빛이 비치는 호숫가에 서서 일러주는 수수께끼를 소리 내어 말하고, 수수께끼를 풀면 브라우니 요정들이 사는 곳을 알게 될 거라고 했습니다.

"빙글빙글 돌아요, 뱅글뱅글 돌아요, 요정이 나올 거예요,
물속을 들여다보면 거기 있어요."

올빼미가 시키는 대로 하고 호수를 보니 자신의 그림자가 보였습니다. 물에 비친 그림자를 본 아이는 자신이 바로 아빠를 도울 브라우니 요정이라는 것을 알게 되었습니다. 살그머니 집으로 들어온 아이는 아직 캄캄한 새벽이었지만 일을 시작했습니다. 부엌을 청소하고 장작을 준비하고 마루를 쓸었습니다. 날이 환하게 밝아올 무렵 아이는 조용히 자신의 방으로 돌아갔습니다. 침대에 눕자 부엌에 들어온 아빠가 깨끗해진 부엌을 보며 기뻐 외치는 소리가 들렸습니다. "세상에, 세상에! 이렇게 기쁜 일이! 브라우니 요정들이 도와주러 왔었구나!"

나는 키이런에게 이 이야기를 딱 한 번 읽어주었다. 다음 날 이른 새벽, 욕실에서 뭔가 부스럭거리는 소리를 듣고 잠에서 깼다. 처음에는 열린 창문으로 주머니쥐가 들어와 욕조에 떨어졌나보다 생각했다. 자리에서 일어나 복도로 나갔다가 욕실로 향하는 모퉁이에서 깜짝 놀라 그 자리에서 서버렸다. 일곱 살 난 아들이 무릎을 꿇고 앉아 한 손에는 욕실청소 세제를 들고 다른 손에는 청소용 솔을 들고 욕조를 박박 문지르고 있는 것이다.

다시 살금살금 침대로 돌아와 누웠는데 얼떨떨한 동시에 가슴이 벅차올랐다. 이야기에 나오는 아빠처럼 아주아주 행복했다. 어려서부터 '완벽주의자'의 조짐을 보이던 키이런이 욕조를 얼룩 하나

없이 깨끗하게 닦느라 땀을 뻘뻘 흘리며 애를 쓰는 동안 나는 20분쯤 더 침대에 누워있었다. 드디어 키이런이 다시 방으로 조용히 들어가는 소리가 들렸다.

이야기에 나오는 대로 해야겠다고 생각하고는 침대에서 일어나 욕실로 가서 큰 소리로 외쳤다. "세상에, 세상에! 이렇게 기쁜 일이! 브라우니 요정들이 도와주러 왔었구나." 욕조는 아침 햇살에 반짝반짝 빛이 날 정도로 깨끗했고 욕실청소는 집안일 중에서 늘 마지막까지 미루던 일이었기 때문에 진심으로 기쁘게 외칠 수 있었다. 그런 다음 부엌으로 가서 아침식사를 준비했다. 잠시 뒤 키이런이 부엌으로 왔지만 욕실에 대해선 한 마디도 하지 않았다. 나 역시 아무 말도 하지 않았다. 하지만 우리 두 사람의 얼굴은 기쁨으로 빛나고 있었다.

그 뒤로 2주 동안 키이런은 브라우니 요정이 되느라 매일 캄캄한 새벽에 일어났다. 아침마다 새로운 일거리를 찾으려고 두리번거렸지만 뭘 해야 할 지 모르다보니 언제부턴가 부엌 찬장 문만 계속 닦았다. 이러다 페인트가 벗겨지겠다싶어 찬장에 구두와 구두솔, 구두약을 같이 둔다든지 싱크대에 설거지 거리를 남겨둔다든지 하는 식으로 새로운 일감을 슬쩍 흘려두었다.

우리는 이 일에 대해서 한 번도 이야기하지 않았다. 몇 달 뒤 유독 바쁘고 피곤한 날 저녁에 난 의자에 털썩 주저앉으며 키이런에게 들리도록 중얼거렸다. "아! 브라우니 요정들이 다시 와주면 얼마나 좋을까!" 요정은 다시 와주었다. 그렇지만 며칠뿐이었다. 그 뒤로 브라우니 요정을 다시 입에 올리지 않았다. 나의 어린 요정에게 너무 많은 부담을 주고 싶지 않았기 때문이다.

지금 생각해봐도 이 이야기가 왜 키이런에게 그렇게 큰 영향을 미쳤는지 알 수가 없다. 내가 이야기 속 아빠처럼 늘 기분이 언짢아 보였던 걸까? 아니면 수수께끼 푸는 대목이 어린 남자아이 마음에 깊은 인상을 남겼던 걸까? 분명 이 이야기에는 누구라도 공감할 만한 멋진 요소가 있다. 할머니나 지혜로운 늙은 올빼미는 아이에게 아빠를 도와야 한다고 말하지 않았다. 아이는 그 사실을 스스로 찾아내야 했다. 이제 세월이 흘러 키이런이 20대 후반이 된 지금에야 그때를 떠올리며 함께 이야기를 나누었다. 의외로 키이런은 이야기 자체는 잘 기억하지 못했다. 자신이 엄마 모르게 요정 노릇을 했던 것과 그것을 비밀로 간직하며 느꼈던 기쁨은 생생하게 기억하고 있었다.

길고 지루한 시간을 이야기와 함께

자동차로 장거리 여행을 할 때 아이들은 뒷좌석 안전벨트에 묶여 몇 시간이고 앉아있어야 한다. 호주나 아프리카처럼 거대한 대륙에 살아본 경험이 있다면 아이들이 얼마나 오랫동안 차 안에서 꼼짝달싹 못하고 있어야 하는지 이해할 것이다.

비상용으로 준비해 두는 자동차용 게임이나 만들기 상자가 도움이 되기도 했지만 몇 시간씩 쉼 없이 운전해야 하는 상황은 이야기 들려주기를 연습할 적기이기도 했다. 처음에는 어린 시절 내가 좋아하던 이야기를 들려주었다. 조금씩 생각이 안 나는 부분도 있었지만 이야기 대부분을 기억할 수 있었다. 처음 이야기를 들려주겠다고 마음을 먹었을 때는 긴장하기도 했다. 그러나 운전대를 잡고 정면을 주시하자 왠지 모를 자신감이 솟아오르던 기억이 난다. 아이들이 이야기 속으로 빠져들면서 차 안이 쥐 죽은 듯 조용해지는 것을 느끼면서 자신감은 더욱 커졌다.

이런 장거리 여행은 가족 모두가 이야기의 보편적 치유력을 경험하는 계기가 되곤 했다. 평소에는 무척 활동적인 아이들이었지만 이야기를 듣는 동안은 놀리며 싸우는 것은 물론 꼼지락거리는 것도 잊을 정도로 상상 속으로 깊이 빠져들었다. 그리고 목적지에 도착했을 때 나 역시 평소보다 훨씬 덜 피곤하다는 사실을 깨닫곤 했다. 나이 많은 친구에게 이 얘기를 했더니 이렇게 대답했다. "나도 알아요. 돌아가신 할머니께서 가르쳐주셨지요. 아이들과 등산을 다닐 때 이야기를 들려주면 그 힘으로 쉽게 산꼭대기까지 올라갔다 내려오곤 했답니다."

나중에 어떤 책을 읽다가 남아프리카 부시족도 이와 같은 지혜를 가지고 있음을 알게 되었다. 그들은 여러 날 사막을 여행할 때 멀리 있는 산 이야기, 골짜기 바위 이야기, 모래 언덕 위로 떠오르는 저녁별 이야기를 들려주면서 '이야기의 힘으로' 아이들을 데리고 다닌다고 한다.

이렇게 꼼짝없이 앉아 있어야 하는 상황이 또 있다. 몹시 엉키고 헝클어진 머리를 살살 빗어 내릴 때나 아열대 기후인 호주와 덥고 습한 아프리카 해안지역에 살면서 주기적으로 반복했던 '머릿니' 사냥이 그런 경우에 속한다. 나는 아프리카 어머니들이 아이들의 머리를 몇 시간 동안 앉아서 촘촘하게 땋아 주는 걸 보면서 그 요령을 배웠다. 그들은 아이들이 지루할 틈이 없도록 쉬지 않고 계속 이야기를 들려주었다!

유머의 힘도 큰 몫을 했다. 요리조리 꼼꼼씨는 '꼼짝없이 앉아' 있어야 하는 상황을 위해 만든 인물이다. 꼼꼼씨는 온갖 모험을 하며 세상을 돌아다닌다. 아이들이 꼼꼼씨의 모험을 짜줄 때도 있었고, 내가 쓴 시에서 영감을 받아 기발한 모험을 떠나기도 했다.

"이쪽에서 뿅 저쪽에서 뿅, 대체 어디에 있는 거지?
바람 타고 여기로 휘익, 바람 타고 저기로 휘익
가끔씩은 바람 타고 쏘옥 머리카락 속으로
꼭꼭 숨어라, 어부의 그물 속에
꼭꼭 숨어라, 실타래 속에
이쪽에서 뿅 저쪽에서 뿅, 대체 어디에 있는 거지?"

머릿니 잡을 때면 어릴 때 자주 했던 '이름 짓기' 놀이를 하며 시간을 보내기도 했다. 내가 나고 자란 시골 마을 탬워스 뒤에는 언덕이 하나 있었다. 나는 친구들과 언덕 위 커다란 후추나무 아래 앉아 생각나는 마을의 사물과 사람에게 새로운 이름을 붙이며 놀았다.

"리버(강)는 봄비버 스티클리버 피피버
피피버 스티클리버 그게 바로 리버!
제이슨 봄바슨 스티클라슨 피파슨
피파슨 스티클라슨 그게 바로 제이슨!
미시즈 스미스 봄비스 스티클리스 피피스
피피스 스티클리스 그게 바로 미시즈 스미스!"

"강물은 꽝물 뒤죽박죽 엉뚱물
뒤죽박죽 엉뚱물 그게 바로 강물!
철수는 꽝수 뒤죽박죽 엉뚱수
뒤죽박죽 엉뚱수 그게 바로 철수!

영희는 꽝희 뒤죽박죽 엉뚱희
뒤죽박죽 엉뚱희 그게 바로 영희!"

  나는 아들들과 이 노랫말에 머릿니가 있을 것 같은 친구들 이름을 넣으며 놀았다. 친구들 이름이 다 떨어지면 선생님 이름으로 넘어갔다.(아이들은 이 대목에서 자지러지며 좋아 했다!) 그러고도 아직 시간이 더 필요하면 방안과 창밖에 보이는 사물의 이름을 넣어 불렀다. 그러다보면 즐겁게 머릿니를 꼼꼼히 다 잡아낼 수 있었다.

장롱 속 마법여행[01]

 세 아이를 키우면서 겪었던 기쁨과 위기의 순간을 되돌아보면 자연과 옛이야기의 힘에 새삼 놀랄 때가 많다. 일상과 여가 시간에 자연과 옛이야기를 풍요롭게 만끽할 수 있었던 것이 아이들 성장과정에 중요한 '균형추' 역할을 해주었다. 우리 아이들도 여느 '사내아이'들처럼 활과 화살, 총, 창을 가지고 전쟁놀이도 하고 스케이트보드, 크리켓, 축구, 서핑 같은 운동도 많이 했지만, 그에 못지않게 '장롱 속을 지나' 광대한 상상의 나라로 여행을 떠나는 시간도 많았다.

  최근 세 아이와 어린 시절 이야기를 나누다가 상상놀이에 빠졌던 시간들이 가장 행복한 추억으로 남아있음을 알게 되었다. 마법의 수정을 찾으려고 동네 개울을 샅샅이 탐색하기도 하고, 바닷가 절벽의 바위 동굴에 해적 소굴을 만들기도 하고, 마당 구석에 사

---

[01] 역주: C.S.루이스의 『나니아 연대기』에서 아이들은 장롱을 통해 마법의 세계로 넘어간다. 그 밖에 에리히 케스트너의 『5월 35일』을 비롯한 수많은 동화에서 장롱은 상상의 세계로 들어가는 출입문 역할을 한다.

는 '꼬마 요정들'을 위해 손톱만한 방과 복도를 갖춘 작은 집을 짓기도 했다.

특히 둘째 사이먼은 이 '작은 집'을 선명하게 기억하고 있었다. 우리 가족은 사이먼이 여덟 살 때 셋집을 벗어나 드디어 '우리' 집으로 이사를 했다. 이삿짐을 싣고 새집에 도착했을 때 사이먼은 제일 먼저 형제들을 이끌고 뒤뜰로 갔다. 요정들도 이사올 수 있도록 그들을 위한 작은 집을 서둘러 만들어야 했기 때문이다. 아이들은 요정들이 이삿짐 트럭을 뒤따라 왔다고 확신하고 있었다!

세 아이들은 내가 일하던 유치원 옆에 있는 '문지기 나무' 숲도 특별한 기억으로 간직하고 있다. 그 숲의 나무들에는 마법의 문이 있었다.(3장 참고) 막내아들은 21세 생일날 친구들과 그 숲을 다시 찾아 멋진 저녁을 보냈다.

상상 놀이와 '꼬마 요정들'

아이들이 어렸을 때 나는 아주 단순한 재료를 가지고 상상으로 나머지를 채우며 놀게 했다. 비밀기지를 만들도록 커다란 종이상자와 나무토막을, 역할 놀이를 하도록 헌옷을 잔뜩 모아주었다. 마법의 수정을 찾을 때 쓸 만한 망치와 곡괭이를 벼룩시장에서 사다주기도 했다. 마당 한구석에는 아이들이 '꼬마 요정'을 위한 마법의 집을 만들고 술래잡기를 하거나 나무집을 지을 수 있도록 돌보지 않은 '야생의 공간'도 남겨주었다.

하지만 그런 감수성을 과도하게 부추기고 싶지 않아서 '요정'이나 '정령'같은 단어는 결코 먼저 꺼내지 않으려 의식적으로 주의를 기울였다. 그렇다고 아이들이 그런 얘기를 하는 걸 막거나 폄하한 적도 없다. 오히려 아이들이 그런 얘기를 꺼내면 귀를 쫑긋 세우고 주의 깊게 들었다. 우리가 남아프리카에 살 때 세 살이던 사이먼은 집 마당에 원숭이들과 함께 사는 요정들에 대해 서툴고 짧은 언어를 총동원해서 설명해주곤 했다. 숲이 바라보이는 언덕 위 풀밭에 앉아 있으면 곁에 다가와서 자신의 눈에 보이는 것들에 대해 종알종알 거렸다. 내심 놀랍고 경이로웠지만 아이가 들려주는 이야기를 어른의 관점에서 판단하거나 정의하지 않으려고 아주 조심했다. 아직도 소중하고 신비로운 기억으로 남아있는 그 시간들은 어린아이의 상상적 지각이 내 상상의 지평을 넓혀주는 순간이었다.

나도 어렸을 때 '춤추는 요정'을 보았다. 그림책에 나오는 전형적인 요정이라기보다는 얼굴과 팔다리가 흐릿하게 보이는 춤추는 빛의 공에 가까웠다. 그런 어린 시절의 기억과 어른이 되어 읽은 자연의 영이나 원소 정령[01]에 관한 글의 영향으로 나는 동서고금의 신화나 전설, 동화에 어김없이 등장하는 '초자연적 존재'들의 존재에 의문을 품어본 적이 없다. 나는 분명히 어린 시절 그 '존재'들을 만났다고 믿는다.

나는 어두운 곳에 있는 '무언가'도 볼 수 있었다. 이에 대한 기억은 상당히 선명하다. 오빠와 잠자리에 누워 자신이 본 신기한 것에 대해 이야기하곤 했다. 그런데 정말 놀랍게도 오빠와 내가 비슷한 것을 보는 경우가 많았다. 어느 날 밤 문가에 서 있는 끔찍하게 무서운 형상을 보고 엄마 아빠를 소리쳐 부른 적이 있다. 그러나 아빠의 반응은 너무나 실망스러웠다. 아빠는 터무니없는 소리 그만

---

[01] 루돌프 슈타이너Rudolf Steiner의 저서(추천 도서 401쪽) 참고

하고 가서 잠이나 자라고 야단을 치시는 것이다. 그 뒤로 '내가 보는 것'에 대해 다시는 누구에게도 말하지 않았지만 그 기억은 지금도 생생하게 살아있다. 01

아이들 눈에 보이는 이런 세계를 어른들은 이해하고 받아들이기 쉽지 않을 수 있다. 하지만 많은 아이에게는 엄연한 현실이기 때문에 아이들은 민담과 동화의 이런 존재들이 살아있는 것을 당연하게 여긴다. 아이들이나 어른이나 동일한 세계를 똑같이 본다고 주장하는 대신 우리가 자주 잊어버리는 사실, 즉 자연은 생명과 영혼을 지니고 있으며 역동적 에너지와 생명력, 감각으로 지각하지 못하는 존재로 가득 차 있음을 아이들에게 새롭게 배우는 건 어떨까.

창의적인 가족 문화

큰아들이 이갈이를 할 무렵 주변 사람들은 아이들이 빠진 이를 머리맡에 놓고 자면 1, 2달러짜리 동전으로 바꿔놓곤 했다. 나는 이 관습에 숨은 물질적 측면이 마음에 걸려 단순하고 상상력 있는 선

---

01 나중에 아이슬란드 같은 나라에서는 어른들이 어린아이들의 이런 경험을 훨씬 더 잘 수용한다는 것을 알게 되었다. 바위와 얼음으로 덮인 북쪽 지방에서는 '숨겨진 존재들(난쟁이, 땅속 요정, 거인 같은 자연 정령)'이 자연스럽게 존중받고 있는 것이다. 이런 꼬마 요정들이 세계 곳곳에 존재한다는 증거는 지방 신문기사 같은 곳에서도 확인할 수 있다. '신령한' 바위나 자연물 위에 집이나 도로를 건설하려다가 설명할 수 없는 난관에 봉착하는 사건이 종종 보도된다. 아이슬란드에서 '신령한 존재'를 보는 눈을 가진 것으로 유명한 사람들이, 요정이 사는 곳과 사는 모습을 사람들에게 알려주기 위해 '요정' 지도를 만들기도 했다. 그들은 요정을 자연의 '반대편'이라고 부르며, 나무와 꽃에 빛이 비치는 것에 비유해서 설명한다. (그 자체로 형상을 갖지 않고 주변사물에 따라 형상을 갖는다는 측면에서) 그들은 요정들이 인간이 자연을 보존하기를 원한다고 믿는다. 그들의 말에 따르면 아이들은 '꼬마 요정'을 지각할 수 있는 선천적 능력을 갖고 있다고 한다.

물로 대체하기로 마음먹었다. 그래서 큰 아이의 첫 이가 빠졌을 때 '치아 요정'은 1달러 동전 대신 작은 조개껍데기를 놔두고 갔다. 다음날 아침 일찍 여섯 살 아들이 흥분한 목소리로 외쳤던 말이 아직도 귓가에 쟁쟁하다. "그럴 줄 알았어! 진짜 치아 요정이 돈을 놓고 갈 리가 없지!"

때 묻지 않은 아이의 이런 반응을 승인도장으로 아이들의 이가 빠질 때마다 조개껍데기, 수정, 깃털 등의 예쁜 자연물을 놓아두는 소박한 전통이 시작되었다. 이런 전통도 언젠간 끝나야 했기 때문에 일곱 번째 이가 빠진 날에는 지금까지 받은 선물을 모아둘 보물 상자로 쓰면 좋겠다는 쪽지와 함께 멋진 빈 상자를 놓아두었다. 치아 요정의 작은 선물이 담긴 보물 상자는 수십 년이 지난 지금도 소중한 추억으로 선반에 놓여 있다.

막내아들 제이미가 "산타가 정말 있어요?"하고 물었을 때도 상상이 중요한 역할을 했다. 이런 질문은 다 커서 산타를 더 이상 믿지 않는 형제자매가 있는 집 어린 동생들에게서 흔히 들을 수 있다. 제이미가 아직 순진한 다섯 살이던 어느 해 크리스마스 무렵에 두 형들에게 이런 일이 생길 조짐이 보였다. 나는 좋은 해결책이 되길 바라며 첫째와 둘째에게 잠자리에서 이야기 하나를 들려주었다. 아이들이 스스로 선물을 만들 수 있는 나이가 되면 산타 할아버지는 '다른 사람을 돌보는 친절한 마음'으로 변해 아이들 마음속으로 들어온다는 내용이었다. 이야기에서 영감을 받은 두 아이는 생각나는 친척들과 가족, 친구 이름을 죄다 종이에 적었다. 그런 다음 직접 만든 카드, 잼, 초, 책갈피 등등 여러 가지 선물을 만들고 포장해서 크리스마스트리 밑에 놓아두었다. 덕분에 제이미는 산타가 없다는 친구들의 말에 더 이상 흔들리지 않았다. 2년 뒤에는 제이미도 형들처럼 '친절한 마음'에 관한 이야기를 들었다.

얼마 전 독일계 세르비아인 친구에게 동생이 태어났을 때의 이야기를 들었다. 친구는 형제자매가 10명이나 되었는데, 어머니가 갓난아이를 품에 안고 집으로 돌아오실 때마다 특별한 케이크를 가져오셨다고 한다. 그것은 흔히 먹던 것과 달리 잼과 크림이 들어있는 폭신한 스펀지 케이크였다. 집에서 기다리던 아이들에게 '새로 온 아기가 하늘나라에서 가져온 선물'이라는 이야기를 들려주며 케이크를 나누어주셨다. 모두가 그 특별한 케이크를 손꼽아 기다렸고, 아주 아껴가며 조금씩 먹었다고 한다. (친구는 자기 몫의 케이크 한 조각을 며칠에 걸쳐 먹은 적도 있다고 했다!) 새로 태어난 아기는 이런 식으로 다른 가족들에게 경이와 기쁨에 찬 환영을 받았다. 그 친구는 아기 동생에 대해 한 번도 질투나 싫은 마음을 느껴본 기억이 없다고 한다.

가족 대대로 전해오는 지혜를 찾거나 물어볼 수도 있다. 어린 자녀를 키우면서 조부모나 증조부모와 대화를 나누다보면 상상력 넘치는 새로운 통찰을 얻기도 한다. 요크셔 출신의 여장부이신 나의 할머니는 아이가 넘어져 무릎을 다치거나 어떤 일로 속상해할 때 가사가 여러 절인 노래를 부르면서 하던 일을 계속 하는 게 제일 좋은 방법이라고 하셨다. 노래가 다 끝났는데도 아이가 여전히 속상한 마음을 가라앉히지 못한다면 그 때는 무슨 일인지 물어보고 아이 말을 들어봐야 한다고 하셨다. 이 방법은 대단히 효과가 좋았다. 대개의 경우 아이들은 상상력 가득한 가사에 빠져 왜 화가 났는지를 잊어버리기 때문이다.

시와 창의성

상상이 풍부한 놀이와 가족 문화 속에서 이야기와 시를 넉넉하게 듣고 자란 세 아들은 언어 감각이 뛰어난 편이다. 십 대 초반 이후로 시를 즐겨 썼고 특별한 일이 있으면 시로 마음을 표현한다. 여러 해 동안 아들들에게 생일 선물로 받은 시는 지금도 소중한 추억과 함께 잘 간직하고 있다.

얼마 전 막내아들이 자신의 아파트 벽에 장식한 여행 사진과 좋아하는 시구를 보면 삶을 대하는 열정적 태도와 그 속에 배어있는 창의성을 엿볼 수 있다. 둘째 아들은 글쓰기와 발표에 재능이 있다. 최근 한 지역 행사에서 조개껍데기 수집 취미를 예로 들며 살아온 이야기를 들려줄 때 청중 중에 감동을 받아 눈물을 글썽이는 사람들도 있었다.

큰아들은 전 세계를 무대로 활동하는 파도타기 선수다. 가끔 파도타기 잡지에 기고한 글을 보면 시적인 은유가 곳곳에 살아 있다. 미래의 아내에게 결혼을 청하는 방식도 아주 창의적이었다. 해 뜰 무렵 여자 친구를 바닷가로 데려가서 모래톱 위에 하트를 그리고 그 속에 서 있게 했다. 그런 다음 바다에 뛰어들었다가 반짝이는 반지를 손에 들고 사랑하는 연인 앞에 불쑥 떠올랐다. 동화에 나올 법한 청혼이 아닌가!

샴푸 곰돌이 동화02

처음에는 나도 다른 사람이 쓴 이야기를 읽어주거나 들려주기만 하다가 다소 별난 계기를 통해 처음 이야기를 만들어보게 되었다.

　막내아들 제이미는 세 살 무렵에 머리 감는 것을 아주 싫어했다. 그냥 '싫어'한 정도가 아니라 발버둥을 치며 싫어했다. 손위 두 아이한테는 특별할 것 없는 일상이었지만 막내의 경우엔 머리를 한 번 감기고 나면 둘 다 녹초가 되었기 때문에 웬만하면 이 핑계 저 핑계를 대며 미루게 되었다. 안 되겠다 싶어 머리만 따로 감기는 대신 목욕할 때 함께 해치워보려고도 했지만 한 번도 예외 없이 자지러지는 비명과 울음으로 한바탕 난리를 치러야 했다.

　어느 날 평소와 같은 난리법석이 벌어지는 와중에 문득 기발한 생각이 떠올랐다. 사실 그 기발함은 샴푸 제조사의 공으로 돌려야 한다. 평범한 병 모양이 아니라 아기곰 모양의 샴푸 통을 보고 떠오른 생각이기 때문이다.

　샴푸 통을 집어드는 순간에는 머릿속에 두서없이 엉킨 이야기 토막만 맴돌았지만 막상 입을 열어 이야기를 시작하자 생각보다 술술 풀려나왔다. 물론 처음엔 제이미의 울음소리보다 더 크게 소리를 질러야 간신히 이야기를 할 수 있는 상황이었다! 하지만 처음 몇 문장 이후론 그럴 필요가 없었다. 제이미가 소리 지르기를 멈추고 귀를 기울였기 때문이다. 이리하여 『샴푸 곰돌이』라는 짧은 이야기가 탄생했다.

　샴푸 곰돌이는 셀 수 없이 많은 모험을 떠난다. 숲 속을 여행하고 강을 따라 내려가고 마을을 돌아다닌다. 샴푸 곰돌이를 만나는 사람들은 모두 "안녕!"하고 다정하게 인사를 건넨다. 하지만 샴푸 곰돌이가 인사를 하려고 입을 열면 말이 아닌 샴푸 거품이 뽀글뽀글 튀어나왔다.

샴푸 곰돌이 덕분에 머리 감는 시간이 완전히 달라졌다. 평화로워진 정도가 아니라 아이가 이 멋진 모험가 이야기를 자꾸 듣고 싶어하는 통에 한동안은 거의 하루걸러 한 번씩 머리를 감을 정도였다. 당연히 머리 감을 때만 들을 수 있는 이야기였다. 이야기가 흘러나오게 하려면 먼저 샴푸 통 뚜껑을 열어야 했기 때문이다. 머리 감기라는 본래 목적을 달성하기 위한 '양육의 지혜'랄까! 머리를 감고나면 곰돌이 샴푸는 선반 꼭대기에 잘 치워 놓았다.

『구름 소년』 동화03 이 '우주의 지배자'를 이기다

큰 아이 둘은 학교에 다니고 막내는 아직 입학 전이었을 때가 양육에서 제일 힘든 시기였다. 막내와 온전히 둘이서 보내는 소중한 시간일 수도 있었겠지만, 제이미는 천성적으로 뭐든 제일 먼저, 가장 앞장서서 하려는 아이여서 자신이 막내라는 사실을 받아들이기 힘들어할 때가 많았다. 특히 입학 전 마지막 해에는 아침마다 두 형이 학교 버스를 타러 집을 나설 때마다 자신만 집에 남아있는 것이 못마땅해 심통 부리는 걸 달래느라 갖은 창의력을 다 끌어 모아야 했다. 그런 일이 매일 반복되면서 내 인내심과 창의력도 점점 바닥을 드러내기 시작했다.

그 와중에 제이미의 다섯 번째 생일이 다가오고 있었다. 아이가 오매불망 바라는 선물은 '우주의 지배자'라는 이름의 전사 인형(같은 제목의 TV 프로그램 주인공)이었다. 재질은 회색 고무였고, 흉터 있는 얼굴에, 허리띠에는 무기를 차고 있었다. 제이미는 조를 때면 "친구들은 다 갖고 있어."로 말을 시작하곤 했다. 그러나 아이에게 좋은 문화를 제공하려고 노력하는 엄마로서 아이가 밤낮으로 가지고 놀고, 같이 잘 인형이 덜 공격적인 것이길 바랐다.

수공예품 가게에 갔다가 제이미에게 선물해주고 싶은 폭신폭신하고 부드러운 인형을 발견한 건 생일 일주일 전이었다. 밝은 금발머리에 귀여운 얼굴을 한 인형은 멋진 파란 정장을 입고 있었다. 마침 제이미가 가장 좋아하는 색깔이 파랑이었다. 아이가 좋아할 거라고 생각한 나는 주저 없이 그 인형을 사서 예쁘게 포장했다. 그러나 생일 아침 선물을 풀어본 아들은 기대했던 '우주의 지배자'가 아닌 것을 알고 너무 화가 나서 인형을 바닥에 내동댕이치고는 쿵쾅거리며 방을 나가 버렸다.

자세히 설명하지 않아도 다음 몇 주 동안 얼마나 힘들었을지 짐작할 수 있을 것이다. 제이미는 도무지 화를 풀려하지 않았다. 하지만 나는 온갖 교묘한 방법으로 가정과 일상을 비집고 들어오는 상술에 넘어가지 않겠다고 마음을 굳게 다잡았다. 팽팽한 신경전이 이어지고 아무리 애를 써도 해결책을 찾을 수 없을 지경에 이르렀을 때 나는 이야기로 아이와의 틈을 좁혀보기로 했다. 아이 방 한 구석에 던져둔 그 인형을 보고 떠오른 이야기였다.

사흘 연속 제이미가 잠들기 직전에 '구름 소년'에 대해 이야기를 해주었다. 악몽 같았던 생일잔치 이후로 제이미는 가족과 어울리는 일을 모두 외면하고 잠자리에서 들려주는 이야기도 안 들으려 하는 상태였기 때문에, 2층 침대 옆에 서서 (제이미는 침대 위쪽을 썼다) 최대한 자연스럽고 태연한 척 이야기를 해야 했다.

'구름 소년'은 구름 위에서 구름으로 된 집에 살면서 부드러운 구름 침대에서 자고, 저녁 식사로 폭신한 구름 팬케이크를 먹는 아이였습니다. 구름 소년의 머리카락은 흰 구름처럼 하얗고, 옷은 하늘 같은 파란색이었지요. 구름 소년은 아주 오랫동안 하늘 위 구름 집에서 혼자 행복하게 지냈습니다. 그러던 어느 날, 구름 소년의 구름 집이 땅에 아주 가까운 곳까지 둥실둥실 내려오게 되었습니다. 구름 아래 세상을 보니 꼭 자기만한 작은 아이들이 들판과 마당에서 재미있게 놀고 있는 게 보였습니다. 그 때부터 구름 소년에게는 아래 세상으로 내려가서 자기처럼 작은 친구랑 같이 놀고 같이 살고 싶다는 소망이 생겼습니다. 구름 소년은 매일같이 구름을 타고 하늘을 가로질러 온 세상을 돌아다녔습니다. 숲 위에도 가보고, 강을 따라 내려가 보기도 하고, 높은 산을 넘어가기도 하면서 세상 구석구석을 찾아다녔습니다. 자기랑 놀아주고 자기를 돌봐줄 친구를 찾고 있었던 겁니다. 대체 어디로 가야 그런 친구를 찾을 수 있을까요?

　　셋째 날이 되자 제이미는 잠자리 이야기를 듣지 않겠다던 결심을 잊어버리고 이 짧은 이야기에 빠져들기 시작했다. 그날 밤에는 '어디로 가야 그런 친구를 찾을 수 있을까?' 하는 질문을 남긴 채 이야기를 끝냈다.

　　제이미가 깊이 잠든 뒤에 다시 아이 방으로 살금살금 들어가서 하얀 무명천을 이층 침대 난간에 묶어, 다음 날 아침 제이미가 침대 사다리를 내려올 때 잘 보일만한 위치에 늘어뜨렸다. 그러고는 작은 인형을 '무명천 구름' 속에 잘 눕혀놓았다. 사실 그날 밤 잠자리에 들 때만 해도 이 이야기가 과연 도움이 될지, 지금의 상황에 아주 약간의 변화라도 줄 수 있을지 확신하지 못한 상태였다. 그저 아이가 오늘 밤엔 이야기에 관심을 보였다는 것에 작은 희망을 걸 뿐이었다.

　　다음 날 아침의 일을 떠올리면 아직도 코끝이 시큰해진다. 나는 제이미가 팔꿈치를 잡아당기는 바람에 잠에서 깼다. 아이는 흥분한 목소리로 "엄마! 구름 소년이 나랑 친구하려고 우리 집에 왔어요!"하고 소리쳤다. 눈을 떠보니 제이미가 구름 소년을 소중히 팔에 안고 얼굴 가득 환한 미소를 짓고 있었다.

그 뒤로 그 인형은 아이의 가장 친한 친구가 되었다. 집에서의 생활도 달라졌다. 제이미가 가는 곳마다 구름 소년도 함께 다녔다. 제이미에게 새 고무장화를 사줄 때 구름 소년에게는 작고 빨간 양모 장화를 만들어주었다. 제이미가 학교에 입학하자 구름 소년에게도 작은 배낭을 만들어주고 도시락으로 성냥갑에 건포도를 채워 넣어주었다. 당연히 잠자리에서도 구름 소년은 여러 해 동안 제이미의 곁을 지켰다. 아홉 살이 되어서야 제이미는 인형을 바구니에 담아 벽장 속에 잘 넣어놓았다.

여러 해가 지나 제이미가 대학에서 디자인을 공부하고 있을 때다. 일 때문에 동아프리카로 떠나게 된 나를 보러 집에 들른 제이미는 내가 구름 소년을 다른 잡동사니와 함께 포장하는 것을 보았다. 세간들을 3년 동안 어딘가에 맡겨두려고 상자에 넣고 있던 중이었다. 그 모습을 본 제이미는 자기 평생의 친구에게 엄마가 어떻게 이럴 수 있냐고 기겁을 하면서 구름 소년을 가방에 넣어 시드니로 데리고 갔다. 지금 그 인형은 제이미의 여자 친구가 좋아하는 인형과 함께 제이미의 침대 옆에서 살고 있다. 두 인형 모두 어서 그 집에 아이들이 생겨 자신들과 놀아주기를 기다리고 있다!

구름 소년이 제이미의 삶 속으로 들어온 순간부터 우주 전사를 갖고 싶다는 소망이 자취를 감추었다. 제이미의 친구들은 집에 놀러와서 구름 소년과 함께 소꿉놀이를 하면서 자기도 이런 친구가 있으면 좋겠다고 부러워하곤 했다. 구름 소년은 여러 면에서 명실공히 가족의 일원이었다. 가족 사진첩에도 구름 소년은 곳곳에 등장한다. 얼마 전 제이미는 구름 소년은 물론, 어려서 듣던 이야기와 관련

된 인형과 만들기가 성인이 되어 디자인 일을 하는데 큰 영향을 주었다고 했다. 제이미는 아름다운 것, 특히 자연 형상과 자연재료를 좋아하며 그런 방향으로 일하고 있다.

3 교육 현장 속 이야기의 빛

이야기가 가진 치유의 빛은 가정생활의 중심이었을 뿐 아니라 내가 하는 일에서도 늘 함께 했다. 호주와 아프리카에서 유아 교육부터 교사 교육, 상담 및 부모 지원 프로그램 등 여러 영역에서 일할 때 이야기의 빛은 내가 하는 일과 수업에 아름다운 수를 놓아주었다.

이번 장에는 교사와 상담사로 아이들의 다양한 상황과 행동을 위한 이야기를 만드느라 고뇌하고 노력했던 나의 여정을 담았다. 상황과 사례를 유치원 수업부터 초등 저학년 수업, 마지막으로 성인 대상 상담 순서로 배치하고, 이야기 만들기에 얼마나 다양한 접근법이 있는지를 보여주고자 했다. 전체 이야기는 Ⅲ부와 Ⅳ부에 실려 있다. 또 직접 이야기를 써보고 싶어 하는 적극적인 독자를 위해 'story tip'을 만들었다. 이야기 얼개와 만드는 방법에 대한 체계적이고 상세한 안내는 Ⅱ부 '치유이야기 쓰기'에서 자세히 다룰 것이다.

시에서 이야기 만들기

아프리카와 호주에서 오로지 육아에만 전념하는 몇 년을 지내고 아이들이 어느 정도 크자 호주 북동쪽 해안 지역에 유치원을 열면서 다시 일을 시작했다. 유치원 일과 중 이야기 시간은 하루의 '중심'이었고, 책을 읽어주기보다는 직접 들려주면서 이야기에 생명을 불어넣으려 애썼다.(이야기 '들려주기'와 '읽어주기'의 차이에 관해선 27

장 참고) 이야기 재료는 전 세계의 민담을 기본토대로 삼고, 유치원 아이들을 위해 쓴 짧은 자연이야기를 중간 중간 들려주었다. 유치원이 있던 작은 도시 근처에 숲이 있어서 그 때 썼던 자연이야기는 대부분 숲에 관한 이야기였다.

처음에는 이야기가 아니라 짧은 시를 썼다. 당시만 해도 긴 이야기 한 편을 다 쓰는 건 엄두도 내지 못할 일이었다. 하지만 시 쓰기는 청소년기부터 취미생활이자 감정이나 좌절을 표출하는 수단이던 터라 자연스럽게 시를 쓰며 상상력의 불씨를 되살렸고, 이는 본격적인 이야기 쓰기의 발판이 되어주었다.

아이들을 데리고 산책을 갈 때 질서를 유지하기 위해 시를 쓴 적도 있다. 처음으로 아이들과 근처 숲으로 나들이를 나갔는데 숲을 향한 오솔길에 들어서자마자 아이들이 순식간에 사방으로 흩어져 버린 것이다. 어느 틈에 숲 반대편 큰 길까지 나간 녀석들도 있었다. 보조 교사의 도움을 받아 20여분 동안 정신없이 아이들을 모아 서둘러 유치원으로 돌아왔다. 기대했던 즐거운 숲 속 산책이 초보 교사의 악몽으로 변하고 만 것이다!

숲 속 산책에 대해 고민하며 무언가 창조적인 생각이 떠오르기를 간절히 바라며 혼자 숲을 다시 찾았다. 오솔길에 이르렀을 때, 밑동이 꼭 '문'처럼 생긴 커다란 나무 한 그루가 눈에 들어왔다. 그 나무에서 영감을 얻어 『문지기 나무』라는 시 한 편을 썼다. 이 시는 여러 해 동안 수많은 이야기의 밑거름이 되었다.(이 시에서 자란 여러 이야기 중 『제이든과 요정의 달걀』을 20장 294쪽에 수록했다)

"문지기 나무엔 비밀이 숨어 있어요.
문지기 나무는 우리를 기다리고 있답니다.
은은한 초록으로 물결치는 숲 가장자리에는

요정 나라로 이어진 오솔길이 있지요.

똑똑똑 세 번 두드려요. 딱 세 번만, 더 이상은 안돼요.
그런 다음 문지기 나무 옆에서 함께 기다려요,
모두 쉿! 조용히 기다리고 있으면
요정이 나와 마법의 문을 열어줄 거예요." 동화 04

　　첫 번째 '정신없는' 산책 이후, 숲으로 들어가기 전에 '문지기' 나무 옆에 아이들을 모아 이 시를 들려주었다. 이것만으로도 숲 속으로 들어가는 마음가짐이 엄청나게 달라졌다. 아무 말 하지 않아도 아이들은 줄을 서서 두근거리는 마음으로 '문'을 두드렸고, 큰 아이들은 어린 동생들에게 딱 세 번만 두드려야 한다고 단단히 일러주곤 했다! 그러면 난 손을 둥글게 모아 귀에 대고 이렇게 말했다. "여러분 들어보세요, 문 열리는 소리가 들려요. 선생님 뒤를 따라오면 요정들이 우리에게 많은 것들을 보여줄 거예요." 아이들은 사방팔방으로 뛰어다니는 대신 내 뒤에 얌전히 서서 주의 깊게 주변을 살피며 조심조심 걸었다. 우리는 도마뱀도 보고 새, 나비, 잠자리도 만났다. 가끔씩 나무 사이로 비치는 햇살 속에서 춤추는 요정을 보았다는 아이들도 있었다. 이젠 훨씬 오랫동안 즐겁게 숲에서 시간을 보낸 다음, 안전하게 유치원으로 돌아올 수 있게 되었다. 가끔은 돌아오는 길에 울타리가 있는 안전한 놀이터에 들러 아이들이 맘껏 달리고 나무에 올라가고 그네를 탈 수 있도록 풀어주었다.

　　시와 운율은 이야기 만들기의 시작점일 뿐 아니라 이야기 속에서 여러 형태로 활용하기도 한다. 어린아이들은 반복과 운율이 있을 때 더 집중하고 귀를 기울인다. 이야기 시간이 끝나면 아이들은 이야기 속 시와 노래를 여러 가지 건강하고 치유적인 방식으로 놀이

속에 가져갔다.『벤지와 순무』(19장 283쪽)도 좋은 예다. 마당에서 놀 때 함부로 채소와 꽃을 뽑고 꺾던 아이들이 이야기를 들은 뒤로는 행동을 자제하고 땅에 대고 이렇게 묻곤 했다. "요정님, 요정님, 착한 뿌리 요정님, 제가 순무(당근 아니면 꽃)를 집에 데려가도 될까요?" 그런 다음 아이들은 땅에 귀를 대고 요정 아저씨가 "좋아"라고 하는지 "안 돼"라고 하는지 기다렸다. 가끔 필요할 때는 내가 요정을 대신해서 몸을 숨긴 채 "아직은 아냐, 아직은 내 거야. 다음에 다시 물어보렴."하고 대답해 주기도 했다. 이 이야기는 유쾌하고 재미있는 운율을 통해 땅과 땅의 산물이 인간과 얼마나 깊이 연결되어 있는지를 알고 있던 옛사람들의 지혜를 가르쳐준다. 먼저 땅에게 묻고, 그 다음엔 어머니 대지가 베푸는 아낌없는 선물에 감사를 표하는 것이다. 뭐든 눈에 보이는 대로 움켜쥐고 빼앗으려는 물질만능 시대에 정말 필요한 교훈이 아닐까?

story tip ❶
□ 시를 이야기의 출발점으로 이용해보세요.
□ 직접 쓴 시나 유명한 시, 전래 동요를 짧은 이야기로 바꿔 써보세요.
□ 운율과 반복이 이야기에 자연스럽게 녹아들게 하세요.

숲에서 바다로

숲 근처 땅을 세내어 유치원을 운영하다가 여러 해 동안 차곡차곡 돈을 모아 조금씩 건물을 올린 끝에 숲에서 떨어진 바닷가 가까운 곳에 영구터전을 마련하고 조금씩 건물을 올렸다. 이사 간 뒤에도 자주 '문지기 나무' 숲으로 소풍을 갔지만, 아무래도 바닷가 근처에 살게 된 이후로 자연이야기의 무대는 조금씩 해변으로 옮겨왔다.

이야기의 영감은 해변을 거닐거나 높은 언덕에 앉아 바다를 내려다보거나 혹은 해안 바위 사이 웅덩이에서 작은 배를 저을 때 떠오르곤 했다. 남아프리카 부시 족의 "이야기는 바람과도 같다. 그것은 먼 곳에서 불어오고, 우리는 그것을 느낀다."[01]는 말에 동의한다. 이야기의 영감을 얻고 싶을 때는 자연, 즉 이야기의 바람이 불어오는 것을 느낄 수 있는 곳으로 나가는 것이 좋다!

어느 해 크리스마스를 며칠 앞둔 날, 해변을 거닐다가 모래언덕에서 떼굴떼굴 굴러다니는 잔디별(회전초)[02]을 잡으려고 뛰어가는 어린아이를 보는 순간 이야기의 영감이 반짝 떠올랐다. 그 잔디별은 밀대별[03]과 아주 흡사한 모양이었고, 구르는 모양은 유치원 남자아이들이 데굴데굴 구르며 뛰어다니는 모습을 생각나게 했다. 게다가 바로 얼마 전에 호주의 여름 크리스마스 장식으로 밀대별 만드는 걸 보기도 했다.(친구는 밀대별 한가운데 금색 반짝이를 뿌려서 베란다 높은 곳에 매달았다) 이 모든 이미지와 유명한 동화 『생강빵 아이』의 노래 및 점층식 이야기 구조가 머리 속에서 하나로 합쳐졌다.

story tip ❷

☐ 전래 동화나 유명한 이야기에서 구성을 빌려와 이용해보세요.

---

01 『이야기는 바람과도 같다 A Story Like The Wind』, 로렌스 반 데르 포스트 Laurens van der Post (1906~1996) 남아프리카 공화국 태생의 작가, 탐험가, 언어학자, 철학자 (추천 도서 403쪽 참고)

02 역주: tumbleweed_여러 식물의 지상부가 말라 뿌리에서 분리된 뒤 커다란 공 모양 덩어리가 되어 바람에 굴러다니는 것. 스텝이나 사막 기후에서 흔히 볼 수 있다.

03 역주: straw star_알곡을 털어낸 밀대나 잔디과 풀을 이용해서 만든 별모양 장식품

이렇게 태어난 『잔디별 요정』(20장 291쪽)은 그 해 크리스마스를 시작으로 오랫동안 유치원에서 크리스마스 때마다 들려주는 이야기가 되었다. 조그만 할머니가 해변에서 잔디별을 잡으려고 애쓰지만, 잔디별은 하늘로 돌아가는 길이라 잡히지 않으려고 쏜살같이 달아난다.

"나랑 같이 놀자고요?
아니, 아니, 안돼요, 나는 지금 하늘로 돌아가는 길.
여기서 빈둥빈둥 시간을 보낼 순 없어요.
어서 해님이 계신 나라로 돌아갈래요.
쫓아올 테면 쫓아와 봐요.
날 잡을 순 없을 걸. 나는야 잔디별 요정!"

잔디별은 떼굴떼굴 구르고 빙글빙글 재주넘기하며 계속 도망을 치고 할머니가 그 뒤를 쫓아간다.(곧 그 뒤를 개와 게, 그리고 어부 몇 명이 뒤따라간다)

한바탕 이리저리 우당탕탕 시끌벅적하다가 마지막에는 차분하고 만족스러운 분위기로 전환된다. 조그만 할머니는 잔디별을 집에 데려와 크리스마스 밤에 크리스마스 등으로 걸어 놓는다.

아니나 다를까 『잔디별 요정』은 유치원에서 구르기와 재주넘기를 좋아하는 남자아이들 사이에서 최고로 인기 있는 이야기가 되었다. 아이들이 첫 단어부터 마지막 단어까지 숨도 쉬지 않고 집중하는 것이 아닌가! 이야기 시간에 집중된 분위기는 다른 일상 활동에까지 확산되어 작지만 소중한 치유 효과를 보였다.

story tip❸
☐ 자연에서 영감을 찾으세요. 해변이나 숲 속을 산책하세요.

☐ 정원에 조용히 앉아 살아있는 자연의 맥박과 분주함을 관찰하세요.

자연 속 다양한 문양과 리듬, 상징은 이야기 만들기에 무한한 영감을 제공한다. 한번은 해변에서 작은 조약돌들을 주워 치마 주머니 속에 넣으면서 인형극에 사용해도 좋겠다는 생각을 했다. 그 다음 주에는 집으로 돌아가는 길에 거꾸로 뒤집힌 나무뿌리가 도로변에 있는 것을 보았다. 비를 맞아 흙이 깨끗하게 씻겨나가 반짝이는 나무뿌리를 똑바로 세워보니 아래쪽에 작은 집처럼 생긴 공간이 있었다. 아들들의 도움을 받아 유치원으로 옮겼다. 자연에서 구한 이 물건들은 상상력을 빠르게 자극했다. 마침 청소시간마다 뛰어 다니며 어지럽히는 큰 아이들 때문에 고민하던 참이라 자연물 소품을 활용해서 '청소 잘하기'를 소재로 『꼬마 싸리 빗자루』인형극을 탄생시켰다.(22장 312쪽)

어른 아이 할 것 없이 모두가 좋아한 이 이야기는 그 효과가 대단했다. 아이들에게 어서 쓱쓱 싹싹 비질을 하고 싶어 '몸이 근질거리게' 만든 것이다.(학부모들이 "대체 무슨 일이 있었기에 아이가 집에 오자마자 빗자루를 찾지요?"라고 물었다) 또한 학부모들에게는 각자가 집안일에 얼마나 참여하고 있는지 돌아보는데 이 이야기가 어떤 역할을 했는지 의견을 듣기도 했다.

8, 9세 아이들과는 이야기를 들은 다음 함께 그림책을 만들었고, 어른들의 이야기 들려주기 축제에서 이 이야기를 1인극으로 공연하기도 했다.

story tip❹

☐ 자연에서 소품을 수집하세요.

☐ 열매 꼬투리, 조개껍데기, 견과류, 도토리, 깃털, 대나무, 나무토막 같은 자연물은 이야기 만들기에 필요한 영감을 주는 한편, 이야기 들려줄 때도 활용할 수 있습니다. 자연물의 무늬와 형태, 재질은 이야기에 필요한 아이디어를 무한히 제공합니다.

어젯밤에 집에 불이 났어요!

때로는 구체적인 상황을 토대로 이야기 줄거리를 만들기도 한다. 평소 정서적으로 아주 안정된 4세 남자아이가 어느 날 완전히 넋이 나간 모습으로 유치원에 왔다. 매튜가 하루 종일 우왕좌왕 하면서 물건을 넘어뜨리고 바구니를 엎는 바람에 그 날 놀이시간은 교사와 아이들 모두에게 아주 힘든 시간이었다.

사실 아침에 매튜의 엄마가 아들의 가방을 사물함에 넣으면서 전날 밤 집에 불이 나서 집이 반이나 타버리는 사건이 있었다고 귀띔을 해주셨다. 가족 모두 서둘러 마당으로 빠져나오긴 했지만 침실이 전소되는 광경을 눈앞에서 지켜보아야 했다고 한다. 엄마가 집이 보험에 들어있으니 금방 다시 지을 수 있다고 설명해주었으나, 매튜가 받은 깊은 충격이 그런 말로 줄어들 리는 만무했다. 그날 아침 유치원에 왔을 때 매튜의 행동이 활활 타오르는 불길 같았던 데는 그런 이유가 있었다.

드디어 점심식사 후 낮잠 자는 시간이 되었다. 매튜는 완전히 탈진해 쓰러지듯 잠들어버렸다. 아이들과 함께 누워있는데 문득 이야기 하나가 떠올랐다. 잘 다듬어 완성하면 전날의 충격적인 사건을 매튜에게 논리가 아닌 상상으로 설명하고 안심시킬 수 있겠다는 생각이 들었다.

매튜가 토끼를 좋아해서 토끼 가족을 주인공으로 삼았다. 줄거리는 아주 단순하다. 초원에 불이 나서 순식간에 불길이 번졌지만 그동안 아기 토끼들은 땅 속 토끼 굴에서 안전하게 잠들어 있었다. 초원의 풀이 다시 자라는 데 몇 주가 걸리긴 했지만 곧 아기 토끼들은 다시 초원에서 즐겁게 뛰고 장난치며 놀았다는 이야기다. 은유를 통해 내가 전하고 싶었던 주제는 두 가지였다. 아기 토끼들이 안전하게 보호받고 있다는 것과 그들의 보금자리가 시간은 조금 걸릴지라도 곧 원상태로 돌아간다는 것이다. 이 이야기는 어린아이들에게는 논리적이고 이성적인 설명보다 상상을 통한 설명이 훨씬 강력한 효과를 발휘한다는 것을 증명해주었다.

　매튜가 낮잠에서 깨기를 기다렸다가 부모들이 데리러오기 직전에 아이들을 베란다로 모아 이야기를 들려주었다. 시간이 부족해서 이야기를 '매끄럽게' 다듬지는 못했지만 아이들은 이 이야기를 무척 좋아했고, 다음 2주 동안 이야기를 계속 다시 듣고 싶어 했다. 이야기는 매튜에게 당장 눈에 띄는 효과를 발휘했다. 몇 분 뒤 매튜의 엄마가 도착했을 때 아이는 엄마를 맞으러 달려 나가더니 엄마의 팔을 토닥이며 이렇게 말하는 것이다. "엄마, 걱정하지 마세요. 다 괜찮아질 거예요!" 엄마는 놀라며 "아니, 선생님, 대체 무슨 일이 있었던 거죠?"하고 물었다. 엄마에게는 저녁에 아이들을 재운 다음 전화를 달라고 해서 이야기를 들려주었다. (『토끼 가족과 덤불숲의 불』 23장 326쪽)

story tip ❺

□ 주저하지 말고 순간 떠오른 이야기를 들려주세요.

□ '잘 다듬고' '책으로 펴낸' 이야기만 효과가 있는 것은 아닙니다!

발로 차고 때리는 아이

『왈가닥 붉은 조랑말』은 어린이집에서 거칠게 행동하는 4세 남자아이를 위해 쓴 이야기다. 그 아이는 툭하면 아이들을 발로 차고 때리는 등 잠시도 가만히 있지를 못했다. 누가 자기 몸에 손대는 것을 아주 싫어하고, 가까이 다가오는 사람들에게 되는 대로 발길질과 주먹질을 해댔다. 교사들은 아이가 발길질할 경우를 대비해 부츠를 벗기기로 하고, 다른 아이들을 위해 이 아이에게 일대일 보살핌이 필요하다고 판단했다.

그 어린이집에서 참관과 도움을 청했다. 내가 갔을 때 아이는 자기 부츠를 강제로 벗겼다며 베란다에서 엄청난 소란을 피우고 있었다. 아이 곁에 앉아 반짝반짝 빛나는 갈색 부츠가 참 멋지다고 말을 걸었다. 아이는 그것이 카우보이 부츠이고 언젠가는 자신의 말을 가지는 것이 소원이라고 대답했다. 이 말을 듣고 그 아이를 위한 이야기에 어떤 은유를 써야할지 감을 잡았다. 그 주가 끝날 무렵 이야기를 완성해서 유치원에 보냈다. 아이는 이야기에 등장하는 말을 정말 좋아했고 이야기의 그림에 푹 빠졌다.(20장 286쪽)

교사는 그 이야기를 여러 번 들려주었고 나의 제안에 따라 일과를 마무리할 때마다 '조랑말 놀이'를 했다. 아이들이 한 명씩 말처럼 다그닥 다그닥거리며 주위를 한 바퀴 달린 다음 원의 한가운데 가서 누우면 (이야기에 나오는 왈가닥 붉은 조랑말에게 하듯이) 다른 아이들이 와서 쓰다듬어 주고 머리를 빗겨주는 것이다. 그 아이는 누구보다 먼저 나와서 눕고 보살핌을 받기를 원했다. 다정하게 접촉하는 놀이는 아이의 공격적인 행동 습관을 변화시키는데 많은 도움을 주었다고 한다.

이 이야기는 잠시도 가만히 있지 못하거나 행동이 거친 아이들을 보살펴야 하는 보육교사들이 여러 방면에서 활용할 수 있다. 물론 그런 행동에 대해서는 다른 조치-교사들이 다른 아이들이 다치는 것을 방지하기 위해 아이의 카우보이 부츠를 벗기고, 아이의 부모에게 이야기를 적어주어 집에서도 들려주게 하는 등-도 병행해야 한다. 가정방문은 문제의 원인을 파악하고 가정과 유치원이 함께 노력하는데 큰 도움이 된다.

story tip ❻
- 이야기의 가장 좋은 소재는 아이들에게서 나오는 경우가 많습니다.
- 아이들의 관심사나 희망, 소원에 귀를 기울이세요.
- 특정 아이나 집단을 대상으로 이야기를 쓸 때는 이런 정보를 이야기의 은유나 여정 속에 녹여냅니다.(5장 참고)

어수선한 현관

1990년대 말, 케이프타운에 있는 '창의적인 교육을 위한 연구소'에서 현장연구원으로 일할 때다. 마을과 판자촌에 있는 '교육과 보살핌을 병행하는' 미취학 아동시설을 방문해 그 시설에서 일하는 훈련생들에 대한 보고서를 쓰는 일이 맡은 업무 중 하나였다. 훈련생 중에는 나이가 많거나 경험이 많은 교사들도 있었다. 한 보육시설 책임자인 중년의 여성은 직접 말로 표현한 적은 없지만 내가 조금이라도 비판적인 발언을 하면 우리의 우호관계가 망가지거나 아주 복잡한 인종문제까지 야기할 수 있다는 암시를 풍기기도 했다.

하지만 도저히 그냥 넘길 수 없는, 누가 봐도 말이 안 되는 상황이 있었다. 쉬는 시간이면 아이들이 함부로 벗어던지고 나가 유치원 현관문 밖에 50여 켤레의 신발과 장화가 수북이 쌓이는 것이다. 그러면 선생님 한 분이 30분 이상 쭈그리고 앉아 아이들이 다시 교실로 들어오기 전까지 신발의 짝을 맞추어 정리했다. 대표교사에게 이 문제를 지적하는 대신, 나는 짧은 이야기를 만들어 아이들에게 들려주었다.(『템베의 장화』11장 178쪽) 그날 마침 나는 빨간 장화를 신고 있었는데 한 쌍의 장화가 사이좋은 '친구처럼 나란히' 서 있는 것을 보고 떠오른 이야기였다. 대표 교사도 그 이야기를 아주 마음에 들어 했다. 이야기를 아이들에게 계속해서 들려주자 큰 아이들이 스스로 신발을 현관에 가지런히 벗어두기 시작했고 무엇이든 모방하는 어린 동생들도 금방 따라했다. 드디어 선생님은 쉬는 시간에 신발을 정리하는 대신 그토록 원하던 쉬는 시간을 가질 수 있었다.

다음번에 다시 이 보육시설을 방문했을 때 제일 먼저 눈에 들어온 것은 한 줄로 나란히 현관에 놓여 있는 신발들이었다. 아이들에게 건강한 습관이 새롭게 자리 잡았음을 알 수 있었다. 나는 이 이야기를 다른 유치원과 학교에서 학기 초에 신발을 가지런히 정리하는 습관을 들일 때 사용한다. 현관에서 신발을 벗는 문화를 가진 가정에서도 활용할 수 있을 것이다.

story tip ❼
□ 효과적인 이야기 주제는 생각보다 훨씬 쉽고 단순한 경우가 많습니다!

환경을 위한 치유동화

모든 연령대에 보편적으로 적용할 수 있는 치유동화가 있다. 1992년 세계환경의 날을 기념하기 위해 만든 이 이야기는 호주의 바이런 베이에 있는 '홈 그로운 제작사'가 한 시간짜리 뮤지컬로 만들어 여러 초등학교를 순회하며 공연하기도 했다. 『빛의 정원』(12장 190쪽)은 연극이 이야기 들려주기의 치유 효과를 강화할 수 있음을 보여주는 좋은 사례이기도 하다.

뮤지컬은 현지의 '종자 보존 네트워크'와 협력해 제작했고, 그들은 극이 끝나면 관람한 아이들에게 집 마당에 심으라고 씨앗 한 봉지씩을 나눠주었다. 이야기는 관객들에게 아주 강한 인상을 남겼다. 어른들 중에도 조용히 눈물을 닦는 사람들이 적지 않았다. 어떤 7세 학급은 뮤지컬 관람 후 바닷가로 놀러 갈 계획이었지만, 아이들이 버스를 타고 다시 학교로 가 당장 텃밭을 일구고 씨앗을 심자고 주장하기도 했다!

이 이야기에서 가장 중요한 은유는 '황금 공'이다. 커다란 황금 공은 자연의 요정이 싱싱한 풀과 꽃, 잎을 엮어 만든 천으로 날마다 닦아 줄 때만 세상으로 빛을 발한다. '아무것도 돌보지 않는 왕'이 오고부터 자연환경은 파괴된다. 급기야 황금 공을 닦을 풀 한 포기 남지 않게 되었다. 황금 공이 지저분한 회색으로 변하자 왕은 공을 가리기 위해 주위에 돌 벽을 높이 쌓으라고 명령한다. 돌 벽이 완성되자 왕은 '회색'으로 변하면서 앓아눕는다.

나는 황금 공을 보편적 생명의 근원으로 설정했다. 따라서 황금 공이 빛을 잃었을 때 왕이 보기 흉한 공을 숨기려 하자 '회색'과 불균형의 힘이 왕을 덮친다. 손상은 결코 가리거나 억눌러서 해결되지 않는다. 오직 아이들의 순수함과 열정에 '자연의 요정', 즉 어머니 대지의 지혜와 인내가 결합할 때만 균형을 회복할 수 있다.

어른들은 뮤지컬을 보고 황금 공에 대해 저마다 다른 해석을 내놓았다. 어떤 사람에게 황금 공은 신성한 근원 또는 '하느님'이고, 어떤 사람에게는 모든 사물을 하나로 연결해 주는 힘, 또 어떤 사람에게는 '정신적 양심'이다. '자연의 요정' 역시 어떤 사람은 '신' 또는 '여신'으로, 또 다른 사람은 현대 환경운동의 상징으로 이해했다. 이처럼 다양한 해석이 존재한다는 건 이야기가 자신만의 생명력을 가지고 있다는 반증이다.

물론 어린아이들에게는 이야기에 대한 해석을 해주거나 요구하지 않아야 한다. 섣부른 설교나 해석은 오히려 이야기의 마법을 망치기 때문이다! 그러나 초등학교 고학년부터 고등학교 아이들에게는 먼저 이야기를 들려주고 그것을 토대로 환경에 대한 수업이나 토론을 진행하는 것이 효과적일 수 있다.

환경문제를 다룬 또 다른 치유동화로 『할머니와 당나귀』(11장 185쪽)도 있다. 이 이야기는 황금 공 이야기에 비해 짧으면서 분위기도 따뜻하고, 이야기 여정도 단순하기 때문에 미취학 아이들에게 더 적합하다. 『할머니와 당나귀』는 1997년 케이프타운에 살 때 길거리에 함부로 쓰레기를 버리는 아이들의 습관에 경종을 울리고자 쓴 이야기로, 인형극으로 만들어 여러 어린이집을 다니며 공연하기도 했다. 효과는 즉각 나타났다. 공연이 끝나고 동료인 마리아 므세벤지와 짐을 꾸리고 있다 보면 아이들이 학교 운동장에서 주운 쓰레기를 양손 가득 쥐고 달려 왔고 그럴 때마다 그 쓰레기를 담아올 가방과 상자를 더 넉넉히 가져와야 했다고 후회하곤 했다.

story tip ❽
☐ 이야기를 연극이나 인형극으로 만들면 전달하고 싶은 내용과 치유 효과를 강화할 수 있습니다.

뜨개바늘과 주머니칼

영유아교육 분야가 나의 주된 일이지만 가끔씩 근처 초등학교에서 특별 수업이나 수공예 수업을 맡아달라는 부탁을 받기도 했다. 무슨 과목이든 나는 항상 이야기로 수업을 시작했다.

그 중 가장 성공적인 경험은 8세 아이들과 함께 했던 뜨개질 수업이다. 그 학급은 전에도 그 뒤에도 한 번도 본 적 없으리만큼 장난이 심하고 소란스러운 반이었다. 총 23명 중 17명이 남학생이었다. 처음 교실에 들어갔을 때 아이들은 책상 위를 기어오르고 창문을 통해 교실을 들락거리며 난장판을 만들고 있었다.

수공예 첫 시간은 아이들과 각자의 '나뭇가지' 뜨개바늘을 만들 계획이었다. 가느다란 나뭇가지를 잘라 한 쪽 끝을 연필깎이로 뾰족하게 깎고 사포로 매끈하게 간 다음, 다른 쪽 끝에 도토리를 본드로 붙이면 멋진 뜨개바늘이 된다. 하지만 아이들 상태를 보니 뜨개바늘을 휘두르며 싸우지 않을까 아니면, 뜨개질 따위는 '시시하다'고 생각해 잘 참여하지 않을까 걱정이 되었다.

하룻밤을 뜬 눈으로 새우면서 골똘히 생각한 끝에 이야기를 하나 만들었다. 모든 일이 심심하고 지루해서 말썽만 피우는 한 남자아이가 한 쌍의 '마법 막대'를 발견한다는 줄거리였다. 『제레미와 마법 막대』(16장 237쪽)의 도입부에서 주인공이 어떤 못된 짓을 하며 사람들을 괴롭히는지를 소상히 묘사했다. 반 아이들은 귀를 쫑긋 세우고 이야기에 귀를 기울였다. 일련의 사건이 벌어지고 난 뒤 한 쌍의 '마법 막대'가 소년의 손에 들어온다. 막대 덕분에 소년은 여러 가지 놀라운 일을 할 수 있게 된다. 그 뒤로 소년은 막대와 털실 한 뭉치만 있으면 결코 지루해하지 않게 되었다.

이 이야기는 그 학급 아이들 모두의 상상을 사로잡았다. 아이들은 빨리 '마법 막대'를 만들어서 주인공처럼 놀라운 물건을 갖고 싶어서 안달을 했다. 그 학기 내내 뜨개질 시간은 가장 손꼽아 기다리는 수업이 되었다.

가장 기억에 남는 건 뜨개바늘을 만드는 과정이다. 먼저 가느다란 막대기를 완전히 매끈해질 때까지 사포로 다듬는다. 다 됐다싶으면 들고 나와 내 볼에 문지르게 했다. 막대가 벨벳처럼 부드럽지 않으면 다시 돌아가 다듬었다. 자칫 지루할 수 있는 이 과정에서 소중한 '마법 막대'로 다른 아이를 찌르는 아이는 단 한 명도 없었다. 이 이야기는 아이들의 행동을 '치유'했을 뿐 아니라 학급 전체가 아름답고 쓸모 있는 작업에 몰입하도록 도와주었다.

story tip ❾
☐ 이야기를 활용해서 수업 주제에 도입하세요.(모든 과목에 가능!)
☐ 이야기는 아이들이 수업 주제와 상상적 관계를 맺게 해주며, 그 관계가 만들어지면 수업 시작부터 끝까지 몰두할 가능성이 아주 높아집니다.

또 다른 이야기 『주머니칼과 성』(11장 179쪽)은 7~9세 아이들이 대상이다. 아들이 공구를 함부로 다루는 것 때문에 걱정하는 한 부모의 요청으로 쓰게 되었다. 부모는 아들의 생일에 멋진 주머니칼을 선물하면서 이 이야기를 함께 들려주었다. 그 뒤로 아이는 새로 받은 선물을 이전과 확연히 달라진 태도로 소중히 다루었다고 한다. 주인공은 쓸모 있는 곳에 쓰이고 싶어 '몸이 근질근질한' 칼이다. 주머니칼은 그 소망을 노래로 표현한다. 반복되는 짧은 운율은 주머니칼의 두근거리는 심정과 긴장감을 8세 어린이도 느낄 수 있을 정도로 잘 전달한다.

옛날에 한 아이가 생일 선물로 주머니칼을 받았습니다. 사서 한 번도 쓰지 않은, 반짝반짝 윤이 나는 멋지고 근사한 주머니칼이었습니다. 날카롭고 잘 드는 주머니칼은 어디든 나가서 쓸모 있는 일을 하고 싶어 몸이 근질근질했습니다.

아이는 그것을 호주머니에 넣고 다녔습니다. 칼은 주머니 속에 누워 자기가 나설 일이 생기기를 이제나저제나 기다렸습니다.

"나는야 주머니칼, 싹싹 자르고 쓱쓱 잘라요.
열어줘요 나를, 써주세요 나를,
다 쓴 뒤엔 잘 닫아 넣어주세요."

가끔씩 아이는 주머니칼이 이렇게 노래하는 소리가 들리는 것 같았습니다.

이 이야기는 학교나 여름캠프에서 큰 아이들과 나무, 찰흙, 돌을 이용한 만들기 수업을 할 때도 큰 효과를 발휘했다. 두 이야기 모두 도구를 함부로 다루고 부산하게 행동하는 아이들이 수작업에 즐겁게 몰입하는데 많은 도움을 주었다. 이야기의 강력한 힘을 다시 한 번 확인하는 기회였다.

story tip ⑩
□ 이야기에 운율, 수수께끼, 노래를 넣으세요.
□ 반복되는 운율은 이야기의 분위기와 긴장감 조성에 도움을 줍니다.
□ 유치원 연령의 아이들도 이야기에 나온 운율은 잘 기억하는 경우가 많습니다.

이야기 의사 선생님

한번은 호주 정부가 기금을 지원하는 '건강한 가정 만들기' 프로젝트의 일환으로 '창의적인 부모 되기' 프로그램을 시험운영해보는 좋은 기회가 찾아왔다. 가정이나 지역 학교를 찾아가 어려운 상황에 처한 부모나 교사들을 만나는 것도 그 업무 중 하나였다. 방문 뒤에 아이들의 문제행동을 치유하거나 돕고자 직접 이야기를 쓰기도 했지만 부모나 교사에게 이야기를 써보라고 권하는 경우도 많았다.

부모 지원 프로그램에서 이런 역할을 2년 이상 하면서 가끔 내가 '이야기 의사'같다는 생각을 했다. 『왈가닥 붉은 조랑말』과 『꼬마의 뱃놀이』는 교사가 학교나 유치원에서 들려주어 학교 분위기를 긍정적으로 변화시킨 경우다. 『털실 뭉치』와 『마법 막대』처럼 부모가 직접 쓰거나 내가 쓰고 부모가 가정에서 들려준 이야기도 있다. 『빛나는 공주』나 『아름다운 여왕』은 가족 구성원 전체에게 영향을 미친 경우다. 이야기가 부모의 상상력을 자극하여 변화를 이끌어내는 경우도 있다. 줄무늬가 빨리 검어지지 않는다고 안달복달하는 얼룩말 이야기를 읽은 어떤 부모는 "이제 알았어요. 아이가 어린 시절을 충분히 만끽할 수 있는 시간을 줘야하는 거군요."라는 소감을 말하기도 했다. 이런 반응에 힘을 얻어 그 뒤로 '유년기 보호'라는 주제로 하는 강연을 『참을성 없는 얼룩말』로 시작하곤 한다.

치료사와 부모, 아이 모두에게 효과를 보인 이야기도 있다. 찬장에다 볼일을 보는 5세 아이를 위해 쓴 『'모두 제자리' 농부 아주머니』는 아이의 심리상담사가 상상을 이용한 치료를 시도하는데 도움을 주었다. 나중에 그 심리상담사는 큰 아이들의 배변문제를 다룬 그림책을 직접 펴내기까지 했다. 아이 엄마는 이 이야기를 듣고 가정생활에 리듬과 일관성을 유지하려고 노력했고, 하루 일과가 예측 불가능하게 혼란하지 않고 안정된 질서를 갖추자 아이의 행동도 눈에 띄게 좋아졌다. 아이는 농부가 부르는 '모든 건 자기 자리, 제자리가 있지'라는 짧은 노래를 무척 좋아했고, 청소 시간이면 이 노래를 흥얼거리며 장난감을 정리하곤 했다. 여러 사람이 다양한 방법으로 힘을 모은 덕분에 '균형이 깨진' 행동이 건강한 상태를 회복할 수 있었다. 아이는 다시 화장실에서 볼일을 보기 시작했다.

　　이렇게 쌓인 경험으로 현대의 가정과 학교생활에 '이야기의 빛'을 소개하고 알리는 일에 더욱 정성을 쏟게 되었고 이제는 부모, 교사, 치료사를 위한 '창의적 양육' 강좌를 개설하고 운영하는 단계에 이르렀다. 강좌에서는 쉽게 지도하기 어려운 아이들의 행동에 대해 풍부한 상이 담긴 시, 놀이, 이야기를 활용하는 방법을 배운다. 강좌를 통해 좋은 결과를 거둔 흥미로운 사례를 거듭 접하면서, 나와 참가자들은 양육에 있어 은유와 이야기가 얼마나 중요한지 더욱 분명히 확신하게 되었다. 그 과정에서 만든 이야기 몇 편을 이 책의 Ⅲ부와 Ⅳ부에 골라 실었다.

쓰기와 소재 찾기, 고르기, 정리하기

지금까지 소개한 멋진 경험들은 나에게 많은 용기를 주었다. 계속해서 치유이야기를 쓰고 수집하였으며, 이야기 활용방법과 효과를 관찰하고 기록했다. 상자와 서랍 속에 차곡차곡 쌓인 이야기와 메모를 조금씩 컴퓨터로 옮겨 정리한 최종 결과물이 바로 이 책이다.

　　이쯤에서 내가 쓴 이야기 전부를 책에 싣지 않았음을 밝혀둔다. 종이에 갈겨쓰거나 타이핑해 두었다가 바로 쓰레기통으로 직행한 이야기도 있고, 파일로 정리는 해두었지만 활용하지 않고 먼지만 앉은 이야기도 있다. 버려질 뻔했다가 몇 년 뒤에 다시 고쳐 쓴 것들도 있다.(마음에 안 들더라도 버리지 말고 일단 잘 모아두라! 언젠가는 활용하게 된다.)

    이야기가 별 다른 '효과'를 거두지 못한 데는 여러 이유가 있을 수 있다. 그래도 포기하지 말고 계속해서 시도하고, 시도하고 또 시도해보라. 시시하거나 허접한 이야기라도 자꾸 써보는 것이 중요한 배움의 과정이라고 확신한다. 내가 만든 이야기 중에도 너무 형편없어서 유치원에서 딱 한 번 들려준 다음 바로 포기하고 그 주 내내 유명한 민담을 들려준 경우도 많았다.(보통 어린아이들에게는 하나의 이야기를 며칠 동안 반복해서 들려주는 것이 좋다. 그 나이 아이들에게는 반복이 여러 측면에서 건강한 효과를 준다) 이야기가 '효과'가 없다면 길이가 지나치게 길거나 이야기 여정이 아주 시시하거나 지나치게 복잡하지 않은지 점검해보라. 묘사가 과도하게 많거나 사건이 별로 없어서일 수도 있다.

    Ⅱ부에서는 이런 문제를 해결하기 위한 이야기 만들기의 얼개를 살펴볼 것이다. 더불어 이야기 구조를 짤 때 고려할 점과 여러 가지 요령도 소개한다.

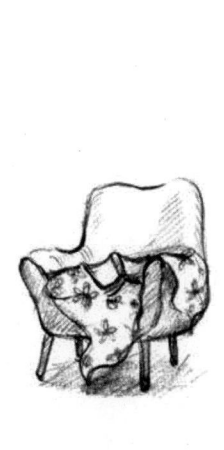

II
치유이야기 쓰기

II부의 목적은 수많은 이야기 강좌에서 많은 도움을 준 이야기 만들기의 얼개를 공유하는 것이다. 본격적인 이야기 쓰기에 앞서 먼저 '이야기'와 '행동'에 대한 근본적인 질문 몇 가지를 짚어본다.

4 '이야기'와 '행동'

5 이야기 쓰기를 위한 기본 얼개

6 연령에 따른 이야기 선택

7 진실과 도덕성

8 이야기 만들기 연습

4 '이야기'와 '행동'

이야기란 무엇인가?

인간이나 나무 또는 무지개가 무엇인지 정의하기 어려운 것처럼 '이야기'도 한마디로 정의하기 어렵다. 이야기가 살아 있기 때문일까? 살아있는 것들이 그렇듯 '이야기'도 분명한 범주로 정의하거나 분류하기가 무척 난감한 영역이다.

    사전에서 '이야기'의 정의를 찾아볼 수는 있겠지만 대부분의 사람이 사전의 정의가 이야기에 대한 개인적인 느낌에 비해 대단히 무미건조하다고 느낄 것이다.

  이야기_ 어떤 사물이나 사실, 현상에 대해 일정한 줄거리를 가지고 하는 말이나 글. 어떤 사실에 관하여, 또는 있지 않은 일을 사실처럼 꾸며 재미있게 하는 말…

    상상이나 비유를 이용하면 이야기를 좀 더 '살아있는' 방식으로 정의할 수 있을 것이다. 이어지는 사례들은 무수히 다양한 은유가 존재할 수 있고, 그것 모두가 이야기의 본질에 대한 이해를 풍부하게 만든다는 것을 보여준다. 다 읽고 나면 이야기에 대한 자신만의 은유를 찾아보고 싶은 마음이 들지도 모르겠다.

'이야기'에 대한 몇 개의 은유

3장에서 말했듯 부시 족과 남아프리카 샌 족은 이야기를 바람에 비유하며, 아주 먼 곳에서 온다고 믿고 있다.

이런 묘사는 이야기 들려주기가 가슴 또는 '느낌'과 얼마나 깊게 연결되어 있는가를 잘 보여주며, 짧은 문장 속에 깊은 의미를 전달한다. 부시 족에게 이야기는 일상생활(특히 사냥)에서 반드시 알아야 할 행동을 규정하고, 물과 식량의 근원이 되는 사막 동물들에 대해 가르치는 생존 수단 중 하나다. 부시 족은 이런 비유를 통해 상상의 세계를 지상에서 지내는 매일의 삶과 하나로 연결한다.

케이프타운에서 개최한 영유아 교사교육에 참가한 호사 족 여성들은 좋은 이야기를 건강한 음식이 가득한 냄비에 비유했다. 아이들을 위한 '건강한' 이야기를 만들(요리할) 때도 '냄비'에 넣을 재료를 찬찬히 나열해야 한다는 것이다. 또 다른 그릇이나 냄비를 준비해서 이야기에 추가할 양념(유머, 수수께끼, '마법', 노래, 시)을 담으면 좋겠다는 제안도 나왔다.

'물'의 이미지는 물이 가진 수많은 의미와 더불어 자연이야기를 설명할 수 있는 멋진 은유다. 물이 신체를 건강하게 유지하는데 필수 불가결하듯 이야기는 영혼 생활에 없어서는 안 되는 요소다. 이야기는 새로운 활력을 주며, 건강한 성장 발달에 중요한 역할을 하기 때문이다. 개미 한 마리도 지나가지 못하는 벽의 미세한 틈을 따라 물이 스며들어오듯, 이야기 역시 신비한 길을 따라 우리 가슴과 존재 속으로 들어온다. 수많은 이야기가 한데 모여 '우물'을 만들고, 인생의 순례자들은 그곳을 찾아 목을 축이고 활력과 생기를 얻어 다시 길을 떠난다.

'이야기'를 '약'에 비유할 수도 있다. 클라리사 에스테스[01]는 저서 『늑대와 함께 달리는 여인들Women who run with the Wolves』에서 여성들이 본능적 자아와 재결합하도록 도와줄 수 있는 '약'으로 이야기를 사용한다. 아니타 존스턴[02]은 저서 『달빛 아래서의 만찬Eating in the Light of the Moon』에서 섭식 장애를 치유하기 위해 이야기를 약으로 사용했다. 둘 다 대단히 훌륭한 책이며, 두 사람 모두 심각한 영혼과 신체 질병을 치유하기 위해 신화와 민담의 지혜를 끌어오려 노력했다.

치료약이 되는 이야기라는 은유는 당연히 이 책의 주제와도 밀접하게 연결된다. 이야기에 깃든 치료적, 치유적 지혜는 고대부터 현대까지 보편적으로 활용되어 왔다. 인류는 수천 년 동안 수없이 많은 이야기를 만들어왔으며, 그 속에는 치유의 힘뿐만 아니라 일상생활부터 신성한 신들의 세계까지 이르는 다층적 차원의 의미가 담겨있다.

치료적 이야기란 무엇인가?

사실 모든 이야기에는 치료와 치유의 힘이 있다. 어떤 이야기가 사람들을 웃게 만들었다면 그 웃음이 치유의 힘이다. 이야기를 듣고 사람들이 눈물을 흘린다면, 그 눈물 또한 치유의 힘이다. 민담과 동화는 보편적인 주제와 해결을 통해 우리를 치유한다. 이야기는 삶이

---

[01] 역주: Clarissa Pinkola Estes 미국의 시인이자 융 심리분석 전문가. 외상후 심리 전문가
[02] 역주: Anita Johnston 여성 문제와 섭식 장애 전문 임상 심리학자

주는 시련에 맞설 희망과 용기를 주고 시련을 극복하고 앞으로 나아갈 수 있게 도와준다.

저명한 환경운동가 데이비드 스즈키[01]는 이야기가 '공간'과 정신적 연결고리를 형성함으로써 지구를 '치유'하는데 도움을 준다고 말한다. 예를 들어 소박한 자연이야기 한 편으로 아이들이 마을 숲을 소중히 여기는 마음을 갖게 된다면, 성인이 되었을 때 그들은 숲을 보호하고 잘 가꾸는 일에 더 깨어있을 수 있다. 이야기를 통해 주변 환경과 건강한 관계를 맺고 그 관계를 강화, 발전시킬 수 있다는 것이다.

내용에 상관없이 이야기에 귀 기울여 듣는 경험 자체가 '치유'를 주기도 한다. 학교 수업 속에 이야기 들려주기를 규칙적으로 편성하면 아이들의 집중력을 강화하고 상상력을 촉진할 수 있다. 이런 효과는 아이들이 TV와 DVD 앞에 멍하니 앉아 몇 시간을 보내곤 하는 현대 사회에 유용한 치유제가 될 것이다.

모든 이야기가 보편적인 치유의 힘을 가지고 있기는 해도, 특정한 상황을 치유하거나 돕기 위해서는 그에 맞는 특정한 이야기가 필요하다. 그런 이야기를 특별히 '치유이야기'라고 부르며, 그것을 소개하는 것이 이 책의 목적이다. 앞장에서 언급한 치유의 정의(건강을 회복, 균형을 되찾음, 온전하고 건강해짐)와 같은 맥락에서 치유이야기는 잃어버린 평형을 회복하거나 온전함에 대한 감각을 되찾는데 도움을 주는 이야기라고 설명할 수 있다. 교사, 심리치료사, 부모, 조부모를 비롯하여 아이를 보살피는 모든 어른이 아이들에게 치유이야기를 들려줄 때, 그 이야기는 문제행동과 상황에 균형을 회

---

01 역주: David Suzuki 캐나다의 과학자이자 환경운동가

복시키는데 기여할 것이다.

아이들의 행동에 영향을 주는 요인들

이 책에서 말하는 아이들의 '행동'이란 단순히 '아이가 행위 하는 방식'을 의미한다. 이것은 긍정적일 수도 있고(협동심이 좋다, 잘 돕는다, 잘 나눠 준다, 유쾌하다, 믿음직스럽다, 정직하다 등등), 부정적일 수도 있다.(공격적이다, 정직하지 못하다, 게으르다, 버릇없다, 욕심이 많다, 짜증나게 한다 등등)

아이들의 행동은 많은 요인에 따라 달라질 수 있다.

- 나이와 발달 단계(신체, 인지, 사회, 정서 발달)
- 개별성(기질, 성격 등)
- 문화 배경
- 기본 욕구의 충족도(아이가 적절한 행동을 하지 않는 이유가 배고프고, 춥고, 피곤하기 때문인가?)
- 건강상태(잘 먹고 잘 지내는가?)
- 가정환경
- 어린이집, 유치원, 학교 환경
- 규칙적 일과와 일관된 원칙의 유무(가정과 학교 모두)
- 다른 어른들, 동네 친구들, 형제자매
- 아이가 과거에 어떤 행동 방식을 습득했는가? (예를 들어, 큰 소리로 울거나 떼를 써서 항상 원하는 것을 얻었다면 이것이 '학습된' 행동으로 고착될 수 있다)

모든 아이는 성장 과정 중에 부적절하거나 바람직하지 않은 행동을 할 때가 있다. 사실 사람들이 문제라고 여기는 일부 행동은 특정한 자극과 상황에 대한 그 나이 특유의 반응에 불과하다. 2세 아이가 행동을 제지당했을 때 드러누워 떼쓰는 것은 정상이다. 3세 아이가 가끔 어린이집 장난감을 주머니에 넣어 집에 갖고 오는 것도 놀랄 일이 아니다. 이것은 도둑질이 아니라 별 생각 없이 '빌려' 온 것에 불과하다. 이때는 아이가 몸담은 두 세계 사이에 중간 단계를 만들어줄 필요가 있다. 6, 7세 아이가 허락 없이 몰래 뭔가를 하거나 부모의 눈을 속이거나 심지어 거짓말을 하는 것도 마찬가지다. 그렇다고 해서 아이들이 이런 행동을 보일 때 무조건 수용하라는 뜻은 아니다. 중요한 것은 아이의 양육에 관여하는 모든 어른이 아이들 발달 단계와 그때 보이는 '정상적인 행동' 유형에 대해 이해하고 있는 것이다. 더 구체적인 정보를 얻고 싶다면 부모, 교사 대상으로 하는 아동 발달과 아동 심리에 관한 책을 참고하라.[01]

상황과 관계

아이의 행동에 영향을 미치는 요인을 크게 상황과 관계로 나눌 수 있다. 모든 아이는 가족, 학교, 마을, 세계라는 환경과 인간관계의 얽히고설킨 그물망 안에서 존재하고 성장한다. 아이의 행동을 그것만 따로 떼어서 해결할 수 있는 경우는 극히 드물다.

---

[01] 예: 라히마 볼드윈 댄시Rahima Baldwin Dancy 『당신은 당신 아이의 첫 번째 선생님입니다』(추천 도서 401쪽 참고)

첫째, 그 행동이 어떻게, 언제, 어디서, 왜 일어났는지 같은 '상황'을 반드시 고려해야 한다. 아이가 배가 고프거나 피곤한 상황에서 부모를 조르는 것은 충분히 예측 가능하며 당연한 일이다. 다리에 만성적인 근육통증이 있는데 부모나 교사가 이를 알아차리지 못한다면 (게다가 아직 어려서 자기가 아프다는 것을 말로 잘 설명할 수 없다면) 아이는 가까이 오는 사람들에게 함부로 주먹을 휘두르게 되고, 그로 인해 공격적 성향을 가진 아이라는 잘못된 꼬리표를 받을 수도 있다.

4세 남자 아이가 유치원 '바깥'놀이 시간에 이해할 수 없는 황당한 행동을 한다는 이야기를 들었다. 특히 친구들이 신 나게 흙장난이나 물장난을 할 때 그런다는 것이다. 부모를 만나 이야기를 나눠보니 6개월 전 홍수가 나서 집 뒷문으로 흙탕물이 쏟아져 들어오는 바람에 아이가 심한 충격을 받았다고 했다. 얼마 전 시내에 있는 새집으로 이사를 했는데도 여전히 진흙이나 물 근처에 가지 않으려 하고, 어쩌다 가까이 가면 어쩔 줄 모르고 불안해한다는 것이다. 내가 진행하는 치유이야기 강좌에 참가한 아이의 아빠가 비가 오면 항상 흙탕물이 차오르는 '대나무 집'에 사는 가족 이야기를 썼다.(이야기의 분위기는 밝고 익살스러웠다) 결국 이야기 속 가족은 짐을 싸서 다른 도시로 이사를 갔고, 벽이 튼튼하고 배수가 잘 되며 울타리가 높아서 물이 절대 집 안으로 들어올 수 없는 새집에서 살게 된다는 이야기이다. 아빠와 엄마는 아이가 잠들기 전에 이 이야기를 여러 번 들려주었다. 아이는 이야기를 무척 좋아해서 자꾸 들려달라고 졸랐다. 몇 주가 지나자 아이는 유치원 바깥놀이 시간에 진흙놀이며 물장난, 모래놀이를 신 나게 하게 되었다고 한다.

우리 유치원에 다니던 한 남자 아이도 '상황' 때문에 문제행동을 보인 적이 있다. 아이의 집이 불이 나서 반 넘게 타버린 것이다. 자세한 이야기는 3장에 있다.

둘째, 집단이나 가족 구성원과의 '관계'가 아이의 행동에 영향을 주기도 한다. 아이가 전학 온 지 얼마 안 되었는가? 최근 새로운 동네로 가족이 이사했는가? 아이들이 새로운 관계를 형성할 때 흔히 보이는 행동 양식이 있다. 외향적인 아이는 새로운 또래 집단에 들어갔을 때 '과시'하는 행동으로 입지를 확보하려하고, 소극적인 아이는 구석에 쳐져있거나 교사에게 매달리곤 한다. 부모와 교사는 이런 적응 양식을 이해하면서, 아이가 새 집단 속에 자리 잡을 수 있도록 몇 주 혹은 몇 달 동안 따뜻한 관심을 갖고 도와주어야한다. 중요한 것은 이런 행동이 '안정'되거나 '정상'으로 돌아가기까지 시간이 필요하다는 점이다. 그렇다고 부모나 교사가 문제가 되는 행동을 눈감아 주어야 한다는 뜻은 아니다. 아이들을 계속 관찰하고 집단 내 사회적 관계에 안테나를 세우고 있어야 한다. 특히 따돌림의 징후가 나타나는지 잘 살펴야 한다. 『빨간 트럭 이야기』(18장 276쪽)는 새로 전학 와서 따돌림 당하는 8세 여자아이를 교사가 도운 사례다. 사회적 포용과 따돌림 문제에 관한 킴 페인[01]의 책도 읽어볼 만하다.(추천 웹 사이트 404쪽 참고)

관계가 행동에 영향을 미치는 또 다른 예로 아이가 막내인 경우를 들 수 있다. 어린이집이나 유치원 교사들은 막내들이 손위 형제자매들의 영향으로 경험한 행동(놀리기, 따돌림, 욕설 등)을 어린이집에서 하는 경우를 종종 본다. 이 때 이야기로 도움을 줄 수 있겠

---

[01] 역주: Kim Payne 미국의 교육상담가, 교육 연구가

지만 가족 전체를 위한 다른 대책도 병행해야 한다.

　　셋째, 주변 어른이 아이 또는 상황에 대처하는 태도가 '문제행동'을 낳기도 한다. 『아기 코알라』(26장 354쪽)는 엄마와 떨어지고 싶지 않아 '못된' 행동을 하는 4세 아이를 걱정하는 한 유치원 엄마를 위해 쓴 이야기다. 그 엄마는 이야기 덕분에 정작 아이와 떨어지지 못했던 사람이 자신이며, 그동안 '나쁜' 행동의 탓을 아이에게 돌리고 있었음을 깨달았다. 문제의 본질은 엄마가 어렸을 때 혼자 남겨진 것에 대한 두려움을 극복하지 못한 데 있었다. 그와 함께 아이를 어렸을 때 직장을 다니면서 계속 남에게 맡겼던 것에 대한 죄책감을 갖고 있었다. 『아기 코알라』는 엄마가 상황을 분명히 인식하고 아들과의 관계에서 건강한 균형을 회복하는데 도움을 주었다. 엄마는 아이를 1년 더 집에서 돌보았고 아이는 5세가 되자 다시 즐겁게 유치원 생활을 시작했다. 이처럼 문제의 원인이 부모나 교사에게 있음을 깨닫게 해주어야 하는 경우도 드물지 않다.

　　부모의 별거나 재혼으로 가족이 해체되거나 이복형제가 새로 생기는 경우도 아이의 행동에 큰 영향을 미친다. 한번은 가정방문을 갔다가 엄마의 관심을 끌기 위해 쉴 새 없이 싸우고 소리 지르는 세 아이(그 중 하나는 이복형제였다)를 만난 적이 있다. 엄마는 심각한 우울증 상태로 자신을 "인간으로 가치가 없다"고 표현했다. 이 경우 아이들의 문제행동은 심한 스트레스와 우울증에 빠진 엄마의 상태와 직접적인 연관이 있다. 엄마가 자기 내면의 아름다움을 되찾기를 바라며 이야기 한 편을 썼다.(『아름다운 여왕』16장 241쪽) 이야기를 충분히 읽은 엄마는 다음에 5세, 9세, 13세의 아이들에게도 이 이야기를 들려주었다. 이야기는 그녀가 자존감을 회복하는데 도움을 주었고, 아이들은 그 이야기를 반복해서 듣고 싶어 했다. 이야기는 기나긴 가족치료 과정의 한 방법에 불과했지만, 그 가정에 자기 전에 이야기를 들려주는 습관이 자리 잡는 계기가 되었다. 엄마는 적어도 그 시간만큼은 가족 모두가 다시 '균형'과 안정감을 느끼게 된다고 전했다.

아이의 행동에 대한 성인의 영향 평가하기

아이의 문제행동을 조장하고 있지 않은지, 자신의 양육태도를 지속적으로 되돌아보는 것이 중요하다. 자신의 기대가 아이의 나이 및 발달단계에 적절한가? 유치원 프로그램이 아이의 요구를 충족시키고 있는가? 하루 일과를 질서 있게 미리 계획하는가? 또 아이의 행동을 긍정적인 방향으로 키워주기 위한 큰 그림을 가지고 노력하고 있는지도 확인해야 한다.

다음은 학부모, 교사, 보육교사 들이 스스로를 점검할 때 참고할 수 있는 항목이다.

- ☐ 당신은 긍정적 행동의 모범을 보이고 있는가?
- ☐ 당신은 긍정적이며 품위 있는 언어 사용의 모범을 보이고 있는가?
- ☐ 당신은 사람을 대하는 올바른 태도를 가르치는 한편 좋은 본보기를 보이고 있는가?
- ☐ 당신은 아이에게 명확하고 공정하며 일관된 경계를 그어주는가?
- ☐ 당신은 아이가 바람직한 행동을 했을 때 알아채고 격려하는가?
- ☐ 당신은 할 수 있다면 부정적인 행동이 일어나기 전에 아이의 관심을 다른 곳으로 돌리거나 다른 행동으로 유도하는가? ('문제가 생

기기 전에 방지'하는 방식)
- □ 아이가 당신의 주의를 끌고 싶어서 하는 행동을 무시(또는 '조장') 하는가?
- □ 아이의 부적절한 행동에 대응할 때 말과 행동이 다른 '이중적인 메시지'를 보내는가? (예를 들어 아이에게 "그렇게 계속 징징거리면 공원에 안갈 거야" 하면서 공원에 가기 위해 신발을 신기는 행동)
- □ 당신은 돌보는 아이들과 잠깐이라도 개별적으로 온전히 몰입하는 '시간'을 갖는가?
- □ 아이의 일과가 충분한 놀이시간을 가질 수 없을 정도로 빡빡하지는 않은가?

무엇이 문제행동인가

이런 노력을 적절하게 하고 있는 데도 아이가 좀 더 사려 깊고 개별적인 접근을 요하는 행동을 보이기도 한다. '어려운 행동'이나 '문제행동', '힘들게 하는 행동'이라는 용어로 부르는 이런 행동들은 단순한 일시적 짜증이나 심리적 동요 이상의 문제인 경우가 많다. 부모나 교사는 아이의 행동이 그런 범주에 드는 경우인지 아닌지를 보통 '그냥' 안다. 그런 행동은 양육자에게 엄청난 시간과 감정적 에너지를 요구하기 때문이다.

아동심리학자들은 '문제행동' 또는 '어려운 행동'을 학문적인 차원에서 다양하게 정의한다. 이 책의 목적에 따라 그런 이론들을 다음과 같이 간추려 보았다.

문제행동 또는 어려운 행동이란

- ☐ 부당하게 타인의 권리를 훼방하고 해치거나 침해하는 행동
- ☐ 주위 환경이나 살아있는 존재에게 해를 끼치는 행동
- ☐ 아이 본인에게 분명한 상해 위험이 있는 행동
- ☐ 지나치게 드러나는 나이에 적절하지 않은 전형적인 행동
- ☐ 아이의 학습과 정보처리 능력을 저해하는 행동 또는, 아이가 이미 학습한 기술의 사용을 방해하는 행동
- ☐ 타인과 교류하는데 필요한 능력을 저해하는 행동
- ☐ 때와 장소에 적절하지 않은 행동 (예: 집 안에서 공 던지기, 학교 도서관에서 노래 부르거나 큰 소리로 웃기 등)
- ☐ 지속적인 문제를 야기하거나 두 명 이상이 문제행동이라고 여기는 행동

문제행동 중에는 '장애'(예: 흔히 ADHD라고 부르는 주의력 결핍 과잉행동 장애)로 분류되는 것도 있다. 문제의 양상이 상대적으로 심각하거나, 여러가지 상황에서 발생하거나, 장기간에 걸쳐 반복되거나, '정상 발달'을 저해하는 경우가 이에 해당한다. 장애가 의심되는 아이는 전문가 집단에 의뢰하여 진단을 받아야 한다. 현상을 정확하게 파악하려면, (가능한 선에서) 교사를 비롯해 양육에 관련한 모든 사람이 토의와 진단 과정에 참여하는 것이 좋다.

상황과 행동을 구체적으로 묘사하기

행동을 서술할 때는 분명하고 정확해야 한다. '소심하다', '겁이 많다', '파괴적이다', '비협조적이다' 같은 모호한 표현은 변화시킬 지

점이 무엇인지, 바람직한 변화가 어떤 모습인지 파악하기 어렵게 만든다. 문제행동을 위한 이야기를 만들 때 명심해야 할 점은 구체적인 묘사가 있어야 구체적인 행동에 딱 맞는 은유를 찾아낼 수 있다는 것이다.

상황을 구체적으로 묘사하는 연습으로 다음 질문에 답해보자.

- □ 누가 그 행동을 하는가? (그리고 관련된 다른 사람이 있는가?)
- □ 그 행동은 무엇인가?
- □ 언제 그 행동이 일어나는가?
- □ 어디에서 그 행동이 일어나는가?
- □ 어떻게 그 행동이 드러나는가?

가정과 어린이집, 학교에서 흔히 볼 수 있는 문제행동과 바람직한 행동의 사례를 표로 정리했다.

'문제' 행동 구체적으로 묘사하기

누가	무엇을	언제	어디서	어떻게
5세 여아	집안 어디에서도 혼자 있기를 두려워 함	낮 시간	집	엄마나 아빠에게 매달림. 다른 방으로 갈때마다 누가 함께 가기를 원함
8세 남아	칼을 함부로 사용	혼자 있을 때	집	날카로운 칼로 가구, 나무, 베개 등을 훼손
4½세 남아	교사에게 계속 징징거림	실내와 실외 놀이시간	유치원	교사 옆에 꼭 붙어있음. 아무도 놀아주지 않는다고 투덜대고 유치원이 지루하다고 칭얼거림
6세 학급	청소시간에 비협조적	오전 간식과 점심시간 후	유치원	마루를 쓸거나 식탁 닦는 것을 돕지 않고 여기저기 뛰어다니며 숨으려고 함

'바람직한' 행동 구체적으로 묘사하기

누가	무엇을	언제	어디서	어떻게
5세 여아	낯선 공간을 혼자서도 자신 있게 가기	낮 시간	집	아이가 낮 시간에 집안 곳곳을 돌아다니고 혼자 있을 수 있는 자신감 얻기 /어두울 때도 그러기를 기대하기에는 아직 어린 나이
8세 남아	칼처럼 날카로운 도구를 쓸모 있고 책임감 있게 사용	혼자 있을 때	집	칼과 끌을 이용한 나무 조각 채소 썰거나 과일 자르는 등 칼을 사용한 요리활동
4½세 남아	불평을 그만두고 놀이에 동참	실내와 실외 놀이시간	유치원	교사에게 매달리지 않기 다른 아이들과 어울리고 유치원 활동에 참여하고 일과를 즐김
6세 학급	청소시간에 협조	오전 간식과 점심시간 후	유치원	아이들이 즐겁게 비질하고 청소하기 / 아이들이 청소시간에 참여하고 적절하게 행동함

아이들에게 꼬리표를 달아서는 안 된다

문제행동을 위한 이야기는 '나쁜' 행동을 '좋은' 행동으로 만들거나 '못된' 아이를 '착한' 아이로 바꾸기 위함이 아니다. 이야기를 통해 행동이나 상황을 다시 건강하고 균형 잡힌 상태로 되돌려 놓으려는 노력일 뿐이다. 그 과정에 산파역을 담당하는 여러분에게 거듭거듭 당부하고 싶은 점은 아이들에게 꼬리표를 달지 않도록 주의해달라는 것이다. 사람들은 별 생각 없이 쉽게 꼬리표를 붙이곤 하지만 많은 경우 대단히 부정적인 결과를 초래한다.

    학교 교사들이 상황을 잘못 판단하여 한 아이에게 '거짓말쟁이'라는 꼬리표를 붙인 결과, 시간이 지나면서 아이가 '꼬리표에 따라' 성장한 경우를 본 적이 있다. 몇 년 뒤 상담교사와 면담하는 과정에서 그 아이는 이런 말로 속내를 밝혔다. "어차피 교실에서 발생한 모든 도둑질에 대해 의심을 받는데, 그럴 바엔 돈 쓰는 재미라도 좀 있어야 되지 않겠어요."

  이 책도 이야기마다 찾아보기 쉽도록 '욕심 많은', '게으른' '소극적인', '부산한' 등 흔히 부르는 이름에 따라 아이들의 행동을 범주화했다. 자칫하면 이런 범주가 아이의 품성 전체를 단정 짓거나 꼬리표를 붙이는데 이용될 수 있지만, 이는 전혀 의도하는 바가 아니다. 이런 범주는 또한 행동 상의 문제를 전체적인 맥락이나 관계의 일부가 아니라 아이의 '내면'에 있다고 생각하게 만들 위험이 있다. 이 또한 나의 의도가 아니다. 특정 행동의 문제는 오직 행동의 차원에서만 봐야지 결코 아이의 존재 자체로 혼동해서는 안 된다.

  또 하나 명심해야 할 것이 있다. 어떤 행동이 '좋거나 나쁜지', '적절하거나 부적절한지'에 대한 판단이 대단히 주관적이라는 점이다. 개인적 신념, 삶의 태도, 문화적 배경, 과거의 경험(가정교육 포함)에 따라 달라지기도 하고, 아이와의 개인적 친밀도로 인한 아이와 상황에 대한 이해가 더해지기도 한다. 따라서 개인의 경험을 다른 부모, 교사, 상담사와 같이 나눌 때 더 객관적인 시각을 얻을 수 있다.

불균형에서 균형으로

문제행동을 변형하거나 '치유'한다는 것은 '나쁜' 아이를 '착한' 아이로 바꾸는데 목적이 있는 것이 아니라, 부정적인 상황을 균형 있는 상태로 되돌리는(예를 들어 '부주의한'에서 '좀 더 조심스러운' 상태로, '어수선한'에서 '좀 더 단정한'으로, '부산한'에서 '좀 더 차분한'으로, '정직하지 않은'에서 '좀 더 정직한' 상태로) 연속하는 과정의 일부로 바라보아야 한다.

  4세 아이가 계속해서 조르고 징징거린다고 하자. 그 가족이 최근 이사를 했거나 동생이 태어나는 등 큰 변화를 겪었다면 아이가 새로운 환경과 상황에 적응하도록 도와주는 이야기가 가정생활이 다시 균형을 찾는 과정에 힘을 보탤 수 있다.(『새로운 건 다 싫어』 21장 299쪽)

  5세 반 아이들이 유치원 장난감을 함부로 집어 던지며 논다면, 장난감에게 생명을 불어넣는 이야기를 통해 사물을 소중히 여기고 조심성 있게 다루는 균형의 상태를 회복시킬 수 있다. 예를 들어 안아 주고 밥을 먹여 주면 행복해 하는 인형(함부로 던지지 않고)이나, 인형을 위한 저녁 식사를 만들 때 도와주면서 즐거워하는 작은 냄비와 숟가락(함부로 던지지 않고), 인형을 태우고 달리는 것을 좋아하는 자동차(함부로 던지지 않고) 등의 그림이 나올 것이다. 바깥 놀이 장난감들은 어떻게 할까? 공은 아이들이 바깥으로 데리고 나가 하늘에 닿을 듯 높이 던져줄 때 행복해 한다. 놀이가 끝나면 공은 다시 아이들 손에 안겨 실내로 들어와서 다른 장난감 옆에 놓인 자기 상자 속에 얌전히 들어간다. 장난감마다 노래가 있다면 어른들이 놀이시간에 불러줄 수도 있다.

 "나는야 작고 예쁜 인형(자동차 등), 누구든지 알지요,
  흔들흔들 안아 주는 건(쭉쭉 밀어주는 건) 아주 좋지만 던지는 건 정말 싫어요!"

6세 아이들이 빵부스러기나 종이부스러기를 계속 마당에 흘리고 다닌다면 『할머니와 당나귀』(11장 185쪽)를 들려주고 역할극을 하면 함부로 쓰레기 버리는 행동이 균형을 되찾을 수 있다. '자연의 아이'가 추하지 않고 아름답게 자라도록 돌본다는 은유는 아이들에게 깊은 인상을 심어줄 수 있다. 이런 이야기는 달라져야겠다는 스스로의 내적 깨달음을 통해 아이들 행동을 변화시킨다.

8세 아이가 계속 물건을 훔친다면 훔치는 행위와 그로 인한 결과를 상세히 묘사한 이야기를 들려줄 수 있다. 이야기는 아이가 행동과 그로 인한 결과를 균형 있고 주체적으로 이해할 수 있도록 도와준다.(『도둑질하는 개』10장 168쪽)

이야기를 매개로 '문제' 행동을 '바람직한' 행동으로 변형시키기

누가	무엇을	이야기	결과
5세 여아	집안 어디에서도 혼자 있기를 두려워함	밤에 하늘에서 내려와 아이 방 창문으로 들어온 '별 아이' 이야기. '별 아이'는 아이의 특별한 친구가 됨	엄마가 이야기 소품으로 '별 인형과 별 목걸이를 만들어 부엌에 걸어둠. 딸이 걸고 다니기 시작. 목에 건 다음부터 화장실을 혼자 가고 집안 곳곳을 혼자 다니기 시작함.
8세 남아	칼을 함부로 사용	주머니칼을 함부로 사용하고 그로 인해 안 좋은 결과가 계속해서 일어남을 보여주는 이야기. 그러다가 어떤 꿈을 꾸고 이제는 나무로 성을 조각(『주머니칼과 성』179쪽)	아이가 나무를 깎아서 무언가 아름다운 것을 만드는데 기쁨을 느끼는 경험. 주머니칼로 물건을 파괴하거나 망가뜨리기보다 쓸모 있는 물건 만드는 데 사용하도록 동기 부여.
4½세 남아	교사에게 계속 징징거림	징징거리는 데 정신이 팔려 길을 잃고 얕은 갯벌에 갇혀버린 아기 고래 이야기. 결국엔 고래의 노래를 이용하여 구출됨. (『떼쟁이 아기 고래』155쪽)	아이가 교사에게 달라붙을 때 이야기에 나오는 운율과 노래를 살짝 불러줌. 칭얼거리기보다 목소리를 긍정적으로 사용하게 됨. 운율과 노래를 따라 하기 시작. 서서히 교사로부터 떨어져 놀이에 참여.
6세 학급	청소시간에 비협조적	빗자루를 교대로 사용하는 세 요정 이야기 - 한 요정은 방해 받기를 싫어하고 또 한 요정은 너무 거칠고 빠르며 세 번째 요정은 조심성 있게 열심히 비질. (『꼬마 싸리 빗자루』312쪽)	교사가 이야기를 인형극으로 만들어 보여줌. 아이들은 색깔별 모자를 쓰고 이야기로 역할 놀이. 이는 놀이시간과 정리시간까지 연장됨 - '황금모자'의 행동을 즐겁게 여기고, 교사와 또래 집단이 이를 독려함.

양육의 씨실과 날실

이 책의 주된 목적은 이야기를 이용해서 직접 언급하지 않으면서도 문제행동을 효과적으로 치유하도록 돕는 것이다. 이 장에서는 여러 유형의 행동을 이해하고 상황의 본질을 파악하는 데 도움이 될 여러 가지 방법을 소개한다. 다음 장에서는 다양한 행동과 상황에 맞는 은유를 찾고 이야기를 구성하는데 도움이 될 이야기 얼개를 소개할 것이다.

　앞에서도 말했듯이 이야기는 문제행동을 개선하기 위한 수많은 방법 중 하나에 불과하며, 모든 문제의 해결책이 될 수도 없다. 전체 맥락을 이해하기 위해서는 양육이라는 '태피스트리(직물공예)' 속에 복잡하게 얽혀있는 씨실과 날실을 살펴야 한다. 이야기에는 태피스트리 속에서 찬란한 빛을 발하는 금실과 은실이 될 잠재력이 있다. 하지만 바탕을 이루는 실이 튼튼하지 않다면 태피스트리 자체가 찢어질 수 있다. 이런 '기초 작업' 없이 무작정 이야기로 치유해보겠다고 나선다면 이야기 가닥이 허공에 매달리거나 들인 노력에 비해 아무런 효과도 발휘하지 못할 것이다.

　씨실과 날실이라는 은유는 아이들 행동을 올바른 방향으로 지도하기 위한 통합적인 접근법이나 문제행동을 해결하기 위한 유용한 방법을 찾는 데 도움을 줄 수 있다. 튼튼한 날실이란 리듬, 반복적인 일과, 일관성, 수용, 존중, 현실적인 경계선, 준비와 조직 등 긍정적인 행동을 촉진하는 여러 가지 방법을 의미한다.(97쪽 표 참고) 창의적인 씨실에도 여러 가지가 있다. 이야기 들려주기라는 상상력의 실타래를 비롯하여 유머, 게임, 노래, 운율, 가정의 특별한 의식, 축제, 공동체 행사 등 창의적인 씨실은 양육이라는 태피스트리에 아름다운 색과 다채로운 무늬를 더해 준다.

사실 양육이라는 태피스트리와 그것을 이루는 다채롭고 풍성한 씨실과 날실에 대해 자세히 이야기하려면 따로 책 한 권은 써야 할 것이다. 그러나 이 책에서는 치유이야기라는 반짝반짝 빛나는 단 한 가닥의 씨실에만 집중하고자 한다. ◑

5 이야기 쓰기를 위한 기본 얼개

이미 여러 번 언급한 것처럼 치유이야기 쓰기의 기본 구조는 '은유'와 '여정', '해결'의 세 부분으로 구성되어 있다. 이야기를 직접 쓰려는 독자를 위해 이제부터 세 요소를 하나씩 살피면서 그 특징을 밝혀 볼 것이다. 하지만 완성된 이야기 속에는 모든 요소가 유기적으로 잘 녹아있어야 한다.

당연히 이런 얼개는 무수히 많은 방법 중 하나에 불과하다. 부디 이를 유일한 지침으로 받아들이지 말고 이야기 쓰기의 출발점 정도로 삼기를 바란다. 이 틀을 이용해서 기존 이야기를 분석해보는 것도 좋다. 그런 경험도 자신만의 새로운 이야기를 만드는 과정에 큰 힘이 될 수 있다.

시작하기 전에 먼저 목표하는 바를 명확히 해둔다. 그런 다음 이야기를 끌고 갈 전체 은유를 신중하게 선택한 뒤, 상황 및 아이 연령에 맞는 여정이나 탐색 과정을 짠다. 이 때 명심해야 할 점이 있다. 결코 도덕적 교훈을 늘어놓거나 죄책감을 유발시켜선 안 된다! 치유이야기의 목적은 단지 현재 상황을 보여주고, '상징'이나 '여정'을 통해 행동을 개선하기 위해 아이가 수용할 수 있는 방법 또는 현실적 해결책을 제시하는 데 있다. 치유이야기에는 듣는 이가 스스로 결론을 자유롭게 내릴 수 있는 여지가 될수록 많아야 한다. 그래야만 벤 오크리의 표현대로 '이야기의 힘'이 '눈에 보이지 않는 침묵 속에서' 제 일을 할 수 있기 때문이다.

은유

은유[01]는 치유이야기에서 대단히 중요한 요소다. 은유는 듣는 사람이 이야기의 그림 속으로 들어가게 해주는 연결고리다. 이야기 여정에서도 지대한 역할을 차지하며, 부정적인 역할(방해물, 행동 또는 상황을 불균형에 빠뜨리는 유혹 등)과 긍정적 역할(행동 또는 상황에 균형과 온전함을 되찾아주는 조력자 또는 안내자)을 동시에 수행하는 경우도 많다. <이야기 속의 '은유'>라는 제목의 도표(103쪽)에 소개한 몇 가지 사례 중 하나를 예로 살펴보자.

    다른 아이를 자꾸 꼬집는 아이를 위해 쓴 이야기 속에 상상적인 은유가 하나도 없는 경우를 떠올려 보자. 다시 말해 친구들이 "이제 너랑 안 놀아"하고 거부하자 꼬집는 행동을 반성하고 그 행동을 그만둔 아이가 있다는 상황을 날것 그대로 들려주는 것이다. 듣는 이를 상상 속으로 '올려 보내' 줄 은유가 없기 때문에 아이들은 이야기를 들으면서 선생님이 누구 얘기를 하시는 걸까 이리저리 생각을 굴리곤 한다. 그러다가 이야기 중간에 불쑥 어떤 아이가 "레베카랑 똑같아, 레베카도 꼬집기쟁이잖아!"하고 큰 소리로 끼어들게 된다.

    이번엔 은유를 이용해서 이야기를 구성해보자. 먼저 적절한 '은유'를 찾는 것이 이야기 만들기의 지름길이다. '꼬집는 아이는 집게발을 휘두르는 게와 비슷하다.' 여기서 '~처럼'이나 '~와 비슷하다'를 덜어내면 이야기가 시작된다.

---

01 은유란 하나의 사물을 다른 사물로 보는 것을 의미한다. 반면 직유는 하나의 사물을 다른 사물과 의식적으로 비교하기 때문에 '~같은'이라는 단어를 사용한다. 낭창한 나뭇가지에 대한 은유는 '그 나뭇가지는 춤추는 발레리나다.'가 될 것이다. 좀 더 거리를 두고 떨어져서 보는 태도를 지닌 직유에서는 '그 나뭇가지는 춤추는 발레리나와 같다.'로 표현한다.

"옛날에 아기 게 한 마리가 살았어요. 그 게는 친구가 별로 없었답니다. 걸핏하면 심술을 부리고 집게발로 꼬집고 상처를 내기 때문에 친구들이 싫어했거든요."

이제 문어나 불가사리, 갈매기와 같은 '방해물' 은유가 들어온다. 이들은 자꾸 꼬집는 게에게 화가 나서 골탕 먹일 궁리를 하는 친구들이다. 다음으로 거북이가 현명한 조력자로 등장한다. 이야기 여정 중에 또 다른 '조력자' 은유가 등장한다. 게의 집게발을 따뜻하고 포근하게 감싸 주는 해초로 만든 벙어리장갑이다. 이야기의 '해결'은 게가 집게발을 함부로 휘두르지 않아야겠다고 '스스로 노력'하는 것이다. 시간이 지나면서 해초 장갑은 낡아서 여기저기 찢어지고 급기야 어느 날 파도에 쓸려가버리지만 이제는 장갑이 없어도 친구들을 꼬집지 않고 같이 놀 수 있게 된다.

『꼬집기쟁이 게』(16장 233쪽)는 상담사와 교사가 들려주어 실제로 효과를 본 이야기다. 교실에서 처음 이야기를 들려주었을 때 '꼬집힌' 아이가 교사에게 '꼬집는' 친구에게 장갑을 주면 어떻겠냐고 물었고 '꼬집는' 아이는 선뜻 손을 내밀며 장갑을 끼었다. 이야기에서 장갑을 벌이 아니라 긍정적인 방식으로 제시하기 때문이다.

오른쪽 도표에서 이 책에 실린 치유이야기 몇 편에 나오는 은유를 정리했다. 하지만 어디까지나 참고자료일 뿐이다. 상상이라는 은유의 특성으로 인해 쉽게 범주화할 수 없기 때문이다. 예를 들어보자. 『브라우니 요정』에는 '방해물'이자 '조력자'인 은유가 나온다. 처음에 수수께끼는 일종의 방해물이었지만 일단 풀고 나자 아이 자신이 집안일을 도울 요정이라는 새 역할을 깨닫도록 도와준다. 『템베의 장화』에는 방해물이 없다. 쉬는 시간이 되면 장화는 교실 밖에서 얌전히 기다려야한다는 작은 변화가 있을 뿐이다. 여정 역시 그저 장화 두 짝이 '친구처럼 나란히'라고 되풀이하는 것이 전부다.

　　　　이야기에서 은유가 어떻게 쓰이는지 이해했다면 연습 삼아 이 책에 나오는 이야기를 골라 읽고, 아래 도표에 있는 빈 칸에 방해물과 조력자를 적어보기를 권한다.(방해물이나 조력자 어느 쪽에도 들어맞는 은유가 없는 이야기도 있을 것이다)

이야기 속의 '은유'

이야기	장애물, 유혹자, 유혹	도와주는 존재, 조력자
『왕이 될 아이』 328쪽	성벽, 부러진 뼈, 캄캄한 방	지혜로운 여인, 거울, 햇빛, 왕자의 황금왕관. '왕이 되기 위해 태어난'
『할머니와 당나귀』 185쪽	시골에서 도시로 이사, 사람들이 자연과 멀어짐, 거리에 쓰레기 버리기	할머니, 자연의 아이, 당나귀, 어린이들
『심술쟁이 펠리컨』 211쪽	항상 욕심을 부림, 음식을 쉽게 얻을 수 있음	펠리컨 부모의 조언, 친절한 어부, '펠리컨'이 정말로 해야 할 일 기억하기!
『욕심쟁이 주머니쥐』 195쪽	바우어 새, 반짝이는 '인간의' 보물, 들어가 숨을 수 있는 속이 파인 나무, '물건' 담는 주머니	자연의 아름다움, 엄마, 이슬방울, 아기 주머니쥐가 들어가는 주머니
『도둑질하는 개』 168쪽	형제 중 가장 작은 들개, 붉은 먼지, 배고픔, 뼈 동굴	먼지를 씻어주는 비, 아기 들개의 양심
『빛의 정원』 190쪽	'나몰라 왕', 보물 광산과 보물 성, 높은 돌 벽, 회색으로 바랜 공	베 짜는 요정, 자연물로 짠 천, 빛나는 황금 공, 어린이들
『떼쟁이 아기 고래』 155쪽	집단에 대한 소속감 상실, 암초, 얕은 바다, 조수가 빠져나감	고래 노래의 기억, 고래 떼, 큰 파도
『브라우니 요정』 040쪽	짜증내는 아버지, 어두운 숲속으로의 여행, 올빼미와 수수께끼	할머니, 올빼미와 수수께끼, 자기가 도와야 함을 소년 스스로 깨달음
『템베의 장화』 178쪽		작고 빨간 장화, '친구처럼 나란히'의 반복

적절한 은유를 고르는 요령

특정 행동에 관한 이야기를 쓸 때는 비슷한 행동을 하는 동물, 새, 곤충, 물체에서 주인공에 대한 은유를 찾는 것도 좋은 방법이다. 예를 들어 꼬집거나 물어뜯는 게(아기 양이나 비둘기는 꼬집기 은유로는 별로 효과가 없다), 성가시게 하는 펠리컨, 잠시도 가만히 있지 못하는 망아지, 할퀴는 고양이, 시끄러운 땅속 난쟁이 등은 행동 특성과 잘 어울리는 경우다.

    특정 아이에 대한 이야기를 쓸 때는 그 아이가 좋아하는 동물이나 장난감, 또는 아이의 주변 환경에서 단서를 구한다. 아이가 개나 말, 바다나 돛단배를 유독 좋아하는가? 사는 곳이 강가나 숲인가, 아니면 고층 건물이 밀집한 도시인가? 학교 가는 길이나 근처 숲 또는 바닷가에서 어떤 풍경을 만나고 어떤 경험을 하는가?

    특정한 아이가 아니라 학급 전체를 대상으로 하는 이야기라면 수업내용이나 학교 주변 환경에서 은유가 될 것을 찾는다. 학교 마당에 시끄러운 소리를 내는 새와 아름답게 노래하는 새가 함께 있고, 교실에도 아주 시끄러운 아이가 있다고 하자. 여기서 다른 사람의 말에 귀 기울이지 않는다는 주제의 이야기가 나올 수 있다. 아무데나 침을 뱉는 아이가 있다면 그런 행동을 최근 학교 정원에 물 뿌리는 호스를 새로 산 것과 연결시킬 수 있다. 유쾌하고 유머러스한 분위기의 이야기에서 호스는 처음에는 아무데나 물을 찍찍 뿜어대다가 울타리 밖에 서 있는 이웃 아저씨나 사무실에서 일하는 사람까지 젖게 만든다. 결국 정원사는 물을 뿌려서는 안 되는 때와 장소가 있다는 것을 깨달을 때까지 수도꼭지를 잠그고 호스를 둘둘 말아 창고에 치워 놓는다.

은유를 찾는 요령이라고는 하지만 사실 분명한 법칙 같은 건 없다. 이야기란 본래 '규칙'과 전혀 어울리지 않기 때문이다! 때로는 유머가 큰 효과를 발휘하기도 한다. 도둑질이 주제라면 '끈끈이 손가락'이라는 은유(이 은유를 주인공 이름으로 삼을 수도 있다)를 이용해서 도둑이 손을 댄 모든 사물이 몸에 붙어버리는 통에 갖가지 기상천외한 모험을 겪는 이야기를 만들 수 있다. 때로는 은유가 '낯설어서' 아이들이 호기심을 보이는 경우도 있다. 손가락 빠는 아이에 대한 이야기를 만들 때, 항상 손가락이나 발가락을 빨고 있는 (그 때문에 제일 잘 익고 제일 맛있는 과일을 먹을 기회를 번번이 놓치는) 원숭이를 은유로 선택한다면 추운 북쪽 나라에 살아서 원숭이를 한 번도 본 적 없는 아이에게 좋은 효과를 나타낼 수도 있다.

은유를 택할 때는 논리보다는 상상력과 창의력을 통한 '수평적 사고'가 필요하다. 한번은 동료가 엄마가 아무 말 없이 멀리 떠나버렸고 언제 돌아올지 아무도 모르는 상태인 아이를 위해 이야기를 쓴 적이 있다. 그 아이가 좋아하는 동물이 있더라도 이 이야기의 은유로 엄마 동물을 택하기란 매우 어려운 상황이었다. 동물 세계에서는 엄마가 새끼를 혼자 두는 경우가 극히 드물기 때문이다. 그래서 동물 대신에 달(엄마)과 별들(아기들)을 은유로 선택했다. 동료는 『엄마 달』(26장 352쪽)에서 밤하늘에 떠 있는 아기별들을 이야기의 중심으로 삼았다. 이야기 속에서 아기별들은 엄마 달이 돌아올 때까지 반짝반짝 빛날 수 있도록 열심히 몸을 닦는다. 이 이야기는 아이뿐만 아니라 주변 가족들에게도 힘이 되었다. 엄마가 돌아올 때까지 모두가 더 강해져야 하는 상황이었기 때문이다. 엄마가 꼭 돌아오리라는 약속으로 이야기를 마무리하지 않으려 특별히 주의를 기울였다. 다행히 아이 엄마는 5개월 뒤에 돌아왔다.

은유 또는 이야기 씨앗

은유는 이야기 안에서만 쓰이지는 않는다. 독립적으로 사용할 때도 힘이 있지만, 이 사실이 너무 명백해서 오히려 알아채지 못하는 경우가 많다. 은유 또는 '이야기 씨앗'은 행동 변화에 도움을 주는 훌륭한 도구가 될 수 있다. (이에 관해선 1장에서 '마법의 그네 띠'와 '폭포'를 예로 들어 설명했다)

큰아들 키이런이 다섯 살 때 처음으로 치과에 가야했다. 아이는 아무렇지 않았지만 나는 오히려 바짝 긴장하고 있었다. 치료 때문에 치과에 간다는 생각만으로도 어린 시절 아팠던 기억이 떠올랐기 때문이다. 반면 키이런은 아주 신이 났다. 커다란 진료의자에 기어 올라가더니 기대에 찬 표정으로 입을 크게 벌리고 진료를 받았다. 나이 많은 인도 출신 남자 의사는 아이에게 "네 치아 중 하나는 이를 튼튼하게 해주는 은빛 별의 도움을 받아야겠구나."하고 말했다. 은빛 별을 입 안에 집어넣을 때 약간 아플 수도 있지만 별은 거기에서 오랫동안 살면서 약한 이를 잘 보살펴 줄 것이라고 덧붙였다. 그러곤 "그렇게 해도 괜찮겠니?"하고 아들에게 물었다. 큰아들은 동의한다는 의미로 힘차게 고개를 끄덕였고 치료가 시작되었다.

그 경험은 내게 은유의 힘에 대한 멋진 가르침을 주었다. '은빛 별'이라는 은유는 아이가 충전재 씌우는 시술을 기꺼이 받아들이게 하는 역할을 했다. 일 년 뒤 다시 치과에 갈 때도 아이는 전혀 긴장하지 않았다. 덕분에 싫다는 아이를 억지로 데리고 가기 위해 애를 쓸 필요가 없었다. 딱 하나 힘들었던 건 둘째 아들이 자기는 별이 없다고 심통을 부린 것뿐이다! 원래 갖고 온 이가 튼튼한 게 제일 좋고 그렇지 못할 때만 은빛 별을 초대하는 거라고 애써 아이를 달래야만 했다.

　시인, 작가, 정치인 들도 강력한 메시지를 전달하고 싶을 때 은유 또는 '이야기 씨앗'을 사용한다. 일상생활에서도 사람의 성격을 묘사할 때(개미처럼 부지런하다, 구렁이 담 넘어 가듯 한다)나 상황의 어려움을 강조하고 싶을 때(벌집을 쑤신다, 호랑이를 잡으려면 호랑이 굴로 들어가야 한다, 긁어 부스럼을 만든다) 흔히 사용한다. 교사회의에서 한 교사가 "이 문제가 해결될 때까지 이 잡듯 뒤져봐야 해요!"라고 얘기할 수도 있다. 마음속에 표상을 떠올리게 하는 이런 표현이 강력한 인상을 남기는 경우가 많다. 이렇듯 은유는 언어생활 속 어디에나 존재하지만, 지나치게 사용하면 독창성과 생동감을 잃은 진부한 표현이 되기 쉽다. 시인과 창조적 이야기꾼은 언어에 새로운 감동과 무늬를 부여하여 언어 자체를 되살리고 활력을 불어넣는 사람이기도 하다.

　여러분도 자녀들에게 은유를 좀 더 의식적으로 사용해보기를 권한다. 힘들다고 느끼는 아이의 행동 하나를 찾아보라. 간단한 예로 장난감 정리가 있다. 표상이나 은유로 어떻게 상황에 변화를 줄 수 있을까? 먼저 깔끔하고 단정한 성격을 가진 주인공을 찾는다. 동물? 곤충? 꼬마 요정? 주인공을 선택했으면 청소시간에 아이가 부를 짧은 시를 만들어 본다. (예를 들어 "정리해요, 정리해요, 부지런한 꼬마 요정, 제자리에 나란히 선반 위에 나란히…") 이제 이 은유와 시를 짧은 이야기로 확장한다. 먼저 집안을 어지럽히는 한두 가지 '방해물' 은유가 나오고 뒤이어 '조력자' 은유(먼저 지은 시에 나온 조력자)가 등장해 방이나 집을 다시 '단정'한 상태로 회복시킨다.

여정

여정은 치유이야기에서 뼈대가 되는 부분이다. 여러 가지 사건이 일어나면서 '긴장'이 형성되고, 행동의 '불균형'이 절정에 달한 뒤 다시 건강하게 해결되는 과정이다. '방해물'과 '조력자' 은유는 여정과 긴밀하게 연결된다. 보통 '방해물' 은유가 들어오면서 긴장과 갈등이 생겨나고 '조력자' 은유를 통해 문제를 해소한다.

    3, 4세 아이를 위한 이야기에서는 비슷한 사건이 반복되거나, 시작부터 끝까지 하나의 노래나 시가 계속 등장하는 식으로 '여정'을 가능한 한 단순하게 만든다. 『달팽이와 호박』(20장 289쪽)에서 달팽이는 호박 산을 넘어가는 내내 같은 노래를 반복해서 부른다. "느릿, 느릿, 느릿, 느릿, 달팽이가 기어가요." 청소시간 참여를 높이기 위해 쓴 『꼬마 싸리 빗자루』(22장 312쪽)에서는 '여기도 먼지, 저기도 먼지' 시를 반복하면서 여정에 긴장을 고조시킨다. 이 시를 세 번 정도 듣고 나면 아이들은 먼지를 비로 깨끗이 쓸어내는 긍정적인 해결을 고대하게 된다.

    긴장을 조성하는 또 다른 방법은 비슷한 사건을 반복하면서 등장인물을 한명씩 추가하는 (흔히 '점층식' 구조라고 부른다) 것이다. 여기서는 하나의 사건이 확장되면서 사건이 전개되기 때문에 반복이 이야기 구조의 핵심을 이룬다. 유명한 옛이야기『커다란 순무』가 좋은 예다. 어린 소년이 순무를 뽑으려고 애를 쓰다가 엄마를 부르고, 엄마는 할아버지를, 할아버지는 토끼를, 토끼는 쥐를, 마지막으로 쥐는 애벌레를 부른다. 이 이야기는 세계 곳곳에서 각자의 문화에 따라 무수히 각색되었다. 인물의 누적이 없었다면 '한 소년이 텃밭에 가서 순무를 뽑았다'는 지극히 사소한 사건의 진술에 지나지 않을 것이다.

큰 아이들을 위한 이야기의 '여정'에는 더 많은 요소가 들어가기 마련이다. 뭔가를 찾기 위한 탐색과 그 과정에서 만나는 몇 가지 반전 또는 과제가 등장한다. 『브라우니 요정』(2장 40쪽)에서는 여정 중에 일어나는 시련과 반전이 독자를 이야기 속으로 빠져들게 한다. 만약 할머니가 "네가 브라우니 요정이 되어야 한다."고 직접 말했다면 아이는 그 말을 귀담아 듣지 않았을 것이다. 이야기 여정은 아이가 올빼미를 만나러 숲으로 들어가게 하고, 수수께끼를 풀기 위해 달밤에 호수를 찾아가게 한다.

더 복잡한 여정은 『신데렐라』나 『백설 공주』같은 유명한 동화에서 찾을 수 있다. 이 책에 실린 『보이지 않는 사냥꾼』이나 『빛의 정원』도 그런 경우에 속한다.

복잡한 구조를 가진 이야기에서 주제, 긴장, 여정을 분명히 느끼고 싶다면 어린이를 위한 이야기를 많이 읽어 보기를 권한다. 세계 각국의 민담을 될 수 있는 대로 많이 읽어 보라. 훌륭한 이야기가 다양하게 모여 있는 웹 사이트도 있다.(404쪽 참고)

해결

치유이야기에서 '해결'이란 망가지고 균형이 깨진 상황이나 행동이 조화와 균형을 회복하는 것이다. 중요한 것은 긍정적이며 미래지향적인 동시에 죄의식을 유발하지 않는 해결이어야 한다. 『꼬집기쟁이 게』에서 꼬집기는 균형을 잃은 행동이며 친구들이 받아들일 수 없는 행동이다. 거북과 해초 장갑의 도움에 꼬마 게 스스로의 노력이 더해지면서 행동은 균형을 회복한다. 꼬마 게가 자기 행동에 대해 죄의식을 갖게 하는 사건이나 발언은 없다. 이야기 여정이 스스로 결심한 해결에 이르도록 자연스럽게 이끈다.『심심한 개코원숭이 음토토』(9장 152쪽)에서 가족들은 아이가 밖에 나가 놀도록 많은 애를 썼지만 아무 소용이 없었다. 아기 원숭이가 노는 데 관심이 없다는 것은 분명 균형을 잃은 상황이다. 가만히 앉아서 아무것도 안 하고 싶어 하는 아기 원숭이를 상상할 수 있는가? 아기 원숭이가 사냥꾼이 쳐 놓은 덫에 갇히면서 균형 잃은 행동으로 인한 긴장은 최고조에 이른다. 그러다가 도움을 받아 풀려난 원숭이가 마음껏 달리고 뛰고 논다는 해결에 이르러서야 원숭이와 듣는 아이들 모두 큰 안도의 한숨을 내쉰다.

해결은 맨 마지막에 등장하지만 사실 이야기를 구상할 때는 제일 먼저 생각해 두어야 할 부분이다. 해결이 명쾌하지 않으면 은유와 여정이 무엇을 향해 가는지 알기 어렵다.

상황과 행동마다 접근 방법이 달라야 한다. 어떤 경우엔 해결을 돌려서 말하지 않고 분명하게 제시한다. 예를 들어, 끊임없이 칭얼대는 아이를 위한 이야기에서 해결은 목소리를 징징거리는데 쓰는 대신 좀 더 의미 있게 사용하는 것이다.『떼쟁이 아기 고래』(9장 155쪽)에서 아기 고래는 결국 아름다운 고래 노래를 부르는데 목소리를 사용하는 법을 배우게 된다.

『도둑질하는 개』(10장 168쪽)의 해결 방식은 조금 복잡하다. 이야기는 연이은 도둑질을 통해 듣는 이를 '뼈 동굴'로 점점 깊이 끌어들였다가 비가 내려 거짓말의 가면을 씻어 내는 것으로 끝난다. 여기서는 부정직한 행동이 외부에서 부과한 처벌이 아니라 주인공의 양심을 통해 정직한 행동으로 바뀌는 것이 해결이다.

부모가 이혼한 아이를 위한 이야기에서는 이렇게 명확한 결말이 나오지 않는다. 이 경우엔 좀 더 신중한 접근이 필요하다. 이야기가 현실 이상의 것, 즉 부모가 다시 화해할 수도 있다는 암시를 주어서는 안 되기 때문이다. 적절한 해결을 찾기 위해 몇 가지 질문을 해야 할 수도 있다. "부모가 아이와 잘 소통하고 시간을 같이 보내는가? 가족 관계에서 한 부모의 존재가 완전히 지워졌는가?" 이런 이야기는 부모에게 스스로 일관성이 필요하다거나 아이에게 필요한 것을 중심에 두어야겠다는 식으로 자신의 문제를 깨닫고 행동을 바꾸는 계기가 되기도 한다. 서로 다른 마당에서 자라는 두 그루의 나무 이야기도 가능할 것이다. 아이는 양쪽 마당 어디서든 놀고 두 나무는 아이의 머리 위로 시원한 그늘을 드리워 준다. 아이는 리듬에 맞춰 열리는 특별한 문을 통해 이쪽 마당에서 저쪽 마당으로 넘어갈 수 있다. 특별한 노래에 맞춰 문이 열리고 닫히게 하는 건 어떨까? 한쪽 부모와 시간을 보낸 아이를 상대편에게 데려다 주면서 이 노래를 불러준다면, 그럴 때 아이가 느끼기 쉬운 불안을 조금이라도 줄일 수 있을 것이다. 눈부신 햇살이 나뭇잎 사이로 비쳐 들어오면서 각기 다른 시간에 양쪽 마당을 환히 비춘다는 은유를 넣을 수도 있다. 양쪽 나무의 가지 일부가 울타리 너머까지 길게 뻗어 서로 얽혀있다고도 묘사할 수 있다. 부모 사이가 나쁜 경우라면 두 나무는 양쪽 마당 구석에 멀리 떨어져 있고, 특별한 문이 유일한 통로라고 할 수도 있다. 이처럼 상황에 맞는 이야기의 해결을 찾아내는 과정 자체가 아이뿐 아니라 부모와 치료사, 교사의 마음을 어루만져 주는 기회가 되기도 한다.

시한부 선고를 받은 아이에 대해 환자가 병이 나아 오래오래 행복하게 살았다는 이야기를 만드는 것은 적절하지 않다. 이런 경우 이야기 쓰는 사람은 듣는 이를 지상이 아닌 더 높은 곳 또는, 다른 곳으로 데려가는 것으로 마무리하는 더 큰 그림을 그리려고 노력할 책임이 있다. 부모가 자녀를 위해 이야기를 쓴다면 당연히 가족의 종교나 철학적 신념이 반영될 것이다. 교사나 치유사가 이야기를 쓸 때도 가족의 믿음을 고려해야 한다. 『비단 꼬물이 이야기』(24장 331쪽), 『시냇물과 사막과 바람』(24장 334쪽), 『하늘하늘 날개 나비』(24장 341쪽)를 참고 하라.

치유이야기 분석

다음 도표를 이용해서 은유, 여정, 해결의 구조에 따라 기존 이야기를 분석해 보자. 분석 연습은 이야기 구조를 분명히 파악하거나 새로운 이야기를 짜는데 도움이 된다. 도표1(113쪽)에는 흔히 보이는 문제행동에 대한 이야기, 도표2(114쪽)에는 특정 상황을 위해 쓴 이야기 몇 편을 골라 적었다. 도표를 최대한 활용하는 방법으로 한 번에 한 이야기씩 살피면서 빈 칸을 채워 볼 것을 제안한다. 우선 해당 이야기를 읽고 다시 도표로 돌아와 빈 칸을 채운다.
　　이 책 뒷쪽에 두 도표의 빈 칸을 모두 채운 〈이야기도표 완성본〉을 실었다.(399,400쪽) 물론 정답이나 오답 같은 건 존재하지 않으며 어디까지나 하나의 예시에 불과하다. 예시와 다르게 연결할 수도, 알아차리지 못한 은유나 해결을 발견하는 경우도 있을 것이다. 아무것도 써넣지 않은 빈 도표3(115쪽)은 각자 또는 몇 명이 함께 새로운 이야기를 분석할 때 복사해서 이용한다.

치유이야기 분석 - **일반적인 유형**의 행동 (도표1)

이야기	은유	여정	해결
『템베의 장화』178쪽	작은 빨간 장화 '친구처럼 나란히'	한 쌍의 장화가 매일 겪는 모험 묘사(여러 가지 반복과 함께)	쉬는 시간에 장화를 벗으면 함부로 던져두지 않고 가지런히 놓는다.
『할머니와 당나귀』185쪽			
『꼬마 싸리 빗자루』312쪽			
『왈가닥 붉은 조랑말』286쪽			
『떼쟁이 아기 고래』155쪽			
『참을성 없는 얼룩말』216쪽			

치유이야기 분석 - **구체적인 상황** (도표2)

이야기	은유	여정	해결
『아기 코알라』 354쪽	나무(세계) 자라느라 배고픈 아기 지치고 피곤한 엄마 싱싱한 나뭇잎 높은 쪽 가지	엄마와 아이가 나무에 있는데, 엄마는 잠이 들고 배고픈 아기는 혼자서 싱싱한 나뭇잎을 향해 나무를 기어올라간다	어린 코알라는 엄마를 떠나 혼자 세상 속으로 나갈 수 있을 정도로 강하고 용감해진다.
『꼬집기쟁이 게』 233쪽			
『주머니칼과 성』 179쪽			
『왕이 될 아이』 328쪽			
『구름 소년』 54쪽			
『파란 꼬마 수건』 277쪽			

치유이야기 분석 (도표3)

이야기	은유	여정	해결

이야기 쓸 때의 마음가짐

나이로비에서 열렸던 이야기 강좌 수강생 중에 'SOS 어린이 마을'에서 일하는 사람이 있었다. 강좌 끝 무렵 내게 얼마 전에 들어온 실비아라는 아이를 위해 이야기 하나를 써줄 것을 부탁했다. 실비아는 마을이 폭격을 받아 가족 전부가 죽고 다섯 살의 나이에 천애고아가 된 상황이었다.

너무 엄청난 일이라 일단 "죄송하지만 제가 할 수 있는 일이 아닙니다."하고 거절한 뒤, 그토록 끔찍한 일을 당한 아이에게 이야기가 무슨 의미가 있겠냐고 물었다. 수강생은 계속 부탁했다. "치료까진 아니더라도 조금은 힘이 될지 모르잖아요."

호주로 돌아온 다음에 조금이라도 도움이 되길 바라는 소망을 담아 짧은 이야기를 써서 케냐로 보냈다.(『실비아의 인형』24장 340쪽) 얼마 뒤 답신이 왔다. 담임교사가 실비아에게 이야기를 들려주었고, 놀이나 다른 사람과의 관계가 훨씬 나아졌다는 소식이었다. 이야기를 들은 다음 날 아침 실비아가 일어났을 때 금색 은색실로 수놓은 멋진 드레스를 입은 인형이 침대에 놓여있었고, 인형은 실비아의 특별한 친구가 되었다고 했다.

이 일은 큰 깨달음을 주었다. 아무런 해결책이 없는 상황에서도 이야기가 아주 조그만 도움을 주기도 한다는 것이다. 그럴 수만 있다면 충분히 해볼 만한 일이 아닌가! 항상 이런 마음가짐으로 이야기를 만들다보면 가끔은 정말로 '치유'의 축복이 일어나기도 한다. 비록 '치유'이야기를 소개하고는 있지만, 독자들이 이야기 효과에 대한 과도한 기대보다 조금이라도 '도움을 주려는' 선한 의지를 마음에 품는 것이 중요하다고 믿는다.

이야기 소품

위에 소개한 『실비아의 인형』은 '소품'을 사용함으로써 이야기가 가진 치유의 힘이 배가된 경우다. 치유이야기에서 이처럼 가끔 소품이 필요한 상황이 있다. 소품이라고 해서 돈을 주고 물건을 구입해야 할 필요는 없다. 오히려 손으로 만든 소박한 물건이 훨씬 효과도 좋고 의미가 있다. 노란색 양모를 손가락으로 엮어 만든 끈은 왕자를 위한 황금 왕관이 되고, 펠트(양모를 가공해서 만든 천)를 바느질해서 만든 고깔은 브라우니 요정의 모자가 되며, 마법의 가죽 반지나 색칠한 나무 방패는 괴롭힘 당하는 아이를 위한 '보호막'이 된다.

한 상담사는 악몽을 자주 꾸고 낮에도 부모가 없으면 무서워서 방에 들어가지 못하는 5세 아이를 위해 이야기를 들려주면서 소품을 사용해 효과를 강화했다. 이야기에서 '별 아이'는 밤에 창문으로 아이의 침실에 들어와 특별한 친구가 된다. 아이 엄마는 이야기 소품으로 '별 인형'을 만들어서 아이 방 창문 아래 걸어두었다. 상담사의 제안에 따라 엄마는 작은 별 목걸이도 함께 만들어서 부엌에 걸어두었다. 엄마는 딸에게 목걸이를 걸고 집 안을 혼자 돌아다녀보라고 했다. 별 목걸이를 목에 건 아이는 드디어 화장실을 혼자 가고 집 안을 탐색하기 시작했다.

'창의적 양육' 강좌에 참석한 한 엄마는 최근 학교 가기 싫다며 불평하는 일곱 살 아이에게 소품을 사용하여 효과를 보았다. 엄마가 새로 옮긴 직장일로 출장이 잦았고, 아빠가 집에서 아이를 돌보는데도 매번 아이가 불안해 했다. 엄마는 꼬마 바람 요정 이야기를 만들었다. 바람 요정은 산 넘고 숲을 지나 친구에게 소식을 전해주고 받아 오는 일을 했다. 엄마는 출장에서 돌아올 때마다 바람요정의 새로운 모험을 들려주었고, 펠트에 바느질을 해서 하얀 날개가 달린 꼬마 인형을 만들었다. 인형은 호주머니에 쏙 들어갈 정도로 작았기 때문에 아이는 학교에도 데리고 다니면서 하루 종일 인형에게 이런저런 소식을 속삭였다. 바람 요정은 엄마가 없을 때 아이에게 필요한 안정감을 주었다.

자기 방, 자기 침대에서 자려 하지 않는 5세 남자아이 때문에 애를 먹던 부모가 있었다. 갓 태어난 어린 동생 때문에 엄마, 아빠 모두 잠이 모자랐는데 갓난아이에 더해 다섯 살 큰 아이까지 데리고 자는 것이 부모에게 부담스러운 상황이었다. 아이 엄마는 공원에서 열린 '수공예와 이야기 모임'에서 이런 고민을 털어놓았다. 다음 며칠 동안 엄마는 수공예 모임에서 만들기 시작한 작은 직조 천에서 영감을 받아 이야기를 하나 썼다. 하늘에서 별 하나가 어느 집 마당에 떨어졌는데 그 집 아이가 별을 발견한다. 별이 고향인 하늘나라로 돌아갈 수 있도록 도와주고 싶었던 아이는 마당에서 색깔 있는 것들을 모아 무지개 양탄자를 짰고, '마법' 양탄자에 별을 태워 다시 하늘나라로 날아가게 해주었다. 그 뒤로 마법 양탄자는 아이의 베개 밑에 살면서 매일 밤 아이를 새로운 꿈속 모험 세상으로 데려다주었다.

이야기를 듣고 잔 다음 날 아침 아이는 베개 밑(물론 자기 침대의 베개였다)에서 마법의 양탄자를 발견했다. 엄마가 아이를 위해 몰래 짠 직조 천이었다. 얼마 뒤 내가 그 집을 방문했을 때 부모는 안도의 한숨을 쉬며 아들이 이제는 자기 침대 옆 탁자에 '마법의 양탄자'를 소중하게 올려놓고 잔다고 귀띔해 주었다.

『꼬집기쟁이 게』도 소품이 필요한 이야기다. 친구를 꼬집는 아이에게 꼬집는 손가락을 감쌀 포근한 장갑이나 토시를 선물하는 것이 야단치는 것보다 훨씬 좋은 방법이 아닌가! 소품은 아이들에게 이야기 들려줄 때도 유용하다. 소품을 사용할 때 효과가 좋은 이야기들은 따로 소개해 놓았다. (30장 참고)

특정 상황에 집중하기

이야기 만들 때 흔히 범하는 오류 중 하나는 주제나 행동을 지나치게 일반화하는 것이다. 따라서 특히 초보자들에게는 다루려는 행동의 구체적이고 특정한 상황에 집중할 것을 당부하고 싶다. 그래야 상황에 맞는 이야기 여정을 짤 수 있기 때문이다.

예를 들어 '공격적인' 행동에 관한 이야기를 만들고 싶다면 먼저 그 행동이 어떤 상황에서 일어나는지 조목조목 열거해본다. 아이가 어린이집 식사시간마다 다른 아이들을 의자에서 떠미는 상황이라면, 아이들을 '무릎에 앉히는' 것이 삶의 목표인 '의자 할머니' 이야기를 만들 수 있다. 이야기 여정에서는 의자 할머니가 항상 형제들을 바닥으로 밀어 떨어뜨리는 아기 고양이를 어떻게 변화시키는지 보여준다. 제대로 사용하지 않으면 의자가 옆으로 눕거나 뒤집어지는 이야기를 만들 수도 있다. 의자의 올바른 쓰임새를 시나 노래로 부르게 하면서 노래 속에 우스꽝스럽거나 재미있는 요소를 넣을 수도 있다.

'분별없는 행동' 역시 지나치게 일반적이다. 괜히 꽃을 마구 짓밟는 식의 구체적인 행동이 있어야 한다. 그런 경우라면 꽃이 다시 살아나 항상 꽃을 짓밟던 큰 개에게 말을 거는 이야기를 만들 수 있다. 아니면 정원사가 만든 허수아비가 아이들의 친구가 되어 함께 정원을 지킨다는 이야기도 좋다. 아이들이 허수아비를 만들 수도 있다. 이야기를 들려준 뒤에 아이들과 함께 정원에 둘 진짜 허수아비를 만든다면 효과는 한층 배가될 것이다.

구체적인 사례에 집중할 때 이야기를 풀어 가기 위한 영감을 얻기 쉽다. 이야기가 엉키거나 실마리가 잘 풀리지 않을 때 이 점을 꼭 기억하기 바란다.

상황에 맞게 각색하기

나는 이야기를 만드는 사람으로서 스스로를 '거대한 이야기 그물망'을 함께 짜는 수많은 직조공 중 한 명이라고 생각한다. 내가 찾아내거나 직접 쓴 이야기를 다른 사람과 공유할 때 비로소 이야기는 생명력을 유지한다. 하지만 다른 사람의 이야기를 자신의 상황에 맞추려면 약간 손질이 필요하기 마련이다. 이런 과정을 통해 이야기 그물이 더욱 풍성해지고, 우리 시대의 민담이 생겨난다.

만약 이 책에서 상황에 잘 맞는 이야기가 있는데 글자 그대로 들려주기가 힘들다면, 얼마든지 창작의 자유를 펼쳐도 좋다. 하지만 기억해야 할 점이 있다. 이야기는 하나의 존재이기 때문에 그 자체로 완결성을 지닌다. 일부를 바꾸려면 전체를 수정하거나 재구성해야 하는 경우도 있다.

이 책에 실린 이야기 중에는 유명한 민담을 각색한 것도 있다. 『아기 피리새 삼형제』(14장 219쪽)가 대표적인 경우다. 이야기의 뼈대는 『아기돼지 삼형제』에서 빌려 왔지만 늑대 대신 키슬리슬리 바람이 나온다. 동아프리카에서는 세찬 회오리바람이 원작의 늑대만큼이나 새(돼지)의 생명을 위협하는 존재다.

아이들이 좋아하는 이야기인 『별 사과』(9장 159쪽)를 들려줄 때는 나라와 사회 상황에 맞추어 할머니가 잘 만드는 음식의 종류를 바꾸곤 한다. 미국에서는 '달콤한 캐러멜을 입힌 팝콘 볼'을, 호주에서는 '초콜릿 레밍턴[01]'을, 건강을 중요하게 여기는 사람들에게는 '캐롭[02] 맥아 볼'을, 케냐에서는 동아프리카 사람들이 좋아하는 '만다지즈'라는 과자를 만드는 식이다.

아이가 가위로 아무 거나 함부로 자른다면 『주머니칼과 성』(11장 179쪽)에서 몇 군데를 수정해 주인공이 꿈속에서 커다란 종이 한 장을 이리저리 잘랐더니 아름다운 성이 생겼다는 『가위와 성』 이야기로 변형시킬 수 있다. 『가위와 예쁜 셔츠』도 가능할 것이다. 셔츠 이야기는 초등학교 수공예 수업의 도입이나 수공예실 물품을 소중하게 다루는 태도를 기르기 위한 이야기로도 활용할 수 있다.

『참을성 없는 얼룩말』(13장 216쪽)은 몸의 줄무늬가 빨리 검어지지 않아 속상해하는 작은 갈색 얼룩말 이야기로, 오히려 어른들에게 아이들이 성장하는 데는 시간이 필요함을 깨닫게 하는 효과를 발휘했다. '기다리는 자에게 복이 있나니!' 주인공을 아기 백조나 어린 수사자처럼 다 자란 상태와 뚜렷이 구분되는 다른 동물로 얼마든지 바꿀 수 있다. 물론 기본 얼개는 안데르센의 동화 『미운 오리새끼』에서 왔다.

[01] 역주: Chocolate Lemington_스펀지케이크를 한입 크기로 잘라 초콜릿과 코코넛을 입힌 호주의 후식

[02] 역주: Carob_코코아나 초콜릿 대용품을 만드는데 쓰이는 콩과 식물

반복, 리듬, 운율

직접 쓴 이야기나 동화책에 나온 이야기나 어린아이들에게는 같은 이야기를 여러 번 반복해서 (그리고 반복되는 문장과 운율을 매번 똑같이) 들려주는 것이 큰 의미와 치유효과를 지닌다. 다음에 무엇이 올지 알 때 아이들은 따뜻한 안정감을 느낀다. 반복과 운율에 깃든 리듬은 기대감과 친밀감, 흥겨움을 전해준다. 아이들은 이런 점을 직관적으로 알기 때문에 같은 이야기를 똑같은 방식으로 계속 들려달라고 요청한다. 사실 이는 어른들이 좋아하는 음악과 시를 음표나 낱말 하나 바꾸지 않고 반복해서 듣는 것과 다르지 않다.

요즘에는 끊임없는 '자극과 변화'의 대척점에 선 '일관성과 반복'이 어린아이들의 건강한 발달에 꼭 필요한 것이라는 인식이 점차 확산되고 있다. 이야기 들려주기에서뿐만 아니라 일상생활에서도 리듬과 반복은 아이들에게 다음과 같은 영역에 좋은 영향을 준다.

- 우주의 리듬과 생명의 연속성에 대한 확신
- 다음에 무엇이 올지 앎으로써 생기는 자신감과 안정감
- 기억력과 집중력
- 음악적 감성 (특히 반복되는 운율이 있을 때)
- 언어 능력

이런 장점 외에도 이야기 안에 등장하는 반복과 운율은 아이들의 영혼에 중요한 양식을 제공한다. 직접 이야기를 만들 때도 이런 요소들을 충분히 넣기를 권한다. 이에 관해선 6장에서 자세히 다룰 것이다. 본문에 수록한 이야기를 보면 사건과 짧은 운율의 반복이 어떻게 긴장감과 음악적 요소, 부드러운 흐름을 선사하는지 알 수 있을 것이다.

행복하고 희망찬 결말

'유아원nursery'과 '유치원kindergarten'이라는 단어에는 모두 '아이들을 위한 정원'이라는 의미가 담겨있다. 심지어 'nursery'라는 단어에는 씨앗을 발아시키는 못자리라는 뜻도 있다. 어린 싹과 같은 아이들이 튼튼하게 자라려면 어릴 때는 세상의 비바람과 폭풍우로부터 최대한 보호해주어야 한다.

어린이들은 이런 보호를 받을 권리가 있다. 우리는 이런 사실을 본능적으로 알기 때문에 아이들이 전쟁과 재난의 참상으로 가득한 뉴스를 보지 못하게 한다. 노벨문학상을 수상한 시인 라빈드라나트 타고르Rabindranath Tagore는 아이들을 모진 현실세계에 방해받지 않고 가능한 한 오래 '해변에서 놀 수 있게 하라'고 조언한다.

무한한 세상의 바닷가에서 아이들은 만난다. 머리 위 끝없는 하늘은 잠잠하고, 쉼 없는 바다는 거칠게 출렁인다. 무한한 세상의 바닷가에서 아이들은 만나 소리치며 춤춘다.
모래로 집을 만들고, 빈 조개껍데기를 가지고 논다. 시든 나뭇잎을 가지고 조각배를 엮어 드넓고 깊은 바다 위에 기쁜 얼굴로 띄우며 논다. 아이들은 세상의 바닷가에서 놀이를 한다.
그들은 헤엄을 칠 줄도 모르고, 그물을 던질 줄도 모른다. 진주잡이 어부는 진주를 위해 물속에 뛰어들고 상인들은 배를 타고 항해하지만, 아이들은 조약돌을 모았다가 다시 흐트러뜨릴 뿐이다.
폭풍우가 길 없는 하늘에서 떠돌고, 배들은 항로 없는 바다 위에서 난파하고, 죽음이 온 사방으로 번지지만 아이들은 놀이를 한다. 머나먼 세상의 바닷가에는 수많은 아이가 모여 있다.

이렇게 아이들을 보호하려는 마음이 있을 때 아이들의 영혼에 양식이 될 이야기를 선택할 수 있다. 이야기 여정이 단순하든 복잡하든 상관없이 결말은 행복하고 희망차게 끝나야 한다. '선이 악을 이긴다'는 것은 민담과 동화의 근본 주제이며, 세상 모든 아이의 귀에 닿아야하는 메시지다.

　　아이들이 학령기인 6, 7세에 이르면 정의롭고 공정한 결말이 있는 '권선징악' 이야기를 소개한다. 『마법 물고기』(12장 201쪽), 『어부 이야기』(14장 222쪽), 『못 자국』(16장 245쪽)은 '행복한' 결말로 끝나지는 않지만 주인공이 죽거나 다치지 않고 탐욕, 게으름, 분노 같은 부정적 행동의 결과에서 깨달음을 얻는다. 이런 이야기를 들으면서 아이들은 실제 삶에서 일어나는 일을 배운다.

　　행복한 결말이 아닌, 심지어 정의롭거나 공정하지 못한 결말로 끝나는 이야기는 훨씬 더 큰 뒤에 소개해야 한다. 역사 속 유명한 인물들의 생애를 공부하는 초등학교 고학년이나 상급과정에 들어간 뒤에는 나라를 위해 싸웠던 잔 다르크가 화형에 처해진 가혹한 현실이나, 신세계를 찾아 나선 초기 탐험가들이 난파와 기아로 고통스럽게 죽어간 이야기를 감당할 수 있다. 하지만 이야기를 선택할 때 청소년은 물론 어른들 역시 때로는 '행복한 결말'이 주는 만족감과 위안을 필요로 한다는 사실을 기억하기 바란다. 사실 그런 이야기를 자주 들을수록 좋다! ●

6 연령에 따른 이야기 선택

이야기 강좌에 참석한 한 열정적인 엄마는 끝나자마자 서둘러 집으로 돌아가 곧바로 생애 첫 치유이야기를 한편 썼다. 야뇨증에 관한 이야기였는데 은유도 멋지고 이야기 여정도 대단히 창의적이었다. 그런데 한 달 뒤 후속 강좌에 다시 온 그 엄마는 무척 실망한 얼굴이었다. 이야기가 전혀 효과가 없었다는 것이다. 아이가 몇 살이냐고 물었더니 엄마는 "아직 두 돌 좀 못 됐어요."라고 대답하는 것이 아닌가!

지난 몇 년 간 수많은 교사와 부모들에게서 연령과 사건, 상황에 따른 이야기 목록을 만들어 달라는 요청을 받았지만 나는 매번 그것은 불가능한 일이라고 답해왔다. 타당한 근거도 있다. 이야기는 결코 한 가지 고정된 범주 안에 집어넣을 수 없기 때문이다. 하지만 이 두 살배기 아이 엄마를 보고는 이야기를 쓰거나 들려줄 때 적절한 연령에 대한 기본 안내는 있어야겠다는 생각이 들었다. 그래도 다음의 지침은 어디까지나 독자 스스로 판단을 내릴 때 참고할 자료에 지나지 않는다. 여러 해 동안 다양한 연령대 아이들을 대상으로 이야기를 들려주거나 글을 쓴 경험이 쌓여야 적절한 이야기를 선택할 '감'이 생기겠지만, 초보자에게는 이런 자료가 조금은 도움이 될 것이다. 연령 선택의 폭을 넓힐 수 있도록 나이가 아닌 이야기 형태로 구분했다.

이야기가 있는 시, 운율이 있는 이야기

자장가와 전래 동요

부모가 들려주는 첫 '이야기'는 아기를 재우면서 불러주는 자장가이기 마련이다. 자장가에는 단순하지만 분명한 이야기가 들어있다.

"잘 자라 우리 아기 잘 자라. 아빠는 양을 지키고 엄마는 꿈나무를 흔들지. 작은 꿈이 너에게로 소복소복 떨어지네. 잘 자라 우리 아기 잘 자라."

　이렇게 노래로 된 이야기는 꼭 아기들만을 위한 것은 아니다. 학령기 또는 그 이상의 아이에게도 들려 줄 수 있으며, 특히 몸이 아프거나 악몽을 꾸는 아이에게 좋다. 전해 내려오는 자장가도 좋고, 다른 나라의 자장가를 배워보는 것도 좋다. 물론 부모나 양육자가 직접 자장가를 만들어 볼 수도 있다. 가장 쉬운 방법은 선율은 그냥 두고 가사만 바꾸는 것이다. 특히 원곡의 가사가 마음에 들지 않을 때 이렇게 하면 좋다. 예를 들어『자장자장 아가야Rock-a bye baby』에서 가지가 부러진다는 가사가 싫다면 그 부분만 바꿔본다.

"자장자장 아가야, 나무 위에서. 초록 잎 사이로 들어오는 따스한 햇살. 바람이 불면 요람이 흔들지. 그러면 구구구 비둘기 소리에 아기는 새근새근."

　노래를 잘 못 부르더라도 노래나 전래 동요를 불러주는 것은 부모(양육자)가 줄 수 있는 좋은 선물 중 하나다. 세상 모든 것이 낯설고 주위 모든 것에 극도로 민감한 시기인 신생아들에게는 녹음된 소리보다 부모의 진짜 목소리가 훨씬 바람직하다. 신체를 이용한 노래나 이야기가 들어있는 게임은 자연스럽게 놀이로 이어진다. (『까꿍, 여기 있네Peekaboo, I see you』, 『아기 돼지가 시장에 갔어요 This Little Piggy went to market』, 『빙글빙글 돌아라Round and Round the Garden』 등) 촉각, 율동, 따뜻한 내용의 가사, 음악적 요소, 재미와 웃음, 이 모두가 양육자와 아이 사이에 건강한 유대감을 만들어준다.

아기가 아장아장 걷기 시작하면 멋진 리듬과 운율, 반복이 있는 전래 동요(『반짝반짝 작은 별Twinkle, Twinkle, Little Star』 등)나 비슷한 유형의 이야기 (『헤니 페니Henny Penny』 등)를 풍부하게 들려준다. 이런 이야기들은 아이들에게 안정감과 즐거움을 선사한다. 6세 혹은 그 이상까지도 아이들은 전래 동요의 음악적 특성과 단순함을 좋아하며, 거기서 영혼의 양식을 얻는다.

이야기 게임, 손가락 놀이와 율동

신체와 주변 세상에 대한 인식이 성장하는 2, 3세 무렵부터 아이들은 조금 복잡한 이야기 게임(『뽕나무 주위를 돌자Here we go round the Mulberry Bush』, 『노를 저어라Row your boat』 등)이나 '신체'를 하나하나 짚는 노래(『머리, 어깨, 무릎, 발Head, shoulders, knees and toes』 등)를 즐길 수 있다. 손가락 놀이도 이 무렵 아이들이 좋아하는 활동이다. 손가락만 가지고도 많은 이야기를 들려줄 수 있다. 손가락은 작은 쥐가 되어 여기저기 숨기놀이도 하고, 『거미가 줄을 타고Eency-weency spider』에서 홈통을 오르는 거미가 되기도 하고, 숨었다가 나타나 안녕하고 인사하는 엄지(『엄지가 어디 있나Where is Thumbkin?』)가 되기도 한다.

유치원과 어린이집의 주요 활동 중 하나는 '아침 모둠 시간'이다. 보통 이 시간에는 여러 가지 이야기 게임이나 짧은 운율이 있는 이야기를 들려준다. 걸음마하는 아이들과 하는 아주 단순한 놀이부터 (『빙빙 돌아라 장미야Ring-a-ring-a-roses』 등) 5, 6세 아이들과 하는 복잡한 율동이 들어간 원무(『마을 한바퀴Round and Round Villiage』 등), 노래와 운율을 이용해서 주제를 연극으로 표현하는 놀이(가을에 곡식 추수하기, 겨울에 땔감 모으기, 봄 대청소, 여름의 물놀이 등)까지 다양한 종류가 있다.

점층식 이야기와 우스개 이야기

3, 4세 아이들은 복잡한 운율과 점층식 이야기를 소화할 수 있다. 점층식 이야기에서는 장면 속으로 등장인물들이 계속 들어오면서 동일한 활동에 참여한다. 『생강빵 아이』나 『커다란 순무』가 여기에 속한다. 이런 이야기에서는 새로운 인물이 등장할 때마다 생강빵 아이를 쫓거나 순무 뽑기를 돕는 등 똑같은 활동에 참여하기 때문에 반복이 아주 많다. 운율 부분은 일상생활 속에서 사용할 수 있다. 바깥놀이에서 들어와 손 씻는 시간이 지체된다 싶을 때 "달려 봐 달려 봐 힘껏 달려봐, 날 잡을 순 없어, 나는야 생강빵 아이!"를 부르면 아이들이 빨리 움직인다.

유치원 아이들에게는 운율과 어휘가 풍부하고 우스꽝스러우면서 허무맹랑한 이야기가 중요한 역할을 한다. 『꼬마 싸리 빗자루』(22장 312쪽), 『야금야금 생쥐』가 여기에 속한다.

『야금야금 생쥐』는 러시아에 전해오는 우스개 민담으로, 먼저 작은 쥐가 뒤집어진 냄비를 발견하고 그 안으로 이사하여 집으로 삼는다. 뒤이어 '개굴개굴 개구리'가 온다,

> "작은 집, 작은 집, 이 작은 집엔 누가 누가 살까? 바로 바로 내가 살지." 야금야금 생쥐가 말했어요, "근데 넌 누구니?" "난 개굴개굴 개구리야. 나도 여기서 너랑 같이 살아도 될까?"

'깡충깡충 토끼', '말 잘하는 여우', '수풀에 숨은 사냥꾼 늑대'가 차례로 나오면서 이야기는 계속 반복된다. 그러다가 마지막으로 '뭐든지 납작쿵 곰'이 와서 냄비를 깔고 앉아 모두가 납작해져 버린다는 이야기이다. 『생쥐와 장갑』을 비롯해 같은 주제의 변형본도 많다. 등장인물은 주변에서 쉽게 볼 수 있는 동물로 대체할 수 있다. 우스개 이야기는 아이들을 위한 이야기로 어른들이 지나치게 심각하게 받아들이지 않도록 주의해야 한다. 아이들의 유머 감각을 키워주는 이런 이야기는, 어린아이들을 위한 이야기가 '행복한 결말'로 끝나야 한다는 규칙마저 깡그리 무시하기도 한다. '아무 규칙이 없다'는 것이 우스개 이야기의 본질이기 때문이다.

자연이야기와 '옛날'이야기

3세 이후 어느 정도 집중력이 생긴 다음부터는 자연이나 일상을 소재로 한 단순한 이야기를 들을 수 있다. 엄마 기린이 아기 기린을 데리고 처음 강으로 산책을 나가는 이야기, 낯선 동물을 만나면 즉시 등딱지 안으로 숨는 거북이 이야기, 은빛 자국을 남기며 울타리를 기어오르는 달팽이 이야기, 호박파이를 굽는 농부 이야기, 작은 배를 타러 가는 아이 이야기 등을 예로 들 수 있다. 이런 이야기는 사

실적이며 단순한 사건을 발생 순서에 따라 서술하며, 운율이나 반복이 이야기와 일체를 이루는 경우가 많다. 달팽이가 천천히 기어가면서 또는 농부가 파이를 구우면서 노래를 부른다.

"호박파이, 호호 하하, 맛도 좋고 몸에도 좋은 호박파이"

아이가 성장함에 따라 이야기 길이가 길어지고 구성도 복잡해진다. 초등학교에서 나비, 산, '물의 순환' 같은 학습주제를 도입할 때 이야기를 활용하면 좋다. 자연이야기는 아이들의 상상력을 자극하며 수업에 생기를 불어넣는다.

취학 전 아이들(큰 아이들도)이 특히 좋아하는 '옛날'이야기는 '옛날에 내가 ~ 했을 때'로 시작한다. 아이들에게 이야기를 들려준 경험이 없는 사람이라면 이런 이야기부터 시작하는 것이 좋다. 호주에서 유치원을 운영할 때 나는 아이들과 점심을 먹으면서 아프리카에서 야영하면서 겪었던 재미난 이야기들을 들려주곤 했다.

"선생님이 아프리카에서 야영했을 때 일어난 일이에요. 텐트 앞에서 아침을 먹고 있는데 어디선가 원숭이가 쏙 나타나더니 접시 위에 있던 바나나를 휙 낚아채갔답니다. 그러곤 나무 위로 풀쩍 뛰어올라 갔지요. 손을 내밀어 막아볼 틈도 없이 순식간에 벌어진 일이었어요. 올려다보니 원숭이는 나뭇가지가 갈라진 곳에 편안하게 걸터앉아 바나나 껍질을 벗기면서 선생님을 보고 씨익 웃고 있었답니다."

얼마 전에 근처 쇼핑몰에 갔다가 몇 년 전에 우리 유치원을 다녔던 여자아이를 만났다. 아이는 내게 나중에 커서 '선생님 이야기'처럼 원숭이가 바나나를 뺏어 가는 걸 보러 아프리카에 갈 거라고 했다. 나는 그 아이가 '선생님 이야기'라고 불러주기 전까지는 그런 경험담이 '이야기'가 될 수 있다는 것을 깨닫지 못했다.

어른들이 자신의 경험담을 들려주는 '옛날' 이야기는 아동기부터 사춘기, 그 이후까지 아이의 성장에 맞춰 계속 이야기를 퍼 올릴 수 있는 샘물이다. 물론 아이가 어릴 때는 상식적인 수준에서 내용을 조절해야 한다. 처음엔 '내가 자전거를 처음 배울 때'처럼 단순하고 평범한 이야기에서 시작해서 조금씩 수위를 높인다. 청소년기, 성인기에 이른 자녀와는 적당한 시점에서 자기 젊은 시절의 비밀 이야기까지도 들려줄 수 있다. 나는 지금도 가끔씩 조부모님의 이야기에서 위안을 얻는다. 그분들은 이미 오래 전에 돌아가셨지만 다행히 일기장을 몇 권 물려받았다. 일기장은 그분들의 힘겨웠던 삶의 기록이며 고난을 이겨낸 지혜가 담겨있는 집안의 '가보'다.

민담과 동화, 그리고 환상의 발달

아이가 신체, 정서적으로 성숙해지면서 공상, 상상을 펼치는 능력도 함께 발달한다. 판타지 능력의 수준은 아이들의 자유 놀이를 잘 관찰하면 알 수 있다. 2세 이하의 유아는 어른들이 하는 일을 그대로 모방한다. 엄마 아빠가 빨래 바구니에 옷을 담는 것을 본 아이는 작은 수레에 나무토막을 담는다. 3, 4세 아이는 나무토막 같은 사물을 그대로 가지고 놀 수도 있고, 다양하고 창조적인 방식으로 활용하기도 한다. 나무토막 하나가 같은 놀이 안에서 다리미가 됐다가 자동차, 전화기로 계속 바뀐다.

보통 4, 5세 아이들은 식당 놀이, 병원 놀이, 소꿉놀이, 쌓기 놀이(농장, 성, 배 만들기) 등 놀이를 먼저 고안한 다음 놀이에 맞는 사물을 찾아 나선다. 이 시기에 이르면 상상의 힘이 활짝 꽃피기 시작하며, 민담이나 동화의 세계 속으로 빠져들 수 있다.

넓은 의미의 동화, 즉, 세계의 민담(전래 동화)은 전 세계 모든 어린이가 이해하고 즐길 수 있는 만국 공통의 언어로 말한다. 보편적, 원형적인 행동과 상황을 소재로 한 민담은 이제 싹트기 시작한 아이들의 개별성을 자극하고 성장을 촉진한다.

민담은 '시공'에 구애받지 않으며 마법을 원하는 아이들의 마음속 갈망을 충족시키고 위로와 희망을 준다. 민담에 담긴 깊이 있는 지혜는 물질주의에 치우친 이 시대에 무게중심의 반대쪽에서 균형을 회복시키는 역할을 한다. 특히 이야기 속 '마법'은 아이들에게 아주 소중한 요소다. 신이나 초자연적 존재들이 엄청난 일이나 기적을 행하는 신화(8세 이상에게 적합)와 달리 귀족이나 평민, 바보, 왕자나 공주 또는 평범한 아이가 등장하는 민담과 동화의 중심은 '사람'이다. 민담은 '사실적인' 이야기와는 다른 형태의 진실을 보여주며, 흔히 '선함'은 '아름다움'으로, '악함'은 '추함'으로 묘사한다. 생각이 즉시 행동으로 전환된다. 주문이나 변신은 영혼에서 일어나는 변화이기 때문에 등장인물은 갑자기 '착해지거나', '마법에 걸리거나' 반대로 '마법에서 풀려날' 수 있다. 동화는 아이들 안에 잠들어있는 가능성을 보여주는 거울 같은 역할을 한다. 예를 들어 마녀는 건강한 성장을 저해하는 모든 요소가 집약된 상이고, 왕자나 공주는 발전하는 모습이나 어려움을 극복하는 노력이 집약된 상이다.

대개 이야기에는 풀어야 하는 과제가 나온다. 숫염소 세 마리는 다리를 건너야 한다. 『아기 돼지 삼형제』에 나오는 늑대(또는 하이에나)나 『백설 공주』에 나오는 왕비처럼 모습을 바꿔가며 등장하는 악과 맞서야할 때도 있다. '긴장'과 '이완'은 이야기 여정에 필수적인 요소로 그때그때 달라지는 분위기나 과제는 듣는 사람의 영혼을 단련시키는 역할을 한다. 이런 영혼 훈련은 아이들의 건강한 발달을 위해 꼭 필요한 부분이지만 요즘 이야기책에는 이 부분이 빠진 채 숫자세기나 알파벳, 또는 상황에 대한 논리적 설명(『동생이 태어났어요』, 『입학 첫 날』 등)에 주력하기 일쑤다. 전래 동화의 결말을 '예쁘게' 포장하거나 모두 화해하고 함께 잘 살았다는 식으로 무마하는 경우도 많다. 이런 이야기만 듣고 자란다는 것은 주인공이 어려움을 극복하는 과정에 온전히 참여하여 영혼을 단련시킬 기회를 놓치는 것이다.

나이에 따른 적절한 이야기의 기준도 알아야 하므로 이제부터는 연령을 기준으로 살펴보자.

연령별 이야기 분류

전래 동화는 '내용이 복잡한 정도'에 따라 분류할 수 있다. 일반적으로 주제나 여정이 쉽고 단순한 것은 어린아이들에게 맞고, 복잡하고 힘겨운 여정과 주제는 큰 아이들에게 알맞다.

3, 4세 아이들에게 맞는 이야기를 찾는 경우에는 '내용의 적합성'을 판단하기 위해 다음 4가지 사항을 점검해보는 것이 좋다.

- □ 이야기 속에 행동이 많고 전개가 자연스럽게 흐르는가?(형용사보다는 동사가 많고, 묘사보다 행동 중심인가?)
- □ 아이들에게 익숙한 상인가? (필수는 아니지만 권장 사항)
- □ 이야기가 너무 길지는 않는가?
- □ 이야기에 운율이나 반복이 있는가? (필수는 아니지만 권장 사항)

위 기준에 부합하는 이야기로 『커다란 순무』(러시아), 『금발 머리 아이와 세 마리 곰』(영국), 『우락부락 숫염소 세 마리』(노르웨이, 18장 273쪽)가 있다.

다음 단계는 4~6세 아동에게 적합하며, 흔히 '동화'라고 부르는 이야기 대부분이 여기 포함된다. 앞의 점검 사항들을 동일하게 고려해야하며, 그보다는 시련이 많거나 상세한 묘사가 나오지만 전체적인 분위기는 밝고 명랑해야 한다. 방해물이 나올 수는 있어도 지나친 슬픔이나 고난으로 듣는 이의 영혼을 무겁게 눌러서는 안 된다.

『구두장이와 꼬마 요정』(23장 320쪽), 『로도피스』(이집트, 18장 267쪽), 『티달릭』(호주 원주민), 『영양과 나비와 카멜레온』(키쿠유 족, 23장 318쪽), 『어부 이야기』(동아프리카, 14장 222쪽) 등이 이에 해당한다.

6~7세 아이들은 어느 정도 길이도 있고 도전 과제가 많고 세부묘사가 자세하며 등장인물이 고통이나 슬픔을 겪는 이야기를 듣고 거기서 배움을 얻을 수 있다. 악에 맞서는 싸움이 더 강력하고 힘겨울 뿐 아니라, 이야기 여정에도 반전과 예기치 못한 사건이 많을 수 있다.

이런 이야기에는 『백설 공주』, 『까마귀 일곱 마리』(그림형제), 『빛의 정원』(12장 190쪽), 『아킴바와 마법 소』(아프리카, 10장 174쪽), 『보이지 않는 사냥꾼』(미국 원주민, 18장 262쪽) 등이 있다.

8세 이상부터는 다양한 문화 배경을 가진 복잡한 구조의 민담과 함께 발도르프교육 모델을 따르는 학교와 홈 스쿨링의 이야기 중심 교육과정을 추천한다. 발도르프학교에서는 학년에 따라 북유럽 신화, 아프리카, 페르시아, 인도, 이집트 이야기, 그리스 로마 신화를 중요한 수업주제로 다룬다. 뿐만 아니라 새로운 주제나 개념을 도입할 때(예를 들어 알파벳을 도입할 때) 교사는 필요한 이야기를 직접 만들어 그 이야기를 중심으로 수업을 진행한다. 이런 이야기는 '돌'을 '빵'으로 즉, 무미건조한 사실을 생생하게 살아있는 그림으로 변화시키도록 도와주며, 자칫 지루해질 수 있는 수업을 활기차게 만들어준다. 이야기는 아이들의 사회적, 정서적 발달을 촉진하고 문제행동을 개선하는 수단으로도 유용하게 쓰인다. 발도르프학교에서는 이야기가 수업 속에서 자연스럽게 녹아있으며, 교사와 아이들 모두가 이야기가 지닌 지혜와 힘을 매일 수업 속에서 경험한다.[01]

이야기 중심으로 진행되는 수업은 아이들의 상상력을 건강하게 자라게 하며, 1장에서 설명했듯 '바짝 마른 자두'가 아니라 '달콤한 과즙이 가득한 자두' 같은 어른으로 성장하도록 돕는다. 모든 부모와 치료사, 교사들이 고대로부터 전해오는 무궁무진한 이야기를 아이들의 삶 속으로 끌어오고, 직접 아이들을 위해 쓴 이야기를 일상에 녹여낼 방법을 찾기를 요청한다. 이야기의 빛을 통해 아이들이 이 세상에 밝은 미래를 가져다 줄, 상상력 풍부하고 균형 잡힌 어른으로 성장하도록 이끌 수 있다.

---

[01] L. Francis Edmunds의 『슈타이너 교육 입문: 발도르프학교Introduction to Steiner Education: The Waldorf School』 (추천 도서 401쪽)

7 진실과 도덕성

이 이야기 진짜에요?

자신의 이야기를 들려주든 전래 동화를 들려주든, '진실'과 이야기의 관계에 대해 미리 생각해볼 필요가 있다. 전래 동화는 진짜 세상의 모습을 보여주지 않기 때문에 해롭지 않을까 걱정하는 사람들도 있다. 심리학자 베텔하임Bettelheim은 동화의 진실은 실제 세계가 아닌 상상의 영역에 속한 것이라고 말한다. 동화는 원형과 정신적 실재에 관한 것이기에 '현실' 세계의 진실과는 다른 형태의 진실을 보여준다.

언젠가 운 좋게 '떠오른 독수리 깃털'이라는 이름의 아메리카 인디언 이야기꾼이 이야기를 들려주는 자리에 참석한 적이 있다. 그는 정답이 없는 질문으로 이야기를 시작했다.

"어떤 이들은 세상이 원자로 구성되었다고 믿습니다. 나는 세상이 이야기로 구성되었다고 믿습니다. 여러분은 무엇을 믿습니까?"

아이들에게 이야기를 쓰거나 들려주기 전에 자신이 믿는 바가 무엇인지 분명히 알고 있어야 한다. 아이는 이야기를 들으면서 당신이 정말 이야기 '속'에 있는지, 자신도 믿지 않는 이야기를 '지어내고' 있는지 미묘하게 알아차릴 것이다.

"이 이야기 진짜에요?"라는 아이들의 질문에 대해 많은 동화가 첫 문장에서 답을 제시한다. '옛날 옛적에'나 '소원을 빌면 이루어지던 시절에', '호랑이 담배 피던 시절에' 같은 문장으로 시작한다면 일상과 다른 차원에서 진행되는 이야기라는 것이 분명해진다. 그래도 아이들이 계속 묻는다면 경험이 풍부한 이야기꾼인 낸시 멜런은 이렇게 대답하라고 제안한다. "이야기를 다시 한번 들어볼까?" 또는 경탄하는 마음을 담아 이렇게 대답할 수도 있다. "내 생각엔 이 이야기가 진짜보다 더 진짜 같은데!"

자연 관찰하기

자연이야기를 쓸 때는 사실을 정확하게 담아야 한다. 이야기 속에서 무지개다리 너머에서 불어오는 바람을 묘사하면서 색깔을 언급해야 하는 상황이라면, 무지개 색깔의 순서를 정확하게 말해야 한다.(물론 뒤죽박죽 무지개에 관한 이야기가 아니라면!) 아기 웜뱃[01]이 주인공인 이야기를 쓴다면 미리 조사해서 다른 새끼주머니가 있는 동물과 달리 웜뱃이 아래나 뒤쪽 방향에서 엄마의 배주머니 속으로 어떻게 들어가는지 알고 있어야 한다. 호주 출신 동료가 웜뱃 이야기를 들려주면서 이런 실수를 해서 학생이 고쳐준 적이 있다. 그 뒤로는 자연이야기를 할 때 철저히 조사하려 애쓴다.

    자연을 관찰하고 조사하다보면 이야기 소재와 영감이 풍성해

---

[01] 역주:wombat_몸길이 70~120cm로 오소리와 비슷하게 생겼다. 꼬리와 귀는 짧고 배에 새끼주머니가 있다.

진다. 동물의 서식지, 먹이, 특성에서 알게 된 중요하거나 매력적인 요소들은 이야기 여정을 짤 때 큰 도움이 된다. 내가 쓴 동식물 이야기는 모두 특정 동물, 나무, 꽃에 대해 조사하거나, 가능하면 직접 관찰하면서 쓴 것이다. 예를 들어 호박 줄기가 열매 밑에 별모양으로 붙어있는 것을 보고 『호박 요정』(17장 251쪽)에는 별에 대한 꿈을 꾸는 장면을 넣었다. 떼쓰는(징징거리는) 행동에 관한 이야기의 주인공으로 고래를 선택한 것은 고래에 대해 찾아보다가 고래의 노래에 대해 알게 되었기 때문이다.(『떼쟁이 아기 고래』 9장 155쪽)

허풍, 거짓말, 황당한 이야기

대부분의 사전에서는 이야기꾼을 첫째, 이야기를 하거나 쓰는 사람 둘째, 허풍을 떨거나 거짓말을 하는 사람이라고 정의한다. 거짓말과 이야기 사이에는 분명히 흥미로운 연관성이 있다. 거짓말 또는 허풍 떨기 대회에서 훌륭한 이야기꾼이 탄생할 수도 있다. 한번도 이야기를 해보지 않았던 사람들에게 '황당무계한 이야기 대회'는 부담 없이 이야기를 만들어볼 훌륭한 첫 단추가 되는 경우도 많기 때문이다.

  물론 '허구'란 단어는 사전적으로 전혀 사실이 아닌 것을 의미한다.(하지만 허구가 없다면 우리 문화는 말할 수 없이 빈약해질 것이다) 상상의 세계 속에서는 물질적으로는 사실이 아니지만 정신적 본질을 드러내는 다양한 이야기가 탄생한다. 그리고 그런 이야기들은 '진짜보다 더 진짜'인 경우가 많다.

모든 사람이 다 그런 것은 아니지만 대부분 어떤 식으로든 거짓말을 한다. 어떤 사람들은 거짓말을 합리화하기 위해 '선의의 거짓말'이라고 그럴싸하게 포장한다. 진실 때문에 이야기의 재미가 반감되기를 원하지 않는 사람들은 여행 다녀온 이야기를 할 때 청중의 관심을 오래 잡아두려고 과장을 섞어 각색하기도 한다. 낚시꾼들은 '아깝게 놓친 월척' 얘기를 할 때 크기를 과장하는 것으로 유명하다.

하지만 아이들이 정서적, 사회적으로 건강하게 성장하기 위해 선의의 거짓말이든 심각한 거짓말이든 거짓말을 하면 어떤 결과가 오는지 분명히 배워야 한다는 것에는 모두가 동의할 것이다. 이에 더해 양심의 목소리를 인생의 길잡이로 삼는 법을 배워야 하지만, 이는 하루아침에 터득할 수 있는 일이 아니다. 그릇된 길보다 바른 길을 선호하는 자세와 더불어 자기 행동의 도덕적 의미를 자각하는 힘은 진정한 전인 교육의 가장 중요한 열매 중 하나다. 이야기의 '허구'는 성장 과정에서 이런 힘을 키우는데 큰 도움을 준다.

정부를 비롯한 사회지도층의 부정부패가 만연한 이 시대에 진실은 대단히 중요한 주제다. 아이들은 아주 어릴 때부터 자신을 보호하는 수단으로, 하나의 놀이로, 또는 거짓말할 때의 짜릿함을 즐기기 위해 일종의 게임이나 재미로 거짓말을 시작한다. 부모나 교사 견지에서는 아이의 상상력을 존중하면서 거짓말만 걸러내기가 쉽지 않을 때도 있다.

아이들을 가르치면서 깨달은 점은 아주 어릴 때는 아이들의 '거짓말'에 섣불리 '거짓말'이라는 딱지를 붙이지 않아야 한다는 것이다. 학령기 이전 아이들에게 어른은 스스로 모범이 되는 태도로 가르침을 주어야 하며, 성급히 거짓말이라고 딱지를 붙여 '움직일 수 없는 진실'로 만들어 버리지 말고 '거짓'을 자연스럽게 다시 진실로 이끌 수 있는 방법을 찾아야 한다. 아이가 월요일에 유치원에 와서 주말 동안 여행 갔던 이야기를 한다고 하자.(교사는 아이가 주말에 아무데도 안 간 것을 안다) 이때 교사는 "거짓말을 하고 있구나. 딜런, 너는 주말 내내 집에 있었잖아"라고 지적하지 말고 "잘 들었다"고 대답한다. 이는 이야기를 꾸며내고 싶었던 아이 마음을(어쩌면 다른 아이들의 신 나는 주말 모험담에 기죽고 싶지 않아서) 교사가 이해해 주는 것이다. 하지만 친구들에게 '뻐기느라' 없는 이야기를 지어내는 것이 계속된다면 당연히 부모와 의논해서 숨은 이유를 찾아야 한다. 바쁜 부모의 관심을 끌거나 형, 누나에게 지지 않으려다 보니 생긴 버릇일 수도 있기 때문이다.

학령기 이전 아이들에게 자주 볼 수 있는 또 다른 상황은 유치원에서 좋아하는 장난감을 주머니에 살짝 넣은 걸 교사가 아는 데 아이는 "주머니에 아무것도 없다"고 대답하는 것이다. 이때 거짓말이라는 낙인을 찍지 않으면서 부드럽고 효과적으로 문제를 해결하는 방법이 있다. 아이의 주머니에 손을 넣어 "어머나, 이 장난감이 여기로 숨어들어 갔구나. 우리 함께 이 녀석을 집으로 보내줄까?" 하는 것이다. 이렇게 하면 교사는 아이 마음을 불편하게 만들지 않으면서도 '올바른 행동'으로 이끌 수 있다. 아이는 분명히 훨씬 좋은 느낌을 받을 것이고, 뭔가 깨달음을 얻을 수도 있다. 그리고 자신에게 낙인을 찍지 않은 것에 틀림없이 고마워할 것이다.

학교에 들어간 뒤에도 아직은 세심한 배려가 필요하다. 거짓말이나 도둑질을 했더라도 반 아이들 앞에서 드러내고 얘기하지 말고 아이와 따로 조용히 대화하는 것이 좋다. 낸시 멜런은 아이의 거짓말이나 도둑질에 대해 '가시'를 비유로 조언한다. 정직하지 못한 행동은 아이의 마음속에 가시처럼 박히는데 이를 그대로 지적하고 직접 야단치는 태도는 가시를 빼는 것이 아니라 오히려 더 깊이 박히게 한다는 것이다.

이 때 필요한 것이 이야기다. 이야기는 가시가 저절로 빠져나가도록 도와줄 수 있다. 듣는 사람이 스스로 느끼고 결론을 내릴 자유를 허용함으로써 이야기는 아이들의 양심이 건강하고 온전하게 성장하기 위해 필요한 자양분이 된다.

사회마다 정직하지 못한 행동의 해악을 가르치는 이야기가 있다. 그림형제의 이야기 『늑대와 일곱 마리 아기 염소』는 거짓말로는 원하는 것을 얻을 수 없음을 보여준다. 이 책에 실린 남아프리카 호사 족 이야기의 주제도 동일하다. (『비둘기와 하이에나』 10장 166쪽) 이야기에 등장하는 늑대와 하이에나는 집에 들어가기 위해 엄마 행세를 하며 아이들에게 계속해서 거짓말을 한다.

아름다운 이탈리아 동화 『피노키오의 모험』에서 피노키오는 거짓말을 할 때마다 코가 길어진다. 이 이야기는 『양치기 소년』처럼 거짓말하는 버릇이 심각한 아이들에게 강력한 메시지를 전한다.

거짓말 대회와 유머

큰 아이들과 거짓말이라는 주제를 밝고 가벼운 분위기에서 이야기하고 싶다면, 교사나 가족 구성원이 '거짓말 대회'나 '황당한 이야기 대회'를 열자고 제안해볼 수 있다. 몇 개의 소그룹으로 나누어 한 아이는 심판이 되고 다른 두 사람은 꾸며낸 이야기나 황당한 이야기를 누가 더 잘하는지 겨루는 것이다. 주제는 '내가 지난주에 한 일' 또는 '어제 학교에서 집으로 오는 길에 일어난 일' 정도로 간단하게 준다. 참가자가 많은 경우라면 초반부터 열띤 경합을 거쳐 준결승과 결승전까지 갈 수도 있다.

　　　거짓말 대회는 큰 웃음과 함께 진실과 거짓의 차이 및 참말과 거짓말에 적절한 때와 장소가 있다는 인식을 일깨워준다. 웃고 즐기기 위해 거짓말을 하는 것은 수백 년 동안 수많은 사회에서 용인해왔다. 미국 남부와 아프리카 일부 지역에서는 거짓말 대회가 오랜 풍습으로 전해 오기도 한다. 기록에 따르면 앵글로색슨 시대에는 '숫돌Whetstone 거짓말 대회'라는 전통이 있었다고 한다. 옛 성령강림절Whitsun 풍습이었을 것이 분명한 이 대회는 14세기부터 영국에 존재했다. 제일 엄청난 거짓말을 하는 사람에게는 '재치를 날카롭게 연마하라'는 의미로 숫돌을 수여했다고 한다.

　　　'황당한 이야기'는 개척 시절에 개척민들이 모일 때 흔히 벌어졌던 '뻐기기 대회'에서 기인한다. 미국과 호주에 존재하는 이 독특한 형태의 이야기에는 보통 실재보다 과장된 인물이나 초능력을 가진 사람이 등장하거나, 주요 인물이 특정한 과제나 어려움을 아주 우스꽝스럽거나 터무니없는 방법으로 해결한다. 황당한 이야기와 거짓말 대회는 초등학교 아이들이 재미난 이야기 하기와 이야기 쓰기를 연습하기에 매력적이면서 유용한 수단이다.

도덕적 이야기와 교훈적 이야기

지금까지 살펴보았듯이 수천 년 동안 인류는 이야기를 매개체로 사용해서 도덕과 가치 규범을 가르쳐왔다. 많은 전래 동화가 도덕적 내용을 담고 있으며 듣는 사람들은 이를 각자의 방식으로 받아들인다. 이 모두가 이야기의 본질이자 '힘'이다. 이야기를 쓰거나 선택할 때는 도덕적인 이야기와 '교훈적' 또는 훈계조 이야기의 차이를 분명히 알고 있어야 한다. 도덕적인 이야기에서는 듣는 이가 살아있는 상으로 가득 찬 이야기 여정을 통해 자유롭게 자신의 결론을 이끌어낼 수 있다.

유쾌한 아프리카 이야기 『아킴바와 마법 소』(10장 174쪽)는 도덕적인 이야기 여정의 전형을 보여준다. 정직하지 못한 행동은 반드시 대가를 치르기 마련이다. 도둑은 결국엔 '때리는 몽둥이'로 두들겨 맞으면서 황금 동전을 낳는 소, 은 동전을 낳는 양, 달걀을 낳는 닭을 모두 돌려주게 된다. 비슷한 사건이 반복되는 이야기 구조로 인해 몽둥이가 등장할 즈음이면 듣는 이들이 변화를 희망하고, 어서 빨리 무슨 일이 일어나기를 갈망하게 되는 것이다! 우스꽝스러운 결말과 '정직하지 못함'이라는 무거운 주제를 유머를 통해 전달하는 것이 이 이야기의 큰 매력이다.

『마법 물고기』(12장 201쪽)에서도 듣는 이들은 비슷한 경험을 한다. 탐욕스러운 아내는 처음에는 큰 집, 그 다음엔 궁전, 그 다음엔 심지어 해와 달에 이르기까지 점점 더 큰 것을 소유하고 싶어 한다. 결국엔 모든 것을 잃고 처음에 살던 바닷가 작은 오두막으로 돌아갈 때 듣는 이들은 크게 안도한다. 이 이야기를 들려주었을 때 우리 아들은 그제야 마음이 놓인다는 듯 "내가 그럴 줄 알았어! 어쩐지 욕심을 너무 많이 내더라니!"라며 안도의 한숨을 내쉬었다. 반면 '교훈적'인 이야기는 이야기를 가장한 설교나 훈계라 할 수 있다. 예전에 어떤 교사가 교실에서 지켜야할 행동거지를 가르치기 위해 이런 이야기를 쓴 적이 있다. 어떤 아이가 '고맙다'는 말이나 부탁할 때 '~해줄래?'처럼 예의바른 인사를 붙이지 않아 아무도 같이 놀고 싶어 하지 않았는데, 예의바른 말투를 배우자 그제야 아이들이 그 아이와 놀았다는 이야기이다. 단어 선택도 이야기라기보다 설교나 가르침에 가까웠고, 이야기 속에 은유와 여정도 존재하지 않았다.

아이들 스스로 도덕적인 결론에 이르게 하는 이야기에는 상상의 여정이 필수적이다. 또한 반드시 필요한 것이 '간접성'이다. 이야기의 목적이 너무 뻔히 드러나면 훈계나 설교로 전락하기 쉽다. 나는 다 듣고 났을 때 뻣뻣하고 불편한 느낌이 드는지를 기준으로 교훈적인 이야기 여부를 가려낸다. 반면 좋은 도덕적 이야기는 맛있는 식사처럼 기분 좋은 포만감을 준다. 그러나 이야기에 대한 자신의 반응과 느낌이 다른 사람과는 아주 다를 수 있다. 굳이 이런 이야기를 하는 이유는 직접 치유이야기를 쓰려는 사람은 한 번쯤 생각해 볼 문제라 여기기 때문이다.

이야기를 쓰거나 들려줄 때 도덕적 가치에 대한 본인의 견해를 요약하는 것으로 이야기를 마무리하지 않도록 주의해야 한다. 듣는 이가 스스로 결론에 이를 수 있는 여지와 자유를 허용하라. 즉, 이야기 자체의 힘을 신뢰하라!

8 이야기 만들기 연습

다음은 이야기 만들기 강좌에서 사용하는 연습이다. 간략하게나마 이야기 여정을 제시했으니 직접 은유의 '옷'을 입혀 완성해보라. 물론 모두 제안에 불과하다. 각자의 은유와 여정으로 얼마든지 다른 이야기로 만들 수 있다.

캥거루 형제 동화05

6, 7세 반 아이들의 싸움과 공격적 행동을 누그러뜨리기 위한 이야기. 캥거루를 주인공으로 선택한 이유는 분명하다. 주먹으로 치고받으며 싸우기를 좋아하는 동물이기 때문이다.

- □ 풀이 무성한 들판에 캥거루 두 마리가 따로 살고 있었다.
- □ 어느 날 둘이 만나 처음엔 친하게 지냈다.
- □ 그러다가 발로 차고 주먹을 날리며 싸우기 시작한다.(이 부분에서 비슷한 사건을 여러 번 반복하는 것이 좋다. 때와 장소, 방법 등을 달리하며 몇 번의 싸움 장면을 넣는다)
- □ 어느 날 풀숲에 불이 나서 들판이 모조리 타버린다. (아니면 강물이 넘쳐서 온통 물바다가 될 수도 있다)
- □ 두 캥거루는 주먹질하던 손을 좋은 일에 쓴다. 타버린 들판에서 작은 동물들을 함께 안고 나와 강 건너 안전한 곳에 데려다 놓는다. (아니면 물바다를 헤엄쳐 높은 언덕에 데려다 놓는다)

▫ (불이나 홍수 대신 갑자기 풀숲에 수많은 가시덤불이 자란다는 설정도 가능하다. 이때는 캥거루가 '풀숲의 의사'가 되어 동물들 앞발이나 새의 다리, 도마뱀 다리에서 가시를 뽑는데 손을 쓴다. 어떤 방해물과 조력자의 은유를 넣을지는 각자의 상황에 맞게 결정한다.)

▫ 이 일이 있은 후에도 두 캥거루는 가끔씩 권투를 하거나 진짜 싸우기도 하지만 보통은 다른 일을 하느라 바빠서 싸울 틈이 없어졌다.(어떤 일을 하는지는 각자가 선택한 이야기 여정의 맥락에서 제시한다)

비둘기 두 마리 동화06

수줍음 많은 5세 여자아이의 자신감을 키워주기 위한 이야기

▫ 비둘기 두 마리가 있다. 한 마리는 용감하고 모험을 좋아하지만 다른 한 마리는 소극적이고 겁이 많다.

▫ 수줍음 많은 비둘기는 항상 친구가 이끄는 대로 따르면서 다음에 무슨 일을 할지 묻는다. (여기서 몇 가지 방해물 은유를 넣는다. 수줍은 비둘기의 행동에 언제, 어디서, 어떻게를 넣어 구체적으로 묘사한다)

▫ 어느 날 수줍음 많은 비둘기는 횃대에 앉아 있다가 고양이 한 마리가 옆 나무에 있는 아기 새들 쪽으로 살금살금 다가가고 있는 걸 본다.

▫ 수줍음 많은 비둘기는 어떻게 해야 할지 몰라 친구를 찾았으나 근처에 없다.

▫ 혼자서 고양이를 쫓을 방법을 찾아(여기에 조력자의 은유를 넣는다) 아기 새를 구한다. (이 부분은 세부 사항을 넣어 좀 더 확장시킨다)

□ 아기 새들은 무사하고, 어미 새가 돌아와서 '영웅' 비둘기에게 고마워한다. 이제 비둘기는 부쩍 자신감이 커졌다.

탁자 아주머니와 의자 아이들 동화07

이 재미난 이야기는 어떤 유치원에 갔을 때 떠올랐다. 그곳의 선생님은 오전 간식시간에 3, 4세 아이들을 탁자 주위 의자에 앉히느라 애를 먹고 있었다. 그 선생님이 오기 전까지 아이들은 간식을 아무 때나 아무데서나 먹었고, 모두가 함께 모여 식사를 해본 적이 없었다. 새로운 습관에 쉽게 적응하게 도와줄 창의적인 아이디어가 필요한 상황이었다.

□ 탁자 아주머니와 의자 아이들이 교실에 살았다. 하지만 항상 쓸쓸했다. 아무도 그들을 사용해주지 않았기 때문이다!
□ 어느 날 그들은 아이들을 오게 할 새로운 방법을 찾기로 했다. (여기에 조력자의 은유를 넣는다) 의자 아이들이 뒤뚱뒤뚱 정원으로 걸어 나가 꽃을 꺾어다 탁자 아주머니를 예쁘게 장식하거나 아니면 아이들의 주의를 끌기 위해 의자 아이들이 앞뒤로 춤을 출 수도 있다.
□ 이 대목에서 탁자와 의자에 호감을 가지게 할 사건 한두 개를 더 넣을 수도 있다. (3, 4세 아이들에게는 어느 정도 길이가 적당할까?)
□ 탁자 아주머니와 의자 아이들은 노래를 부른다. 아이들은 노랫소리를 듣고 즐거운 마음이 들어 차례로 탁자 주위(의자)에 와서 앉는다.
□ 노래를 몇 번 반복한다. 오전 간식시간마다 이 노래를 부른다.

"즐거운 간식 시간, 행복한 간식 시간
이리 와서 나와 함께 앉아요.
따뜻한 차와 맛있는 간식이 있네.
이리 와서 편히 앉아요."

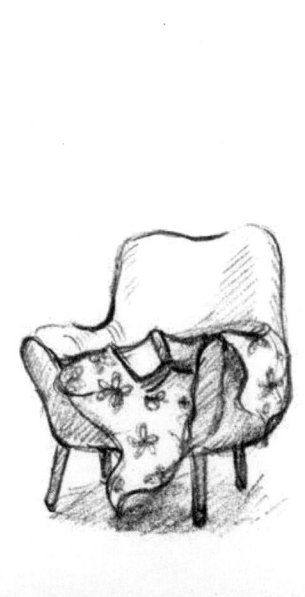

III

문제행동과 이야기

흔히 말하는 문제행동에 대한 53편의 이야기를 수록했다. 찾기 쉽도록 다양한 방식으로 활용할 수 있는 이야기들을 유형에 따라 정리해 놓았다.

이 범주는 단지 찾아보기 쉽도록 임의로 붙인 것에 지나지 않는다. 결코 이 제목들을 아이들의 행동에 '꼬리표' 붙이는데 이용하지 말기를 당부한다.

수록한 이야기는 직접 쓴 것도 있지만 아프리카를 비롯한 여러 나라의 지혜로운 이야기를 수집한 것이다. 이미 오랫동안 아이들에게 들려주면서 크고 작은 성공을 거둔 이야기도 있는데, 그런 경우는 이야기 서두에 언급해두었다. 이 책을 만들기 위해 새롭게 쓰거나 번역한 이야기도 있다. 이 책을 활용한 후기나 혹은 독자가 직접 만든 치유이야기들, 무엇이든 좋으니 언제라도 나의 웹 사이트(추천 웹 사이트 404쪽 참고)에 찾아와 주기 바란다.

이야기들은 주로 3세부터 8세 아이들에게 적합하다. 물론 청소년과 성인들이 크게 호응한 이야기들도 있다. 이야기 서두에 권장 연령과 활용법을 제시한다.

일반적으로 이야기가 짧고 단순하며 반복이 많을수록 어린아이들에게 알맞고, 길거나 구성이 복잡한 이야기는 어린이집 졸업반과 초등 저학년 아이들에게 적합하다. (연령에 따른 이야기 선택요령은 II부 6장 참고)

이 책에 실린 이야기는 빙산의 일각에 불과하다. II부 '치유이야기 쓰기'를 참고하면서 더욱 다양한 아이디어를 찾기 바란다.

9   떼쓰기, 지루함

10   거짓말

11   사려 깊지 않은 행동

12   이기심과 욕심

13   참을성 없는 태도

14   게으름

15   시끄럽고 어수선함

16   꼬집기, 때리기, 싸우기

17   자신감 부족

18   놀리기, 괴롭히기

19   협동과 참여

20   거칠고 산만한 행동

9 떼쓰기, 지루함

심심한 개코원숭이 음토토 동화08

이 이야기는 5세 이상 아이들을 위해 만들었다. 놀이의 재미와 중요성을 일깨워주는 이야기로 부모 교육 시간에 토론을 이끌어 내는 데도 좋다. 필자의 경험에 비추어 보면 아이의 문제행동을 개선하기 위해서는 (예를 들어, 놀이에 흥미가 없는 아이) 아이뿐 아니라 주변 어른들도 함께 돌아봐야 한다.

아기 개코원숭이 음토토는 늘 심심하다고 투덜거렸습니다. 친구들과 노는 것도 "흥, 시시해." 나무 타기도 "흥, 시시해." 강에 가서 물장난하는 것도 "흥, 시시해." 음토토는 만날 "심심해, 심심해" 하며 집에서만 뒹굴었고, 엄마는 그런 음토토 때문에 무척 속이 상했습니다. 엄마는 지혜로운 할아버지 개코원숭이를 찾아가서 할아버지께 음토토랑 얘기해보고 '심심해' 문제를 도와달라고 부탁했습니다. 할아버지는 음토토와 나란히 앉아 "이걸 해볼까, 저걸 해볼까?" 하고 물어봤습니다. 하지만 음토토는 "절벽에서 돌멩이 던지는 거 별로예요. 재미없어요." "나뭇가지에서 그네 타는 거 별로예요. 재미없어요." "수풀에서 뒹구는 거 별로예요. 재미없어요." 하면서 할아버지가 같이 하자고 하는 놀이들을 전부 다 싫다고 했습니다.

그래서 할아버지는 음토토가 정말로 하고 싶은 게 무엇이냐고 물었습니다. 그건 아주 어려운 질문이었습니다. 음토토도 답을 모르기 때문입니다. 하지만 음토토는 할아버지께 모른다고 말하기 싫어서 이렇게 대답했습니다. "그냥 아무것도 안하고 혼자 조용히 앉아있고 싶어요." 그러고 나서 음토토는 벌떡 일어나 혼자 아무것도 안하고 편안하게 앉아 쉴 만한 곳을 찾아 키 작은 나무들이 우거진 길 쪽으로 달려가 버렸습니다.

수풀 사이를 달려가던 음토토는 길가의 키 큰 나무 옆에 상자처럼 생긴 물건이 놓여있는 것을 보았습니다. 바닥은 매끈하고 지붕이 평평한 모양에 반짝반짝 빛나는 막대기가 사방에 둘러쳐진 신기한 상자였습니다. 이리저리 둘러보니 앞쪽에 작은 문이 달려있었습니다. 마침 음토토가 들어가면 딱 맞을 만한 크기였습니다. 게다가 안쪽 바닥에는 먹음직스럽게 잘 익은 노오란 바나나 하나가 있었습니다. 바나나를 제일 좋아하는 음토토는 먹고 싶어 군침을 흘렸습니다.

'아무것도 안하고 혼자 조용히 앉아 있기에 딱 좋은 집이구나.' 이렇게 생각한 음토토는 누가 볼세라 얼른 상자 안으로 들어가 바닥에 편안히 앉아 바나나를 집어 들었습니다. 그런데 막 한 입 베어 먹으려는 순간 상자 앞 작은 문이 쾅하고 닫혀버렸습니다. 조금 놀라긴 했지만 '뭐, 괜찮겠지.' 이렇게 생각한 음토토는 별 걱정 없이 맛있는 바나나를 끝까지 먹어치웠습니다.

배를 든든하게 채우자 잠이 솔솔 오기 시작했습니다. 음토토는 매끈매끈한 바닥에 누워 몸을 둥글게 말고 새근새근 잠이 들었습니다.

한참 자고 일어나보니 몸이 뻣뻣하고 여기저기 뻐근했습니다. 시원하게 기지개를 켜고 싶었지만 상자가 너무 좁아서 기다란 팔다리를 마음대로 뻗을 수가 없었습니다. 밖에 나가서 몸을 좀 풀어야겠다고 생각한 음토토는 문을 열려고 밀어보았지만 아무리 애를 써도 문은 꿈쩍도 하지 않았습니다. 그제야 음토토는 이 상자가 집이 아니라 덫이고, 꼼짝없이 갇혀버렸다는 사실을 깨달았습니다.

개코원숭이들은 모두 사냥꾼과 덫에 대해 어려서부터 듣고 자라기 때문에 잘 알고 있었지만, 음토토는 할아버지에게서 멀리 달아나는 데 정신이 팔려 그 중요한 경고를 깜빡 잊어버렸던 것입니다.

불쌍한 음토토! "어른들 말씀을 귀담아 들을 걸!" 후회가 밀려왔습니다. 갑자기 나무 타기나 강에서 놀기, 나뭇가지 그네 타기 같은 놀이들이 모두 세상에서 제일 재미있는 일처럼 여겨졌습니다. 그렇지만 지금 음토토는 아무 데도 갈 수 없고 아무것도 할 수 없는 신세가 되었답니다. 덫에 갇혀 꼼짝도 못한 채로 음토토는 사냥꾼이 돌아오는 소리가 들릴까봐 무서워서 벌벌 떨고 있었습니다.

얼마 안 가 쿵! 쿵! 쿵! 사냥꾼 발소리가 오솔길을 따라 들려왔습니다. 쿵쿵 발자국 소리는 점점 커지다가 창살 앞에서 딱 멎었습니다. 그러더니 긴 팔 두 개가 스윽 내려와 덫을 집어 들었습니다.

바로 그 때 어디선가 날카롭게 울부짖는 소리가 들리면서 커다란 개코원숭이 한 마리가 번개처럼 재빨리 근처 나뭇가지에서 뛰어내렸습니다. 사냥꾼은 깜짝 놀라 덫을 떨어뜨리고는 걸음아 날 살려라 도망가 버렸습니다. 땅에 세게 부딪치면서 자물쇠가 부서진 덕에 굳게 잠겼던 문이 활짝 열렸습니다.

음토토는 한 걸음에 덫에서 나와 커다란 개코원숭이 품으로 풀쩍 뛰어 들어갔습니다. 고개를 들어보니, 세상에, 음토토를 구해준 원숭이는 다름 아닌 음토토의 할아버지였습니다.

"할아버지! 할아버지는 아는 것도 많고 힘도 세고 정말로 용감해요. 저도 커서 할아버지 같은 멋진 개코원숭이가 되고 싶어요."

"그래?" 할아버지는 껄껄 웃었습니다. "그럼 친구들하고 열심히 뛰어다니면서 같이 놀아야겠구나. 실컷 놀아야 튼튼해지고 아는 것도 많고 용감해지는 법이거든."

음토토는 긴 팔로 할아버지를 꼬옥 끌어안았습니다. 그러고는 친구들과 함께 놀기 위해 강가로 달려갔습니다.

그날부터 음토토는 다시는 심심해하지 않았답니다.

여러분이 나중에 아프리카에 갔을 때 운이 좋으면 음토토가 친구들과 나무를 타거나 강에서 물장난하기, 절벽에서 돌멩이 던지기, 긴 나뭇가지 그네타기, 수풀에서 뒹굴기 놀이를 하면서 아침부터 밤까지 재미있게 놀고 있는 걸 볼 수도 있을 거예요.

떼쟁이 아기 고래 동화09

쉴 새 없이 (때로는 참을 수 없는 정도까지) 보채고 징징거리는 아이를 달래는 일은, 누구에게나 힘든 일이다. 특히나 어린아이와 종일 함께 지내는 부모라면 더더욱 그렇다.

이 이야기는 케이프타운의 교사, 나이로비 빈민가의 엄마부터 바이런 베이의 심리학자(그는 이 이야기를 성인들의 자기 계발 상담 시간에 들려주었다)까지 여러 사람이 다양한 문화 배경을 가진 4세 이상 아이들에게 들려주어 항상 좋은 효과를 거두었다. 특히 운율 있는 문장을 반복해서 들려줄 때 이야기의 메시지가 어린아이들에게 잘 전달되었다. 케이프타운의 교사들은 리코더로 낮은 음을 불면서 이야기를 마치는 것이 대단히 효과가 좋다는 사실을 알게 되었다. 아이들은 고래 소리를 꼭 닮은 리코더 소리를 아름다운 고래 노래라며 자꾸자꾸 들려달라고 했다.

옛날에 작은 아기 고래 한 마리가 살았습니다. 아기 고래는 아침부터 저녁까지 하루 종일 엄마 고래를 향해 온갖 트집을 잡으면서 울고 떼를 썼습니다. 엄마 고래가 아무리 달래려고 애를 써 봐도 계속해서 떼만 썼습니다. 엄마 고래가 헤엄을 빨리 치면 너무 빠르다고 투정을 부리고, 느리게 치면 너무 느리다고 투정을 부렸습니다. 물이 뜨거우면 너무 뜨겁다고, 차가우면 너무 차갑다고 투정을 부렸습니다. 저녁밥을 많이 주면 너무 많다고, 적게 주면 너무 적다고 투정을 부렸습니다. 떼쟁이 아기 고래는 하루 종일 바닷속 집에서 엄마 주위를 맴돌며 떼쓰는 노래만 해댔습니다.

"이것도 하기 싫고, 저것도 하기 싫어.
이것도 필요 없고, 저것도 필요 없어.
이것도 안할 거고, 저것도 안할 거야,
마음에 드는 일이라곤 하나도 없어!"

엄마 고래는 아름다운 고래 노래를 가르쳐주려고 했습니다. 어른 고래가 되어 자신의 가족을 가지려면 알아야 하는 노래였습니다. 하지만 떼쟁이 아기 고래는 떼쓰는 노래를 부르느라 그딴 시시한 어른 고래들의 노래는 들은 척도 하지 않았습니다.

"이것도 하기 싫고, 저것도 하기 싫어.
이것도 필요 없고, 저것도 필요 없어.
이것도 안할 거고, 저것도 안할 거야,
마음에 드는 일이라곤 하나도 없어!"

엄마 고래는 아기 고래가 친구와 함께 넓은 바다로 나가 놀기를 바랐습니다. 하지만 떼쟁이 아기 고래는 친구도 귀찮기만 했습니다. 고래 무리의 다른 고래들도 떼쟁이 아기 고래의 징징거리는 소리가 지겨워 같이 놀려고 하지 않았습니다. 징징거리는 소리 때문에 고래들이 사는 바다는 조용할 틈이 없었습니다.

어느 날, 고래들이 다 함께 바닷가 근처에서 헤엄치다가 방향을 바꿔 깊은 바다를 향해 이동하기 시작했습니다. 하지만 떼쟁이 고래는 징징거리는데 정신이 팔려 엄마와 다른 고래들이 다른 데로 가는 줄도 몰랐습니다. 한참을 그렇게 앞만 보고 헤엄치던 아기 고래가 문득 정신을 차리고 보니 혼자 산호초 너머까지 나와 바닷가 웅덩이에 꼼짝없이 갇힌 신세가 되어있었습니다!

곧 썰물이 시작되었고, 웅덩이 안의 물은 천천히 산호초 사이로 빠져 나갔습니다. 떼쟁이 아기 고래는 얕은 물속에서 오도 가도 못 하고 헤엄도 칠 수 없었습니다. 간신히 등만을 가릴 정도였던 물은 시간이 갈수록 점점 더 낮아졌습니다.

아기 고래는 어떻게 해야 할까요? 징징대는 노래는 불러봐야 아무 소용이 없습니다. 들어줄 엄마가 곁에 없기 때문입니다. 그때 기억 저편에서 더할 나위 없이 아름다운 노랫소리가 들려왔습니다. 아기 고래는 그 노래를 가만히 따라 불렀습니다. 처음에는 아주 작은 소리였지만 자꾸자꾸 부를수록 목소리가 점점 커졌습니다. 곧 아기 고래는 아주 아름다운 고래 노래가 바다 저쪽까지 크게 울려 퍼지도록 부를 수 있게 되었습니다.
아기 고래의 노래는 물속을 지나, 산호초를 넘어, 깊은 바다까지 전해졌습니다. 그 노래는 헤엄치고 있던 엄마와 다른 고래들의 귀에까지 울려 퍼졌습니다. 고래 무리는 아기 고래가 부르는 소리를 듣자마자 방향을 바꾸어 산호초를 향해 되돌아갔습니다. 고래들은 물 밖으로 높이 껑충 뛰어올랐다가 풍덩 하고 다시 물속으로 뛰어들면서 헤엄쳐갔습니다. 여러 마리의 고래가 무리를 지어 그렇게 솟구쳤다 뛰어들기를 반복하면서 헤엄쳐 가자, 고래 무리 앞에 큰 파도가 생겼습니다. 산호초 앞에 이르자 고래들은 헤엄을 멈추고 가만히 기다렸습니다. 앞서가던 커다란 파도는 높은 바위를 넘어 철썩 부서지면서 아기 고래가 갇혀있던 바닷가 웅덩이를 물로 가득 채웠습니다. 헤엄칠 수 있을 만큼 물이 많아지자 아기 고래는 힘껏 헤엄을 쳐서 간신히 웅덩이 밖으로 나왔습니다. 산호초 건너편에는 고래들이 아기 고개를 기다리고 있었습니다. 고래들은 아기 고래를 깊은 바닷속 집까지 안전하게 데려다주었습니다.
엄마 고래는 아기 고래가 기특했습니다. "네가 드디어 고래 노래가 얼마나 아름답고 힘센지를 알았구나!" 엄마 고래는 이렇게 속삭이며 아기 고래 주변을 헤엄치면서 돼지 코처럼 생긴 커다란 코로 아기 고래의 몸을 여기저기 쿡쿡 찔러댔습니다. 엄마 고래가 아기 고래들을 안아주고 뽀뽀할 때 이렇게 한답니다.
아기 고래도 무사히 집으로 돌아올 수 있어서 정말 기뻤습니다. 멋진 목소리로 정말 예쁜 노래를 부를 수 있게 된 아기 고래는 징징거리고 떼쓰는 노래는 이제 더 이상 부르고 싶지 않았습니다. 요즘은 새로운 노래를 만들어 친구들에게 가르쳐준답니다. 혹시라도 바다를 헤엄치게 된다면 귀를 기울여 보세요. 아기 고래가 부르는 아름다운 노랫소리가 들릴지도 모르니까요.

"나는 이 노래도 잘 부르고 저 노래도 잘 불러요.
이 일도 재미있고 저 일도 재미있답니다.
이것도 잘 하고 저것도 잘해요,
나는 하루하루가 정말 즐겁답니다."

삐거덕 침대 〔동화10〕

모든 연령에 적합하고 보편한 이야기.

　삶에서 무엇이 좋은 일이고 나쁜 일인지를 다시 생각해볼 수 있게 도와주며, 특히 사소한 일에 끊임없이 불평을 늘어놓는 아이에게 들려주면 좋다.

　다양한 연령의 아이들이 섞인 큰 집단이나 성인을 위한 강좌에서 자주 들려주었는데, 참가자들이 신 나게 웃으면서 적극적으로 활동에 참여하게 하는 효과가 있다. 특히 성인들에게는 생각을 많이 하고 집중해야했던 하루 또는 한 주의 말미에 지친 심신을 달래는 즐거운 이야기가 되어주었다. 이야기를 들려줄 때 청중을 여러 동물 집단으로 나누어볼 수도 있다. 동물들이 집으로 들어갈 때 해당 집단이 연기를 하게하면 동물을 추가할 때마다 자연스럽게 소리와 움직임이 커질 것이다. 이렇게 하면 침대의 작은 삐거덕 소리(몇 명의 사람에게 이 역할을 맡긴다)와 모든 동물의 울음소리가 섞인 불협화음의 차이를 분명하게 느낄 수 있다.

　옛날 한 농장에 나이 많은 할머니가 살고 있었습니다. 할머니는 그 농장이 모두 마음에 들었지만 단 한 가지 '삐거덕거리는 침대'가 문제였습니다. 밤새도록 그 침대가 시끄럽게 삐거덕, 끼익끽거려서 할머니는 잠을 잘 수가 없었습니다.
　어느 날 밤, 삐거덕거리는 소리가 너무 시끄러워서 할머니는 더 이상 참을 수 없는 지경에 이르렀습니다. 다음 날, 할머니는 마을에 사는 지혜로운 노인을 찾아가서 이 문제를 상의했습니다. 그러자 그 지혜로운 노인은 할머니에게 농장에 돌아가거든 소를 집 안으로 데리고 들어가 키우라고 했습니다.

할머니는 참 이상한 조언이라고 생각하면서도 '그래도 현명한 사람이니까 그분이 말한 대로 해봐야지' 하고 생각했습니다.

집에 도착하자마자 할머니는 소를 집 안으로 불러들였습니다. 그리고 그날 밤은 침대가 삐거덕거리는 소리에 더해서 소까지 밤새도록 "음매 음매" 울어댔습니다. 할머니는 다시 지혜로운 노인을 찾아갔습니다. 노인은 할머니에게 집에 가거든 이번에는 양을 집 안으로 들이라고 조언했습니다.

(이야기는 이런 식으로 집 안이 농장의 동물로 가득 찰 때까지 계속된다. 소, 양, 당나귀, 돼지, 수탉 등 모든 동물이 밤새도록 제각기 소리를 낸다. 동물의 수는 청중의 집중 시간에 따라 더 길어질 수도 짧아질 수도 있다.)

마침내 할머니는 그 소음을 더 이상 참을 수 없는 지경에 이르렀습니다. 일주일 내내 잠을 자지 못해 머리가 지끈지끈 아팠습니다. 할머니는 지혜로운 노인을 다시 찾아가서 당신같이 아무짝에도 쓸모없는 조언을 해준 사람이 지혜로운 사람일 리가 없으며, 마을 사람들에게 가서 이 사실을 모두 얘기하겠다고 했습니다.

지혜로운 노인은 할머니에게 이것이 마지막이니 한 번 더 자기 말을 따라보라고 했습니다. "농장에 돌아가거든 집 안에 있는 동물들을 모두 데리고 나와 원래 살던 데로 가게 하세요."

할머니는 집으로 돌아와 소며 양이며 당나귀, 돼지, 수탉 들을 제 우리에 풀어주었습니다. 그러자 그날 밤도, 또 그 다음 날 밤도 계속해서 할머니는 깊고 편안한 잠을 잘 수 있었답니다.

별 사과 동화11

출처가 명확하지 않은 이야기를 고쳐 쓴 이 이야기는 모든 연령대에 알맞다. 심심해 할 때 부모가 창의적인 자극을 살짝 준다면 아이가 얼마나 모험심 넘치는 탐험가로 바뀌는지를 보여주는 좋은 예다. 이 이야기를 들려주기 전에 나는 사과 하나를 미리 잘라 둔다.(꼭지에서 아래로 자르지 말고 수평으로 자른다) 그러고는 반 토막 난 사과 두 쪽을 잘 붙여서 천으로 덮어두었다가 적절한 순간에 꺼내어 사과 속에 숨은 별을 보여준다.

옛날에 한 아이가 있었습니다. 아이는 자기 방에 있는 그림책이며 퍼즐, 심지어 장난감에도 싫증이 났습니다.
"심심해, 심심해, 심심해요. 뭘 하면 좋을까요?" 아이는 엄마에게 물었습니다.
아이의 엄마는 아이가 하면 좋은 일을 항상 잘 알고 있는 사람이었습니다.
"작고 빨간 집을 찾으러 탐험을 떠나보렴. 창문도 없고 문도 없는데 집 안에 별 하나가 숨어 있는 집이란다."
이 말을 들은 아이는 잔뜩 흥분해 눈을 크게 떴습니다. "그런 집을 어디를 가야 찾을 수 있을까요?"라고 물었습니다.
"길을 따라 쭉 내려가다가 농부 아저씨의 집을 지나 언덕으로 올라가렴. 그 작고 빨간 집을 발견하면 꼭 엄마에게 가지고 와서 보여주어야 한단다."
아이는 집을 나섰습니다. 날씨가 정말 좋았습니다. 태양은 환하게 빛나고 하늘은 파래서 탐험하기에 무척이나 행복한 날이었지요. 아이는 노래를 부르며 시골길을 깡충깡충 뛰어갔습니다. 얼마 안 가서 아이는 커다란 갈색 헛간 밖에 서서 옥수수 밭을 내려다보고 있는 농부 아저씨를 만났습니다.
"안녕하세요? 농부 아저씨" 아이는 공손히 인사를 한 다음 농부에게 물었습니다. "창문도 문도 없는데 그 안에 별 하나가 숨어 있는 작고 빨간 집을 찾으려면 어디로 가야할까요?"
"글쎄다 얘야, 여기서 아주 오래 살았지만 그런 집은 못 봤는걸. 그래, 좋은 생각이 났구나. 할머니께 여쭤보렴. 할머니는 빨간 벙어리 장갑 만드는 법도 아시고, 달콤한 설탕 시럽을 입힌 옥수수과자를 만드는 법도 아시지. 할머니라면 그 집이 어디 있는지 아실 게야. 틀림없이."

아이는 할머니 집을 찾아 계속해서 길을 갔습니다. 얼마 안 가 향기로운 풀과 노란 금잔화가 가득 피어 있는 정원에 흔들의자를 놓고 앉아 계시는 할머니를 만났습니다.

"안녕하세요? 할머니, 창문도 문도 없는데 그 안에 별 하나가 숨어 있는 작고 빨간 집을 찾으려면 어디로 가야할까요?" 아이가 묻자 할머니는 놀라면서

"오호, 나도 그런 집이 어디 있는지 궁금하구나. 추운 밤에는 따뜻할 테고 별빛은 또 좀 밝겠니?"하고 대답하셨습니다.

"바람에게 물어봐야 할 것 같구나. 바람은 언덕 위를 휘돌고 깊은 계곡을 지나 온 세상을 돌아다니니 바람이라면 세상의 모든 비밀을 알고 있을 테지"

아이는 바람을 찾아서 계속 길을 갔습니다. 언덕을 올라간 지 얼마 안 되어 불어오는 바람을 만났습니다. 바람은 아이의 머리 위를 한 바퀴 돌고, 한 번 또 한 번 돌았습니다.

"안녕하세요? 바람님! 창문도 문도 없는데 그 안에 별 하나가 숨어 있는 작고 빨간 집을 찾으려면 어디로 가야할까요?" 그러자 바람이 껄껄 웃으면서

"날 따라와!"라고 대답하는 것처럼 쌩 날아갔습니다.

바람을 따라 언덕 위로 올라가보니 그곳에는 사과나무 한 그루가 서 있었습니다. 바람은 사과나무 주위를 한 바퀴 돌고, 한 번 또 한 번 돌았습니다. 그리고는 사과 하나를 풀밭 위로 똑 떨어뜨렸습니다. 아이는 달려가 땅에 떨어진 사과를 집어 들었습니다. 사과를 두 손바닥에 올려놓고 가만히 들여다보았습니다. 그 사과는 태양이 색칠한 것처럼 빨갛고 둥글었습니다. 창문도 문도 없었습니다. 대신에 위에 굴뚝처럼 생긴 작은 꼭지가 달려있었습니다.

"와아! 신기한데!"

아이는 주머니에서 조그만 칼을 꺼내 사과의 한가운데를 수평으로 잘라 보았습니다. 반 토막 난 사과를 벌려 보니 그 안에 별 하나가 숨어 있었습니다.
"고마워요, 바람님!" 그러자 바람은 "그래." 하고 속삭이는 것처럼 살랑 불었습니다.
마침내 아이는 창문도 문도 없지만 그 안에 별이 숨어 있는 작고 빨간 집을 찾아 엄마에게 보여드리러 집으로 돌아왔답니다.

부활절의 비밀 동화12

이 이야기 역시 할 일이 하나도 없어 지루하기 짝이 없던 하루가 수수께끼의 해답을 찾으면서 가슴 뛰는 모험으로 바뀐다. 길이가 상당히 길기 때문에 5세 이상 아이들에게 알맞다.

옛날에 부활절의 비밀을 알고 싶어 하는 소년이 있었습니다. 소년은 해마다 뜨거운 여름의 열기가 가시고 하얀 구름이 담요처럼 하늘을 덮으면 부활절이 곧 시작된다는 걸 알고 있었습니다. 소년이 사는 나라에는 부활절에 항상 구름이 끼고 비가 내렸습니다. 소년은 엄마와 아빠가, 또 형과 누나가 부활절 이야기를 하는 것을 들으면서 부활절이 곧 오리라는 것을 알고 있었고 느낄 수도 있었습니다. 하지만 도대체 부활절이 뭔지는 도무지 알 수가 없었습니다. 그래서 엄마에게 물어보았습니다.
"엄마, 부활절이 뭐예요?"
엄마가 대답했습니다.
"얘야, 부활절은 아주 특별한 비밀이란다."
"그러면 누가 나에게 그 비밀을 이야기해 줄 수 있을까요?"

"그런 특별한 비밀을 이야기해 줄 수 있는 분은 오직 아버지 해님뿐이란다. 때가 되면 그분께서 너에게 말씀해주실 거야."

엄마는 하던 일을 계속했습니다.

소년은 밖으로 달려 나가 하늘을 쳐다보았습니다. 하늘을 가득 덮은 하얀 구름 사이 작은 틈으로 아버지 해님이 내려다보며 웃고 있었습니다. 소년은 아버지 해님을 향해 귀를 쫑긋 세우고 기다리고 또 기다렸습니다. 올해는 아버지 해님이 부활절의 비밀에 대해 알려주시기를 다른 어느 해보다도 더 간절히 원하고 기다렸습니다.

어느 날 아침, 소년은 아주 일찍 잠에서 깨어났습니다. 오늘은 뭔가 평소와 다르다고 느꼈습니다. 새들도 소년을 위해 노래하고, 창문가에 비치는 햇빛은 춤을 추면서 소년에게 밖으로 나오라고 손짓하는 듯했습니다. 얼른 일어나서 옷을 입고는 아침도 먹지 않고 정원으로 뛰어나갔습니다. 하늘은 구름으로 덮여 있었지만 동쪽 하늘에 있는 하얀 구름들 사이로 아버지 해님이 환히 빛나고 있었습니다. 아버지 해님이 따뜻한 햇빛 팔을 내미는 것 같아서 소년은 햇빛 팔을 맞잡으려고 머리 위로 팔을 쭉 뻗어 올렸습니다. 소년은 귀를 쫑긋 세우고 아버지 해님이 뭐라고 말씀해주시기를 기다리고 또 기다렸습니다. 문득 속삭이는 소리가 들려왔습니다.

"네가 찾는 비밀은 작은 집 안에 숨겨 놓았단다.
그곳은 나의 황금빛이 낮이고 밤이고 빛나는 곳이란다."

속삭이는 소리가 다시 들려왔습니다.

"네가 찾는 비밀은 작은 집 안에 숨겨 놓았단다.
그곳은 나의 황금빛이 낮이고 밤이고 빛나는 곳이란다."

소년은 마침내 비밀이 숨겨진 장소를 알게 되어 뛸 듯이 기뻤습니다. 소년은 정원 안을 샅샅이 뒤지며 이리저리 뛰어다녔습니다. 하지만 곧 해님의 황금빛이 낮에도 밤에도 항상 빛나는 작은 집을 찾기가 쉽지 않다는 것을 깨달았습니다.

"그래, 바람님에게 물어봐야겠다. 바람님은 온 땅 위를 돌아다니니 분명히 그 작은 집이 어디에 있는지 아실 거야."

그러고는 정원 안쪽 작은 나무에서 불고 있는 바람에게 달려갔습니다.
"바람님, 바람님, 해님의 황금빛이 낮에도 밤에도 빛나는 작은 집이 어디에 있는지 아세요?"
그러나 바람은 그저 여기저기 돌아다니며
"나무에게 물어보렴." 하고 말하기만 했습니다.
소년은 정원 한가운데 있는 커다란 무화과나무에게 달려갔습니다.
"나무님, 나무님, 해님의 황금빛이 낮에도 밤에도 빛나는 작은 집이 어디에 있는지 아세요?"
"개미에게 물어보렴." 나무는 그저 쑥쑥 자라기만 했습니다.
소년은 바위 한가운데 있는 개미굴로 갔습니다.
"개미님, 개미님, 해님의 황금빛이 낮에도 밤에도 빛나는 작은 집이 어디에 있는지 아세요?"
개미는 그저 종종걸음으로 서둘러 가면서 말했습니다.
"벌에게 물어보렴."
소년은 집의 뒷벽 아래 꽃밭으로 달려갔습니다.
"벌님, 벌님, 해님의 황금빛이 낮에도 밤에도 빛나는 작은 집이 어디에 있는지 아세요?"
하지만 벌은 그저 붕붕 대기만 했습니다.
소년은 해님의 황금빛이 낮에도 밤에도 빛나는 작은 집을 찾지 못할 수도 있겠다는 생각이 들었습니다. 그때 마침 엄마가 아침밥 먹으라고 부르는 소리가 들렸습니다.
소년은 안으로 달려 들어가 손을 씻고 식탁에 앉았습니다. 엄마에게 아버지 해님이 뭐라고 하셨는지 들려주었습니다.
"여기저기 구석구석을 다 찾아봤어요. 바람님에게도 물어보고, 나무님에게도 물어보고, 개미님과 벌님에게도 물어보았어요. 엄마는 해님의 황금빛이 하루 종일 빛나는 작은 집이 어디에 있는지 아세요?"
엄마가 다정하게 웃으며 말했습니다.
"얘야, 바로 네 앞에 있단다."

내려다보니 삶은 달걀을 담는 작은 나무 달걀 컵 위에 둥글고 반들반들한 하얀 달걀이 있었습니다. 엄마는 소년이 달걀을 잘라 안을 볼 수 있도록 도와주었습니다. 거기에는 해님의 황금빛이 낮이고 밤이고 빛나는 작은 황금 공이, 부드럽고 하얀 침대 속에 포근히 파묻혀 있었습니다.

소년은 부활절의 비밀을 알게 되어 아주 기뻤습니다. 부활절의 비밀을 찾으려고 바쁘게 돌아다녔던 탓에 배가 많이 고팠던 소년은 아침 식사를 모두 먹고도 '핫 크로스 번(부활절에 먹는 십자가 무늬가 있는 빵)'을 하나 더 먹었습니다. 그리고는 정원으로 나가 놀았습니다. 소년은 놀면서 노래를 불렀습니다.

"하늘은 흰 구름이 포근히 감싸주어요.
비밀은 땅 위에 숨어있어요.
비밀은 푹신한 새둥지 속에 숨어있어요.
우리가 제일 사랑하는 부활절 비밀."

10 거짓말

비둘기와 하이에나 동화13

호사 부족에 전해 내려오는 이야기를 마리아 므세벤지가 채록한 것을 저자가 고쳐 썼다. 큰 줄거리는 그림형제 동화『늑대와 일곱 마리 아기염소』와 비슷하며, 거짓말하거나 남을 속이지 말라는 주제를 강조하고 있다. 6세 이상 아이들에게 알맞은 이야기다.

옛날 옛날에 울창한 숲 한가운데 엄마 비둘기 한 마리가 살고 있었습니다. 엄마 비둘기는 초록 잎이 무성한 나무 꼭대기에 둥지를 틀고 아기 비둘기 세 마리를 키웠습니다.
엄마 비둘기는 날마다 먹이를 구하러 둥지를 떠났습니다. 둥지를 떠날 때마다 아기 비둘기들에게 "엄마 말고는 그 누가 오더라도 둥지 문을 열어주거나 밧줄을 던져주어선 안 된다."고 신신당부를 했습니다. 엄마 비둘기의 노랫소리가 들리면 아기들은 엄마가 돌아온 것을 알고 문을 열어주었습니다.
아기 비둘기들은 늘 문을 꼭 닫고 둥지 안에서 안전하게 엄마를 기다렸습니다. 엄마 비둘기는 둥지에 돌아오면 나무 아래에서 노래를 불렀습니다. 그 소리를 들은 아기 비둘기들이 문을 열고 밧줄을 던져주면 엄마 비둘기는 먹이를 가지고 나무 위로 올라갔습니다.
어느 날, 여느 때처럼 엄마 비둘기가 돌아와 나무 밑에서 아기 비둘기들에게 노래를 했습니다. 하지만 배고픈 하이에나 한 마리가 엄마의 노랫소리를 몰래 엿듣고 있었습니다. 하이에나는 아기 비둘기들이 둥지 문을 열고 나무 아래로 밧줄을 던져주어 엄마가 밧줄을 타고 위로 올라가는 모습을 지켜보았습니다.

하이에나는 아기 비둘기들을 저녁 식사로 먹으면 맛있겠다고 입맛을 다시며 교활한 꾀를 하나 생각해냈습니다. 다음날 아침, 하이에나는 엄마 비둘기가 둥지를 떠나기를 기다렸다가 나무 아래에 서서 노래를 시작했습니다. 하지만 하이에나의 노래는 거칠고 쉰 목소리였습니다. 좀 부드럽게 불러보려고 목소리를 쥐어짰지만 아기 비둘기들은 나무 밑에서 들리는 노랫소리가 엄마의 소리가 아니라는 것을 알고, 문을 열어주지도 밧줄을 던져주지도 않았습니다.

사과를 먹으면 목소리가 부드러워질 거라 생각한 하이에나는 얼른 가까운 농장으로 가서 아직 익지 않은 풋사과 하나를 따먹었습니다. 사과 맛이 무척 썼지만 꼭꼭 씹어 꿀꺽 삼켰습니다. 그러고는 나무 밑으로 돌아가 다시 노래했습니다.

하지만 하이에나의 노래는 여전히 거칠고 쉰 목소리였고, 부드럽게 불러보려고 목소리를 쥐어짰지만 아기 비둘기들은 엄마의 소리가 아닌 것을 알고는 문을 열어주지도 밧줄을 던져주지도 않았습니다.

하이에나는 머리끝까지 화가 났습니다. 다시 농장으로 달려가 농부에게 으름장을 놓아 농부의 집 마당에서 맛있게 잘 익은 빨간 사과 한 알을 빼앗았습니다. 하이에나가 빨간 사과를 꼭꼭 씹고 또 씹어 꿀꺽 삼키자, 달콤한 사과즙이 하이에나의 목소리를 부드럽고 달콤하게 만들어 주었습니다. 하이에나는 숲으로 되돌아와 다시 나무 아래에 서서 노래를 불렀습니다. 이번에는 진짜로 엄마가 돌아왔다고 생각한 아기 비둘기들은 문을 열고 밧줄을 아래로 던져주었습니다.

하이에나는 조용하고 재빠르게 밧줄을 타고 오르기 시작했습니다. 끙끙 대며 올라간 하이에나가 마침내 둥지 바로 아래까지 닿을 무렵 때마침 엄마 비둘기가 돌아왔습니다. 이 광경을 본 엄마 비둘기는 얼른 큰 소리로 노래했습니다. "얘들아, 예쁜 아기 새들아! 어서 문을 꼭꼭 닫으렴!"

엄마 비둘기의 목소리를 듣자 아기 비둘기들은 밧줄을 그냥 내던지고 서둘러 둥지 안으로 돌아와 문을 꼭꼭 닫아걸었습니다. 하이에나는 높은 나무에서 땅바닥까지 우당탕 쿵쾅 데굴데굴 굴러 떨어져 버렸습니다.

이때 부러진 등 때문에 하이에나는 그 뒤로 항상 등이 굽은 채 어기

적어기적 다니게 되었답니다. 이제 엄마 비둘기는 다시는 둥지에 아기 비둘기들만 남겨두지 않았습니다. 아기 비둘기들이 충분히 자라자 엄마 비둘기는 아기 비둘기들에게 하늘을 나는 법과 스스로 먹이 구하는 법을 가르쳐주었습니다.

도둑질하는 개 동화14

7세에서 9세 아이들을 위해 쓴 이야기로 훔치는 행위[01]의 심각성을 전달하는 상당히 강한 주제와 은유를 담고 있다. 또한 양심의 소리에 귀를 기울이는 것이 정직함을 회복하는 여정에 어떤 긍정적인 효과를 미치는지에 대해서도 이야기한다. 이것은 5, 6세 아이들에게도 들려줄 수 있지만 4세 이하의 아이들에게는 적절하지 않다. 4세 이하의 어린아이들은 물건을 빌리는 행위와 '엄마에게 보여주러 집에 가져가는 행위'는 알아도 훔친다는 행위의 의미는 아직 모르기 때문이다.

넓디넓은 땅 한가운데, 붉은 모래 바람이 부는 벌판에 리틀디라는 이름의 강아지가 살았습니다. 함께 태어난 많은 형제 강아지 중에 리틀디는 막내였고 덩치도 제일 작았습니다. 하지만 형제들의 털은 모두 노란색인데 비해 리틀디는 아주 특별했습니다. 리틀디의 털은 눈이

---

[01] 어린아이들이 물건을 말없이 가져가는 것이 훔치는 행위가 아닌 경우도 있다는 사실에 주의해야 한다. 이는 어른들이 물건을 '소유'하는 것을 모방하는 것일 뿐이다. 초등학생 아이들의 경우에는 단순히 나쁜 행동이라기보다는 더 많은 관심을 끌기 위한 불안함의 표출일 수도 있다. 알다시피 치유이야기는 아이의 가정 환경에 대한 질문과 맞물려 고려해야 한다.

부시도록 반짝이는 하얀색이었답니다!

덩치도 제일 작고 생김새도 달랐기 때문에 필요한 것을 얻기 위해서는 언제나 싸워야만 했습니다. 갓 태어난 아기 때부터 엄마젖을 먹기 위해서는 형들을 타고 넘고 밀치면서 엄마에게 가까이 가야한다는 걸 배웠습니다. 더 커서는 아빠가 잡아오신 사냥감을 한 입이라도 얻어먹기 위해 싸워야만 했습니다.

덩치가 작고 눈부시게 하얀 개 리틀디는 형들과 싸움에서 번번이 졌습니다. 그러다보니 늘 배를 곯아야 했고, 조금씩 나쁜 짓을 하게 되었습니다. 이기려 애쓰는 것보다 훔치는 게 훨씬 쉽다는 걸 알게 된 것입니다.

어느 날 리틀디는 벌판의 붉은 모래 위를 데굴데굴 구르며 놀고 있다가 형이 큰 뼈다귀를 입에 물고 지나가는 것을 보았습니다. 그런데 웬일인지 형은 리틀디를 알아채지 못하고 그냥 지나쳐갔습니다. 리틀디의 하얀 털이 온통 붉은 흙으로 뒤덮이자 주위의 벌판과 같은 색이 되어 리틀디의 모습이 감추어졌던 것입니다.

리틀디는 구르기를 멈추고 형을 몰래 뒤따라가기 시작했습니다. 형은 뼈를 물고 덤불 속으로 들어가더니 땅을 깊이 파서 뼈를 묻었습니다. 형이 집으로 돌아가자 리틀디는 다시 뼈를 파내 멀리 가지고가서 혼자 마음껏 물어뜯고 놀았습니다.

다음날 리틀디는 붉은 모래밭 위를 한바탕 구른 뒤에 형이 또 뼈다귀를 묻으러오기를 기다렸습니다. 아니나 다를까 다른 형이 또 다시 뼈를 물고 나타났고, 이번에도 리틀디는 형의 뒤를 조용히 따라갔습니다. 이번에는 덤불 옆 바위 언덕으로 갔습니다. 형은 바위 사이에 땅을 파고는 뼈를 묻었습니다. 형이 집으로 돌아가자 리틀디는 뼈를 다시 파내 멀리 가지고가서 물어뜯고 놀았습니다.

시간이 지나면서 이제 하루에 다 먹어치우기에는 양이 너무 많아져 뼈다귀를 숨길 비밀 장소를 찾아다니게 되었습니다. 마음에 드는 곳을 찾는데 시간이 걸렸지만 마침내 말라버린 강바닥 바로 옆에서 동굴 하나를 발견했습니다. 동굴 안은 뼈다귀를 가득 쌓아둘 수 있을 만큼 넓었습니다.

그 뒤 몇 달이 지나는 동안 동굴에는 뼈가 차곡차곡 쌓여갔습니다. 리틀디는 항상 붉은 흙으로 변장을 하고 형들을 몰래 뒤쫓았고, 나중엔 엄마 아빠의 뒤도 밟기 시작했습니다. 온가족의 먹을거리를 훔치고 있었던 것입니다!

그러는 동안 단 하루도 날이 흐리거나 비가 온 적이 없었습니다. 벌판은 날마다 더욱 말라가고 흙먼지도 더 많아져 갔습니다. 덕분에 리틀디는 쉽게 변장을 하고 나쁜 짓을 할 수 있었습니다.

동굴은 금세 훔친 뼈다귀로 가득 찼습니다. 리틀디는 더 이상 배고프지 않아도 된다는 생각에 행복했습니다. 하지만 가족들은 굶주림에 쇠약해져갔습니다. 기껏 뼈다귀를 찾아다 숨겨놓으면 누가 훔쳐가 버리는데다, 몇 달간 비가 오지 않은 탓에 사냥감이 부족해져서 같이 사냥해서 고기를 나눠먹기도 어려웠기 때문입니다.

그러던 어느 날 마침내 날씨가 변했습니다. 넓디넓은 벌판 전체에 비가 내리기 시작했는데, 처음엔 한두 방울 떨어지던 것이 곧 천둥번개와 함께 하늘에 구멍이 뚫린 듯 폭포수처럼 쏟아져 내렸습니다. 어찌나 비가 많이 왔는지 벌판은 금세 물바다가 되었고, 말라 있던 강바닥에도 물이 가득 차서 강둑 너머로 흘러넘치기에 이르렀습니다.

리틀디는 비가 오기 시작하자 얼른 높은 곳으로 피했습니다. 하지만 바위 언덕에는 몸을 숨길만한 곳이 없었던 탓에 변장했던 붉은 흙이 비에 깨끗이 씻겨나가기 시작했습니다. 이제 리틀디는 다시 눈부시도록 하얀 개가 되었습니다. 붉은 흙으로 몸을 숨기지 않은 상태에서는 더 이상 다른 개들의 뒤를 몰래 쫓거나 나쁜 짓을 할 수가 없었습니다.

게다가 강둑 너머로 흘러넘친 물은 리틀디의 비밀 창고까지 흘러들어와 동굴을 가득 채웠습니다. 일주일이 지나고 홍수가 잦아든 다음 물이 빠진 동굴 바닥에는 깨끗이 씻긴 뼈다귀만 남았습니다. 비가 그친 하늘에서는 태양이 눈부시게 빛났고, 뼈다귀들은 어두운 동굴 속에서 환하게 빛났습니다.

동굴로 돌아온 리틀디는 깨끗이 씻겨나가 하얗게 반짝이는 뼈다귀들을 보았습니다. 리틀디는 뼈다귀 하나를 가만히 바라보았습니다. 눈부시게 하얗고 깨끗했습니다. 자신의 몸도 내려다보았습니다. 역시 눈부시게 하얗고 깨끗했습니다. 리틀디는 이제 뼈다귀를 가족들에게 돌려줘야 할 때가 되었다고 느꼈습니다. 그날 밤 리틀디는 뼈다귀를 한 개씩 한 개씩 동굴에서 꺼내 벌판으로 옮겨 바닥에 흩어 놓았습니다.

다음 날 아침 리틀디의 가족들은 뼈다귀를 발견하고는 흩어진 뼈다귀들을 한데 모아 서로 나누어 가졌습니다. 누가 가져왔는지 어디서 갖고 왔는지는 알 수 없지만, 그런 건 아무 상관없습니다. 중요한 건 가족들이 뼈다귀를 소중하게 모으는 모습을 리틀디가 지켜보았고, 그 보물을 나누며 가족들이 얼마나 행복해하는지를 알게 된 것입니다. 전에는 붉은 흙으로 자신을 감췄기 때문에 이걸 보지 못했던 걸까요? 행복해하는 가족들을 바라보는 게 세상에서 가장 좋은 일처럼 여겨졌습니다.

리틀디는 자기가 먹이를 혼자 사냥할 수 있을 만큼 자랐고 힘이 세졌다는 걸 깨달았습니다. 이제는 강아지가 아니라 다 자란 멋진 개 리틀디였습니다! 시간이 지나고 리틀디는 가족들을 위해 사냥을 하고 자신의 아기들을 먹이기 위해 먹잇감을 물어올 때마다 언제나 제일 어리고 작은 강아지들도 배불리 먹이려고 애썼답니다.

아난시와 끈끈이 조각상 동화15

아난시 이야기는 서아프리카에서 유래했다. 아프리카에서 사람들을 노예로 잡아 아메리카 대륙으로 건너갈 때 이 이야기들도 카리브 해의 섬들에 전해졌다. 아난시 이야기는 '거미 이야기'로도 알려져 있다. '아난시'는 거미이면서 인간이기도 한 존재이다! 크와쿠 아난시의 이야기는 아직도 가나의 아샨티족 사이에서 구전되며, 세계 여러 지역에서 주인공만 달리한 비슷한 이야기가 전해지고 있다. 프랑스령 서인도제도와 남미에서는 토끼가 주인공이고, 동아프리카의 나이지리아에서는 거북이가 말썽꾸러기로 등장한다. 거미 인간 아난시 이야기는 6세에서 10세 아이들에게 훌륭한 이야깃거리이며, 영화 속 스파이더맨과 흥미로운 대조를 이룬다. 어느 사회나 마찬가지로 모든 사람이 맡은 일을 잘 해내는 것은 아닌 까닭에 아난시의 캐릭터가 생겨났다. 거미 인간 아난시는 게으르고, 정직하지 못하며 탐욕스럽다. 짓궂은 장난을 치고 속임수를 쓰기도 하지만 그래도 유쾌하고 사랑스러운 인물이다. 탐욕스럽고 불성실한 행동은 당연한 결과로 벌을 받게 되고, 유머러스한 과정을 통해 권선징악의 결론에 이른다. 아난시가 거짓말을 하다 응분의 대가를 치르는 이야기 한 편을 소개한다.

옛날 작은 마을에 크와쿠 아난시가 살았습니다. 마을 사람들은 서로 사이가 좋았습니다. 어느 날 마을의 족장님이 사람들을 불러 모아 놓고 농장을 만들자는 제안을 했습니다. 기근이 와도 마을 사람 모두 먹고 살 수 있게 하자는 것이었습니다. 모두가 이 제안을 환영하면서 농장 만드는 일에 힘을 보탰지만 아난시는 몸이 아프다고 둘러댔습니다. 농장 일을 함께 하자고 부를 때마다 아프다고 거짓말을 했습니다. 매주 금요일은 농장에서 일을 하는 날입니다. 매번 아파서 못 나오겠다고 거짓말하는 아난시 없이도 농장일은 잘 되어갔습니다. 추수가 다가오자 누군가 곡식을 훔치고 있다는 걸 족장님과 마을 사람들이 알게 되었습니다. 매주 농장에 가보면 누군가 곡식을 조금씩 베어간 흔적이 있었던 겁니다. 도둑 이야기는 온 마을로 삽시간에 퍼져나갔습니다. 족장님은 대책을 세우기 위해 사람들을 불러 모았고, 아난시는 아프다며 모임에 참석하지 않았습니다.
마을 사람들은 도둑을 잡기 위해 여러 의견을 내놓았습니다. 회의 끝에 가장 간단하고 좋은 방법으로 농장 한가운데에 끈끈이로 만든 큰 조각상을 세워두기로 했습니다. 누구라도 이 조각상을 만지는 순간 들러붙을 테니 쉽게 도둑이 잡힐 것입니다.

다음 날 밤, 아난시가 여느 때처럼 수상쩍은 밤마실을 나섭니다. 사람들이 도둑을 잡기 위해 어떤 계획을 세웠는지 전혀 알지 못했습니다. 농장에 도착했을 때 아난시는 농장 한가운데에서 사람처럼 생긴 형체를 보았습니다.

아난시는 소리를 질렀습니다. "누구요? 거기 뭐요? 한밤중에 농장에서 뭐하는 거요?" 아무 대답이 없었습니다. 조각상이 사람이라고 생각한 아난시는 계속 질문을 해댔습니다. 가까이 다가가서는 "이봐요, 자꾸 대답을 안 하면 왼손으로 때려주겠소"라고 하며, 그 말이 채 끝나기도 전에 조각상을 쳤습니다. 아난시의 왼손이 조각상에 붙어버렸습니다. 아난시는 그 사람이 손을 잡고 놔주지 않는다고 생각했고 더욱 더 화가 나서 소리쳤습니다. "이봐요, 난 그냥 누구냐고 물어봤을 뿐이오. 아무 짓도 안한 나를 이렇게 꽉 잡고 안 놔주다니! 내 손을 놔주지 않으면 이번엔 오른손으로 때릴 거요." 아난시는 말을 채 끝내지도 않고 오른손으로 조각상을 쳤고, 이번엔 오른손마저 붙어버렸습니다.

아난시는 점점 더 화가 나면서 겁이 덜컥 났습니다. 아침이 밝아오고 있었기 때문입니다. 아난시는 조각상에서 떨어지려고 발로 마구 차기 시작했고, 급기야 양 발마저 조각상에 철썩 붙어버렸습니다. 크와쿠 아난시는 결국 조각상에 대롱대롱 매달린 신세가 되었지만 구해줄 사람은 주변에 아무도 없었습니다.

다음 날 아침, 마을의 장로들이 혹시나 도둑이 잡혔나 보기 위해 농장을 살피러 나섰다가 아난시가 조각상에 매달려 있는 것을 보았습니다. 소문은 빠르게 온 마을에 퍼졌고, 모두들 조각상에 매달린 아난시를 보기 위해 달려 나왔습니다. 크와쿠 아난시와 가족은 부끄러워 어쩔 줄을 몰랐습니다. 마을 사람들은 아난시를 조각상에서 떼어주면서 야유를 보냈습니다. 부끄러움을 견디지 못한 아난시는 도망쳐 자기 방 꼭대기 구석으로 숨어버렸습니다. 거미 인간 아난시가 항상 방구석에 숨어 있는 이유가 바로 이것입니다. 또한 그때의 부끄러움 때문에 사람이 다가가면 잽싸게 사람을 피해 숨어버린답니다.

아킴바와 마법 소 동화 16

옛날 옛날에 지독히 가난한 아킴바라는 사람이 살았습니다. 어느날 돈 한 푼, 쌀 한 톨도 남지 않게 된 아킴바는 먹을 것을 찾기 위해 숲으로 갔습니다. 숲에서 나무하는 노인을 만난 아킴바는 발걸음을 멈추고 노인을 도왔습니다. 노인은 정말 고마워하며 보답으로 아킴바에게 소 한 마리를 주었습니다. 노인은 아킴바에게 집으로 가거든 소에게 "쿠, 쿠, 쿠"라고 말하라고 일렀습니다.

아킴바가 집에 돌아와서 소에게 "쿠, 쿠, 쿠"라고 말하자 소는 아킴바에게 금화 한 닢을 내주었습니다. 소는 "쿠, 쿠, 쿠"라고 말할 때마다 금화를 주었고 아킴바는 부자가 되었습니다.

그러던 어느 날 아킴바가 멀리 여행을 떠나게 되었습니다. 아킴바는 이웃인 붐바에게 소를 맡아달라고 부탁하면서 절대 "쿠, 쿠, 쿠"라고 말해서는 안 된다고 당부했습니다. 그러나 아킴바가 떠나자마자 붐바는 바로 "쿠, 쿠, 쿠"라고 했고, 소는 붐바에게도 금화를 내주었습니다. 붐바는 뛸 듯이 기뻐하며 그 소를 가져야겠다고 마음먹고는 아킴바가 돌아오자 다른 소를 내주었습니다. 아킴바가 아무리 "쿠, 쿠, 쿠"라고 말을 해도 소는 그저 "음매~"하고 울 뿐이었습니다.

아킴바는 다시 숲 속 노인을 찾아가 그동안 일어난 일들을 이야기했습니다. 노인은 그에게 양 한 마리를 주면서 이번에는 집에 가서 "부, 루, 루"라고 말하라고 일렀습니다. 양도 소처럼 아킴바에게 은화를 주었고 아킴바는 다시 부자가 되었습니다. 그 뒤 아킴바는 다시 양을 이웃인 붐바에게 맡기고 여행을 떠나면서 이번에도 "부, 루, 루"라고 말하면 안 된다고 경고했습니다. 붐바는 곧 그 양이 은화를 준다는 사실을 알아차렸고, 아킴바가 돌아오자 마법 양은 자신이 갖고 대신 다른 양을 내주었습니다. 아킴바가 아무리 "부, 루, 루"라고 말을 해도 이 양은 오직 "매애애~"하고 울 뿐이었습니다.

아킴바는 또다시 숲 속 노인을 찾아갔습니다. 노인은 이번에는 닭 한 마리를 주면서 "꼬, 꼬, 꼬"라고 말하라고 이야기했습니다. 집에 돌아온 아킴바가 "꼬, 꼬, 꼬"라고 말하자 그 닭은 달걀 한 개를 낳아주었습니다. "에이, 달걀이잖아." 아킴바는 투덜거리면서도 마침 배가 고팠던 참이라 그 달걀을 맛있게 먹었습니다. 그 뒤 아킴바는 많은 달걀을 팔아서 다시 부자가 되었습니다. 곧 아킴바에게 길 떠날 일이 다시 생겼고, 이번에도 아킴바는 닭을 이웃 붐바에게 맡기며 "꼬, 꼬, 꼬"라고 말해서는 안 된다고 일렀습니다. 아킴바가 돌아오자 붐바는 전처럼 그 닭을 "꼬, 꼬, 꼬"라고 말해도 달걀을 낳지 않는 다른 닭으로 바꿔치기 한 뒤 아킴바에게 내주었습니다.

이번에도 아킴바는 닭을 가지고 숲으로 갔습니다. 노인은 그에게 몽둥이 하나를 주면서 집으로 가져가 "춤추어라 몽둥아" 하고 외치라 말했습니다. 그리고 몽둥이를 멈추게 하려면 "멈춰라"라고 말하라고 알려주었습니다. 다시 오두막으로 돌아온 아킴바가 "춤추어라 몽둥아"라고 말하자 몽둥이는 아킴바를 때리기 시작했고, "멈춰라"라고 외치고 나서야 겨우 멈추었습니다. 붐바를 의심하기 시작한 아킴바는 또 여행을 가야 될 일이 있는 척했습니다. 아킴바는 붐바에게 몽둥이를 맡기며 "춤추어라 몽둥아"라고 말해서는 안 된다고 일렀습니다. 물론 아킴바가 첫 번째 길모퉁이를 돌자마자 붐바는 "춤추어라 몽둥아"라고 바로 외쳤습니다. 그러자 몽둥이는 붐바를 때리기 시작했고, 아킴바는 길 너머에서 붐바의 비명소리를 들었습니다. 아킴바가 집으로 돌아오자 붐바는 때리는 몽둥이를 멈추게 해준다면 마법의 소와 양과 닭을 모두 돌려주겠다고 애원했습니다. 아킴바가 "멈춰라"라고 외치자 몽둥이는 멈추었습니다. 아킴바는 동물들을 데리고 집으로 돌아왔고 다시는 배고프지도 가난하지도 않게 잘 살았답니다.

빨간 앵두 동화17

이 이야기는 친구 집에 가면 어른들 눈을 피해 짓궂은 장난을 치곤 하는 5세 여자아이를 위해 쓴 것이다. 그 날은 정원에 난쟁이 요정 조각상이 있는 친구네서 놀고 있었다. 여자아이는 이 조각상이 오래되고 귀한 것이어서 만지면 안 된다는 걸 알면서도, 아무도 안 본다 싶으면 쪼그리고 앉아 조각상의 빨간 칠을 벗겨냈다. 나는 아이의 부정적인 행동을 직접 언급하는 대신, 그 난쟁이 요정이 빨간색을 얼마나 좋아하는지를 알려주는 이야기를 만들었다. 효과는 즉각 나타났다. 아이는 더 이상 칠을 벗겨내지 않았다.

옛날 옛날에 작은 난쟁이 요정이 커다란 무화과나무 뿌리 밑에서 가족들과 함께 살았습니다. 무화과나무는 모래밭이 길게 뻗어 있는 바닷가 옆, 숲 속 깊은 곳에 있었습니다.
난쟁이 요정은 숲 속을 여기저기 돌아다니다 아름다운 것을 발견하면 집으로 가져와 가족들에게 보여주는 것을 좋아했습니다. 난쟁이 요정은 아름다운 것을 다 좋아했지만 그 중에서도 빨간색으로 된 것들을 가장 좋아했습니다. 그래서 난쟁이 요정의 엄마는 진홍색 털실로 모자를 떠주었답니다. 그때부터 숲 속 친구들은 난쟁이 요정을 '빨간 앵두'라고 불렀습니다.
빨간 앵두는 시간이 날 때마다 숲 속 여기저기를 거닐며 끄트머리가 빨갛게 물든 나뭇잎이나 빨간 열매처럼 숲에 있는 빨강을 모았습니다.
빨간 앵두는 매일매일 숲 밖으로 조금씩 더 멀리 나가기 시작했습니다. 그러던 어느 날, 숲 가장자리까지 나간 빨간 앵두는 빨간 벽돌집 뒤쪽에 있는 작은 정원을 발견했습니다.
정원에 들어선 빨간 앵두는 깜짝 놀라 눈을 동그랗게 떴습니다. 아름다운 꽃과 과일이 그렇게나 많이 한 자리에 모여 있는 것은 처음 보았으니까요. 숲에 있는 빨강을 모두 모아도 그 정원에 있는 빨강에는 비할 바가 아니었습니다. 빨간 제라늄도 있고 빨간 장미에 빨간 병솔나무 꽃도 있었습니다. 울타리에는 엄청나게 커다란 토마토 줄기가 휘감고 올라가고 있고, 그 줄기 끝에는 앵두처럼 빨간 토마토들이 주렁주렁 열려 있었습니다. 텃밭에는 먹음직스런 빨간 딸기가 초록빛 이파리들 틈으로 고개를 내밀고 있었습니다.

빨간 앵두는 천국에라도 온 것처럼 행복했습니다! 작은 토마토 두 개 랑 딸기 하나(정원 주인이 먹을 것이 모자라지 않도록 아주 조금만 땄답니다)를 따서 숲길을 따라 집으로 달려갔습니다. 가족들에게 보여줄 생각에 신이 나서 폴짝폴짝 뛰었습니다.

기분이 무척 좋아진 빨간 앵두는 노래를 하나 지어 신나게 불렀습니다.

"빨간 앵두는 행복한 아이
빨간 모자에 노랑 외투
오늘은 정원에서 보물을 찾았다네
룰루랄라 룰루랄라 신 난다, 야호!"

여러분도 그랬겠지만, 그날부터 지금까지 빨간 앵두는 아침마다 그 특별한 정원으로 놀러간답니다. 빨간 앵두는 아침부터 저녁까지 정원에 앉아 자기가 좋아하는 빨갛고 예쁜 토마토와 딸기, 여러 가지 꽃들을 보고 또 봅니다. 저녁이면 가족들에게 보여줄 작은 빨간색 선물을 가지고 다시 숲 속 집으로 돌아갔습니다.

11 사려 깊지 않은 행동

템베의 장화 동화18

이 이야기는 남아프리카 케이프타운의 한 보육시설 아이들에게 신발을 짝 맞추어 정리하는 것을 가르치기 위해 쓴 것이다. 이야기를 어떻게 사용할지, 어떤 효과가 있는지에 관해선 3장에서 소개했다. 3세 이상 아이들에게 두루 적용할 수 있다.

템베라는 작은 아이가 있었습니다. 그 친구도 여러분처럼 매일 유치원에 왔답니다. 매일 아침 템베는 잠에서 깨면 옷을 갈아입고 제일 좋아하는 빨간 장화를 신고 유치원에 갈 준비를 했습니다. 빨간 장화는 템베가 가장 좋아하는 신발이니까요. 템베는 아침을 먹다가도 가끔씩 아래를 흘끗 보았습니다. 거기에는 템베의 빨간 장화가 있었지요. 빨간 장화는 템베의 두 발을 감싸고 식탁 밑에서 친구처럼 사이좋게 나란히 있었습니다. 잘 들어보면 빨간 장화가 조용조용 노래하는 소리를 들을 수 있어요.

"나란히, 나란히, 우리는 사이좋은 친구
친구와 함께 있어 정말 행복해."

유치원 갈 때 템베가 걸으면 빨간 장화도 함께 걸었습니다. 템베가 깡충 뛰면 빨간 장화도 함께 깡충 뛰고, 템베가 폴짝 뛰면 빨간 장화도 함께 폴짝 뛰었습니다. 템베는 가끔씩 장화를 내려다보면서 씨익 웃었습니다. 템베는 빨간 장화가 '친구처럼 나란히' 있는 걸 얼마나 좋아하는지 잘 알고 있기 때문입니다.

유치원 마당에서 놀 때도 템베는 가끔씩 그네에 앉아 빨간 장화를 내려다보면서 두 발을 딸깍딸깍 부딪쳤습니다. '친구처럼 나란히' 두 발에 있는 장화가 정말 행복해 보였습니다. 여러분도 들어보세요, 장화가 부르는 노랫소리를.

"나란히, 나란히, 우리는 사이좋은 친구
친구와 함께 있어 정말 행복해."

선생님이 아이들을 부르러 나오십니다. 낮잠 잘 시간이 되었거든요. 그럴 때면 템베도 어쩔 수 없이 빨간 장화를 벗어서 현관 앞에 놔두어야 합니다. 장화는 집 안에 들어오면 안 되기 때문이죠. 템베는 낮잠 자고 올 때까지 여기서 기다리라고 빨간 장화 두 짝을 벽 쪽으로 나란히 벗어놓습니다. 템베가 낮잠을 다 자고 나올 때까지 빨간 장화는 거기서 얌전히 기다리고 있겠죠. 그러면 다시 템베는 빨간 장화를 신고 집으로 타박타박 돌아간답니다.

템베는 낮잠 방에 누워서 선생님의 자장가를 듣습니다. 선생님의 자장가가 끝나고 템베가 잠에 막 들려고 할 때 조용조용 노랫소리가 들립니다. 현관에 있는 빨간 장화가 부르는 노랫소리지요.

"나란히, 나란히, 우리는 사이좋은 친구
친구와 함께 있어 정말 행복해."

주머니칼과 성 동화 19

연장을 함부로 사용하는 8세 남자아이를 위한 이야기다. 더 큰 아이들이 학교나 여름 캠프에서 나무나 진흙 혹은 활석을 가지고 직접 무언가를 만들 때도 이 이야기를 들려주곤 한다. 이야기를 들려줄 때 나는 특별한 소품으로 나무를 깎아 만든 퍼즐을 사용한다. 이야기에서 가족이 잠에서 깨어나 소년이 만든 것을 보는 장면에서 이것을 흔들면 주변 조각이 떨어져 가운데 성 모양이 나타난다. 즉석에서 적당히 깎아 만들거나 점토를 틀에 넣어 만든 성을 사용해도 좋다.

옛날에 한 아이가 생일 선물로 주머니칼을 받았습니다. 사서 한 번도 쓰지 않은, 반짝반짝 윤이 나는, 멋지고 근사한 주머니칼이었습니다. 날카롭고 잘 드는 주머니칼은 어디든 나가서 쓸모 있는 일을 하고 싶어 몸이 근질근질했습니다.

아이는 그것을 호주머니에 넣고 다녔습니다. 칼은 주머니 속에 누워 자기가 나설 일이 생기기를 이제나저제나 기다렸습니다.

 "나는야 주머니칼, 싹싹 자르고 쓱쓱 잘라요.
 열어줘요, 나를 써주세요, 나를 다 쓴 다음엔 잘 닦아 넣어주세요."

가끔씩 아이는 주머니칼이 이렇게 노래하는 소리가 들리는 것 같았습니다. 하지만 어린아이가 주머니칼을 쓸 데가 어디 있었겠어요?

 "나는야 주머니칼, 싹싹 자르고 쓱쓱 잘라요.
 열어줘요, 나를 써주세요, 나를 다 쓴 다음엔 잘 닦아 넣어주세요."

다시 노랫소리가 들리는 것 같았습니다. 아이는 부엌에 앉아 있었고 주위에는 아무도 없었습니다. 아이는 칼을 꺼내 식탁 다리를 깎아내기 시작했습니다. 주머니칼은 쓰이게 되어 기뻤지만 부엌에 들어온 엄마는 조금도 기쁘지 않았습니다. 엄마는 주머니칼을 치워버렸고, 아이는 한 달 하고도 하루 동안 주머니칼을 쓸 수 없었습니다. 마침내 주머니칼이 다시 아이의 주머니 속으로 돌아왔을 때 칼은 어디든 나가서 쓸모 있는 일을 하고 싶어 몸이 근질근질했습니다.

 "나는야 주머니칼, 싹싹 자르고 쓱쓱 잘라요.
 열어줘요, 나를 써주세요, 나를 다 쓴 다음엔 잘 닦아 넣어주세요."

다시 노랫소리가 들리는 것 같았습니다. 아이는 거실에 있었고 주위엔 아무도 없었습니다. 아이는 칼을 꺼내 할머니 의자 위에 놓여 있던 쿠션을 자르기 시작했습니다. 주머니칼은 쓰이게 되어 기뻤지만 거실에 들어오신 할머니는 조금도 기쁘지 않았습니다. 할머니는 주머니칼을 치우셨고 아이는 한 달 하고도 하루 동안 주머니칼을 볼 수 없었습니다. 마침내 주머니칼이 다시 아이의 주머니 속으로 돌아왔을 때 칼은 어디든 나가서 쓸모 있는 일을 하고 싶어 몸이 근질근질했습니다.

 "나는야 주머니칼, 싹싹 자르고 쓱쓱 잘라요.
 열어줘요, 나를 써주세요, 나를 다 쓴 다음엔 잘 닫아 넣어주세요."

다시 노랫소리가 들리는 것 같았습니다. 아이는 헛간에 있었고 주위엔 아무도 없었습니다. 아이는 칼을 꺼내 작업대에 홈을 파기 시작했습니다. 주머니칼은 쓰이게 되어 기뻤지만, 헛간에 들어오신 할아버지는 조금도 기쁘지 않았습니다. 할아버지는 주머니칼을 치우셨고 아이는 한 달 하고도 하루 동안 주머니칼을 쓸 수 없었습니다. 마침내 주머니칼이 아이의 주머니 속으로 돌아왔을 때 또다시 어디든 나가서 쓸모 있는 일을 하고 싶어 몸이 근질근질했습니다.

그날 밤, 아이가 잠들어 있을 때 침실 창문을 통해 달빛이 은은하게 비춰 들어왔습니다. 깊이 잠들어 있던 아이는 꿈을 꾸었습니다. 언덕이 있고 그 언덕 위에 성이 한 채 서 있었습니다. 성 안에는 창문들이 있고, 창문 뒤로는 수많은 방들이 있었으며, 그 방안에는….

그 순간 아이는 잠에서 깼습니다. 침대에 앉아있던 아이에게 멋진 생각이 떠올랐습니다. '이제 내 주머니칼을 어디에 써야할지 알았어.' 아이는 침대를 기어 나와 옷을 입고 칼을 주머니에 넣었습니다. 그리고 정원으로 나가 달빛 속에서 퇴비더미 옆에 놓여 있던 작은 통나무 하나를 찾아냈습니다. (이야기를 듣고 있는 아이들에게 작은 통나무를 보여준다)

아이는 통나무를 툇마루로 들고 와 주머니칼을 꺼낸 뒤 은빛으로 빛나는 달빛 속에서 작업을 시작했습니다. 작업을 하는 내내 주머니칼은 노래를 불렀습니다.

"나는야 주머니칼, 싹싹 자르고 쓱쓱 잘라요.
열어줘요, 나를 써주세요, 나를 다 쓴 다음엔 잘 닦아 넣어주세요."

아이가 통나무를 깎는 동안 가족들은 깊은 잠에 빠져 있었습니다. (아이들에게 1분 동안 눈을 감고 있으라고 한다)
가족들이 잠에서 깨어보니 식탁 위에는 깜짝 놀랄 만큼 아름다운 물건이 놓여 있었습니다. (아이들에게 나무로 조각된 성을 보여준다)
아이는 거실에서 깊은 잠에 빠져 있었습니다. 아이의 주머니 속에는 아주 행복했지만 굉장히 피곤한 주머니칼이 들어 있었습니다.
그날부터 아이는 자신이 만든 아름다운 성의 창문들을 들여다볼 때마다 주머니칼을 어떻게 사용하면 좋은지에 대한 새로운 생각을 떠올렸습니다. 주머니칼은 언제나 행복했고 아이의 가족도 행복했습니다. 아이는 자라서 나무를 깎아 성을 만드는 유명한 조각가가 되었습니다.

털실 뭉치 동화20

'시'는 이야기처럼 상상력을 깊이 자극한다. '창의적인 육아' 강좌에 참가했던 한 엄마는 가위만 들면 아무거나 조각조각 자르는 버릇이 있는 네 살 딸아이에게 시를 지어 들려주었다. 물론 네 살 무렵에 많은 아이들이 가위로 물건을 자르면서 노는 것을 좋아하지만 그 아이는 좀 과해서 엄마가 단속하는데 어려움을 겪고 있었다.

엄마가 쓴 시는 『털실 뭉치』인데, 때마침 수공예 강좌에서 사용하기 위해 주문한 많은 양의 양모 털실이 도착했다. 아이 엄마는 배달된 실뭉치 주머니에 시를 몰래 집어넣고는 시를 발견한 척하면서 딸에게 읽어주었다. 아이는 시를 듣자마자 인형 요람에서 인형을 꺼내고 그 자리에 털실 뭉치를 눕혀주었다. 며칠간 털실 뭉치를 인형처럼 대했고 가위로 털실을 자르지 않게 되었다.

털실 뭉치

_제인 도라헨티

털실 뭉치 하나면 모두모두 즐겁게 놀 수 있지요.
소중하게 실뭉치 하나를 집어 들어서 신기한 뜨개질을 배워보아요.

뜨개질을 하고 실을 엮으면 짜잔, 인형이 되지요.
털실 뭉치로 만들 수 있는 건 아주아주 많아요.
하지만 실을 조각조각 잘라버리면… 그건 정말정말 슬픈 일!

뾰족뾰족 가위가 닿지 않도록
안전하게 요람에 눕혀주세요.
뜨개질을 할 때는 바로 옆에 두세요.

제발 바닥에 데굴데굴
엉망진창 굴러다니게 하지 말아주세요.
발에 채이고 밟히다보면 이리저리 온통 엉키고 말 거예요.

털실 뭉치와 놀이를 모두 마치면
말끔하게 자르고 탄탄하게 감아서
포근한 침대에 눕혀주세요.

(새로운 털실 가족을 위한 특별한 침대를 미리 준비해 둔다.)

꽃을 사랑하는 소녀 동화21

나이로비 빈민가에서 살다가 기숙학교에 입학한 지 얼마 안 되는 한 4세 여자아이는 지금까지 단 한 번도 정원에 피어 있는 꽃을 본적이 없다. 그래서 꽃만 보면 좋아서 계속 꺾으려 했고, 학교 정원을 관리하는 사감 선생님은 무척 화가 났다. 아이의 행동을 바꾸는 데 대단한 성공을 이룬 이 이야기를 위해 사감 선생님은 춤추는 무지개 막대를 꾸밀 수 있도록 여러 색깔의 양모 솜을 주셨다.

옛날에 네티라는 소녀가 엄마와 함께 살고 있었습니다. 네티에게는 오빠와 언니들이 아주 많았습니다. 네티는 꽃을 정말 좋아했습니다. 네티는 꽃의 둥글고 뾰족한 모양도 좋아하고, 화려한 무늬도, 달콤한 향기도 좋아하지만 그중에서도 아름다운 색깔을 제일 좋아했습니다. 꽃에는 빨강, 분홍, 노랑, 주황, 파랑 등 셀 수 없이 많은 예쁜 색깔이 있습니다.
네티는 틈만 나면 정원을 돌아다니며 어떤 꽃이 있나 찾아보고, 꺾어서 가지고 놀았습니다. 꽃을 꺾어 꽃다발을 만들어 잔디 위에 뿌리기도 하고, 뿌려놓은 꽃들 사이에 앉아서 꽃잎을 하나하나 따서 놀다가 공중으로 던지곤 했습니다.
어느 날 네티가 잔디밭에 앉아서 금련화 꽃잎을 따며 놀고 있는데 바람 속에서 속삭이는 소리가 들려왔습니다. 근처에 있는 아직 초록색인 데이지 꽃밭에서 들리는 소리 같았습니다. 가까이 다가가니 초록색 데이지 잎 사이에 작은 꽃봉오리가 열렸다 닫히는 것이 마치 네티에게 말을 거는 것처럼 보였습니다!
"네티야, 제발 부탁이야, 내 형제자매들을 매일매일 그렇게 꺾지 말아줘. 우리 꽃들은 초록 줄기에서 떨어지면 그냥 시들어 죽어버리고 말아. 초록 줄기에 계속 붙어 자랄 수 있다면 우리는 정원에서 계속 춤출 수 있단다. 꽃들이 제일 좋아하는 건 정원에서 춤추는 거야."

네티는 뭐라고 말해야 할지 몰랐습니다. 하지만 네티도 춤추는 걸 무척 좋아했기 때문에 꽃봉오리가 하는 말을 잘 이해할 수 있었습니다.
네티에게 좋은 생각이 떠올랐습니다. 네티는 엄마에게 가서 자신이 좋아하는 여러 가지 예쁜 꽃 색깔의 양모 솜을 조금씩 달라고 했습니다. 그러고는 예쁜 여러 가지 색깔의 양모 솜을 긴 막대에 묶어서 밖으로 나갔습니다. 네티는 무지개 막대를 높이 들고는 정원 이곳저곳을 돌아다니며 춤추기 시작했습니다.
그러자 산들바람이 불어와 같이 춤을 추었습니다. 산들바람을 따라 꽃들도 살랑살랑 흔들렸습니다. 곧 정원에 있는 꽃과 바람, 풀들도 모두 네티와 함께 춤을 추었습니다. 작은 데이지 꽃봉오리는 무척 행복했습니다. 데이지 꽃봉오리가 활짝 웃자 하얀 데이지 꽃잎이 하나하나 펼쳐져 활짝 피어났습니다. 갓 피어난 데이지 꽃도 네티와 함께 춤을 추었습니다.

할머니와 당나귀 동화22

쓰레기 문제에 대한 경각심을 불러일으키기 위한 이야기.
　　1997년 남아프리카 케이프타운에 있는 유치원을 돌며 공연한 이 이야기는 아이들을 위한 인형극용으로 쓴 것이다. 효과는 바로 나타났다. 인형극 단원들이 공연을 마치고 짐을 꾸리는 동안 아이들이 쓰레기를 한줌씩 들고 달려온 것이다. 내용은 전 세계 누구에게나 보편하며 모든 연령의 아이들에게 적합하다. 이야기에 나오는 호사 족의 노래는 인형극 단원인 마리아 므세벤지가 썼다.

　　옛날 옛날 아프리카 남쪽에 있는 나라에 할머니 한 분이 살고 있었습니다. 자녀와 손주들은 도시로 이사를 갔지만 할머니는 시골에 있는 농장에 남아 혼자 살고 있습니다. 하지만 할머니는 하나도 외롭지 않았습니다. 할머니에게는 보살펴야할 아이 '자연이'가 있고, 자연이를 돌봐주기 위해 해야 할 일이 많았습니다.

할머니는 자연이에게 예쁜 옷을 만들어 입혀줄 때 가장 행복했습니다. 자연이가 특히 꽃드레스를 좋아했기 때문에 할머니는 하루 종일 아름다운 꽃을 기르고 정원을 가꾸었습니다. 이런 할머니의 가장 친한 친구는 작은 갈색 당나귀입니다. 당나귀는 꽃밭에 줄 물을 가득 실은 수레를 하루 종일 끌고 다니며 할머니의 일을 도와주었습니다.

토요일이면 당나귀는 튼튼한 등에 할머니를 태우고, 뒤에는 꽃을 실은 수레를 끌고서 도시 입구에 있는 시장에 갔습니다. 할머니는 시장에 가는 날이면 작은 갈색 당나귀에게 꽃으로 가장자리를 장식한 특별한 모자를 씌워주고 예쁜 색깔의 천을 등에 덮어 주었습니다.

 저녁 무렵, 가져간 꽃이 다 팔리고 나면 할머니는 먹을 음식과 당나귀 먹이로 귀리를 샀습니다. 할머니와 당나귀는 늘 먹을 것이 넉넉했고, 둘은 오랜 세월 함께 일하면서 행복하게 살았습니다. 당나귀는 할머니를 사랑했고 할머니도 당나귀를 사랑했습니다. 할머니는 꽃밭에서 함께 일할 때마다 노래를 불렀습니다.

　"우리 당나귀는 멋져, 세상에서 가장 멋진 건 우리 당나귀.
　임봉골로 인토 엔틀레 카흘레, 인토 카흘레 임봉골로."

세월이 흐르고 할머니는 점점 더 나이가 들어갔습니다. 더 이상 꽃밭에서 일할 수도 혼자 시골에서 살 수도 없게 되자 할머니는 짐을 꾸려서 수레에 실었습니다. 당나귀에게 예쁜 꽃모자를 씌워주고 등에는 예쁜 색깔의 천을 덮어주고는 앞으로 둘이 살 새집을 찾으러 도시로 떠났습니다.

할머니는 정말 오래간만에 도시에 왔습니다. 새집을 찾아가는 길에 도시의 골목골목을 오르락내리락 하던 할머니는 놀라서 펄쩍 뛸 지경이었습니다. 오랜만에 본 도시가 말할 수 없이 지저분했기 때문입니다. 온갖 쓰레기들이 여기저기에 무더기로 쌓여 뒹굴었습니다. 꽃들의 정원이 아니라 쓰레기의 정원이었습니다.

"맙소사, 도대체 사람들이 자연이에게 무슨 짓을 한 거지?" 할머니는 슬펐습니다. "어떻게 자연이에게 이렇게 지저분한 옷을 입힐 수 있는 거지?" 할머니는 새집 밖에 있는 빈 통과 빈 병, 비닐봉지 사이에 주저앉아 훌쩍훌쩍 울기 시작했습니다. 할머니가 슬퍼서 울고 있는 동안 작은 갈색 당나귀가 바싹 다가와 몸을 구부리고는 할머니 귀에 대고 뭔가를 속삭였습니다. 할머니는 천천히 눈물을 그쳤고 "물론이지, 작은 갈색 당나귀야, 정말 멋진 생각이구나!" 희미한 미소가 할머니의 늙고 주름진 얼굴 위로 퍼져갔습니다. 할머니는 노래를 부르며 새집에 짐을 풀었습니다.

"우리 당나귀는 멋져, 세상에서 가장 멋진 건 우리 당나귀.
임봉골로 인토 엔틀레 카흘레, 인토 카흘레 임봉골로."

할머니는 차를 한 잔 마시고 당나귀에겐 물과 귀리를 먹인 다음, 당나귀와 함께 빈 수레를 끌고 길가로 나갔습니다. 할머니는 거리를 걸으며 쓰레기를 주워 수레에 싣기 시작했습니다. 할머니는 일하면서 노래를 불렀습니다.

"지저분해진 우리 자연이
이제는 예쁜 새 옷으로 갈아입자꾸나
쓰레기를 줍고 망가진 걸 치우자.
꽃씨를 뿌려서 꽃 드레스를 입히자."

거리에 있는 아이들이 할머니의 즐거운 노랫소리를 들었습니다. 곧 집밖으로 나와 할머니를 돕기 시작했습니다. 아이들과 열심히 일을 했더니 저녁 무렵에는 첫 번째 거리가 깨끗해졌습니다. 작은 갈색 당나귀는 한데 모은 쓰레기를 수레에 싣고 쓰레기장에 가져갔습니다. 할머니는 시골 정원에서 가져온 꽃씨를 꽃씨 가방에서 꺼내, 집에 가서 마당에 심으라고 아이들에게 나누어주었습니다.

다음 날, 더 많은 아이들이 도와주러 나왔습니다. 곧 두 번째 거리도 깨끗해졌습니다. 그 다음 날에는 세 번째 거리가 깨끗해졌습니다. 이렇게 할머니와 작은 갈색 당나귀와 아이들 덕분에 도시에 있는 모든 거리가 말끔하고 깨끗해졌습니다. 더욱이 집집마다 마당에 꽃씨를 심은 덕에 드디어 '자연이'는 예쁜 새 꽃 드레스를 입게 되었습니다.

이제 도시에서도 아름다운 꽃을 볼 수 있습니다. 할머니가 꽃을 돌보는 동안 작은 갈색 당나귀는 여전히 길 여기저기를 돌아다니느라 바쁩니다. 작은 갈색 당나귀는 부지런히 물을 싣고 다니며 길가의 정원마다 물을 주고, 매일매일 새로운 쓰레기를 주웠습니다.

그날부터 도시 사람들은 쓰레기가 생기면 한 곳에 잘 모아두었다가 작은 갈색 당나귀가 오면 수레에 실어서 쓰레기장으로 보내게 되었습니다. 아이들은 매일매일 정원에서 꺾은 꽃으로 싱싱한 화환을 만들어 당나귀 모자에 달아준답니다.

이 도시에 가면 사람들이 작은 갈색 당나귀를 위해서 부르는 노랫소리를 들을 수 있습니다. 지금도 당나귀는 할머니를 도와 도시가 항상 예쁜 새 꽃드레스를 입게 해주기 때문이지요.

"우리 당나귀는 멋져, 세상에서 가장 멋진 건 우리 당나귀.
임봉골로 인토 엔틀레 카흘레, 인토 카흘레 임봉골로."

할머니와 개미들 동화23

나는 이 매력적인 이야기를 케이프타운의 한 유치원에서 처음 들었다. 누가 썼는지는 알 수 없으며, 이 책에 싣기 위해 약간 다듬었다. 3세 반 아이들을 위한 인형극으로 들려준 적도 있다. 하지만 나이와 상관없이 사람들에게 인생에서 아주 사소한 부분도 그냥 지나치지 말라는 교훈을 준다.

옛날에 항상 설탕 단지 뚜껑을 열어놓는 버릇이 있는 할머니가 있었습니다. 할머니는 차를 마실 때마다 숟가락으로 설탕을 떠서 찻잔에 넣고는 설탕 단지 뚜껑을 연 채로 찬장에 놔두곤 했습니다.

할머니는 집에서 거북이 한 마리를 키우고 있었습니다. 거북이는 가끔씩 할머니에게 말했습니다. "조심하세요, 할머니. 개미들이 와서 설탕을 다 훔쳐갈 거예요!"

하지만 할머니는 웃으며 차를 마실 뿐이었습니다. 하루가 지나고 몇 주가 지났습니다. 그러던 어느 날 마침내 거북이의 예언이 현실이 되고 말았습니다.

보통 때는 점잖게 정원에서 놀던 개미들이 부엌으로 들어와 찬장을 기어올라 설탕 단지로 들어갔습니다. 그러고는 한 알씩 한 알씩 설탕 알갱이들을 설탕 단지 밖으로 옮기기 시작했습니다.

어느 날, 차를 마시기 위해 숟가락을 설탕 단지에 넣은 할머니는 깜짝 놀랐습니다. 설탕 단지에 설탕이 한 알갱이도 없었기 때문입니다.

'거봐요. 내가 말했잖아요'라는 말이 목구멍까지 차올랐지만, 매우 지혜로운 거북이는 참았습니다. 대신에 할머니에게 개미들이 설탕을 가져가서 어디에 숨기는지 보았다고 이야기했습니다. 할머니는 거북이를 따라 계단 밑 작은 구멍으로 갔습니다. 할머니가 안을 들여다보자 그곳에는 진짜로 설탕이 수북이 쌓여 있었습니다.

할머니는 숟가락을 뻗어서 차 한 잔을 탈 만큼의 설탕만 꺼냈습니다.

그날 늦게 할머니는 서랍에서 동전 몇 닢을 꺼내 가게로 가서 설탕 한 봉지를 새로 샀습니다. 집에 도착한 할머니는 바로 부엌으로 가서 단지에 설탕을 쏟아 부었습니다.

자, 그 다음에 할머니는 어떻게 했을까요? 그래요. 다시는 개미들에게 설탕을 빼앗기지 않도록 단지의 뚜껑을 단단히 닫아놓았답니다. 이제 개미들은 정원에, 설탕은 단지 속에 잘 있을 거예요.

12 이기심과 욕심

빛의 정원 동화24

『빛의 정원』은 1992년 세계 환경의 날을 맞아 쓴 동화이며, 나중에 바이런 베이에 있는 홈 그로운 프로덕션에서 1시간짜리 뮤지컬로 제작하기도 했다. 이 이야기의 사용과 효과에 대한 자세한 사항은 Ⅰ부 3장을 참고하기 바란다. 6세 이상의 아이들에게 적합하다.

옛날 옛날에 아주 아름다운 정원이 있었습니다. 이 정원은 얼마나 크고 넓은지 계곡에서 초원까지, 산에서 바닷가까지 널리 펼쳐져 있었습니다.
이 아름다운 정원에는 세상의 온갖 꽃, 나무와 풀이 자라고 있었습니다. 또한 이 세상의 모든 새와 나비, 벌이 살고 있었습니다. 아이들은 모두 이 정원에서 노는 것을 무척 좋아했습니다. 매일매일 정원에서 놀면서 건강하고 행복했지요.
정원 한가운데, 가장 높은 언덕 꼭대기에는 반짝반짝 빛나는 아주 커다란 황금 공이 하나 있었습니다. 황금 공에서는 항상 찬란한 빛이 뿜어져 나와 정원 구석구석을 환한 봄빛으로 가득 채웠습니다.
언덕 아래 산기슭에는 황금 공을 지키는 요정이 살고 있었습니다. 그 요정은 베 짜는 요정이었는데 황금 공을 반짝반짝 윤이 나게 닦아 환하게 빛나도록 하는 것이 요정의 일이었습니다. 요정은 둥글게 엮은 바구니와 베틀을 가지고 언덕 아래 산기슭에 있는 작은 방에서 살았습니다.

날마다 요정은 둥근 바구니를 들고 정원으로 나가 싱싱한 풀, 꽃, 나뭇잎으로 바구니를 가득 채웠습니다. 그것으로 베틀에 앉아 부드러운 천을 짰습니다.

요정은 이 부드러운 천으로 언덕 꼭대기에 올라가 황금 공의 환한 빛이 정원을 찬란한 봄빛으로 가득 채울 때까지 황금 공을 열심히 닦았습니다.

오랫동안 정원에는 아무 일 없이 모두가 즐겁게 잘 지냈습니다. 황금 공은 정원이 꼭 필요했고 정원도 황금 공이 꼭 필요했습니다. 아이들은 아름다운 놀이터가 있어서 정말 행복했습니다.

..

그러던 어느 날 새로운 왕이 나라를 이어받았습니다. 사람들은 새로운 왕을 '나몰라' 왕이라고 불렀습니다. 나몰라 왕은 자기 자신 말고는 그 어떤 일에도 관심이 없습니다. 꽃과 풀, 나무는 물론이고, 새와 나비, 벌들도 좋아하지 않았습니다. 물론 아이들이 아름다운 놀이터에서 놀든 말든 전혀 신경 쓰지 않았습니다.

나몰라 왕은 언제나 자신이 좋아하는 것만 생각했습니다. 왕이 좋아하는 것은 오직 하나, 보물을 모으고 저장하는 일이었습니다. 그래서 나라를 물려받자마자 하인들에게 명령해 보물 광산을 파고 보물을 쌓아둘 성을 세웠습니다.

..

조금씩, 아주 조금씩, 보물 광산과 보물 성을 위한 길을 만드느라 아름다운 정원을 깎아내기 시작했습니다. 정원은 자꾸자꾸 작아져갔습니다. 요정은 싱싱한 꽃과 풀, 나뭇잎으로 둥근 바구니를 가득 채우기가 갈수록 어려워졌습니다. 베틀로 부드러운 천을 짜는 일도 줄었습니다. 그러자 황금 공을 닦는 일이 점점 힘들어지면서 황금 공은 천천히 찬란한 봄빛을 잃어가기 시작했습니다. 천천히, 아주 천천히, 황금 공은 어두운 회색 공이 되어갔습니다. 마치 폭풍우 치는 날 하늘에 떠있는 먹구름 같았습니다.

얼마 안 가 아름다운 정원에는 아무것도 남지 않게 되었습니다. 정원에 더 이상 꽃과 풀, 나무들이 자라지 않았습니다. 새도 나비도 벌도 볼 수가 없었습니다. 아이들이 놀 수 있는 아름다운 놀이터가 사라져버린 것입니다.

모든 것이 사라지고 정원의 가장 높은 언덕 꼭대기에는 커다란 회색 공만 남게 되었습니다. 베 짜는 요정은 텅 빈 바구니와 텅 빈 베틀을 앞에 놓고 멍하니 앉아 있기만 했습니다. 이제 온 나라는 메마르고 거친 갈색으로 변해버렸습니다. 나라 안은 온통 보물을 파헤치느라 생긴 구덩이와 보물을 쌓아두기 위해 세운 성들로 가득 찼습니다.

..

여러 해가 지났습니다. 정원은 사람들의 기억에서 사라졌고 아이들은 이제 안심하고 놀 수 있는 아름다운 놀이터 없이 지내는데 익숙해졌습니다. 나몰라 왕은 아름다운 정원이 사라진 일 따위엔 신경 쓰지 않았습니다. 왕은 성에 가서 보물을 하나하나 세고 만지며 즐거워했습니다. 그러던 어느 날 문득 창밖으로 시선을 돌리다가 언덕 위 커다란 회색 공을 보았습니다.

"정말 끔찍하군!" 왕은 혼자 중얼거렸습니다. "저 시커먼 회색 공을 안보이게 가려야겠어. 저걸 보니 내 마음이 너무나 불쾌해지는군."

나몰라 왕은 하인에게 명령해 커다란 회색 공이 있는 언덕 주위로 아주 높은 돌벽을 세웠습니다. 높은 돌벽에는 문도 창문도 없었습니다. 아무도 커다란 회색 공을 보러 들어갈 수도, 베 짜는 요정이 돌벽 밖으로 나올 수도 없었습니다. 요정은 방안에서 텅 빈 바구니와 텅 빈 베틀을 앞에 놓고 가만히 앉아 있었습니다.

..

돌벽 세우는 일을 모두 끝낸 어느 날 아침, 나몰라 왕이 잠자리에서 일어나려는데 몸이 무겁고 여기저기 아팠습니다. 거울을 보니 얼굴이 아주 어두운 회색으로 변해있었습니다. 마치 폭풍우 치는 날 하늘에 떠있는 먹구름 같았습니다. 온 나라의 의사들이 왕을 치료하기 위해 찾아왔습니다. 하지만 의사들은 한 번도 그런 병을 본 적이 없었습니다. 의사들이 갖가지 방법으로 치료해보려 애썼지만 조금도 나아지지 않았습니다. 나몰라 왕은 날이 갈수록 점점 더 시커매졌고, 결국 병이 너무나 깊어져서 그해 봄이 오기 전에 죽고 말았습니다.

..

나몰라 왕이 죽은 그날, 높은 돌벽에 작은 틈이 생기기 시작했습니다. 어느 날 아주 작은 아이가 그 작은 틈 옆에서 놀고 있었습니다. 벽의 틈 사이로 들어갈 수 있겠다고 생각한 아이는 안으로 들어갔습니다. 아이는 언덕과 커다란 회색 공을 올려다보았습니다. 언덕 기슭에 있는 작은 집을 보고는 다가가서 살짝 안을 들여다보았습니다. 방안에는 요정이 텅 빈 바구니와 텅 빈 베틀을 앞에 두고 앉아 있었습니다.

요정은 지쳤지만 부드럽게 미소를 지으며 말했습니다. "드디어 와주었구나." 작은 아이에게 들어오라고 손짓한 요정은 예전에 온 나라에 펼쳐졌던 아름다운 정원에 대해서 이야기해주었습니다. 정원 안에 있던 꽃과 풀, 나무들이 얼마나 예뻤는지, 새와 나비와 벌들이 얼마나 많았는지에 대해서도 이야기해주었습니다. 바구니를 꽃과 풀, 나뭇잎으로 가득 채웠던 것과 베틀과 자신이 짰던 부드러운 천에 대해서도 이야기해주었습니다. 그 천으로 황금 공을 반짝반짝 윤이 나게 닦아서 황금 공이 환하게 빛나면 정원이 봄빛으로 가득 찼다고 이야기해주었습니다.

작은 아이는 놀라운 이야기에 눈을 크게 뜨고 귀를 쫑긋 세웠습니다. "정원을 다시 옛날처럼 되돌려야 해요. 저 커다란 회색 공이 다시 황금빛으로 빛나게 해야 해요!" 꼬마는 소리쳤습니다.

"글쎄, 나는 너무 늙어 힘들구나" 요정은 한숨을 푹 내쉬었습니다. "하지만 한 가지 방법이 있단다. 그것은 너와 함께 모든 아이들이 와서 도와줘야 할 수 있지. 아주 힘든 일을 해야 하니 마음을 단단히 먹으렴. 벽에 난 틈으로 다시 돌아가 네가 찾을 수 있는 모든 아이들을 데려오렴. 그러면 우리가 무엇을 해야 하는지 말해줄게. 네가 늦지 않게 왔으면 좋겠구나. 꼭 늦지 않게 와야 한단다."

..

작은 아이는 벽에 난 틈 사이로 빠져나가 만나는 모든 아이들을 모았습니다. 아이들은 작은 아이를 따라 요정의 방으로 가서 눈을 크게 뜨고 귀를 쫑긋 세우며 요정의 이야기를 들었습니다. 요정은 작은 상자를 가져와 아이들에게 보여주었습니다. "나의 보물들이란다." 요정이 보물 상자의 뚜껑을 열어 보여주며 말했습니다. "이 보물들은 정원이 망가지기 전에 정원에서 모은 거란다." 상자 안에는 이 세상의 모든 씨앗이 가득 들어 있었습니다. "너희들과 함께라면 이 씨앗들을 심어 정원을 다시 살리는 힘든 일을 해낼 수 있을 거야. 그러면 나는 새로운 천을 짤 수 있고 그 천으로 저 커다란 회색 공을 닦아 다시 빛나게 할 수 있을 거야."

베 짜는 요정은 아이들에게 어떻게 땅을 파고 씨앗을 심는지, 어떻게 물을 주고 새싹들이 잘 자라도록 보살펴야 하는지를 정성을 다해 가르쳐주었습니다. 날마다 아이들은 벽에 난 틈을 통해 들어와 커다란 회색 공이 있는 산기슭 정원에서 일했습니다.

정원에 다시 푸른 풀과 꽃이 피어나자 베 짜는 요정은 아이들에게 둥근 바구니를 주면서 싱싱한 풀과 꽃, 나뭇잎으로 가득 채워 달라고 부탁하였습니다. 요정은 베틀에 앉아 아이들이 가져온 것들로 부드러운 천을 짰습니다. 아이들은 요정이 짠 부드러운 천을 가지고 언덕 꼭대기에 올라가 회색 공을 반짝반짝 윤이 나게 닦기 시작했습니다. 엄청나게 오랜 시간이 걸렸습니다. 날이면 날마다 아이들은 벽에 난 틈사이로 들어와 회색 공을 닦고, 닦고 또 닦았습니다.

조금씩, 조금씩, 아주 조금씩(엄청나게 오랜 시간이 걸렸습니다) 공이 다시 빛나기 시작했습니다. 커다란 공은 다시 예전처럼 밝게 빛나 언덕 아래의 정원을 황금색 봄빛으로 가득 채웠습니다. 아이들은 황금 공을 계속해서 닦고 또 닦았습니다. 그러던 어느 날 황금빛이 갑자기 눈부시게 밝아지더니 돌벽을 환히 비추기 시작했고, 그 빛에 돌벽이 무너지고 말았습니다!

황금빛은 돌벽을 넘어 뻗어나가 온 나라 안을 비추기 시작했습니다. 아름다운 정원은 다시 계곡에서 들판까지, 언덕에서 바닷가까지 온 나라 구석구석까지 널리 널리 펼쳐졌습니다. 예전처럼 아이들은 다시 아름다운 정원 어디에서나 즐겁게 놀 수 있었습니다.

욕심쟁이 주머니쥐 동화25

3, 4세 아이들은 의식을 갖고 욕심을 부리는 때가 아니기 때문에 이 이야기가 적합하지 않다. 보는 것 마다 갖고 싶어 하고 대중 매체의 상업 광고에 영향을 많이 받은 5세 이상의 아이들에게 많은 도움이 될 것이다. 길이가 상당히 긴 편이며, 자연에 귀하고 아름다운 것이 숨겨져 있음을 깨닫게 해준다. 이 이야기는 여러 가지 목표를 염두에 두고 썼다.

> 꼬마 주머니쥐가 태어날 때부터 욕심쟁이였던 건 아닙니다. 다만 아름다운 것들, 특히 은은하게 빛을 내며 반짝이는 것들을 사랑하는 마음을 타고났을 뿐이었습니다.
> 엄마 주머니쥐가 제일 좋은 과일과 씨앗을 어떻게 찾는지 알려주려 애를 써도 꼬마 주머니쥐는 은색 달빛이 나뭇잎 위에서 춤추며 은은하게 빛나는 모습에 정신이 팔려 딴 데만 쳐다보았습니다. 속이 빈 나무 위쪽에 안전한 보금자리를 마련하는 법을 알려주려 애를 써도 꼬마 주머니쥐는 입을 헤벌린 채 밤하늘에 빛나는 별들을 올려다보기만 했습니다. 숲에서 조심해야할 것들을 일러주려고 애를 써도 꼬마 주머니쥐는 햇빛에 반짝이는 영롱한 아침이슬의 색깔만 헤아릴 뿐이었습니다.
> ..
> 그러던 어느 날 꼬마 주머니쥐의 삶이 영원히 바뀌는 큰 사건이 일어났습니다.
> 이른 아침, 새들이 잠에서 막 깨고 주머니쥐처럼 밤에 활동하는 동물들은 이제 막 잠자리에 들려 할 때, 꼬마 주머니쥐는 수풀 속 한 새 둥지에 광채 나고 빛나고 반짝거리는 물건들이 가득 쌓여있는 것을 발견했습니다. 광채 나는 유리로 된 푸른 목걸이며 빛나는 구슬, 반짝거리는 병뚜껑들이었습니다. 꼬마 주머니쥐는 이처럼 아름다운 것들

을 이렇게 가까이서 본 것이 그때가 처음이었습니다. 반짝반짝 빛나는 것들이 손만 내밀면 만지고 쓰다듬어볼 수 있는 곳에 있었습니다. 바로 그때 짙은 파란색의 새가 위쪽 나뭇가지에서 날아 내려왔습니다.

"너 왜 내 보물들을 만지니?" 바우어 새가 꽥꽥 거리며 꼬마 주머니쥐의 머리를 쪼고 밀어대기 시작했습니다.

"그냥 만져만 본 거야. 정말 예뻐서." 꼬마 주머니쥐는 잔뜩 화가 난 보물 주인을 피해 숲으로 달아나면서 소리쳤습니다.

꼬마 주머니쥐는 이제 안심해도 되겠다 싶을 때까지 멀리 떨어진 잎이 무성한 나뭇가지 밑에 숨어있었습니다. 그날 아침 식구들이 쿨쿨 잠자는 동안 꼬마 주머니쥐는 멀리서 바우어 새 둥지 안에 있는 보물들을 바라보면서 자신에게도 저렇게 예쁜 것들이 있으면 얼마나 좋을까 생각했습니다.

사실 꼬마 주머니쥐는 오늘 완전히 새로운 사실을 깨달았습니다. 지금까지는 아름다운 것들을 그저 바라보기만 할 뿐 가질 수 있다는 생각은 한 번도 해본 적이 없었던 것입니다. "그냥 쳐다볼 수만 있는 숲에 있는 반짝이는 보물들보다 훨씬 나은 걸." 꼬마 주머니쥐는 눈을 빛내며 생각했습니다.

그날부터 꼬마 주머니쥐는 자기 것으로 해도 되는 보물을 어디서 찾을 수 있을 지만 생각했습니다. 아주 멀리까지 나가 구석구석을 뒤지면서 전에 바우어 새 둥지에서 본 광채 나고 빛나고 반짝이는 것들을 찾아다녔습니다. 숲 속 계곡도 살피고 언덕도 돌아다녔습니다. 그러다 마침내는 넓은 공터에까지 나갔습니다. 그곳은 엄마가 절대로 가지 말라고 한 곳이었습니다.

"그곳은 인간들이 사는 곳이란다." 엄마가 절대 가서는 안 된다고 신신당부한 말이 생각났습니다. 엄마 말씀은 사실이었습니다. 꼬마 주머니쥐는 그 넓은 공터에서 두 다리로 서서 걸어 다니는 인간들을 아주 많이 보았습니다. 키 큰 사람도 있고 키 작은 사람도 있고, 뚱뚱한 사람도 있고 마른 사람도 있었습니다. 또 아름다운 정원이 있는 나무로 된 집들도 많았습니다.

그때 꼬마 주머니쥐는 바우어 새가 반짝이는 푸른 목걸이 하나를 부리에 물고 정원 위를 날아가는 것을 보았습니다.

꼬마 주머니쥐는 가슴이 쿵쿵 뛰었습니다. 바우어 새가 인간들의 정원에서 보물들을 모으는 모습을 보고, 드디어 광채 나고 빛나고 반짝거리는 것들을 어디서 찾으면 되는지 알게 된 것입니다. 당장이라도 보물을 찾으러 나가고 싶어 안달이 났지만, 그때 문득 엄마의 당부가 떠올랐습니다. "밤까지 기다렸다가 움직여야 한다. 우리 주머니쥐들에겐 낮보다 밤이 훨씬 더 안전하단다."

꼬마 주머니쥐는 들판 가장자리에 있는 나무 위로 올라가 몸을 둥글게 말고 어두워질 때까지 기다렸습니다. 이렇게 꼬마 주머니쥐는 욕심쟁이 주머니쥐로 변해갔습니다.

..

꼬마 주머니쥐가 용기를 내어 들어간 정원의 풀밭 위나 키 작은 나무 아래에는 광채 나는 유리 조각이나 빛나는 구슬, 반짝거리는 동전들이 있었습니다. 좁은 길이나 정원 안쪽에서는 광채 나는 목걸이 조각, 빛나는 숟가락이나 반짝거리는 열쇠를 주었습니다. 욕심쟁이 주머니쥐는 인간들이 쿨쿨 자는 동안 집 주위를 기어 다니며 다 들고 갈 수도 없을 만큼 많은 보물을 모았습니다.

욕심쟁이 주머니쥐가 그 많은 보물을 어떻게 다 가져갈까요? 비밀은 배주머니입니다. 욕심쟁이 주머니쥐가 보물을 배주머니에 쑤셔 넣을수록 몸집은 커지고 몸은 무거워지고 걸음걸이는 느려졌습니다.

인간들의 정원을 한 바퀴 다 돌 무렵 욕심쟁이 주머니쥐는 덩치가 너무 크고 무거워져서 뒤뚱대며 간신히 들판을 지나 겨우겨우 숲 속 집에 도착했습니다. 다음 날 아침, 해가 떠오를 무렵 숲 속 깊은 곳에 있는 속이 빈 통나무 속에서 욕심쟁이 주머니쥐는 안도의 한숨을 내쉬며 몸을 둥글게 말았습니다.

욕심쟁이 주머니쥐는 무척 행복했습니다. 그렇지만 어찌나 피곤한지 눈을 감자마자 쿨쿨 잠이 들고 말았습니다. 주머니쥐는 하루 종일 자고 또 잤습니다. 그 다음 날 밤도 자고, 그 다음 다음 날 아침까지 쿨쿨 잤습니다.

마침내 주머니쥐가 잠에서 깼습니다. 엄청나게 배가 고팠지만 배주머니에 무거운 보물을 잔뜩 넣고 있는 주머니쥐가 어떻게 먹이를 구하러 나갈 수 있겠어요?

바로 그때, 욕심쟁이 주머니쥐에게 익숙한 발소리와 냄새가 다가왔습니다. 밖을 내다보니 다름 아닌 엄마였습니다. "얘야, 어디 갔었니? 걱정되어 배주머니가 쪼그라드는 줄 알았구나."

"보물을 모으고 있었어요." 욕심쟁이 주머니쥐는 이렇게 말하면서 배주머니를 열어 엄마에게 보여드렸습니다.

엄마 주머니쥐는 고개를 흔들었습니다. "얘야, 인간들의 보물을 가진다고 행복해지지는 않는단다. 네 배주머니는 광채 나고 빛나고 반짝거리는 것들보다 더 값진 보물을 넣기 위해 있는 거란다."

엄마 주머니쥐는 배주머니에 있는 것을 다 꺼내도록 도와줄 테니 같이 먹이를 구하러 가자고 했습니다. 엄마는 꼬마 주머니쥐가 배가 고플 거라는 것을 알고 있었습니다.

그러나 욕심쟁이 주머니쥐는 엄마 말을 들으려 하지 않았습니다. 보물을 포기하고 싶지 않기 때문입니다. "싫어요!" 꼬마 주머니쥐는 소리 질렀습니다. "이 보물은 내 거예요. 전부 다 내 것이라고요" 꼬마 주머니쥐는 통나무 속으로 더 깊숙이 들어가서 몸을 공처럼 단단히 말았습니다. 꼬마 주머니쥐가 한참이 지나도록 꼼짝도 않자 엄마는 더 이상 기다리지 않고 맛있는 과일과 씨앗들을 찾으러 가버렸습니다.

..

한참 뒤에 욕심쟁이 주머니쥐는 소란스러운 발자국 소리와 주머니쥐들이 끽끽거리는 소리를 들었습니다. 고개를 들어보니 친구들 여러 명이 속이 빈 통나무 앞에서 꼬마 주머니쥐를 기다리고 있었습니다. 꼬마 주머니쥐가 인간들의 정원을 다녀왔다는 소식이 숲 속에 바람처럼 퍼져 친구들은 꼬마 주머니쥐가 발견한 보물들을 구경하러 온 것입니다.

꼬마 주머니쥐는 배주머니를 열어 친구들이 들여다보도록 허락해주었습니다. 물론 친구들은 광채 나고 빛나고 반짝거리는 것들을 보자 가지고 싶어 했습니다. 하지만 욕심쟁이 주머니쥐는 조금도 나누어

주고 싶지 않았습니다.

"안 돼" 욕심쟁이 주머니쥐는 소리 질렀습니다. "이 보물들은 내 거야, 전부 내 거라고!" 그리고는 통나무 깊숙이 들어가 다시 몸을 공처럼 단단히 말았습니다. 꼬마 주머니쥐가 한참이 지나도록 꼼짝도 않자 친구들은 더 이상 기다리지 않고 맛있는 과일과 씨앗들을 찾으러 가버렸습니다.

..

욕심쟁이 주머니쥐는 자고 또 잤습니다. 할 일이 없었으니까요. 먹이를 찾으러 나가기엔 몸이 너무 무거웠습니다. 그렇다고 보물들을 꺼내놓고 나갈 수는 없었습니다. 누가 와서 가져갈 지도 모르니까요.

욕심쟁이 주머니쥐는 갈수록 배가 고팠습니다. 그리고 점점 더 외로웠습니다. 엄마도 다시 오지 않고 친구들도 다시 오지 않았습니다. 혼자 속이 빈 통나무 속에 앉아 바깥세상을 내다보자 보물이 이렇게 많은데도 행복하지 않다는 것을 깨달았습니다.

어느 이른 아침, 욕심쟁이 주머니쥐는 눈물어린 커다란 갈색 눈으로 밖을 내다보고 있었습니다. 촉촉한 풀잎에 맺힌 이슬방울들이 햇빛을 받아 영롱한 색깔로 반짝이고 있었습니다. 전에 숲 속에서 달빛이며 별빛, 반짝이는 이슬만 보고도 행복하던 시절이 생각났습니다.

"난 정말 바보야." 욕심쟁이 주머니쥐는 훌쩍였습니다. "이제 배주머니에서 이 무거운 것들을 꺼내놓아야겠어." 욕심쟁이 주머니쥐는 통나무 밖으로 기어 나와 수풀 속 바우어 새의 둥지까지 무거운 몸을 간신히 끌고 갔습니다.

갑작스런 손님을 맞은 바우어 새는 깜짝 놀랐습니다. 그리고 꼬마 주머니쥐가 배주머니에서 보물을 조심스럽게 꺼내 땅 위에 펼쳐 놓는 것을 기쁜 마음으로 지켜보았습니다. 광채 나는 유리 조각도 나오고 빛나는 구슬들이며 반짝거리는 동전들도 나왔습니다. 광채 나는 목걸이와 빛나는 숟가락 그리고 반짝거리는 열쇠도 나왔습니다. 보물을 몽땅 꺼내고 나니 배주머니는 텅 비고 풀밭에는 광채 나고 빛나고 반짝거리는 것들이 수북하게 쌓였습니다.

바우어 새는 하루 종일 마음에 드는 것들을 하나씩 골라 둥지로 가져갔습니다. 물론 대부분 파란색으로 된 것들을 골랐습니다. 그리고 그

날 밤 웜뱃이 찾아와서 남아있던 보물들을 몽땅 땅속으로 가져갔습니다. 어둡고 컴컴한 땅속 집을 환히 밝히고 싶었던 거지요.

그러는 사이 주머니쥐는(이제는 더 이상 욕심쟁이도, 꼬마도 아닌) 먹이를 찾아 허둥지둥 달려갔습니다. 다시 몸이 가벼워지고 자유로워져 얼마나 행복했는지 모릅니다.

..

과일과 씨앗을 배불리 먹은 주머니쥐는 속이 빈 나무 위쪽에서 자기가 살 새집을 찾으러 다녔습니다. 또 엄마를 찾아가 이제는 배주머니에 인간의 보물이 없는 것을 보여드렸습니다. 주머니쥐는 엄마에게 이제는 다 커서 숲에서 혼자 살 수 있다고 말했습니다.

얼마 지나지 않아 엄마가 말했던 대로 주머니쥐는 배주머니에서 뭔가가 자라고 있는 것을 알게 되었습니다. 광채 나고 빛나고 반짝거리는 것들보다 훨씬 더 소중한 것이었습니다.

그건 바로 아기 주머니쥐였습니다!

아기 주머니쥐는 쑤욱쑤욱 자라서 어느덧 배주머니 밖으로 나와 숲속을 탐험하기 시작했습니다. 이제 막 엄마가 된 주머니쥐는 아기에게 숲에 있는 아름다운 것들을 보여주었습니다. 은색 달빛이 나뭇잎 위에서 춤추며 은은하게 빛을 발하는 것도 보고, 밤하늘에 빛나는 별들도 함께 올려다보았습니다. 그리고 이른 아침에 이슬방울이 영롱한 색깔로 반짝이는 것도 함께 들여다보았습니다.

이제 엄마가 된 주머니쥐는 아기에게 맛있는 과일과 씨앗을 찾는 법, 숲에서 조심해야 할 것, 속이 빈 나무 위쪽에 안전한 집을 짓는 법을 알려주었습니다. 그리고 더 중요한 것도 함께 가르쳤습니다. 숲 밖으로 나가지 말고, '인간들의 정원'에 가지 말라는 것이었습니다. 특히 광채 나고 빛나고 반짝이는 인간들의 보물은 절대 탐내지 않는 것이 좋다고 가르쳤습니다.

마법 물고기 동화26

6세 이상에게 적합한 이 이야기는 유명한 그림형제 이야기를 각색한 것이다. 『어부와 아내』라는 권선징악 형 이야기로 잘 알려져 있으며, 아이들이 만족할 줄 모르고 계속 욕심을 부릴 때 들려주기에 좋다. 이 이야기를 생각하면 항상 떠오르는 기억이 있다. 우리 아들이 6살 때 들려주었는데, 이야기가 끝나자 아들은 그제야 안심이 된다는 듯 의자에 푹 기대어 안도의 한숨을 쉬며 이렇게 말했다. "내가 그럴 줄 알았어! 어쩐지 욕심을 너무 많이 내더라니!" 이야기에서 어부가 바람에게 부르는 노래는 동아프리카 케냐 여인들이 즐겨 부르던 것으로 스와힐리어 가사를 함께 수록했다.

옛날 옛날에 한 어부가 아내와 함께 산호초 근처 해변에 작은 오두막을 짓고 살았습니다. 어부와 아내는 너무너무 가난해 장에 가서 먹을 것을 사올 돈이 없었습니다. 그래도 배를 곯지는 않았습니다. 해변에서는 코코넛을 따고 바다에서는 물고기를 잡을 수 있기 때문입니다. 어부는 날마다 나무로 만든 작은 배에 올라 바람에게 노래했습니다.

"바람아 불어다오, 내가 바다로 나갈 수 있게. 바람아 불어다오.
우페포, 우나 엔데샤 마슈와 얀구, 니베베 우니부키쉬 마쥐. 우페포, 우나 엔데샤 마슈와 얀구."

바람이 불어 돛이 빵빵하게 부풀어 오르면 배는 산호초의 푸른 물살을 헤치고 드넓은 바다로 나아갔습니다. 어부는 배를 타고 가면서 그날 저녁으로 먹을 물고기를 한 마리라도 잡을 수 있기를 바랐습니다. 어느 날 어부의 배가 바다 한가운데서 물살에 흔들리고 있을 때, 커다란 물고기 한 마리가 어부의 낚시에 걸렸습니다. 어부는 있는 힘을 다해 낚싯줄을 당기고, 당기고, 또 당겼습니다.

갑자기 아름답게 반짝이는 물고기 한 마리가 뱃전 위로 풀쩍 솟아오르더니 사방에 물을 튀기며 철퍼덕 바다에 떨어졌습니다. 어부가 평생 동안 한 번도 본 적 없는 엄청나게 큰 물고기였습니다.

"이 정도면 여러 날을 먹을 수 있겠는 걸." 어부는 허리를 굽혀 물고기를 잡아 가방에 넣으려고 했습니다.

그때 어부는 일손을 멈추고 귀를 쫑긋 세웠습니다. 누군가 말하는 소리가 들리는 것 같았기 때문입니다. 어부는 지금 드넓은 바다 한가운데 혼자 있는데 이게 어쩐 일일까요?

또 다시 말소리가 들려 고개를 돌려보니 세상에, 다름 아닌 물고기가 어부에게 말을 걸고 있었습니다.

"어부님, 어부님, 제 말을 들어 보세요, 저는 바다의 비밀을 알고 있답니다. 저를 다시 푸른 물속으로 돌려 보내주신다면 당신의 소원을 들어드릴게요."

어부는 조심스럽게 물고기를 집어 올려 다시 바다로 보내주었습니다. 그러고는 아내가 기다리고 있는 바닷가를 향해 배를 몰았습니다. 집에 돌아온 어부는 흥분한 목소리로 바다에서 있었던 일을 아내에게 들려주었습니다. 그러자 어부의 아내가 당장 대꾸했습니다. "영감! 뭘 꾸물대고 있어요? 어서 그 물고기에게 더 좋은 집, 더 큰 집을 달라고 소원을 빕시다."

그 말이 끝나기가 무섭게 방 한 칸짜리 작은 오두막은 크고 멋진 집으로 바뀌었습니다. 거기에는 방도 여러 개 있고 부엌도 있었는데, 찬장에는 먹을 것이 가득가득 차있었습니다.

어부는 여러 날 동안 고기를 잡으러 갈 필요가 없었습니다. 하지만 찬장에 있던 먹을 것이 마침내 다 떨어지고 말았습니다. 어부는 나무로 만든 작은 배에 올라 산호초의 푸른 물살을 가로질러 드넓은 바다로 나아갔습니다. 배가 물살을 헤치며 나아갈 때 어부는 바람에게 노래했습니다.

"바람아 불어다오, 내가 바다로 나갈 수 있게. 바람아 불어다오. 우페포, 우나 엔데샤 마슈와 얀구, 니베베 우니부키쉬 마쥐.

우페포, 우나 엔데샤 마슈와 얀구."

어부의 배가 바다 한가운데서 물살에 흔들리고 있을 때 커다란 물고기 한 마리가 어부의 낚시에 걸렸습니다. 어부는 있는 힘을 다해 낚싯줄을 당기고, 당기고, 또 잡아당겼습니다. 갑자기 아름답게 반짝이는 물고기 한 마리가 뱃전 위로 풀쩍 솟아오르더니 사방에 물을 튀기며 철퍼덕 바닥에 떨어졌습니다. 어부가 전에 잡았던 마법 물고기였습니다.

"어부님, 어부님, 제 말을 들어 보세요, 저는 바다의 비밀을 알고 있답니다. 저를 다시 푸른 물속으로 돌려 보내주신다면 당신의 소원을 들어드릴게요."

어부는 조심스럽게 물고기를 집어 올려 다시 바다로 보내주었습니다. 그러고는 아내가 기다리고 있는 바닷가를 향해 배를 몰았습니다. 집에 돌아온 어부는 흥분한 목소리로 바다에서 있었던 일을 아내에게 들려주었습니다. 그러자 어부의 아내가 당장 대꾸했습니다. "영감! 뭘 꾸물대고 있어요? 이 집에 사는 것도 지긋지긋해요, 어서 그 물고기에게 이 집보다 방이 훨씬 많은 웅장한 궁전을 달라고 합시다!" 아내의 말이 끝나기가 무섭게 그들의 집은 위층 아래층에 방이 빼곡하게 늘어서 있고 번쩍이는 탑까지 갖춘 웅장한 궁전으로 변했습니다. 뿐만 아니라 궁전에는 오색찬란한 꽃과 연못이 있는 정원도 있고, 훨씬 더 큰 부엌에는 훨씬 더 큰 찬장에 먹을 것이 가득 차 있었습니다.

이번에 어부는 몇 달 동안이나 고기를 잡으러 나갈 필요가 없었습니다. 찬장에 있던 먹을 것이 마침내 다 떨어지고 말았습니다. 어부는 나무로 만든 작은 배에 올라 산호초의 푸른 물살을 가로질러 드넓은 바다로 나아갔습니다. 배가 물살을 헤치며 나아갈 때 어부는 바람에게 노래했습니다.

"바람아 불어다오, 내가 바다로 나갈 수 있게. 바람아 불어다오. 우페포, 우나 엔데샤 마슈와 얀구, 니베베 우니부키쉬 마쥐. 우페포, 우나 엔데샤 마슈와 얀구."

어부의 배가 바다 한가운데서 물살에 흔들리고 있을 때, 커다란 물고기 한 마리가 어부의 낚시에 걸렸습니다. 어부는 있는 힘을 다해 낚싯줄을 당기고, 당기고, 또 잡아당겼습니다. 갑자기 아름답게 반짝이는 물고기 한 마리가 뱃전 위로 풀쩍 솟아오르더니 사방에 물을 튀기며 철퍼덕 바닥에 떨어졌습니다. 어부가 예전에 잡았던 마법 물고기였습니다.

"어부님, 어부님, 제 말을 들어 보세요, 저는 바다의 비밀을 알고 있답니다. 저를 다시 푸른 물속으로 돌려 보내주신다면 당신의 소원을 들어드릴게요."

어부는 조심스럽게 물고기를 집어 올려 다시 바다로 보내주었습니다. 그러고는 아내가 기다리고 있는 바닷가를 향해 배를 몰았습니다. 집에 돌아온 어부는 흥분한 목소리로 바다에서 있었던 일을 아내에게 들려주었습니다. 그러자 어부의 아내가 당장 대꾸했습니다. "영감! 뭘 꾸물대고 있어요? 궁전 하나 갖곤 성에 차지 않아요. 여러 채를 달라고 합시다. 아니, 세상에 있는 모든 걸 다 갖게 해 달라고 빌어요. 달하고 해까지도 몽땅 갖고 싶다고 하세요."

이번에 어부는 아내의 욕심이 터무니없다는 것을 알았지만 소원을 거두기에는 너무 늦어 버렸습니다. 아내의 말은 이미 실현되어 버렸습니다. 그런데 이번엔 전혀 다른 일이 눈앞에 벌어졌습니다. 궁전이 감쪽같이 사라지고, 해변에는 옛날에 살던 작은 오두막만 남았습니다.

그날 이후로 어부와 아내는 다시 코코넛과 바다에서 잡은 물고기밖에 먹을 수 없었습니다. 날마다 어부는 나무로 만든 작은 배에 올라 산호초의 푸른 물살을 가로질러 드넓은 바다로 나아갔습니다. 배가 물살을 헤치며 나아갈 때 어부는 바람에게 노래했습니다.

"바람아 불어다오, 내가 바다로 나갈 수 있게. 바람아 불어다오. 우페포, 우나 엔데샤 마슈와 얀구, 니베베 우니부키쉬 마쥐. 우페포, 우나 엔데샤 마슈와 얀구."

그날 이후로 죽을 때까지 어부는 마법 물고기를 두 번 다시 보지 못했지만 그와 아내는 먹을 것이 부족하지는 않았습니다. 바다가 언제나 어부와 아내에게 아낌없이 물고기를 주었고 해변에는 코코넛이 얼마든지 있기 때문이지요.

욕심 많은 아난시 이야기

아난시 이야기는 원래 서아프리카에 전해 내려오는 이야기로, 이후에 카리브 해 연안의 여러 섬에도 전해졌다.(10장 171쪽 참고) 아난시는 게으르고 거짓말을 일삼으며 욕심 많은 거미 인간이다. 항상 못된 속임수를 부리지만 유쾌하고 사랑스럽기도 하다. 아래 3편의 이야기는 아난시가 지나친 욕심 때문에 어떤 벌을 받는지를 보여준다. 7세 이상의 아이들에게 적합하다.

아난시와 그림자 동화27

옛날 옛날에 크와쿠 아난시라는 이름을 가진 거미 인간이 살았습니다. 아난시는 욕심이 어찌나 많았던지 아내도 아이들도 돌보지 않은 채 오직 자기 욕심만 채우려 들었습니다. 세상 모든 일에서 항상 자기가 우선이었고 자기가 좋은 대로 일을 하면서, 그저 아난시, 아난시, 아난시만 생각했습니다.
어느 날 크와쿠 아난시는 강가 나무에 잘 익은 망고 세 개가 달려있는 것을 보았습니다. 망고를 보자마자 입에 침이 고이기 시작한 아난시는 어찌나 먹고 싶었던지 당장 망고를 따야겠다고 마음을 먹었습니다. 아난시는 나무를 타고 꼭대기까지 올라갔습니다. 한 개, 또 한 개 망고를 딴 다음 세 번째 망고를 잡아당기려는 참에 우연히 아래쪽을 내려다본 아난시는 강물에 비친 자신의 그림자를 보았습니다. 자기 말고 망고를 가진 사람이 또 있다고 생각한 아난시는 그 사람의 망고가 탐이 났습니다. 혼자서 모든 망고를 다 먹고 싶었던 아난시는 당장 강으로 내려가 그 사람과 싸워서 망고를 모두 빼앗아야겠다고 생각했습니다.

풍덩! 아난시는 곧장 강물 속으로 뛰어들었습니다. 망고 두 개를 양손에 꽉 움켜쥐고서 주변을 둘러보았습니다. 그런데 어찌된 일인지 강물 속에는 자기 말고 아무도 없었습니다. 정신 차릴 틈도 없이 거센 물결에 휩쓸린 아난시는 나뭇잎처럼 이리저리 떠다니게 되었습니다. 강가로 나가려고 애를 써보았지만 양손에 망고를 움켜쥔 상태로는 아무리 해도 소용이 없었습니다. 결국 아난시는 헤엄을 치기 위해서 망고를 움켜쥐고 있던 손을 풀고, 망고가 물결에 휩쓸려 멀리 떠가는 것을 안타깝게 바라볼 수밖에 없었습니다.

젖 먹던 힘까지 다해 헤엄을 친 끝에 마침내 아난시는 완전히 지치고 흠뻑 젖은 꼴로 간신히 물 밖에 나올 수 있었습니다. 얼마나 지쳤던지 망고를 먹고 싶은 마음도 온데간데없이 사라져버리고 말았습니다! 약이 잔뜩 오른 아난시는 떠내려간 망고를 '시어터진 망고'라고 불렀습니다. 속상하고 화가 나 그 길로 집에 돌아갔지만, 욕심 때문에 먹을 것을 모두 놓쳐버린 아난시는 쫄쫄 굶을 수밖에 없었습니다.

제 꾀에 넘어간 아난시 동화28

옛날 옛날에 크와쿠 아난시가 살았습니다. 그가 사는 나라를 다스리는 여왕은 마녀였습니다. 마녀 여왕에게는 아무도 모르는 비밀 이름이 있었습니다. 바로 '다섯'이라는 이름이었습니다. 마녀 여왕은 누구도 그 단어를 입에 올리지 못하게 하고 싶었습니다. 그래서 아무도 '다섯'이라는 말을 입 밖에 내서는 안 된다는 법을 만들고, 그 말을 하는 순간 그 자리에 쓰러져서 죽게 될 거라고 했습니다.

아난시는 영리했지만 늘 먹을 것이 부족해서 배가 고팠습니다. 나라에 가뭄이 들자 상황은 더욱 나빠졌습니다. 아난시는 꾀를 내어 모두가 물을 길으러 오는 강기슭 바로 옆에 조그만 집을 짓고 그 옆에 고구마 이랑을 다섯 개 만들었습니다.

아난시의 계획은 집 옆을 지나가는 동물들을 불러 세워 이렇게 묻는 것이었습니다. "저 고구마 이랑이 몇 개인지 세어주실 수 있나요? 저는 셈을 잘 못하거든요." 고구마 이랑 다섯 개를 다 센 동물은 그 자리에 쓰러져 죽을 테니 그걸 가지고와서 창고에 차곡차곡 쌓아두면 흉년일 때나 풍년일 때나 항상 먹을 것이 풍족할 거라고 생각했습니다.

얼마 뒤, 뿔닭 한 마리가 강가로 다가왔습니다. 기다리고 있던 아난시는 이렇게 말했습니다. "아가씨, 제가 고구마 이랑을 몇 개나 가지고 있는지 가르쳐주실 수 있나요?"

그러자 뿔닭은 고구마 이랑 중 하나에 자리를 잡고 앉아 세기 시작했습니다.

"하나, 둘, 셋, 넷 하고 이 자리!"

아난시는 "쳇," 하고 혀를 차면서 "셈을 잘 못하시는군요."라고 투덜거렸습니다. 뿔닭은 다른 곳으로 옮겨 가 앉더니 다시 세기 시작했습니다.

"하나, 둘, 셋, 넷 하고 이 자리!"

"쳇! 그게 아니잖아요."

"그러면 당신은 어떻게 세나요?" 뿔닭이 아난시의 이상한 행동에 약간 어리둥절해 하며 물었습니다.

"이렇게 하셔야죠! 하나, 둘, 셋, 넷, 다섯!!"

마지막 말과 함께 아난시는 그 자리에 쓰러져 죽었고, 뿔닭은 아난시를 맛있게 먹어버렸답니다.

아난시와 새 동화29

옛날 옛날에 크와쿠 아난시가 살던 나라에 큰 흉년이 들었습니다. 동물들은 모두 먹을 것을 찾기가 아주 힘들었습니다.

하지만 새들만은 먹을 것이 전혀 부족하지 않았습니다. 아침마다 새들은 바다 건너 자기들만 아는 섬까지 날아가 잘 익은 버찌를 실컷 먹고 돌아오기 때문입니다. 그 섬의 버찌는 어찌나 크고 달콤하고 단물이 줄줄 흐르는지 새들이 그 버찌를 먹으면 부리며 깃털, 날개까지 짙은 빨강으로 얼룩덜룩해질 정도였습니다.

그곳은 섬이었기 때문에 날개를 가진 새들만 갈 수 있었습니다. 새들이 꿀맛 나는 버찌 열매를 자랑삼아 떠벌릴 때마다 아난시는 그 섬에 가고 싶은 마음이 점점 더 간절해졌습니다. 아난시는 이 새 저 새를 붙들고 자기도 데려가 달라고 사정해보았지만, 새들은 들은 척도 하지 않았습니다. "네가 버찌 섬에 가는 것을 하느님께서 원하셨다면 너를 날아다니는 새로 만들어주셨겠지. 그러니 우릴 귀찮게 하지 말고 저리 가!"

아난시는 혼자 앉아 골똘히 생각에 잠겼습니다. 마침내 아주 기발한 계획이 떠올랐습니다. 그날 오후 새들이 섬에서 돌아올 때 아난시는 새 한 마리 한 마리를 찾아다니며 깃털 하나씩만 달라고 청했습니다. 별것 아닌 부탁 같아서 벌새부터 피리새까지 모든 새가 아난시에게 깃털 하나씩을 뽑아주었습니다.

다음날 아침, 새들이 버찌 섬으로 떠나려고 할 때 아난시는 모아 놓은 깃털을 엮었습니다. 엮은 깃털을 몸에 걸치고 높은 코코넛 나무 꼭대기에서 풀쩍 뛰어 내리자 아난시는 새처럼 날기 시작했습니다. 새들의 뒤를 따라 퍼덕퍼덕 날아가다가 마침내 버찌 섬에 도착한 아난시는 제일 큰 버찌 나무에 앉아 달콤한 버찌를 따먹기 시작했습니다. 아난시는 숨도 쉬지 않고 볼이 터지도록 버찌를 먹고, 먹고, 또 먹었습니다!

새들은 아난시가 너무 욕심을 낸다고 투덜거리기 시작했습니다. 그렇게 마구 먹어 치우다간 버찌가 하나도 남아나지 않겠다고 걱정하기도 했습니다. 하지만 아난시는 새들의 말은 신경도 쓰지 않고 계속 먹어대기만 했습니다. 새들이 화가 나서 지저귀는 소리가 점점 커져 갔습니다. 마침내 피리새가 입을 열었습니다. "아난시, 너는 은혜라는 걸 모르는구나! 우리가 준 깃털이 아니었으면 여기 올 수도 없었을 텐데 우리는 생각도 하지 않고 혼자서 버찌를 다 먹어 치우다니!"

그래도 아난시는 들은 척도 하지 않고 버찌만 따먹었습니다. 그러자 새들은 한 마리씩 다가와서 아난시에게 주었던 깃털을 도로 뽑아 가 버렸습니다. 얼마 안 가 아난시가 입고 있던 깃털 옷이 없어져 버렸습니다. 날이 저물어 새들은 집으로 날아갔지만 아난시는 혼자서 밤새도록 버찌 섬에 남아 있어야 했습니다. 다음 날 아난시는 그 넓은 바다를 팔이 빠져라 헤엄쳐서 돌아와야 했답니다.

나무 요정 '프랜지파니' 〔동화30〕

그림형제 동화『은화가 된 별』을 각색한 이 이야기는 5세에서 8세 아이들에게 적합하다. 여기에는『은화가 된 별』의 가난한 소녀 대신 '프랜지파니[01]'라는 이름의 작은 나무 요정이 등장한다. 다른 사람을 돕고 함께 나누는 것이 주제이며, 탐욕스러움을 긍정적인 방향으로 변화시키기 위한 이야기다.

바닷가 어느 숲 속에 작은 프랜지파니 나무 요정이 혼자 이리저리 헤매고 있었습니다. 매서운 가을바람이 작은 프랜지파니 나무 요정을 데리고 와서 엄마 나무에서 멀리 떨어진 이곳에 떨어뜨려 놓았기 때문입니다. 그래서 프랜지파니의 곁에는 집도 가족도 없었습니다. 몸에 걸친 옷이라곤 허리 주위의 하얀 꽃잎과 분홍 꽃잎, 어깨를 덮은 나뭇 잎, 머리를 따뜻하게 감싸주는 몇 장의 초록 잎뿐이었습니다. 먹을 것은 바닷가 모래밭에서 발견한 산딸기 몇 개가 고작이었습니다. 하지만 프랜지파니는 걱정하거나 무서워하지 않았습니다. 작은 일에 감사하며 살면 도움이 필요할 때 도움을 얻고 부족한 것이 있을 때 채워진다는 것을 알기 때문입니다.

앉아서 산딸기 먹을 만한 곳을 찾아 길을 걷던 프랜지파니는 작은 새 한 마리를 만났습니다. 작은 새가 말했습니다. "배가 고파요. 먹을 것 좀 나누어주세요." 프랜지파니는 들고 있던 산딸기를 새에게 주고 계속 길을 갔습니다.

얼마 뒤 이번엔 작은 쥐를 만났습니다. "모자가 없는데 바람이 너무 차가워요." 프랜지파니는 머리를 따뜻하게 감싸주던 초록 잎을 벗어

---

[01] 역주: 열대지방에서 흔히 볼 수 있는 나무로 흰색, 분홍, 노랑, 빨강 등 여러 색깔의 매끈한 꽃잎을 가진 아름다운 꽃이 핀다.

서 작은 쥐에게 주었습니다.

조금 더 가다가 이번엔 거미를 만났습니다. "외투가 없는데 바람이 너무 차가워요." 프랜지파니는 어깨를 감싸주던 나뭇잎 외투를 벗어 거미에게 주었습니다.

계속 길을 가다가 이번엔 길가에서 몸을 웅크리고 있는 개미를 만났습니다. "옷이 하나도 없는데 바람이 너무 차가워요."

작은 프랜지파니는 자신의 허리를 감싸주던 하얀 꽃잎과 분홍 꽃잎을 떼어 작은 꽃잎 집을 만들고, 개미가 안으로 기어들어가 쉴 수 있게 해주었습니다.

이제 먹을 것과 걸치고 있던 옷가지를 길에서 만난 친구들에게 모두 나눠준 프랜지파니에게는 아무것도 남지 않았습니다. 하지만 프랜지파니는 걱정하거나 두려워하지 않았습니다. 계속 길을 걷던 프랜지파니는 해가 지고 주변이 어두워지기 시작하자 풀과 나뭇잎으로 덮인 모래밭에서 잠잘 곳을 찾았습니다.

나무 요정 프랜지파니가 자는 동안 하늘에 떠 있는 별들이 나무 위를 돌며 춤을 추었습니다. 별들은 빙빙 돌며 춤추고, 춤추면서 빙빙 돌았습니다. 그러면서 프랜지파니를 위해 반짝반짝 빛나는 예쁜 비단옷을 짰습니다.

프랜지파니가 잠에서 깨어보니 빛나는 비단옷을 입고 있고, 나무 주위로는 금빛 비가 내리고 있었습니다. 처음에는 하늘에서 빛나는 황금빛 물방울이 떨어진다고 생각했습니다. 하지만 땅에 떨어진 황금빛 물방울은 진짜 금이었습니다. 요정은 떨어진 금 조각을 모두 주워 모아 가던 길을 계속 갔습니다. 나무 요정 프랜지파니는 부족한 것 없이 평생 동안 잘 살았답니다.

13 참을성 없는 태도

심술쟁이 펠리컨 동화31

부모라면 누구나 아이가 아무리 달래도 짜증내고 성질부리는 상황을 경험해보았을 것이다. 특히 아이는 배고프고 부모는 피곤한 저녁 식사 시간이나, 아이는 심심하고 부모는 스트레스가 쌓이는 긴 자동차 여행에서 이런 일이 생기기 쉽다. 바로 그런 순간에 재치 있는 시 한 편이 모두의 긴장을 풀어줄 수 있다. 긴 시를 다 외우고 있는 경우는 드물기 때문에 나는 몇 편의 시를 골라 냉장고 문에 붙여두고 필요할 때 사용하곤 했다.
　　　시를 읽는 것만으로 기분이 풀리고 상황이 해결이 되는 경우는 드물겠지만 적어도 분위기는 바꿀 수 있을 것이다. 어떤 경우든 아이에게 직접 야단치는 것보다는 훨씬 나은 해결책이다.

꼬마 펠리컨은 심술쟁이 새.
성질내고 짜증내는 심술쟁이 새.
모래 해변에 사는 꼬마 펠리컨은
만날 만날 더 달라고 떼를 쓰지요.
바닷속 물고기를 아무리 잡아줘도

만날 만날 더 달라고 떼를 쓰지요.
심술쟁이 펠리컨은 하루 종일 먹어요.
여기저기 뒤지며 먹을 것을 찾아요.
구멍마다 둥지마다 들쑤시고 다녀서
새들도 동물들도 쉴 수가 없어요.
여기저기 코를 박고 들쑤시고 뒤져요.

여기저기 들쑤시고 다니지 말라고
엄마도 아빠도 단단히 일렀어요.
"귀담아 듣지 않으면
후회하게 될 거다.
푸른 바다로 나가 물고기를 사냥하렴.
멋진 펠리컨은 바다의 사냥꾼
귀찮게 쑤시고 다니는 건
펠리컨이 할 일이 아니지."

심술쟁이 펠리컨은 코웃음만 치지요.
못들은 척 퍼득퍼득 하늘로 날아올라
퍼득퍼득 퍼드득, 펄럭펄럭 푸드득
이번엔 어딜 또 뒤져볼까 두리번거리지요.

엄마 게는 아가들만 남겨둘 수 없어요.
안심하고 집에 놔둘 수가 없어요.
심술쟁이 펠리컨이 들쑤시러 오면
다 함께 목청 높여 이렇게 외치지요.
"귀담아 듣지 않으면
후회하게 될 거다.

푸른 바다로 나가 물고기를 사냥하렴.
멋진 펠리컨은 바다의 사냥꾼
귀찮게 쑤시고 다니는 건
펠리컨이 할 일이 아니지."

심술쟁이 펠리컨은 코웃음만 치지요.
못들은 척 퍼득퍼득 하늘로 날아올라
퍼득퍼득 퍼드득, 펄럭펄럭 푸드득
이번엔 어딜 또 뒤져볼까 두리번거리지요.

엄마 새는 아가들만 남겨둘 수 없어요.
안심하고 집에 놔둘 수가 없어요.
심술쟁이 펠리컨이 들쑤시러 오면
다 함께 목청 높여 이렇게 외치지요.
"귀담아 듣지 않으면
후회하게 될 거다.
푸른 바다로 나가 물고기를 사냥하렴.
멋진 펠리컨은 바다의 사냥꾼
귀찮게 쑤시고 다니는 건
펠리컨이 할 일이 아니지."

심술쟁이 펠리컨은 코웃음만 치지요.
못들은 척 퍼득퍼득 하늘로 날아올라
퍼득퍼득 퍼드득, 펄럭펄럭 푸드득
이번엔 어딜 또 뒤져볼까 두리번거리지요.

어부들도 낚시 통을 내려놓지 못해요.

언제 와서 귀찮게 뒤적일지 몰라요.
펄럭펄럭 푸드득 날개소리 들리고
심술쟁이 펠리컨이 들쑤시러 오면
다 함께 목청 높여 이렇게 외치지요.
"귀담아 듣지 않으면
후회하게 될 거다.
푸른 바다로 나가 물고기를 사냥하렴.
멋진 펠리컨은 바다의 사냥꾼
귀찮게 쑤시고 다니는 건
펠리컨이 할 일이 아니지."

심술쟁이 펠리컨은 코웃음만 치지요.
못들은 척 퍼득퍼득 하늘로 날아올라
퍼득퍼득 퍼드득, 펄럭펄럭 푸드득
이번엔 어딜 또 뒤져볼까 두리번거리지요.

그러던 어느 날,
심술쟁이 펠리컨에게 큰 일이 났네요.
정말로 후회할 일이 생긴 거예요.
아무 데나 들쑤시고 멋대로 굴다가
그만 큰 코 다친 거지요.

어부의 낚시 통을 들쑤시러 간 날
온 얼굴에 심술을 덕지덕지 붙이고선
들여다본 통 속엔 물고기가 한 마리
대롱대롱 매달린 물고기 한 마리
정말 맛있어 보이는 물고기 한 마리

통째로 꾸울꺽 삼켜버렸죠.
바늘과 낚싯줄까지 통째로 꾸울꺽.
아이코 이를 어째,
바늘은 낚싯줄에, 낚싯줄은 낚싯대에
낚싯대는 어부 손에,
어부는 해변에 서 있었던 거예요.

그러게 조심하라고 일렀잖아요!
심술쟁이 펠리컨 도망갈 수 없어요.
날개를 퍼득퍼득 날아갈 수 없어요.
꼼짝도 못하고 가만히 서서 한숨만 푸푸!

하지만 다행이지. 친절한 늙은 어부
해변의 심술쟁이를 자상하게 도와주어요.
천천히, 가만가만 낚싯줄을 당겨요.
살살, 조심조심 낚싯줄을 당겨요.
마침내 물고기가 밖으로 쑥!
어부 할아버지 낚시 통 속으로 미끄덩 털썩!

심술쟁이 펠리컨은 날개를 퍼득퍼득 날아올랐죠.
높이높이 날아올라 파란 하늘을 훨훨
날개를 퍼득퍼득 하늘 높이 올랐죠.
땅 위로 돌아와 들쑤시지 않고
시끄럽게 푸득푸득 괴롭히지 않고
넓고 넓은 바다 위로 멀리멀리 날아갔죠.

넓고 넓은 바다 위를 날아가는 펠리컨

심술쟁이도 아니고 쑤시기쟁이도 아니에요.
푸른 바다에서 물고기를 잡는 사냥꾼 펠리컨
(엄마 아빠 말씀에 귀 기울이는)
그게 진짜 멋진 펠리컨이지!

참을성 없는 얼룩말 동화32

원래는 케냐 아이들을 위해 그곳 자연을 소재로 쓴 것으로, 줄무늬가 멋진 검정색이 될 때까지 인내심을 갖고 기다리는 법을 배워야 하는 아기 얼룩말에 관한 이야기다. 태어난 지 1년이 안 된 아기 얼룩말의 줄무늬는 황금 갈색이고, 자라면서 조금씩 검정색으로 변한다는 특성을 바탕에 두고 있다. 아이와 어른 모두에게 치유 효과가 있으며, 어른들에게는 조급한 마음을 내려놓고 아이들이 어린 시절을 마음껏 즐길 시간을 주라는 메시지를 전한다.

갈색 아기 얼룩말은 행복하지 않았습니다. 다른 아기 얼룩말들처럼 자신의 줄무늬가 갈색인 것이 영 마음에 들지 않기 때문입니다. 아기 얼룩말은 엄마나 아빠, 형, 누나들처럼 멋진 검정 줄무늬를 갖고 싶었습니다. 아기 얼룩말은 자신에게 뭔가 문제가 있다고 생각했습니다. '세상 사람들은 모두 얼룩말 줄무늬가 검정과 흰색이라고 알고 있는데, 왜 내 줄무늬는 갈색과 흰색일까?'
갈색 아기 얼룩말은 하루 종일 골똘히 생각했습니다. 아기 얼룩말의 머릿속은 온통 그 생각뿐이었습니다. 엄마 얼룩말은 아기 얼룩말에게 제일 맛있는 풀을 찾는 방법이나 심바(스와힐리어로 '사자')가 가까이 왔을 때 어떻게 낌새를 알아채고 다른 얼룩말들에게 알리는지와 같은 중요한 일을 가르쳐주려 애를 썼지만, 아기 얼룩말이 영 딴 생각에만 빠져있어서 속이 상했습니다. 아기 얼룩말은 그런 엄마 마음은 안중에도 없이 조급한 마음을 노래로 부르며 터덜터덜 돌아다닐 뿐이었습니다.

"나는 아기 얼룩말, 슬프고 속상한 아기 얼룩말.
내 줄무늬는 멋진 검정색이 아니라 온통, 모두, 죄다 갈색뿐이지."

아기 얼룩말은 이 생각 때문에 다른 일을 할 수가 없어 결국 갈색 줄무늬를 검정색으로 바꿀 수 있는 방법을 찾아 나서기로 결심했습니다. 아기 얼룩말은 사방을 돌아다니다가 마침내 댐 가장자리에 두껍게 쌓여 있는 시커먼 진흙을 발견했습니다. 아기 얼룩말은 줄무늬 위에만 검정 진흙이 묻게 하려고 조심하면서 진흙 위를 데굴데굴 굴렀습니다. 하지만 여러분도 알다시피 그것은 아주 어려운 일이라서 갈색 아기 얼룩말은 몸 전체가 온통 까맣게 되고 말았습니다. 이제는 얼룩말이라기보다 아기 물소처럼 보였습니다. 이 꼴을 본 엄마 얼룩말은 곧장 물가로 데리고 가서 진흙을 씻어주었습니다. 깨끗이 씻자 줄무늬의 갈색이 더 두드러지게 빛나는 것 같았습니다.

시무룩해진 아기 얼룩말은 오후 내내 조급한 마음을 노래로 부르며 터덜터덜 돌아다녔습니다.

"나는 아기 얼룩말, 슬프고 속상한 아기 얼룩말.
내 줄무늬는 멋진 검정색이 아니라 온통, 모두, 죄다 갈색뿐이지."

다음 날 아기 얼룩말은 다른 방법을 찾아냈습니다. 불에 타고 남은 나무 그루터기를 발견한 아기 얼룩말은 등에 있는 줄무늬를 검게 그을린 나무에 문지르기 시작했습니다. 줄무늬 하나하나 차례로 문질렀습니다. 처음에는 효과가 있는 것 같았습니다. 신이 난 아기 얼룩말은 자기도 모르게 있는 힘껏 등을 문질러댔고 결국 여기저기가 까지고 빨갛게 되고 말았습니다. 피부가 다 벗겨지도록 세게 문질렀던 거지요.

피부가 모두 낫기까지는 오랜 시간이 걸렸고, 그동안 아기 얼룩말은 힘없이 터덜터덜 돌아다니며 조급한 마음을 노래로 불렀습니다.

"나는 아기 얼룩말, 슬프고 속상한 아기 얼룩말.
내 줄무늬는 멋진 검정색이 아니라 온통, 모두, 죄다 갈색뿐이지."

아기 얼룩말이 다음으로 낸 꾀는 아카시아 그늘에 서 있는 것이었습니다. 이러면 밝은 햇빛 아래 있을 때보다 줄무늬가 좀 더 까맣게 보였습니다. 하지만 나무 그늘에서는 풀이 달콤하고 길게 자라지 않기 때문에 뜯어먹을 풀이 충분하지 않았습니다.

몇 시간 동안 나무 그늘에 서 있던 아기 얼룩말은 마침내 너무 배가 고파 다리가 후들거릴 지경이 되었습니다. 배가 그렇게 고프니까 줄무늬가 갈색인지 검정색인지 따위의 일이 갑자기 모두 시시하게 느껴졌습니다. 그런 문제보다는 배가 든든하게 부른 게 훨씬 더 중요한 일로 여겨졌습니다. 아기 얼룩말은 그늘진 나무를 떠나 햇볕이 내리쬐는 초원에서 달콤한 풀을 뜯어먹고 있는 가족 곁으로 갔습니다.

몇 달 뒤 아기 얼룩말은 시원한 물을 마시러 엄마랑 강으로 내려갔습니다. 강기슭에서 물을 내려다본 아기 얼룩말은 자신의 줄무늬가 엄마 얼룩말과 똑같은 색깔로 변한 것을 알고 깜짝 놀랐습니다. 줄무늬가 있는 등 쪽으로 머리를 돌려보자 정말로 아기 얼룩말의 줄무늬가 멋진 검은색으로 변해 있었습니다! 이제는 더 이상 갈색 아기 얼룩말이 아니었습니다.

"이게 어떻게 된 거예요, 엄마?" 아기 얼룩말은 엄마에게 물었습니다. 엄마 얼룩말은 미소 띤 얼굴로 아기의 목에 코를 비비며 귀에 대고 속삭였습니다. "얘야, 네가 이제 큰 얼룩말로 자란 거란다. 넌 더 이상 아기 얼룩말이 아니야."

아기 얼룩말은 환호성을 질렀습니다. 그리고 갈색 줄무늬를 검정 줄무늬로 바꾸기 위해서 필요한 건 큰 얼룩말로 자라는 일이었다는 걸 깨달았습니다.

얼룩말은 이리저리 펄쩍펄쩍 뛰고 빙글빙글 돌며 새로운 노래를 불렀습니다.

"나는 다 자란 얼룩말, 행복하고 멋진 얼룩말.
나의 얼룩 줄무늬는 멋진 검정색이라네."

14 게으름

아기 피리새 삼형제 동화33

아프리카 초원에 살 때 나는 피리새들이 둥지를 멋지게 짜는 모습을 몇 시간이고 흥미 있게 지켜보곤 했다. 피리새들의 다양한 집짓기를 보면서 영원한 고전인 『아기 돼지 삼형제』를 떠올렸고, 아프리카 상황에 맞게 고쳐 썼다. '키술리술리'는 스와힐리어로 '빙빙 도는 작은 회오리바람'을 뜻한다.

특별한 문제행동을 염두에 두고 쓴 이야기는 아니지만, 집중해서 일하고 책임감 있게 마무리 짓는 태도를 키워주는 보편한 치유동화로 활용할 수 있다. 사실 이 이야기는 들려준 첫 해부터 나이로비 유치원에서 가장 사랑받는 이야기가 되었다. 평소에는 의욕 없고 게으른 편이었던 5세 남자아이가 이 이야기를 들은 뒤로 꼼꼼히 일을 마무리하는 것을 보고 이야기의 힘을 실감할 수 있었다. 아이가 자유 놀이 시간에 친구들에게 집을 아주 튼튼하게 짓도록 도와달라고 청하는 것이었다.

이 아이가 놀이에 몰입하는 모습을 본 것은 이때가 처음이었으며 이날 이후로 아이의 집중력은 매일 조금씩 더 좋아졌다.

옛날 옛날에 아기 피리새 삼형제가 살았습니다. 아기 피리새는 무럭무럭 자라서 어느덧 엄마 아빠의 둥지를 떠나 새집을 지을 때가 되

었습니다.

엄마 새가 당부했습니다. "잘 가거라. 둥지는 높은 곳에 지어야 한다는 걸 잊지 말아라."

아빠 새가 당부했습니다. "잘 가거라. 둥지는 튼튼하고 안전하게 지어야 한다는 걸 잊지 말아라."

첫째 피리새는 아카시아의 낮은 나뭇가지에 날아가 앉았습니다. "여기가 좋겠군!" 더 둘러보지도 않고 자리를 정한 첫째 피리새는 나뭇가지와 풀을 모아 집을 짓기 시작했습니다.

집짓기가 끝나자마자 키 큰 기린이 걸어오더니 긴 혓바닥으로 나뭇가지와 둥지를 한꺼번에 꿀꺽 삼켜버렸습니다. 간신히 기린을 피한 첫째 피리새는 꽁지가 빠져라 도망을 쳤습니다.

둘째 피리새는 한참을 날아서 다른 아카시아의 높은 나뭇가지에 앉았습니다. "여기가 좋겠군!" 둘째는 즉시 나뭇가지와 풀을 모아 집을 짓기 시작했습니다. 얼마 지나지 않아 집짓는 일에 싫증이 난 둘째 피리새는 나뭇가지와 풀을 대충대충 엮기 시작했습니다. 집이 튼튼하고 안전한지는 신경 쓰지 않고 아무렇게나 만들었습니다. 집짓기가 끝나자마자 키슬리슬리 바람이 아카시아 주위로 불어와 말했습니다. "나는 빙빙 돌고 쌩쌩 불어. 이 집을 날려버릴 테다." 하지만 둘째 피리새는 코웃음 치며 말했습니다. "어디 한번 해 보시지! 그런다고 무서워할 줄 알고!"

그러자 키슬리슬리 바람은 빙빙 돌고 쌩쌩 불어 둥지를 땅에 휘익 내동댕이쳐버렸습니다. 간신히 목숨을 구한 둘째 피리새는 꽁지가 빠져라 도망을 쳤습니다.

셋째 피리새는 또 다른 아카시아에 날아가 앉았습니다. 집을 짓기 전에 엄마의 충고를 떠올린 셋째 피리새는 가장 높은 나뭇가지를 찾아 한참을 올라가 마침내 나무 꼭대기 한가운데, 기린의 혀가 절대 닿을 수 없는 높은 곳을 찾아냈습니다. "여기가 좋겠군!" 셋째는 즉시 나뭇가지와 풀을 모아 집을 짓기 시작했습니다.

셋째 피리새는 정성껏 집을 지었습니다. 아빠의 말씀도 귀담아 들었기 때문입니다. 셋째 피리새는 여기저기를 뒤져 제일 튼튼하고 좋은 나뭇가지와 풀을 찾았습니다. 또 오랜 시간 공들여 나뭇가지와 풀을 튼튼하게 엮었습니다. 안으로 밖으로, 위로 아래로, 이쪽저쪽 꼼꼼하게 풀을 엮었습니다. 흥얼흥얼 즐겁게 노래를 부르며 집을 짓기 시작했습니다.

"나는야 부지런한 작은 피리새
조그맣고 부지런한 일꾼이지요.
나는야 부지런한 작은 피리새
하루 종일 뚝딱뚝딱 집을 짓지요."

여러 날을 열심히 일한 끝에 마침내 셋째 피리새의 집이 하늘 높은 곳에 튼튼하고 안전하게 완성되었습니다. 집짓기가 끝나자마자 키슬리슬리 바람이 아카시아 주위로 불어와 말했습니다.
"나는 빙빙 돌고 쌩쌩 불어. 이 집을 날려버릴 테다." 하지만 셋째 피리새는 코웃음 치며 말했습니다. "어디 한번 해 보시지! 그런다고 무서워할 줄 알고!"
그러자 키슬리슬리 바람이 빙글빙글 불기 시작했습니다. 이쪽으로 빙빙 저쪽으로 빙빙, 이쪽에서 쌩쌩 저쪽에서 쌩쌩. 하지만 아무리 애를 써도 셋째 피리새의 튼튼한 집을 날려보낼 수 없었습니다. 결국 키슬리슬리 바람은 망가뜨리고 내동댕이칠 수 있는 다른 둥지를 찾아 멀리멀리 날아가 버렸습니다.
그제야 셋째 피리새는 그 튼튼한 둥지에 깃털을 깔아 폭신폭신한 잠자리를 만들고 그 안으로 쏘옥 기어 들어가 쿨쿨 단잠을 잤습니다. 아침에 눈을 떠 보니 형들이 둥지 밖에서 기다리고 있었습니다. 형들은 셋째 피리새가 만든 멋진 집을 보고 형들이 들어와 살만한 방이 있는지 물었습니다.
셋째 피리새는 방은 있지만 아내와 아이들이 살 곳이라고 말했습니다. 셋째 피리새는 집을 다시 한 번 지으라고 형들을 돌려보냈습니다. "새집을 지을 때는 꼭 하늘 높은 곳에 튼튼하고 안전하게 지어야 한다는 걸 잊지 마!"
이번에는 형들도 충고를 귀담아 들었습니다. 형들은 하늘 높은 곳에 자리를 잡고 튼튼하고 안전하게 집을 지었습니다. 곧 들판은 형들이 집을 지으며 부르는 흥겨운 노랫소리로 가득 찼습니다.

"나는야 부지런한 작은 피리새
조그맣고 부지런한 일꾼이지요.
나는야 부지런한 작은 피리새
하루 종일 뚝딱뚝딱 집을 짓지요."

어부 이야기 동화34

케냐 서부 빅토리아 호숫가에 전해지는 『어부 이야기』를 엘리자베스 아오코가 옮겨 적었다. 게으름을 주제로 한 인과응보 이야기로 6세에서 8세 아이들에게 적합하다.

옛날 옛날에 호숫가 작은 오두막에 홀로 사는 늙은 어부가 있었습니다. 매일 이른 아침 해도 뜨기 전에 어부는 물가로 걸어 내려갔습니다. 어부는 물에 카누를 띄우고 올라 탄 다음, 긴 삿대로 밀어 호수 깊은 곳으로 들어갔습니다. 호수에 그물을 쳐두고는 다시 물가로 돌아와 기다렸습니다. 그럴 때면 어부는 나무 그늘에 앉아서 노래를 부르며 시간을 보냈습니다.

"니암고도 우노드 오마베, 네자카니, 느카우도 도카코 마자키바야."(오마베의 아들 니암고도는 가난했지만 아름다운 여자를 만났다네)

늙은 어부는 다시 카누를 타고 물살을 헤치며 깊은 곳으로 가서 그물을 걷어 올렸습니다.

그러던 어느 날, 어부는 그물을 끌어올리다가 깜짝 놀랐습니다. 평소와 달리 무척 무거웠기 때문입니다. "물고기가 많이 잡혔나 보군." 어부는 이렇게 생각하며 줄을 영차영차 힘껏 당겨 올렸습니다. 마침내 그물을 카누 옆으로 끌어올려놓고 보니 놀랍게도 그 안에는 물고기 대신 아름다운 젊은 아가씨가 있었습니다.

"나를 돌려보내지 말아주세요." 아가씨는 어부에게 부탁했습니다. "당신 집으로 나를 데려가 주세요." 어부는 기꺼이 아름다운 아가씨를 카누에 태워 함께 호숫가로 나왔습니다. 늙은 어부는 불을 피우고, 고구마 요리를 하고, 차를 만들었습니다.

밥을 다 먹고 난 아가씨는 어부에게 젖소, 염소, 양, 닭을 키울 보마(울타리 친 마당)를 만들어달라고 부탁했습니다. 사흘 동안 늙은 어부는 열심히 일했습니다. 꿰매고, 매듭짓고, 망치질하고, 꿰매고, 매듭짓고, 망치질하고, 꿰매고, 매듭짓고, 망치질해서 동물들이 살 튼튼한 집을 만들었습니다.

보마가 완성되자 아가씨는 호숫가로 걸어가서 소리쳤습니다.

"드호가 비아비아, 드호가 비아비아."
(동물들아 나오렴, 나에게 오려무나)

갑자기 젖소 떼가 물속에서 나와 호숫가로 올라왔고, 아가씨를 따라 보마로 들어갔습니다. 다음 날도 아가씨는 호숫가로 걸어가서 소리쳤습니다.

"드호가 비아비아, 드호가 비아비아."

이번엔 염소 떼가 물속에서 나와 호숫가로 걸어 올라왔고, 아가씨를 따라 보마로 들어갔습니다. 다음 날도 아가씨는 호숫가로 걸어가서 소리쳤습니다.

"드호가 비아비아, 드호가 비아비아."

이번엔 양 떼가 물속에서 나와 호숫가로 올라왔고, 아가씨를 따라 보마로 들어갔습니다. 다음 날도 아가씨는 호숫가로 걸어가서 소리쳤습니다.

"드호가 비아비아, 드호가 비아비아."

이번엔 닭들이 물속에서 나와 호숫가로 올라왔고, 아가씨를 따라 보마로 들어갔습니다.

늙은 어부는 정말 행복했습니다. 집에는 예쁜 아가씨도 있고 헛간에는 동물도 많았으니까요. 하지만 시간이 지나면서 어부는 게을러졌고 집도 동물도 돌보지 않고 내버려두었습니다.

처음엔 젖소에게 먹이 주는 걸 잊더니 그 다음엔 염소, 다음엔 양, 그리고 닭까지 나 몰라라했습니다. 그러더니 보마 울타리가 망가졌는데도 귀찮아하며 고치지 않고 내버려두었습니다.

아가씨는 어부가 게으름을 부리고 동물을 돌보지 않게 된 것이 슬펐습니다. 그래서 하루는 망고나무 아래 앉아 어찌해야 좋을지 곰곰이 생각했습니다. 오랜 생각 끝에 전에 살던 호수로 돌아가야 할 때가 되었다고 결심했습니다.

다음 날 아침 일찍 해가 뜨자 아가씨는 보마 문 앞에 서서 동물들에게 다시 한 번 노래를 불렀습니다.

"드호가 비아비아, 드호가 비아비아. 드호가 비아비아, 드호가 비아비아. 드호가 비아비아, 드호가 비아비아."

한 마리 한 마리 차례로 젖소, 염소, 양, 닭들이 모두 문 밖으로 걸어 나오더니 물속으로 들어가기 시작했습니다. 늙은 어부는 쫓아가 잡으려고 해보았지만 게을러진 다리는 동물을 잡을 만큼 빨리 움직여 주지 않았습니다. 느린 다리를 간신히 움직여 당도해 보니 아가씨는 젖소, 염소, 양, 닭들의 뒤를 따라 물속으로 막 사라지고 있었습니다. 어부는 물가에 서서 천천히 잦아드는 아가씨의 노래를 들으며 힘없이 지켜보고만 있었습니다.

"드호가 비아비아, 드호가 비아비아."(부드럽게 노래한다)

슬픔에 빠져 집으로 돌아온 늙은 어부는 자신이 지은 보마마저 사라져 버린 걸 알고 깜짝 놀랐습니다. 이제 남은 건 예전의 집 한 채 뿐이었습니다.

늙은 어부는 호수에서 고기잡이를 계속했습니다. 매일 이른 아침 해가 뜨기 전에 물가로 걸어 내려갔습니다. 어부는 물에 카누를 띄우고 올라 탄 뒤 긴 삿대로 밀어 호수 깊은 곳으로 들어갔습니다. 호수에 그물을 쳐두고는 다시 물가로 돌아와 기다렸습니다. 그럴 때면 나무 그늘에 앉아서 노래를 부르며 시간을 보내곤 했습니다.

"니암고도 우노드 오마베, 네자카니, 느카우도 도카코 마자키바야."

늙은 어부는 다시 카누를 타고 파도를 헤치며 깊은 곳으로 가서 그물을 걷어 올리고 잡은 물고기를 모아 담았습니다. 노인은 다시는 아가씨를 보지 못했습니다. 하지만 때때로 바람 없는 고요한 날이면 깊은 물속 어딘가에서 들려오는 희미한 노랫소리를 들을 수 있었습니다.

"드호가 비아비아, 드호가 비아비아, 드호가 비아비아, 드호가 비아비아."

15 시끄럽고 어수선함

왁자지껄 난쟁이 동화35

내가 유치원에서 맡았던 반 중에 유독 시끄럽게 놀던 5세반 아이들의 이야기다. 수줍고 내성적인 성향의 아이들은 시끌벅적한 소리 때문에 일과를 힘들어했고, 나와 보조 교사도 매일매일 반복되는 귀가 아픈 소음에 정신을 차릴 수가 없었다. 이야기는 이런 심각한 문제를 밝고 유머러스한 분위기에 담아 전달한다.

　이야기를 들은 뒤에 평소에는 조용하고 사람 많은 곳에선 입을 열지 않는 남자아이가 고래고래 소리를 지르며 노는 아이들에게 이야기 속 '소곤소곤 난쟁이'가 항의하던 말을 큰 소리로 외치기도 했다. "제발, 제발, 조금만 소리를 낮춰 줘. 소곤소곤이 귀가 너무 너무 아파."

　이야기를 들려준 다음 몇 주 동안 교사들은 목소리를 조금 낮췄으면 좋겠다고 말하고 싶을 때 이야기에서 반복되는 후렴구를 말하곤 했다. 이 방법은 성공적이었다. 단순히 "제발 조용히 놀아라."라고 타이르는 것보다 확실히 효과적이었다. 이야기는 '시끄러움'을 강조하면서 실내에서 '조용하게' 놀 때의 즐거움을 부각시킨다. 강가에서 돌멩이 여러 개를 주워와 깨끗이 닦고 윤이 나게 칠을 해서 이야기의 효과를 확대했다. 아이들은 돌멩이들이 '노래하는' 소리에 귀를 기울일 수 있는 조용한 순간을 점점 좋아하기 시작했다.

옛날 옛날에 작은 난쟁이 네 명이 있었습니다. 난쟁이들은 바위 동굴 집에서 함께 살았습니다. 그들 중 세 명은 콩깍지 안의 완두콩처럼 똑같았습니다. 생긴 것도 똑같고, 옷도 똑같이 입었습니다. 하지만 가장 똑같은 건 세 난쟁이 모두 시끄러운 소리 내는 걸 아주 좋아한다는 점입니다. 세 난쟁이는 곡괭이와 망치를 가지고 하루 종일 함께 수정을 캐며, 아주 시끄러운 노래를 불렀습니다.

첫째 난쟁이 이름은 '우당탕쿵탕쿵탕'입니다. 첫째 난쟁이는 우당탕 쿵탕쿵탕, 우당탕 쿵탕쿵탕하면서 걸었습니다.

둘째 난쟁이 이름은 '우르릉쿵쾅쿵쾅'입니다. 둘째 난쟁이는 우르릉 쿵쾅쿵쾅, 우르릉 쿵쾅쿵쾅하면서 걸었습니다.

셋째 난쟁이 이름은 '쨍그랑쩡그렁'입니다. 셋째 난쟁이는 쨍그랑 쩡그렁, 쨍그랑 쩡그렁하면서 걸었습니다.

이 세 난쟁이가 함께 있을 때면 이런 소리가 났습니다.

"우당탕 쿵탕쿵탕 우당탕 쿵탕쿵탕, 우르릉 쿵쾅쿵쾅 우르릉 쿵쾅쿵쾅, 쨍그랑 쩡그렁 쨍그랑 쩡그렁. 우당탕 쿵탕쿵탕 우당탕 쿵탕쿵탕, 우르릉 쿵쾅쿵쾅 우르릉 쿵쾅쿵쾅, 쨍그랑 쩡그렁 쨍그랑 쩡그렁."

넷째 난쟁이는 다른 형제들과 많이 달랐습니다. 생긴 것도 다르고 옷도 다르게 입을 뿐 아니라, 하는 일도 달랐습니다. 넷째 난쟁이의 이름은 '소곤소곤'이었습니다. 넷째 난쟁이는 형들이 바위 동굴에서 캐온 수정을 윤이 나게 닦는 일을 했습니다.

소곤소곤 난쟁이는 시끄러운 소리를 정말 싫어했습니다! 조용히 동굴 구석에 수건을 들고 앉아 수정을 닦았습니다. 수정이 반짝반짝 빛을 낼 때까지 쓱쓱 싹싹 열심히 문지르고 닦았습니다. 형들이 모두 일하러 가고 동굴 안이 아주 조용해질 때면 소곤소곤 난쟁이는 돌들이 노래하는 소리까지 들을 수 있었습니다.

네 명의 난쟁이는 바위 동굴 집에서 함께 살면서 일도 함께 했습니다. 하지만 소곤소곤 난쟁이는 함께 지내는 것이 너무 힘들었습니다. 소곤소곤 난쟁이는 시끄러운 형들에게 이렇게 소리치곤 했습니다. "제발, 제발, 조금만 소리를 낮춰 줘. 소곤소곤이 귀가 너무너무 아파."

하지만 우당탕쿵탕쿵탕, 우르릉쿵쾅쿵쾅, 쨍그랑쩡그렁 형들은 시끄러운 소리 내는 걸 정말 좋아했습니다. 세 난쟁이는 삽으로 파고 망치질을 하면서 우당탕 쿵탕쿵탕, 우당탕 쿵탕쿵탕, 우르릉 쿵쾅쿵쾅, 우르릉 쿵쾅쿵쾅, 쨍그랑 쩡그렁, 쨍그랑 쩡그렁 소리를 냈습니다. 아침부터 저녁까지 하루 종일!

어느 날 우당탕쿵탕쿵탕, 우르릉쿵쾅쿵쾅, 쨍그랑쩡그렁 난쟁이가 아주아주 시끄러운 소리를 내는 바람에, 소근소근 난쟁이는 일하는 걸 멈추고 양손으로 귀를 꼭 막고 앉아있을 수밖에 없었습니다. 결국 그 날은 더 이상 수정을 반짝반짝 닦을 수가 없었습니다.

다음 날도 우당탕쿵탕쿵탕, 우르릉쿵쾅쿵쾅, 쨍그랑쩡그렁 난쟁이가 평소처럼 왁자지껄 소란스러워지자 소곤소곤 난쟁이는 이제 더 이상 참지 않겠다고 마음을 먹었습니다. 소곤소곤 난쟁이가 소리쳤습니다.

"제발, 제발! 도저히 더 이상은 못 참겠어. 소곤소곤이 귀가 너무 너무 아파!"

소곤소곤 난쟁이는 수건과 수정을 모두 모아 커다란 자루에 넣었습니다. 시끄러운 형제들에게 작별 인사를 한 다음 바위 동굴 집을 떠났습니다. 등에 자루를 메고 항상 조용히 있을 수 있는 다른 집을 찾아 나선 것입니다.

그때부터 지금까지 소곤소곤 난쟁이는 혼자 살고 있답니다. 세 형은 소곤소곤 난쟁이의 조용한 동굴에 자주 찾아와 넷째가 반짝반짝 윤을 낼 수 있도록 새로 캔 수정을 갖다 줍니다. 시끄러운 세 난쟁이는 소곤소곤 난쟁이의 집에 갈 때면 조용히 하려고 무척 애를 씁니다. 물론 소곤소곤 난쟁이도 가끔씩 형들의 시끄러운 동굴을 찾아갑니다. 소곤소곤 난쟁이는 형들의 집에 갈 때는 형들의 시끄러운 소리를 즐기려고 무척 애를 씁니다. 하지만 절대로 오래 있지는 않는답니다!

모자라모자라 _산드라 프레인 동화36

캐나다의 한 유치원, '경증 자폐' 진단을 받은 5세 남자아이로 인해 아이들과 교사들이 겁에 질리고 긴장한 상황이었다. 평소에도 그 아이의 기분에 따라 교실 분위기가 좌우되곤 했다. 그 모습을 본 산드라의 동료 교사는 그 아이에게 동물 이야기를 들려주면 좋을 것 같다는 제안을 했다.

교사들은 즉시 교실 한가운데 긴 의자를 다이아몬드 모양으로 배치했다. 평소에 이야기를 들려주던 시간이 아니었으므로 평소 이야기 시간과는 '다른' 분위기를 만들어야겠다고 생각했다. 산드라는 그 아이를 두 팔로 번쩍 들어 아기처럼 안았다. 다른 교사들은 다른 아이들을 재미난 일이 있다며 급하게 불러 자리에 앉혔다. 산드라는 속으로 짧게 기도를 올리고 깊은 숨을 내쉬었다. 나중에 이 순간을 돌이켜보면서 자신의 입에서 어떤 얘기가 흘러나올지 자신도 전혀 몰랐다고, 그저 이야기가 스스로 풀려나오도록 내버려둘 뿐이었다고 회상했다. 아이들은 숨도 쉬지 않고 이야기에 몰두했으며, 품에 안겨 있던 남자아이도 차차 진정이 되어 차분해졌다. 산드라와 동료교사들에 따르면 뭔가가 근본적으로 변화되는 것처럼 보였다고 한다.

그때 이후로 산드라는 특정 아이 또는 특정 집단이 내면으로 차분히 '진정할' 필요가 있다고 느낄 때나 다른 아이들을 깨무는 아이에게 이 이야기를 들려주었다. 이 이야기는 듣는 아이들에게 따뜻한 품에 안전하게 보호받고 있다는 느낌을 전해준다.

옛날 옛적에 강아지 한 마리가 살았습니다. 강아지는 개집에서 엄마와 형, 누나들과 함께 살고 있었습니다. 강아지의 이름은 '모자라모자라'였습니다. 모자라모자라는 한 배에서 태어난 새끼 중 막내인데다 제일 작고 몸도 약했습니다. 모자라모자라는 자기보다 크고 복슬복슬하고 오동통한 형, 누나들한테 밀릴 때마다 늘 낑낑대며 울었습니다. 형, 누나들은 항상 이리저리 데굴데굴 굴러다니면서 서로의 목을 물고 엎치락뒤치락 장난을 쳤습니다.

엄마가 아기들 곁에 누울 때면 형, 누나들은 엄마의 젖꼭지를 차지하려고 야단법석을 부리며 밀치고 몰려들었습니다. 모자라모자라는 배불리 먹은 형, 누나 중 한 명이라도 잠이 들어 젖에서 빠져나간 뒤에야 간신히 몇 모금 빨 수 있었습니다. 하지만 아무리 빨고 또 빨아도 엄마의 달콤하고 따뜻한 젖을 충분히 먹을 수가 없었습니다. 엄마는 얼마 안 가 기지개를 펴려고 몸을 털며 일어나버렸기 때문입니다. 그러면 별 수 없이 엄마 배에서 떨어져야 하는 모자라모자라는 늘 춥고 배가 고팠습니다.

그러던 어느 날, 한 부인이 개집을 찾아와서 "혹시 작고 예쁜 강아지 한 마리 있나요?"라고 물었습니다. 모자라모자라는 벽 위로 부인을 올려다보았습니다. 형과 누나들은 데굴데굴 구르고, 낑낑거리고, 쿵쿵거리며 난리법석을 치느라 정신이 없었습니다.

머리가 하얀 그 부인은 모자라모자라를 가만히 내려다보더니 번쩍 들어 올려 품에 꼭 끌어안았습니다.

"난 이 강아지가 마음에 드는군요." 흰 머리의 부인은 가슴께에 있는 포근한 빨간 주머니에다 모자라모자라를 쏙 집어넣었습니다. 부인은 부드럽고 따뜻한 손을 모자라모자라의 머리 위에 살며시 얹었습니다.

"이 강아지에게선 참 좋은 냄새가 나네." 부인은 강아지에게 코를 대고 숨을 깊게 들이마시며 말했습니다. 부인은 강아지의 입에 손가락을 갖다 댔습니다. 모자라모자라는 눈을 꼭 감고 작고 날카로운 이빨과 촉촉한 혓바닥으로 그 손가락을 살짝 깨물며 핥았습니다.

"내가 이 강아지를 데려가겠어요!" 부인은 엄마 개에게 말했습니다. 모자라모자라는 부인이 집으로 돌아가는 동안 주머니 속에 편안히 몸을 웅크리고는 기분 좋게 잠이 들었습니다. 따뜻하고 편안한 심장소리가 들리는 주머니는 마치 요람처럼 앞으로 뒤로, 앞으로 뒤로 부드럽게 흔들렸습니다.

새들의 합창 동화37

'이야기 들려주기' 과목을 수강하는 한 대학생이 인터넷 '채팅방'에서 지나치게 '말을 많이 하는' 습관이 있었다. 그가 채팅방을 혼자 독점하는 것에 대해 다른 학생이 지적하자, 내게 따로 메일을 보내 경청하는 힘을 키우고 싶다며 도움을 요청했다. 그 대학생을 위해 쓴 이 이야기는 수업 시간에 말을 많이 하는 5세 이상 아이들에게 들려주면 좋다.

옛날 옛날에 노래를 아주 잘하는 새 한 마리가 살았습니다. 삑삑이라는 이름의 새는 아름다운 노래로 아침부터 저녁까지 숲을 가득 채웠습니다.

숲에는 다른 새들도 많았지만 삑삑이가 지저귀는 소리에 묻혀 다른 새들의 노랫소리는 들리지 않았습니다. 있는 힘껏 노래를 해봐도 그 소리는 파묻혀 온데간데없이 사라져 버리곤 했습니다. 그칠 줄 모르는 삑삑이의 노랫소리가 작은 숲을 꽉 채우는 바람에 다른 새들의 노래는 끼어들 틈이 없었습니다. 마음껏 노래를 부르고 싶은 다른 새들은 별 수 없이 숲 밖으로 나가 삑삑이가 없는 높은 산으로 가야 했습니다.

그러던 어느 날 삑삑이가 몸이 아파서 노래를 전혀 부를 수 없는 지경이 되었습니다. 삑삑이가 둥지에 누워 조용히 쉬기만 하는 날이 하루하루 지나갔습니다. 숲이 조용해지자, 산으로 갔던 새들이 돌아올 때마다 무슨 일인가 궁금해 했습니다.

더 이상 산으로 가지 않고 숲에 머무는 새들이 한 마리씩 늘어갔고, 서로 돌아가며 노래를 부르기 시작했습니다. 얼마 안 가 작은 숲은 온갖 다양한 새들이 지저귀는 소리로 가득 찼습니다.

아파서 누워있던 삑삑이는 다른 새들의 노랫소리를 듣고 깜짝 놀랐습니다. 모든 노랫소리가 저마다 다 달랐지만 모두 아름다웠기 때문입니다. 이렇게 아름다운 소리는 처음 들었습니다. 아름다운 노래를 들으면서 누워있다 보니 삑삑이는 다시 건강을 되찾았습니다. 다른 새들의 노랫소리가 삑삑이를 낫게 해주었던 것입니다.

얼마 안 가 삑삑이는 많이 나아져서 다시 노래를 부를 수 있게 되었습니다. 하지만 예전처럼 하루 종일 부르지 않고 가끔씩만 노래를 부르기로 마음먹었습니다. 그래야 다른 새들의 노랫소리를 들을 수 있을 테니까요. 다른 새들의 노랫소리를 들으면서 새로운 노래를 많이 배우게 되었고, 삑삑이의 소리도 점점 더 풍요롭고 아름다워졌습니다.

시간이 흐르면서 작은 숲은 아름다우면서도 다양한 새 소리를 들을 수 있는 곳으로 유명해졌습니다. 사람들은 멀리서부터 찾아와 작은 숲을 거닐거나 앉아 쉬면서 새들의 노랫소리에 귀를 기울였습니다. 이 멋진 곳에 있는 것만으로 병이 낫게 되었다는 사람들까지 생겨나게 되었답니다.

16 꼬집기, 때리기, 싸우기

꼬집기쟁이 게 동화38

친구들을 자주 꼬집는 4세 여자아이에게 이 이야기를 들려주면서 효과를 강화하기 위해 '소품'으로 아이가 좋아하는 색깔로 만든 장갑을 준비했다. 이야기를 듣고 난 아이는 장갑을 계속 끼고 다니면서 꼬집는 손가락을 장갑 안에 따뜻하고 편안하게 넣어두고 싶어 했다. 이야기는 아이에게 교사가 전달하려는 바를 유쾌하면서도 정확한 상으로 전달했고 꼬집는 문제는 조금씩 치유되었다.

　　이 이야기는 다른 형태의 공격적 행동을 바로잡으려고 할 때도 활용할 수 있다. 그럴 경우에는 등장인물을 행동에 적절한 동물로 바꾸는 것이 좋다. (예: 할퀴는 고양이)

꼬마 게는 바닷가에 사는 다른 동물 친구들 사이에서 인기가 없습니다. 늘 심통 난 얼굴을 하고서 툭하면 집게발로 친구들을 꼬집고 상처를 내기 때문에 아무도 꼬마 게하고 놀고 싶어 하지 않습니다.
어느 날 거북이는 꼬마 게의 이런 행동을 멈추게 할 방법을 찾기 위해 친구들을 불러 모았습니다. 낙지, 불가사리, 갈매기가 한자리에 모여 각자의 의견을 말하기 시작했습니다.
"꼬마 게의 집게발을 당장 잘라 버려야 해." 지난주에 꼬마 게에게 심하게 꼬집혀서 아직도 다리에 붕대를 감고 있는 문어가 말했습니다.
"집게발에 풀을 발라 움직이지 못하게 하는 건 어떨까?" 꼬마 게한테

물려 다리 두 개가 짧아진 불가사리가 말했습니다.

"아주 튼튼한 끈을 가지고 게의 등 뒤로 집게발을 꽁꽁 묶어버리자." 바로 그날 아침에 꼬마 게에게 발을 세게 물린 갈매기가 소리쳤습니다.

항상 바닷가의 모든 친구들을 이해하려고 애쓰는 거북이가 말했습니다.

"꼬마 게에게 우리를 그만 꼬집도록 가르쳐줄 방법은 없을까?"

"거북아, 그것도 참 좋은 생각이긴 한데, 꼬마 게가 그걸 배우는 동안은 어떻게 하지? 그때까지 계속 꼬마 게한테 꼬집히고 물릴 수는 없어!" 친구들이 입을 모아 외쳤습니다. 친구들은 꼬마 게의 심술궂은 행동에 당할 만큼 당한 데다, 꼬마 게가 꼬집는 습관을 바꿀 수 있을 거란 생각이 조금도 들지 않았기 때문입니다.

지혜로운 거북이는 뭔가 좋은 방법이 없을까 생각하면서 모래밭을 이리저리 느릿느릿 거닐었습니다. 그러다가 해초더미 옆에서 갑자기 걸음을 멈췄습니다.

"좋은 생각이 떠올랐어." 거북이는 친구들에게 소리쳤습니다. "튼튼한 해초로 꼬마 게의 집게발을 감쌀 벙어리장갑을 짜는 거야. 장갑을 끼면 꼬마 게도 집게발을 지금보다 조심해서 사용할 수 있을 거야."

거북이는 좋은 방법이 떠올라 뛸 듯이 기뻤습니다. 거북이는 뜨개바늘을 가지러 급히 바위 웅덩이에 있는 굴로 돌아갔습니다. 그동안 다른 친구들은 썩 내키지는 않지만 튼튼한 해초를 모으기로 했습니다. 거북이가 돌아와 보니 해초가 엄청나게 많이 쌓여 있었습니다. 거북이는 그 자리에 앉아 꼬마 게의 집게발에 씌워 줄 벙어리장갑을 뜨기 시작했습니다.

왼쪽 장갑을 다 뜨고 오른쪽 장갑도 다 떠갈 무렵 꼬마 게가 다가왔습니다. "얘들아, 뭐하니?" 꼬마 게가 물었습니다. 사실 꼬마 게는 친구들이 아침 내내 모여서 자기들끼리 뭘 하는지 궁금해 하던 참이었습니다!

거북이가 얼른 대답했습니다. "우리가 너를 위해 선물을 준비했어." 그리고 벙어리장갑을 내밀면서 집게발에 끼워보라고 했습니다. 선물이라는 말에 꼬마 게가 어찌나 놀랐는지 아마 물수리깃털로 살짝 건드리기만 해도 놀라 자빠졌을 거예요. 여태껏 꼬마 게는 누구한테서도 선물이란 걸 받아본 적이 없었기 때문입니다. 꼬마 게는 당장 벙어리장갑을 끼어보았고 장갑은 집게발에 꼭 맞았습니다!

그날 오후 내내 바닷가 친구들은 모두 함께 놀았습니다. 서로 꼬집거나 아프게 하지도 않고 즐겁게 함께 놀았습니다. 꼬마 게도, 친구들도 이렇게 함께 즐겁게 놀 수 있다는 사실에 깜짝 놀랐습니다. 잘 보면 꼬마 게에게 달라진 점이 또 있습니다. 집게발 두 개가 얌전히 장갑 안에 들어가 따뜻하고 포근하게 있으니까 꼬마 게는 전처럼 심술궂고 짜증나는 마음이 들지 않았습니다.

물론 꼬마 게는 배고플 때면 장갑을 벗고 바위 웅덩이에서 저녁거리를 잡았습니다. 하지만 친구들과 다시 놀려고 할 때는 언제나 날카로운 집게발에 폭신한 장갑을 끼웠습니다. 장갑을 끼면 기분도 좋아지는 것 같았습니다. 그리고 분명히 장갑을 끼기 전보다 집게발을 조심스레 사용하게 되었습니다.

하지만 해초 장갑은 그리 튼튼하지 않았습니다. 어느 날 너무 낡고 헐거워져서 집게발에서 빠졌고 파도에 휩쓸려 바다로 떠내려가 버렸습니다. 다행히 꼬마 게가 사냥하고 먹을 때만 집게발을 사용해야 한다는 것을 배운 뒤였습니다. 이제 꼬마 게는 친구들과 놀 때는 집게발을 꼭 닫아두는 법을 잘 알고 있습니다.

바닷가 친구들은 거북이가 얼마나 현명한지 알게 되었습니다. 그날 이후로 친구들은 문제가 생길 때마다 항상 거북이를 찾아가 조언을 구하곤 합니다. 그 때마다 거북이는 정말 기가 막힌 생각을 해낸답니다.

거대한 손톱 동화39

이 이야기는 남아프리카공화국의 호사 족에게 전해 내려오는 것으로, 마리아 므세벤지가 채록한 이야기를 저자가 고쳐 썼다. 7세 이상의 아이에게 적합하다.

    옛날 옛날에 막사벨라라는 남자아이가 살고 있었습니다. 그 아이의 손톱은 놀랄 만큼 길었지만 아무리 주변에서 자르라고 해도 절대 자르려하지 않았습니다.
    막사벨라는 손톱을 아주 크고 아주 긴 상태로 그냥 놔두고 싶어 했습니다. 그리고 그 거대한 손톱으로 항상 친구들을 꼬집고 할퀴고 다녔습니다. 손톱을 꼭 무기처럼 휘두르고 다녔습니다.
    막사벨라의 부모님은 아들의 그런 행동 때문에 무척 속상하고 걱정스러웠습니다. 친구들을 괴롭히면 안 된다고 아무리 타일러도 막사벨라는 들은 체 만 체 할 뿐이었습니다.
    며칠이 지나고 몇 주가 흘러도 친구들을 괴롭히는 행동을 고칠 기미가 안 보였습니다. 마침내 막사벨라의 부모님은 그냥 두고 볼 수 없다고 결심하고 고민 고민하다가 마침내 좋은 계획을 생각해냈습니다.
    부모님은 마을에서 멀리 떨어진 들판에 작은 초가집을 지은 다음, 막사벨라에게 그 곳에서 지내며 곡식과 채소들을 지키라고 했습니다. 막사벨라는 아주 신이 났습니다. 커다랗고 튼튼한 손톱으로 밭에 있는 작물들을 캐서 실컷 먹을 수 있겠다고 생각한 것입니다.
    부모님의 뒷모습이 사라지자마자 막사벨라는 밭으로 뛰어가서 길고 튼튼한 손톱으로 채소를 잔뜩 캤습니다. 그런 다음 집으로 돌아와 불 위에 냄비를 올리고 요리를 시작했습니다. 곧 맛있는 냄새가 사방으로 퍼져 나가면서 지나가던 거인의 코끝을 간지럽혔습니다. 막사벨라가 음식을 막 입에 넣으려 할 때, 문 밖에서 거친 목소리로 쩌렁쩌렁 외치는 소리가 들려왔습니다.
    "야! 막사벨라! 이 음식은 누구 거지?"
    "내 것인데요!" 막사벨라는 무서워서 오들오들 떨면서 간신히 대답했습니다.
    "아! 그러니까 내 것이라고?" 소리치더니 거인은 문을 밀치고 들어와서 음식을 몽땅 먹어버렸습니다. 그러고는 유유히 사라졌습니다.

그날 밤 막사벨라는 쫄쫄 굶은 채 잠을 자야 했습니다.

다음 날 아침이 되자 막사벨라는 다시 밭으로 가서 길고 튼튼한 손톱으로 채소를 캤습니다. 집으로 돌아가 불 위에 냄비를 올리고 또 요리를 했습니다. 곧 맛있는 냄새가 사방으로 퍼져 나가면서 지나가던 거인의 코끝을 간지럽혔습니다.

막사벨라가 음식을 막 입에 넣으려 할 때, 문 밖에서 거친 목소리로 쩌렁쩌렁 외치는 소리가 또 들렸습니다.

"야! 막사벨라! 이 음식은 누구 거지?"

"내 것인데요!" 막사벨라는 대답했습니다.

"아! 그러니까 내 것이라고?" 소리치더니 거인은 문을 밀치고 들어왔습니다.

이번에도 음식을 뺏길 수 없다고 생각한 막사벨라는 거인에게 맞서 싸웠습니다. 막사벨라는 거대한 손톱으로 거인을 꼬집으려고 했습니다. 하지만 거인의 피부는 돌처럼 딱딱했기 때문에 그만 막사벨라의 손톱이 부러지고 말았습니다. 거인은 음식을 다 먹어치우고는 막사벨라의 손톱을 손에 쥐고 떠났습니다.

그날 밤, 거인은 어둠을 틈타 막사벨라의 부모님 댁에 그 부러진 손톱을 가져다 놓았습니다. 다음 날 아침 막사벨라의 엄마가 문을 열었더니 현관 앞에 아들의 손톱이 놓여 있었습니다. 엄마가 얼른 밭으로 뛰어가 보았더니 아들은 작은 초가집 구석에 앉아 무서워서 오들오들 떨고 있었습니다. 엄마는 아들을 꼭 안아주었고, 집으로 데리고 돌아왔습니다. 그 날 이후로 막사벨라는 다시는 사람들을 괴롭히지 않고, 친구들과도 사이좋게 잘 놀았답니다.

제레미와 마법 막대 동화40

이 이야기는 공격적이고 산만한 8세 아이들 반에서 뜨개질 수업을 도입하기 위해 만들었다. 이야기의 활용법과 효과는 3장을 참고하라.

제레미는 행복하지 않았습니다. 어떤 일에도 즐거워하는 법이 없고 무엇을 보아도 미소를 짓지 않았습니다. 뚱한 얼굴로 시무룩하게 앉아있는 걸 좋아하는 것처럼 보이기도 했습니다. 엄마도 선생님도 두 손 들고 고개를 내저었습니다. 제레미를 어떻게 가르쳐야 할지, 어떻게 하면 함께 어울리게 할 수 있을지 도무지 알 길이 없었습니다.

오늘 제레미는 평소보다 더 심통이 났습니다. 방학인데 집에는 제레미 혼자뿐이었던 겁니다. 여동생들은 친구들과 바닷가로 여행을 가서 놀려줄 사람도 없고 할 일도 없었습니다. 채소밭에서 일하느라 바쁜 엄마는 심술이 나서 두꺼비처럼 퉁퉁 부은 제레미를 달래줄 틈이 없었습니다.

제레미는 어슬렁어슬렁 집 안팎을 돌며 괜히 벽을 뻥뻥 차고 찬장 문을 쿵쿵 두드리더니 베란다로 나가 애꿎은 강아지 꼬리를 잡아당겼습니다. 마당에 있는 닭들에게 도토리를 집어던지고는 차고 앞에서 자갈을 한 움큼 주워 농장 아래쪽에 있는 개울로 갔습니다.

커다란 바위 위에 높직이 앉아 냇가에 있는 나무와 꽃을 돌멩이로 맞추며 시간 가는 줄 모르고 놀았습니다. 그러다 고사리 덤불 속에 풀잎으로 엮은 작은 집이 숨어있는 것을 보았습니다. '동생들이 만든 시시한 집이로군. 아직도 요정들이 살 집을 만들어 주다니 바보 같은 녀석들이야.'라며 킬킬 웃었습니다. 그리고는 제법 큰 돌멩이를 골라 들고, 풀로 엮은 작은 집을 향해 힘껏 던졌습니다.

돌멩이가 풀잎 지붕에 맞는 순간 제레미는 깜짝 놀라 벌떡 일어났습니다. 풀잎 집에서 한 뼘 정도 되는 작은 난쟁이가 풀쩍 튀어나왔던 것입니다. 난쟁이가 풀잎을 헤치면서 씩씩거리며 걸어오는 걸 보고 제레미는 간이 콩알만 해졌습니다. 난쟁이는 무시무시한 표정을 짓고 있었습니다. 아니, 화산처럼 당장이라도 폭발할 것 같은 얼굴이었습니다. 잠시 동안 제레미는 정말로 겁을 먹어 꼼짝도 할 수 없을 지경이었습니다.

난쟁이는 바위 앞으로 쿵쿵 걸어오더니 두 손을 허리에 얹고 화난 목소리로 말했습니다. "감히 누가 내 집에 집채만 한 바위를 던진 거냐?"

제레미는 자기가 아니라고 시치미 떼려고 입을 열었다가 자기도 모르게 "죄송해요. 제가 그랬어요." 하고 말해버렸습니다. 사과하는 말을 듣더니 난쟁이는 화가 좀 가라앉았습니다. 난쟁이는 제레미에게 이런 장난 말고 할 게 없느냐고 물었습니다. "혹시, 너 지루한 거냐?" 난쟁이의 말을 듣고 제레미는 놀라서 눈이 휘둥그레졌습니다.

이런 일은 처음입니다. 제레미는 사람들이 자기에게 화내는 건 많이 봤지만 이유를 물어본 사람은 아무도 없었습니다. 솔직히 말해 제레미는 '지루하다'란 말을 들어본 적도 없었습니다. 평소와는 달리 아주 공손한 태도로 제레미가 대답했습니다. "죄송하지만, 난쟁이 아저씨, 지루하다는 게 무슨 뜻인가요?" 난쟁이는 바위 위로 풀쩍 뛰어 올라오더니 제레미 곁에 앉았습니다. "지루하다는 건 말이야, 뭘 하며 바쁘게 보낼지 모른다는 거야. 그리고 시간을 바쁘게 보내는 법을 모른다는 건 끔찍한 일이야. 암, 끔찍하고말고! 만일 내가 손을 바삐 움직여 물건을 만들고 고치지 않는다면 내 손가락은 점점 차갑게 굳어 '뚝' 하고 떨어져 버릴 지도 몰라!"

이렇게 말하면서 난쟁이는 제레미 눈앞으로 손을 쭉 뻗더니 바위 옆 나뭇가지 사이로 비치는 황금빛 햇살 한 줄기를 잡았습니다. 그러고는 능숙하게 매듭을 짓고 고리를 만들어 긴 황금 사슬을 엮었습니다. "이걸 보렴." 난쟁이가 말했습니다. "나는 낮에는 뜨거운 여름 햇살을 부지런히 모으고 다닌단다. 내가 이걸로 어떻게 긴 황금 사슬을 엮는지 잘 보렴. 나는 이렇게 엮은 황금 사슬을 추운 겨울밤에 쓰려고 모아둔단다."

제레미는 난쟁이의 손가락 위에서 황금빛 햇살이 눈 깜짝할 사이에 사슬로 엮이는 것을 입을 벌린 채 지켜보았습니다. 사슬이 완성되자 난쟁이는 호주머니에 잘 집어넣었습니다. 그런 다음 제레미를 보고 말했습니다. "어린 친구, 네가 할 일은 바로 이런 거야. 네 손가락이 내 손가락처럼 바쁘게 일한다면 쓸데없이 돌멩이를 던질 시간 따위는 없을 거야. 그렇지? 넌 손가락으로 할 수 있는 게 있니?"

제레미가 손가락으로 우스꽝스러운 모양들을 만들어 보여주자 난쟁이는 껄껄 웃었습니다. 그리고 다른 햇살 한 줌을 잡아 제레미에게 내밀었습니다. "매듭을 지어봐." 제레미는 보란 듯이 황금 실로 작은 매듭을 엮었습니다. "잘했어! 이제 그 매듭을 이 나뭇가지에 묶어라.

긴 사슬 엮는 방법을 가르쳐 주지." 난쟁이는 한참 동안 사슬 만드는 법을 가르쳐주고는 제레미에게 집에 가서 엄마의 털실로 연습해보라고 했습니다. "내일 이 바위로 다시 오렴. 내일은 마법 막대로 더 많은 걸 만드는 법을 가르쳐주지." 이 말을 마치고 난쟁이는 긴 수풀 속으로 사라졌습니다. 제레미는 혼자 남아 오늘 일어난 이 놀라운 일을 곰곰이 생각해보았습니다.

제레미는 집에 가자마자 엄마에게 털실을 좀 달라고 했습니다. 물론 엄마는 깜짝 놀랐습니다. 아들이 갑자기 달라졌으니까요. 그날 밤 엄마는 제레미가 털실로 긴 사슬을 엮는 걸 흐뭇한 눈으로 바라보았습니다. 엄마는 반짇고리를 꺼내 제레미가 엮은 사슬을 동그란 펠트에 꿰매는 걸 도와주었습니다. 제레미는 침대 옆 탁자 위에 긴 사슬을 둥글게 꿰매어 붙인 작은 깔개를 자랑스럽게 놓아두었습니다. 그날 밤 제레미와 엄마는 깊고 달콤한 잠을 잤습니다.

다음 날 제레미는 두 번째 가르침을 받으려고 다시 바위로 갔습니다. 수업이 시작되기 전에 난쟁이는 매끄러운 나뭇가지 두 개를 구해오라고 했습니다. 제레미가 나뭇가지를 구해오자 난쟁이는 나뭇가지의 끝을 바위에 대고 문질러 뾰족하게 만들라고 했습니다. 다른 쪽 끝에는 도토리를 하나씩 끼워주었습니다. 그런 다음 주머니에서 자신의 마법 막대 두 개를 꺼내더니 그것으로 긴 황금 햇살을 엮는 놀라운 솜씨를 보여주었습니다. "이걸 '뜨개질'이라고 하지." 난쟁이는 뜨개질을 하며 노래를 불렀습니다.

"들어가고 감고 돌려서 쏘옥
마법 막대로 노를 저으며
빛나는 황금 천을 만들어 가지"

제레미는 마법 막대를 써보고 싶어서 좀이 쑤셨습니다. 난쟁이처럼 잘하려면 몇 번 더 배워야 했지만 매일매일 제레미는 엄마의 털실로 연습을 했습니다. 어느 정도 길게 뜬 다음엔 바늘을 빼고 작은 모자를 만들었습니다.

여동생들이 바닷가에서 돌아오자 제레미는 여동생들의 인형 모자 두 개를 떠주고 엄마에게는 목도리를 만들어 드렸습니다. 동생들도 마법 막대로 물건 만드는 법을 배우고 싶어 했습니다. 제레미는 으스대며 동생들의 뜨개질 선생님이 되어주었습니다. 그 뒤로 다시는 난쟁이 아저씨를 만나지 못했지만 제레미는 평생 잊지 못할 것을 배웠습니다. 손을 바쁘게 움직여 멋진 것들을 만드는 법 말입니다.

제레미의 엄마와 선생님은 난쟁이에 대해서는 아무것도 몰랐습니다. 아무도 모르는 틈에 천사가 다녀간 게 틀림없다고 생각할 뿐이었습니다.

아름다운 여왕 동화41

아이들의 공격적인 행동이 부모나 교사의 스트레스, 우울, 불안과 직결되는 경우가 많다. 다음은 늘 화를 내고 자주 싸우는 세 명의 아이를 둔 홀어머니를 위해 쓴 이야기다. 그 엄마는 자존감을 느끼지 못하는 상태로 자신의 아름다움을 다시 찾아내는 것이 시급했다. 이 이야기를 통해 엄마는 스스로에 대한 자신감을 다시 느낄 수 있었다. 여러 번 읽은 뒤에는 아이들(13세, 9세, 5세)에게도 들려주기로 했다. 모두 이 이야기를 몇 번이고 다시 듣고 싶어 했다. 엄마가 아이들에게 이야기 들려주는 시간이 자리 잡아가면서 그 가정에는 다시 평화가 찾아왔다.

옛날 옛날에 여러 명의 아이를 둔 여왕이 성에 살고 있었습니다. 여왕은 매우 지혜로워서 왕국을 잘 다스렸습니다. 게다가 여왕은 아름답기까지 했습니다. 아이들은 어렸을 때 왕좌 주위의 푹신한 쿠션에 앉아 여왕의 아름다운 노랫소리를 들으며 여왕의 아름다운 얼굴을 바라보곤 했습니다.

하지만 자라면서 아이들은 싸우고 다투기 시작했고, 성에는 시끄럽게 싸우는 소리가 그칠 날이 없었습니다. 여왕은 도저히 더 이상 참을 수가 없었습니다. 여왕의 귀는 아름다운 소리만 듣고 싶었기 때문에 여왕은 여러 색깔의 천으로 얼굴 주위를 감싸기 시작했습니다. 머리에도 칭칭, 어깨에도 칭칭. 무엇보다 귀에 여러 겹의 천을 둘러 시끄러운 소리가 들리지 않도록 단단히 감쌌습니다. 여왕의 머리에 떠오른 방법은 그것뿐이었습니다. 그러나 싸움과 말다툼은 그칠 줄 몰랐고, 아이들은 이제 온갖 색깔의 천을 두른 여왕의 모습에 익숙해졌습니다. 여러 겹의 천으로 얼굴을 감싼 엄마는 아름답지만 슬픈 눈으로 아이들을 물끄러미 바라보았습니다.

몇 해가 지나자 아이들은 그만 엄마가 원래 어떤 모습이었는지 기억할 수조차 없게 되었습니다. 날이 갈수록 싸움과 말다툼 소리는 커져 갔고, 여왕은 이제 아이들과 아이들이 내는 참을 수 없는 소음에서 벗어날 다른 방법을 짜내기 시작했습니다. 가끔씩 여왕은 살그머니 성을 빠져나와 정원 뒤쪽에 있는 깊은 계곡으로 내려갔습니다. 그 계곡에는 여러 개의 징검다리가 놓여 있었고 여왕은 계곡에 놓인 징검다리를 건너 숲으로 들어가 한참을 걷곤 했습니다. 여왕은 아이들이 숲으로 따라오지 못한다는 것을 알고 있었습니다. 그것은 마법의 징검다리였기 때문입니다. 징검다리는 여왕의 노랫소리가 들릴 때에만 나타났다가 여왕이 개울을 건너면 다시 사라졌습니다.

여왕은 숲에 오는 것이 무척 좋았습니다. 작은 숲길을 몇 시간이고 걸으면서 평화로운 숲의 소리를 즐기고 꽃을 따고 동물과 새들을 조용히 바라보았습니다. 여왕이 제일 좋아하는 장소는 하얗게 물보라를 뿌리며 내려오는 폭포 아래 초록빛의 깊은 웅덩이였습니다. 그 웅덩이 주변에는 바위가 빙 둘러 있습니다. 바위 안쪽에서는 분홍색과 하얀색의 난초들이 키 큰 나무 사이로 들어온 금빛 햇살을 받으며 자라고 있습니다. 여왕은 바위에 앉아 꽃목걸이를 엮었습니다. 햇볕이 뜨겁게 내리쬐는 날이면 꽁꽁 감싸고 있던 천을 훌훌 벗어던지고 차가운 초록 웅덩이에서 수영을 했습니다.

어느 날 여왕이 숲 속을 산책하는 동안 아이들은 정원에서 황금 공을 가지고 놀고 있었습니다. 한 아이가 공을 너무 높이 차는 바람에 공이 그만 정원 뒤쪽 깊은 물속으로 굴러 떨어지고 말았습니다. 빠르게 흐르는 물살에 황금 공은 떠내려갔고 모퉁이를 돌아 순식간에 숲으로 사라졌습니다. 아이들은 서로 탓을 하며 싸우고 다투었지만, 곧 아무리 싸우고 소리쳐도 가서 공을 가져오지 않으면 황금 공이 다시 돌아오지 않는다는 것을 깨달았습니다.

황금 공은 아이들이 가장 좋아하는 장난감이었기 때문에 헤엄을 칠 줄 아는 큰 아이들이 계곡을 따라 내려가서 다시 가져오기로 했습니다. 아이들은 물속으로 풍덩 뛰어들어 계곡을 따라 헤엄을 쳤습니다. 오래지 않아 키 크고 그늘진 나무들 주변에 바위들과 낮게 늘어진 나뭇가지들이 있는 곳에 이르렀습니다. 황금 공은 물속으로 가라앉았다 떠올랐다 하면서 떠내려갔고, 계속 숲으로, 숲으로 깊이 들어갔습니다. 그러다가 마침내 공은 폭포에 이르렀고 폭포 줄기를 따라 초록빛 깊은 웅덩이로 떨어지고 말았습니다. 아이들은 폭포 직전에 있는 바위에서 간신히 멈추었습니다. 바위를 잡고 아래를 내려다본 아이들은 깜짝 놀랐습니다. 폭포 밑 바위에는 분홍색과 하얀색 난초 꽃들 사이로 하늘에서 내려온 천사처럼 아름다운 여인이 앉아 있었습니다. 그 아름다운 여인은 아이들의 황금 공을 가지고 놀고 있었습니다. 공을 던졌다가 받고 다시 던지고 받으면서 즐거워했습니다. 아이들이 지켜보는 줄도 모르고 여인은 황금 공을 물속에 던지더니 자기도 물에 들어가 공을 가지고 놀면서 수영을 했습니다. 아이들은 혹시라도 여인이 자기들 소리를 듣고 놀라 달아날까봐 아무 소리도 내지 않고 폭포 위 바위에 한참 동안 조용히 앉아 있었습니다. 아이들은 여인이 물속에서 나와 여러 색깔의 천을 두르는 것을 보았습니다. 놀랍게도 여왕처럼 그 여인도 머리 위로 베일을 칭칭 감기 시작했습니다. '저분도 여왕님이신가 봐. 어쩌면 모든 여왕님이 저렇게 천을 두르시나봐.' 아이들은 여인이 천을 두르는 것을 지켜보면서 이렇게 생각했습니다. 곧이어 아이들은 여인이 황금 공을 집어 들고 웅덩이에서 숲으로 이어진 오솔길로 걸어가는 것을 보았습니다. 곧 여인의 모습이 사라졌습니다.

아이들은 이제 집으로 돌아가기로 했습니다. 다행히 아이들은 계곡에서 숲을 지나 정원으로 나오는 오솔길을 찾아냈습니다. 아이들은 그런 길이 있는지 지금까지는 알지 못했습니다. 돌아오는 길에 서로 한 마디도 나누지 않았습니다. 아이들은 모두 그 아름다운 여인에 대한 생각에 빠져 있었습니다. '대체 그 여인은 누구일까?' '숲의 여왕일까? 그렇다면 어디에 살고 있을까?' 아이들은 모두 그 여인을 다시 보고 싶었습니다. 그 여인이 정말로 아름다웠기 때문입니다.

집에 돌아온 큰 아이들은 숲에서 있었던 일을 동생들에게 이야기해 주었습니다. 동생들 역시 그 아름다운 숲의 여왕을 꼭 보고 싶어 했습니다. 다음 날 아이들은 모두 함께 전날 발견했던 길을 따라 숲을 가로질러 폭포 꼭대기에 왔습니다. 아이들은 조용히 바위 위에 엎드려 아래쪽 초록 웅덩이가 보이도록 고개를 빼끔 내밀고 기다렸습니다. 얼마 안 가 그 아름다운 여인이 왔습니다. 손에는 아이들의 황금 공을 들고 있었습니다. 여인은 칭칭 감았던 여러 겹의 천을 벗고 바위에 앉아 난초 꽃향기를 맡았습니다. 그러고는 물속에 뛰어들어 수영하면서 공을 가지고 놀기 시작했습니다. 아이들은 전부 숨소리도 내지 않고 폭포 꼭대기에 앉아 아름다운 여인을 내려다보았습니다. (아이들은 그 여인이 숲 속 여왕이라고 굳게 믿고 있었습니다) 그리고 아이들은 다시 살며시 오솔길을 걸어 나와 집으로 돌아왔습니다.

그 뒤로 몇 주 동안 아이들은 매일매일 폭포에 갔습니다. 숲 나들이를 가게 되면서 성에서 싸우고 소리 지르는 일이 점점 줄어들었습니다. 아이들은 아름다운 숲 속 여왕뿐만 아니라 숲의 고요함과 그 멋진 소리도 좋아하게 되었습니다.

그러던 어느 날, 아이들이 폭포에 도착해 숲의 여왕이 아래쪽 웅덩이에 나타나기를 목이 빠지게 기다렸지만 해가 저물도록 여왕은 오지 않았습니다. 날이 점점 어두워지자 아이들은 집에 돌아가기로 결정했습니다. 아이들이 슬퍼하며 터덜터덜 오솔길을 따라 성에 도착하자 마침 저녁 시간이 되었습니다. 여왕은 온 가족이 함께 식사하는 기다란 식탁 끝 왕좌에 앉아 있었습니다. 아이들은 여왕이 어디 갔다 오느냐고 물을까봐 걱정했으나 여왕은 아무것도 묻지 않았습니다. 아이들은 모두 얌전히 식탁에 앉아서 저녁을 먹었습니다. 모두들 무슨 말을 해야 할지 몰랐기 때문에 누구 하나 입을 여는 사람이 없었습니다. 그래서 그날 저녁 식사 시간은 정말 조용했습니다.

저녁 식사를 마친 뒤에 여왕은 아이들에게 함께 공놀이를 하지 않겠느냐고 물었습니다. 공을 잃어버렸다고 생각했던 아이들은 깜짝 놀랐습니다. 아이들은 공이 어디로 갔는지 그럴싸한 핑계를 생각해 내느라 진땀을 빼고 있는데, 여왕이 드레스 자락 밑에서 아이들의 황금 공과 똑같은 아름다운 공을 꺼내 들었습니다. 여왕은 얼굴을 꽁꽁 감싸고 있던 천을 풀기 시작했습니다. 한 겹 한 겹 얼굴이 다 보일 때까지 천을 다 풀고 보니 아이들 눈앞에 있는 사람은 다름 아닌 숲 속 여왕이었습니다. 엄마가 바로 숲 속 여왕이었던 것입니다. 아이들은 여왕 곁으로 가 왕좌 주위에 있는 푹신한 쿠션에 앉았습니다. 여왕은 노래를 부르기 시작했습니다. 그 노래는 옛날 아주 어렸을 때 들었던 것처럼 아름다운 노래였습니다. 여왕은 아이들 한 명 한 명에게 차례로 황금 공을 던지며 이렇게 노래했습니다.

"하늘 위로 높이 솟아라, 황금 공아
나비처럼 내려앉았다
태양처럼 빛나고 공기처럼 가볍게
나에게 다시 오렴. 아름다운 황금 공아."

못 자국 동화42

인과응보로 마무리되는 이 이야기는 '익명의 주옥같은 글'이라는 동화 공유 사이트를 통해 누군가 보내준 것이다. 분노와 공격성에 대한 강한 메시지를 담고 있으며, 초등학생부터 성인까지 모두 포괄할 수 있다. 학급이나 가정에서 토론 주제로 사용할 수도 있다.

옛날 옛적에 화를 잘 내는 사내아이가 있었습니다. 아이의 아버지는 아이에게 못이 들어 있는 가방을 주며 버럭 화가 날 때마다 울타리에 못을 박으라고 했습니다.
첫날 아이는 39개의 못을 울타리에 박았습니다. 하지만 점차 하루에 박는 못의 숫자가 줄어들었습니다. 아이는 울타리에 못을 박는 것보다 화를 참는 것이 더 쉽다는 걸 알게 되었습니다.

마침내 한 번도 화를 내지 않은 날이 찾아왔습니다. 아이는 아버지에게 이 사실을 자랑스럽게 전했습니다. 그러자 아버지는 화를 내지 않은 날마다 울타리에 박은 못을 하나씩 뽑으라고 했습니다. 며칠이 지나고 아이는 마침내 못을 다 뽑았다고 말씀드렸습니다.
아버지는 아이의 손을 잡고 울타리로 갔습니다.
"잘했구나, 우리 아들. 그런데 울타리에 난 구멍들을 좀 보렴. 울타리는 못을 박기 전과 많이 달라졌지? 화를 내며 말할 때 그 말들은 이 구멍처럼 상처를 남긴단다. 네가 다른 사람에게 칼을 꽂고는 그걸 뽑은 다음 아무리 여러 번 미안하다고 사과를 해도 아무 소용이 없단다. 상처는 그대로 남아 있을 테니까."

17 자신감 부족

꼬마의 뱃놀이 동화43

3세에서 5세 아이들에게 적합한 이 이야기는 수줍음이 많거나 엄마 곁에만 꼭 붙어있으려는 아이들에게 유치원과 집 앞 놀이터를 구석구석 탐험해보라는 메시지를 전달하기 위해 썼다. 학교 운동장이나 집 마당 등 그곳에서 할 수 있는 모험에 따라 이야기를 적절하게 수정한다.

옛날에 한 꼬마가 있었습니다. 키도 몸집도 딱 여러분만한 꼬마입니다. 꼬마는 모험을 떠나고 싶었습니다. 그래서 돛단배에 올라 반짝반짝 빛나는 파란 바다를 헤치며 나갔습니다. 얼마 지나지 않아 곧 커다란 바위로 뒤덮인 섬에 도착했습니다. 꼬마는 바닷가에 배를 묶어두고 바위를 오르기 시작했습니다. 이 바위 저 바위, 오르락내리락, 오르락내리락 한참 동안 바위를 타고 놀던 꼬마는 이제 바위 타기에 싫증이 났습니다.

"커다란 바위 타기는 정말 재미있어. 하지만 난 해가 떠 있는 동안 더 멋진 모험을 떠날 테야!" 아이는 다시 배에 올라 반짝반짝 빛나는 파란 바다를 헤치며 나갔습니다.

얼마 지나지 않아 꼬마는 황금빛 모래로 뒤덮인 섬에 도착했습니다. 마침 빨간 삽 한 자루가 있었습니다. 꼬마는 바닷가에 배를 묶어두고 모래밭에서 놀기 시작했습니다. 구멍을 파고 강도 만들고 터널도 만들고 길도 내고 멋진 성도 지었습니다. 한참 동안 모래 놀이를 한 아이는 모래 파기에 싫증이 났습니다.

"모래 파기는 정말 재미있어. 커다란 바위 타기도 정말 재미있어. 하지만 난 해가 떠 있는 동안 더 멋진 모험을 떠날 테야!"

아이는 다시 배에 올라 반짝반짝 빛나는 파란 바다를 헤치며 나갔습니다.

얼마 지나지 않아 꼬마는 초록빛 키 큰 바나나나무가 가득한 섬에 도착했습니다. 바나나나무마다 노랗게 잘 익은 바나나가 한 다발씩 달려있습니다. 마침 '꼬르륵'하고 배가 고팠던 꼬마에게 정말 반가운 선물이었습니다. 꼬마는 바닷가에 배를 묶어두고 바나나나무로 걸어가 바나나 두 개를 딴 다음 나무 그늘에 앉아 맛있게 먹어치웠습니다.

"바나나 먹기는 정말 재미있어. 모래 파기도 정말 재미있어. 큰 바위 타기도 정말 재미있어. 하지만 난 해가 떠 있는 동안 더 멋진 모험을 떠날 테야!"

아이는 다시 배에 올라 반짝반짝 빛나는 파란 바다를 헤치며 나갔습니다. 얼마 지나지 않아 꼬마는 짙은 초록빛 연못이 있는 섬에 도착했습니다. 꼬마는 배를 바닷가에 묶어두고 차가운 물속으로 첨벙 들어갔습니다. (모험을 많이 해서 아주 더웠던 참이었거든요!)

한참 동안 아이는 첨벙첨벙, 텀벙텀벙 물장구를 치며 놀았습니다. 그러다가 연못에서 노는 것도 싫증이 났습니다.

"차가운 연못에서 텀벙텀벙 노는 건 정말 재미있어. 바나나 먹기도 정말 재미있어. 모래 파기도 정말 재미있어. 커다란 바위 타기도 정말 재미있어. 하지만 난 해가 떠 있는 동안 더 멋진 모험을 떠날 테야!"

아이는 다시 배에 올라 반짝반짝 빛나는 파란 바다를 헤치며 나갔습니다. 얼마 지나지 않아 꼬마는 숲이 우거진 섬에 도착했습니다. 꼬마는 바닷가에 배를 묶어두고 울창한 숲으로 들어갔습니다. 숲 사이로 난 작은 오솔길을 지나자 넓은 풀밭이 나왔습니다. 풀밭 한가운데는 통나무와 나뭇가지를 엮어 만든 성 한 채가 있었습니다. 꼭대기에는 작은 다락방이 있고, 여기저기 사다리와 미끌미끌 미끄럼틀, 흔들흔들 그네가 있었습니다. 꼬마는 나무 성에서 놀기 시작했습니다. 다락방도 들락날락, 사다리를 오르락내리락, '슝' 미끄럼 타기, 까딱까딱 그네 타기. 한참을 놀고 나서 아이가 말했습니다.

"나무 성에서 노는 건 정말 재미있어. 차가운 연못에서 텀벙텀벙 노는 건 정말 재미있어. 바나나 먹기도 정말 재미있어. 모래 파기도 정말 재미있어. 커다란 바위 타기도 정말 재미있어. 그런데 난 이제는 졸려. 아함! 더 이상 모험을 떠나지 않을 테야. 지치고 졸릴 땐 내 작은 침대가 최고지!"

꼬마는 다시 배에 올라 집으로 돌아갔습니다. 그곳에선 엄마가 꼬마를 기다리고 있었습니다. 엄마가 꼬마를 포근히 안아 올려 침대에 눕히고 부드러운 파란 담요로 포옥 감싸주었습니다. 엄마는 꼬마 곁에 앉아 자장가를 불러주었답니다.

"귀여운 꼬마가 빛나는 바다로 모험을 떠나요.
이것도 하고 저것도 하고, 이것도 보고 저것도 보고.
하루해가 지나면 꼬마는 배를 돌려 집으로 돌아오지요.
이제는 아늑한 침대 배에 누워 꿈나라로 모험을 떠날 시간."

엄마가 노래를 마칠 때쯤 꼬마는 쌔근쌔근 잠이 든답니다.

부끄럼쟁이 딸기와 왈가닥 산딸기 동화44

너무나 부끄럼이 많아 해변에서 수영복을 입지 못하는 8세 여자아이에게 수영복을 입고 태양 아래서 친구들과 마음껏 헤엄치고 즐겁게 놀라는 메시지를 담아 이야기를 선물했다. 비록 이야기를 듣고 아이가 당장 달라지지는 않았지만(아이가 이야기를 무척 좋아하긴 했다) 아이의 부모에게는 긍정적인 효과가 있었다. 부모는 이 이야기를 통해 그동안 약간 통통한 몸집의 딸에게 부정적인 말을 많이 해왔다는 사실을 깨달았다고 한다.

부끄럼쟁이 딸기가 처음부터 부끄럼쟁이는 아니었답니다. 딸기가 부부끄러워하기 시작한 건 손톱만한 초록 딸기에서 엄지손가락만한 하얀 딸기로 변하기 시작할 무렵부터였습니다. 딸기는 딸기밭에 있는 다른 딸기들이 모두 자신처럼 하얗지 않다는 것을 알게 되었습니다. 다른 딸기들은 예쁜 분홍색이나 빨간색으로 천천히 변해가고 있었습니다. '나만 뭔가 잘못된 게 틀림없어.' 부끄럼쟁이 딸기는 혼자 생각했습니다. 딸기는 이때부터 초록 잎사귀 사이에 꼭꼭 숨어있기로 마음먹었습니다. 부끄럼쟁이 딸기는 누구의 눈에도 띄고 싶지 않았습니다.

다른 딸기들은 모두 빨갛게 익어갔지만 부끄럼쟁이 딸기만은 오랫동안 초록 잎사귀 사이에 꼭꼭 숨어있다 보니 아직도 하얀색이었습니다. 마침내 봄이 되어 딸기를 따야 할 때가 되었습니다. 농부 아줌마는 딸기밭 이 고랑 저 고랑을 돌아다니며 잘 익은 빨간 딸기를 따 모았습니다. 농부 아줌마의 바구니는 금세 수북해졌고 딸기밭에는 딸기가 하나도 없이 텅 비어 버렸습니다.

아! 딸기가 하나도 없는 건 아니에요. 부끄럼쟁이 딸기를 빼먹었네요! 부끄럼쟁이 딸기는 아직도 무성한 초록 잎사귀 사이에 꼭꼭 숨어있었습니다. 부끄럼쟁이 딸기는 어찌나 부끄러운지 머리를 살짝 밖으로 내밀지도 못했습니다. 부끄럼쟁이 딸기는 초록 잎사귀 사이에 꼭꼭 숨어서 농부 아줌마가 딸기가 가득 든 바구니를 농장 헛간으로 가져가는 것을 지켜보았습니다. 이제 부끄럼쟁이 딸기만 혼자 딸기밭에 덩그러니 남게 되었습니다.

하지만 혼자 있는 시간은 그리 길지 않았습니다. 딸기밭 가장자리에 쳐놓은 울타리를 넘어 왈가닥 산딸기의 넝쿨이 조금씩 다가오기 시작했습니다. 넝쿨 끝에는 산딸기 덤불 중에서 가장 잘 익은 빨간 산딸기가 달려있었습니다. 잘 익은 산딸기는 봄날의 따스한 햇볕을 온몸으로 받아들이고 있었습니다. 산딸기는 태양의 따스함과 환한 빛을 무척 좋아했습니다.

왈가닥 산딸기 넝쿨은 하루하루 점점 더 길어지면서 딸기밭 가까이로 계속 다가왔습니다. 어느 날 왈가닥 산딸기가 부끄럼쟁이 딸기를 발견했습니다. 부끄럼쟁이 딸기는 아직도 무성한 초록 잎사귀 아래에 꼭꼭 숨어있었습니다.

"어머나, 깜짝이야!" 왈가닥 산딸기가 말했습니다. "너는 왜 아직도 이파리 아래에 숨어있는 거니?"
"너무 부끄러워서 머리를 밖으로 내밀지 못하겠어. 난 언니들처럼 예쁜 빨간 옷이 없거든. 그래서 여기 계속 숨어있는 거야." 부끄럼쟁이 딸기는 기어들어가는 목소리로 겨우 말했습니다. "이런, 이런." 왈가닥 산딸기가 말했습니다. "해님의 황금빛 햇살을 받아야 빨갛게 잘 익은 딸기가 된다는 걸 모르는구나?" 그러면서 산딸기는 바람 한 줄기를 부드럽게 불어 작고 하얀 딸기를 가리고 있는 잎사귀를 옆으로 밀어주었습니다. 부끄럼쟁이 딸기는 이제야 햇볕을 받을 수 있게 되었습니다.

봄날의 따스한 햇볕을 받으며 며칠이 지나자 부끄럼쟁이 딸기는 하얀색 겉옷을 벗고 잘 익은 빨간 딸기가 되었습니다. 얼마 안가 부끄럼쟁이 딸기는 왈가닥 산딸기만큼 아름다운 빨간 옷을 입게 되었습니다. 하지만 왈가닥 산딸기는 자기가 입은 빨간 겉옷이 부끄럼쟁이 딸기의 빨간 옷보다 훨씬 더 아름답고 멋지다고 생각했습니다. 그렇지만 누구 색깔이 더 예쁜지 다투기도 전에 농부 아줌마가 잃어버린 정원용 장갑을 찾으러 밭으로 되돌아왔습니다. 농부 아줌마는 햇볕 속에서 얌전히 앉아있는 두 개의 빨간 딸기를 발견하고는 얼른 땄습니다.
 그날 밤 농부 아줌마는 부끄럼쟁이 딸기와 왈가닥 산딸기로 자신의 생일 케이크를 예쁘게 장식했습니다. 잔치에 참석한 사람들은 모두 지금까지 봤던 딸기 중에 가장 예쁘고 빨간 딸기라고 입을 모아 칭찬했습니다.

호박 요정 동화45

처음부터 내성적인 아이들을 염두에 두고 쓴 이야기는 아니다. 유치원에서 들려주었는데 4, 5세 아이들에게 큰 인기를 끌면서 호박을 유치원 바자회의 주제로 삼기로 했다. 그 해 바자회는 호박이 주인공인 이야기와 호박을 이용한 놀이, 호박 인형뿐만 아니라 호박 수프, 호박 케이크, 호박 스콘을 파는 호박 카페 등 호박으로 풍성하게 채워졌다.

바자회 준비를 하던 중에 같이 일하던 한 엄마가 이 호박 요정 이야기로 인해 가족 전체가 큰 힘을 얻었다며 감사 인사를 했다. 우울증에 시달리던 엄마가 이야기 덕분에 한결 기운을 차렸다는 것이다. 이야기 전체에 흐르는 밝은 황금빛과 풍성한 성취의 느낌이 가족들의 의기소침한 분위기를 털어내는 데도 큰 도움이 되었다고 한다. 그 엄마의 소감을 참고로, 불가능해 보이는 일도 힘을 모으면 성취할 수 있다는 격려의 마음을 담아 수줍고 내성적인 아이들을 위한 이야기 범주에 수록한다.

꼬마 요정은 탁 트인 넓은 들판에 살고 있습니다. 키 큰 대나무들은 바람에 서걱서걱 거리며 하루 종일 흔들리고, 길옆에서 자라는 기다란 풀들이 지나가는 여행자들에게 소곤소곤 부드럽게 속삭이는 그런 곳이었습니다. 여름 내내 꼬마 요정은 무척 바빴습니다. 어머니 자연의 어린 자녀들을 돌보는 것이 꼬마 요정의 일이었습니다. 뾰족뾰족한 덤불에 걸려 날개가 찢어진 나비와 꼬리가 떨어진 도마뱀들을 데리고 와서 요술 실로 날개나 꼬리를 꼼꼼히 꿰매주어야 하고, 들판에 핀 꽃들도 아침마다 꽃잎에 맺힌 이슬을 털어주어야 꽃을 활짝 피울 수 있으니까요. 꼬마 요정이 할 일은 꽤 많답니다.
저녁이면 꼬마 요정은 나뭇잎 이불을 덮고 반짝반짝 빛나는 여름 밤하늘의 별빛 아래서 잠이 들었습니다. 꼬마 요정은 푸르른 여름 하늘을 보며 넓은 들판에서 지내는 것이 정말 행복했습니다.
하지만 어느새 여름이 끝나고 가을바람이 불기 시작했습니다. 낮에도 찬바람이 불고 밤은 점점 길어졌습니다. 바람은 꼬마 요정 주위를 휘돌며 속삭였습니다.

"가을이 왔어, 여름은 이제 떠났지.
겨우내 지낼 집이 필요할 테니
찾아보렴, 따뜻하고 밝은 집
황금빛 햇살이 밤낮으로 비추는 집."

"따뜻하고 밝고 황금빛 햇살이 밤낮으로 비추는 집을 어디 가면 찾을 수 있을까요" 꼬마 요정이 바람에게 물었습니다. "해님이 지나는 길을 따라 가보렴." 바람이 속삭였습니다.

꼬마 요정은 길을 떠났습니다. 들판을 가로질러 해님이 지나는 길을 따라서 걸어갔습니다. 얼마 가지 않아 등에 집을 지고 다니는 은빛 달팽이를 만났습니다.

"안녕! 달팽이야. 난 집을 찾고 있어. 따뜻하고 밝고 황금빛 햇살이 밤낮으로 비추는 집 말이야."

"어쩌나, 어쩌나!" 달팽이가 말했습니다. "여기는 나의 집이고 혼자 살아. 방이 하나 밖에 없으니 태양이 지나는 길을 따라 계속 가보렴."

꼬마 요정은 들판을 가로질러 해님이 지나는 길을 따라 계속 걸어갔습니다. 얼마 가지 않아 이번에는 거미줄에 앉아 있는 갈색 거미를 만났습니다.

"안녕! 거미야, 난 집을 찾고 있어. 따뜻하고 밝고 황금빛 햇살이 밤낮으로 비추는 집 말이야."

"어쩌나, 어쩌나!" 거미가 말했습니다. "이 곳은 나의 집이고 혼자 살아. 방이 하나 밖에 없으니 해님이 지나는 길을 따라 계속 가보렴."

꼬마 요정은 해님이 지나는 길을 따라 계속 갔습니다. 그러다 무성히 자란 채소밭을 만났습니다. 밭 가장자리에 있는 바위 위로 올라가자 눈부시게 밝은 황금빛이 보였습니다. 마치 해님이 그곳에서 빛나고 있는 것 같았습니다. 꼬마 요정이 위를 올려다보자 해바라기 임금님이 요정을 내려다보며 환하게 빛을 뿌려주었습니다.

"아! 해바라기 임금님, 전 집을 찾고 있어요. 따뜻하고 밝고 황금빛 햇살이 밤낮으로 비추는 집이요."

해바라기 임금님은 미소를 지으며 거대한 황금빛 머리를 끄덕이며 말했습니다.

"저기 땅 위를 보렴."

꼬마 요정은 앞을 보았습니다. 그곳에는 커다란 초록 이파리들 사이에 둥그런 주황색 호박이 앉아 있었습니다. 꼬마 요정은 어리둥절했습니다.

"이것이 나의 집이 될 수 있을까? 따뜻하고 밝고 황금빛 햇살이 밤낮으로 비추는 집?"

꼬마 요정은 호박 가까이로 다가가서 문이 있나 살펴보았습니다. 호박 주위를 돌며 여기도 두드려보고 저기도 두드려보았지만 어디에도 문은 보이지 않았습니다.

꼬마 요정은 아주 피곤했고 밤은 점점 다가오고 있었습니다. 호박잎으로 몸을 감싸고 누운 꼬마 요정은 금세 잠들었고, 커다란 호박은 든든한 벽처럼 요정을 지켜주었습니다.

. .

꿈을 꾸었습니다. 황금빛 별 하나가 밤하늘에서 쏜살같이 내려오더니 사각사각 흔들리는 대나무 숲 너머, 들판을 지나, 해바라기 임금님을 지나 날아왔습니다. 황금빛 별은 주황색 호박 속으로 쑤욱 들어갔고 호박 꼭대기에는 별모양의 문이 생겼습니다.

다음날 아침, 잠에서 깬 꼬마 요정은 호박 위로 기어 올라갔습니다. 그랬더니 꿈에서처럼 별 모양의 문이 있는 거예요. 꼬마 요정은 문을 열고 안을 들여다보았습니다. 세상에! 그 안에 황금빛으로 밝게 빛나는 작은 방이 있는 게 아니겠어요!

방 안으로 들어온 꼬마 요정은 따뜻하고 밝고 황금빛 햇살이 밤낮으로 비추는 호박 집에 편안히 누웠습니다.

꼬마 요정은 아주 행복했습니다. 지금까지도 꼬마 요정은 그 호박 집에 살면서 아침마다 넓은 들판으로 나가 어머니 자연의 어린 자녀들을 돌보고, 저녁이면 따뜻하고 아늑한 호박 집으로 돌아옵니다. 그날부터 꼬마 요정은 '호박 요정'이라고 불린답니다.

세상에서 가장 작은 뽀글이 동화46

이 이야기는 유치원에서 몸집이 가장 작고 수줍음도 가장 많은 아이에게 자신감과 용기를 북돋는 마음을 담아 생일이야기로 만들어 들려주었던 것이다. 어느 해 봄에 물보라가 이는 숲 속 개울가에서 열린 '거품 축제' 때 들려준 적이 있다. 이야기를 다 듣고 난 뒤 축제에 참가했던 아이와 부모, 할머니, 할아버지들은 모두 나무 아래에서 크고 작은 비눗방울 막대를 이용해 여러 가지 크기의 비눗방울을 만들었다. 아이들은 손톱만큼 작은 비눗방울이 손바닥 안에서 터지지 않고 요리조리 빠져나가는 걸 보고 무척 놀라워했다!

   이것은 아주 조그만 물방울 뽀글이에 대한 이야기입니다. 사실 뽀글이는 세상에서 가장 작은 물거품입니다. 뽀글이는 오직 요정들의 눈에만 보였습니다.
   "정말 속상해. 아무도 날 알아봐주질 않아." 뽀글이는 다른 거품들과 함께 강 아래로 흘러가면서 작은 소리로 투덜거리며 한숨을 폭 내쉬었습니다. "이렇게나 작다니, 정말이지 속상해! 덩치 큰 형들을 좀 보라고. 형들의 무지개 빛깔은 정말 아름답게 반짝이잖아. 하지만 내 무지개 빛깔은 눈에 띄지도 않아."
   뽀글이와 형들은 한참을 강 아래로 흘러갔습니다. 덩치 큰 무지개 빛깔의 형들과 세상에서 가장 작아서 슬픈 뽀글이는 '엄마' 폭포를 뒤로 하고 멀리멀리 흘러 내려갔습니다. 초록빛 버드나무 숲과 우거진 풀밭을 지나고, 비탈진 둑에서 물을 마시는 커다란 갈색 암소 떼를 지나고, 컴컴한 오리너구리 굴과 움푹 팬 토끼 굴도 지나쳐 언덕을 돌아 계곡을 내려갔습니다.
   뽀글이와 형들은 쉬지 않고 헤엄쳐 마침내 넓은 초록 들판에 도착했습니다. 그곳에는 넓게 잎을 펼친 나무 그늘 아래서 소풍 나온 아이들이 웃으며 재잘거리고 있었습니다. 아이 하나가 외쳤습니다. "저것봐! 거품 방울이야! 잡으러 가자."
"와아! 거품 방울이다!" 아이들 모두 소리치면서 깡충깡충 강가로 달려갔습니다. "뽀글뽀글 물거품. 세상에서 제일 예쁜 물거품. 뽀글뽀글 물거품, 무지개 빛깔 꿈을 잡자."
아이들 몇 명은 강으로 힘차게 뛰어들었고, 어떤 아이들은 강둑에 엎드린 채 물거품을 향해 팔을 길게 뻗었습니다. 모두가 물거품과 무지개 빛깔 꿈을 잡으면서 신나게 이리저리 뛰어다녔습니다. 아름답고 커다란 물거품들은 하나둘씩 사라졌습니다. 그 물거품들은 아이들 손 안에 소원 하나씩을 남기고, 아이들을 꿈나라로 데려다 줄 예쁜 무지개로 변했습니다.
세상에서 가장 작은 뽀글이는 어떻게 되었을까요? 아이들은 뽀글이를 보지 못했고 뽀글이의 무지개 빛깔 꿈도 잡지 못했습니다. 어느 순간 뽀글이 혼자만 강 아래로 흘러가고 있었습니다.
"이게 어떻게 된 일이지?" 뽀글이는 생각했습니다. "내가 너무 작아서 아무도 날 못 잡았나 봐."
강물을 따라 계속 흘러가면서 작은 뽀글이는 이제 두려움이 사라지고 행복해졌습니다. 강과 바다가 만나는 곳까지 작은 뽀글이는 쉬지 않고 흘러갔습니다.
커다란 파도가 밀려오더니 세상에서 가장 작은 뽀글이를 안개 낀 푸른 바다 너머, 바다 요정들이 춤추고 노래하는 곳으로 멀리멀리 데리고 갔습니다.
요정의 눈에만 보이는 뽀글이가 도착했을 때 바다 요정은 진주 항아리를 젓느라 바쁘게 일하고 있었습니다. 그 때 뽀글이의 무지개 빛깔이 바다 요정의 눈에 띄었습니다.
"내 진주 항아리에 이 작은 물거품의 무지개 색깔을 보태면 좋겠는걸!" 바다 요정은 뽀글이를 집어서 진주 항아리 속으로 쏘옥 집어넣었습니다. 바다 요정이 휘젓는 대로 이쪽으로 빙글 저쪽으로 빙글 돌면서 세상에서 가장 작은 뽀글이는 진주 항아리를 무지개 빛깔로 아름답게 빛나게 해주었습니다.

18 놀리기, 괴롭히기

빛나는 공주 동화47

똑똑하고 예쁜 아이들이 많은, 여학생이 대부분인 8세 학급의 일이다. 친구들의 놀림이 심해지면서 자존감 부족으로 의기소침해진 한 여자아이가 일상마저 흔들리는 지경에 이르렀다. 2년 전 유치원에 다닐 때만 해도 유치원에서 가장 명랑하고 인기 있는 아이로, 항상 웃는 얼굴이 참 예쁘다는 칭찬을 받곤 했다.

　　　　아이가 돌고래를 좋아했기 때문에 이야기 속에서 돌고래가 지혜로운 조력자로 등장한다. 아이의 오빠와 언니는 『빛나는 공주』를 그림책으로 만들어서 크리스마스에 선물했다. 아이는 이 이야기를 무척 좋아했고 자꾸자꾸 읽어달라고 했다. 이야기와 책 만들기를 통해 가족들은 어린 막내의 상황과 마음을 잘 이해하게 되었다.

　옛날에 아름다운 공주가 있었습니다. 공주는 숲과 아름다운 정원으로 둘러싸인 커다란 성에 살았습니다. 아름다운 정원에는 갖가지 아름다운 꽃과 새들이 살고 있었습니다. 공주에게는 아기 고양이와 조랑말도 여럿 있고, 함께 놀 친구도 많았습니다.
　특히 공주는 미소가 아름답기로 방방곡곡에 소문이 자자했습니다. 공주에게는 공주를 많이 사랑해주는 가족이 있었습니다. 가족들은 공주의 미소가 아름다운 이유가 공주의 마음에서 흘러나오는 반짝이는 빛 때문이라는 것을 잘 알고 있었습니다. 가족들은 공주를 '빛나는 공주'

라고 불렀습니다. 공주가 정원에서 놀거나 춤을 출 때면 정원의 꽃들은 해님이 땅으로 내려와 환하게 미소 짓고 있는 게 아닌가 하고 고개를 돌려 공주를 바라보았습니다.

빛나는 공주는 자라면서 나라 이곳저곳을 돌아다니기 시작했습니다. 공주와 가장 친한 친구는 모래언덕이 보이는 바닷가 성에 사는 '영리한 공주'였습니다. 빛나는 공주는 여름이면 영리한 공주의 성에서 지냈습니다. 두 공주는 해변에서 놀거나 춤추고, 맑고 푸른 바닷속에서 돌고래와 수영하며 행복한 시간을 보냈습니다.

두 공주는 오랫동안 사이좋게 지냈습니다. 하지만 시간이 지나면서 빛나는 공주는 친구가 여러 가지 일을 자신보다 훨씬 더 잘한다는 것을 알게 되었습니다. 함께 달리기 경주를 해도 친구는 더 빨리 달렸고, 함께 그림을 그려도 친구는 더 예쁘게 그렸으며, 바닷가에서 함께 수영을 해도 친구는 더 빠르고 멋지게 수영을 했습니다.

한번 이렇게 생각하기 시작하자 빛나는 공주는 점점 더 슬퍼졌습니다. 가끔씩은 속상한 마음에 심통을 부리기도 했습니다. 공주가 슬프고 심통을 부리기 시작하자 공주의 마음에서 흘러나오는 빛도 공주를 아름답게 웃게 만들 수 없었습니다. 아름다운 미소를 잃으면서 공주는 무엇 하나 제대로 하는 일이 없게 되었습니다. 사실 공주는 행복하게 웃지 못하면 달리기도 그림 그리기도, 그 어떤 일도 잘 할 수 없기 때문입니다.

그날도 빛나는 공주가 영리한 공주의 성에 놀러갔습니다. 날이 더웠기 때문에 두 공주는 시원한 푸른 바다로 수영하러 가기로 했습니다. 둘은 멀리멀리 헤엄쳐 바닷가 산호초를 지나 돌고래가 뛰노는 깊은 바다까지 나갔습니다. 두 공주는 친구 돌고래들과 아침 내내 즐겁게 놀았습니다. 돌아갈 때가 되자 영리한 공주가 소리쳤습니다. "바닷가까지 경주하자!" 그러고는 아주 빨리 헤엄쳐 저 멀리 먼저 가버렸습니다. 빛나는 공주는 깊은 바다에 혼자 남게 되었습니다.

친구가 자기보다 더 영리하고 빠르게 헤엄친다고 생각하자, 빛나는 공주는 다시 슬퍼지면서 마구 심술이 났습니다. 슬픈 마음이 커지고 심술이 점점 커질수록 공주는 점점 느려지다가 마침내 팔과 다리가 전혀 움직이지 않게 되어버렸습니다. 그러자 무서운 일이 벌어졌습니다. 깊은 바닷속으로 차츰 가라앉기 시작한 것입니다.

아래로, 아래로, 깊이 더 깊이, 공주는 햇빛에 반짝반짝 빛나는 맑은 바다 위쪽에서 어둡고 컴컴한 바다 밑으로 가라앉기 시작했습니다. 아래로, 아래로, 아래로, 깊이, 깊이 가라앉던 공주는 어느 순간 온통 차갑고 단단한 바위에 둘러싸이게 되었습니다. 공주는 바닷속 깊고 검은 동굴에 갇혔다는 것을 깨달았습니다. 왼쪽을 봐도, 오른쪽을 봐도, 위쪽을 봐도 아무것도 보이지 않았습니다.

그때 갑자기 소리가 들려왔습니다. 그리고 반짝이는 은빛 꼬리가 나타났습니다. 아까 같이 놀았던 돌고래 중 한 마리가 여기까지 공주를 따라온 것이었습니다. "내 꼬리를 꽉 잡아" 돌고래가 속삭였습니다. "내가 바다 위까지 데려다 줄게, 하지만 너도 다리를 열심히 움직여서 내가 헤엄치는 걸 도와주어야 해, 그렇지 않으면 함께 물 밖으로 나갈 수 없어."

빛나는 공주는 돌고래의 은빛 꼬리를 꽉 움켜잡고 앞으로, 뒤로, 앞으로 뒤로, 천천히 다리를 움직이면서 검은 바위 동굴을 빠져나왔습니다. 두 다리를 빨리, 더 빨리 움직일수록 점점 더 위로, 위로, 위로 올라갔습니다. 어느새 저 멀리 햇빛에 반짝반짝 빛나는 맑은 바다가 보였습니다. 계속해서 위로 올라가자 점점 수면이 가까워지기 시작했습니다. 마침내 바다 위 환한 햇살 속으로 솟구쳐 오른 공주는 참고 참았던 숨을 "파~"하고 내쉬었습니다. 공주는 있는 힘껏 큰 숨을 쉬고 나서 친구 돌고래에게 세상에서 가장 아름다운 미소를 지어주었습니다.

돌고래는 공주가 다시 웃게 되어 정말로 기뻤습니다. "내 등에 올라타렴." 은빛 돌고래가 말했습니다. "내 등에 올라타서 꽉 잡아, 우리는 파도를 타고 산호초를 넘어 바닷가까지 헤엄쳐갈 거야." 빛나는 공주는 돌고래의 등에 올라탔고 바닷가까지 세상에서 가장 신나고 재미있는 항해를 했습니다. 영리한 공주는 해변에서 기다리고 있었습니다. 영리한 공주는 친구가 돌고래를 타고 바다를 건너오는 것을 보고 깜짝 놀라 눈이 휘둥그레졌습니다!

은빛 돌고래는 빛나는 공주를 바닷가에 사뿐히 내려놓고는 공주의 귀에 대고 멋진 노래를 조용히 속삭여주었습니다.

"마음이 슬프고 심술이 날 때도, 속상해하거나 숨으면 안 돼.
너의 마음 깊은 곳에는 환한 빛이 빛나고 있어.
그 빛이 너를 웃게 해주지.
아무리 어두운 밤에도, 아무리 흐린 날에도
너의 아름다운 미소가 길을 환하게 밝혀줄 거야."

여름이 끝날 때까지 빛나는 공주는 영리한 공주와 함께 바닷가에서 즐겁게 놀았습니다. 그날 이후로 빛나는 공주는 은빛 돌고래를 다시 보지는 못했습니다. 하지만 빛나는 공주는 영리한 공주가 자기보다 달리기를 잘하고, 그림을 잘 그리고, 수영을 잘 한다는 생각이 들 때면 언제나 돌고래가 불러준 노래를 떠올렸습니다. 그 노래만 생각하면 공주의 얼굴에는 예쁜 미소가 떠올랐고 힘을 내서 모든 일을 열심히 할 수 있었습니다.

여름이 끝나갈 무렵, 빛나는 공주는 은빛 돌고래가 불러준 멋진 노래를 언제나 마음속에 간직한 채 가족이 살고 있는 숲 속 성으로 돌아갔습니다. 노래는 공주가 힘들 때마다 큰 힘이 되어주었습니다. 공주가 커서도 성 안의 정원에서 놀며 춤출 때면, 정원의 꽃들은 해님이 땅으로 내려와 환하게 미소 짓고 있는 게 아닌가하고 고개를 돌려 공주를 바라보았습니다.

호수에서 건진 깃털 〈동화 48〉

아프리카 케냐 동쪽의 키쿠유 지방에서 만난 이 이야기는 5세 이상의 아이들에게 적합하다. 이 이야기에는 놀림당하고 조롱받는 아이들에게 힘이 되는 지혜가 담겨 있다. 작가 캐서린 카루의 허락을 받아 수록한다.

옛날 옛날에 무우기라는 추장이 살았습니다. 그에게는 므웨루라는 외동딸이 있었습니다. 므웨루는 초승달만큼이나 아름다웠습니다. 그녀는 그녀를 아는 모든 사람의 사랑을 받았답니다.

추장 집 근처에는 수정처럼 맑고 깨끗한 커다란 호수가 있었습니다. 아름다운 깃털이 호수 한가운데 떠올라있는 아주 특별한 호수였습니다.

어느 날 추장이 선포했습니다. "내 딸과 결혼하고 싶으면 호수에서 저 깃털을 가져와야 한다." 수많은 청년이 나서서 깃털을 건져보려고 애를 썼지만 아무도 성공하지 못했습니다. 호수는 너무 깊고 깃털은 너무 멀어 손이 닿지 않았기 때문입니다.

마을에 기아코라는 청년이 살았습니다. 기아코는 아주 가난했습니다. 마을 사람들은 가난하다는 이유로 그를 얕보고 비웃었습니다. 어느 날 기아코는 추장이 내건 결혼 조건을 듣고는, 당장 자신의 운을 시험해보기로 결심했습니다. 기아코의 어머니는 아들을 말리려고 애썼습니다. "우리 집은 너무 가난하단다. 어떻게 네가 추장의 딸과 결혼할 수 있겠니?"

어머니가 뭐라고 말리셔도 기아코는 한번 해봐야겠다고 마음을 굳게 먹었습니다. 그는 추장을 찾아가 꾸벅 절을 한 뒤 말했습니다. "존경하는 추장님! 저는 추장님의 딸과 결혼하고 싶습니다."

"나에게 결혼 허락을 얻기 전에 먼저 호수에서 깃털을 가져와야 하네." 추장은 이 말만 남긴 채 나가버렸습니다. 기아코는 호수로 갔습니다. 호숫가에 도착하자 해가 뉘엿뉘엿 지고 있었습니다. 기아코는 호수로 천천히 걸어 들어갔습니다. 깃털 쪽으로 헤엄을 치면서 이렇게 노래했습니다.

"아름다운 깃털, 호수의 깃털아, 나에게 오렴, 나에게 오렴."

호수로 들어갈수록 물이 점점 깊어졌습니다. 처음에는 허리까지, 다음엔 가슴까지, 그러다가 어깨까지, 마침내 목까지 차올랐습니다. 기아코는 또 다시 노래를 불렀습니다.

"아름다운 깃털, 호수의 깃털아, 나에게 오렴, 나에게 오렴."

그러자 깃털이 기아코 쪽으로 천천히 움직이기 시작했습니다. 노래를 열심히 부르자 깃털이 점점 가까이 다가왔습니다. 마침내 깃털은 손을 뻗으면 닿을 거리까지 다가왔습니다. 기아코는 아름다운 깃털을 덥석 잡은 다음 높이 들고 맑고 깨끗한 호수를 다시 헤엄쳐서 나왔습니다. 청년은 계속해서 노래했습니다.

"아름다운 깃털, 호수의 깃털아, 내가 너를 존경하는 추장님께 데려다줄게."

기아코가 호숫가에 도착했을 때 뒤에서 소리가 났습니다. 무슨 일인가 하며 돌아보니 암소 떼, 염소 떼, 양 떼와 새 떼가 호수에서 나와 그의 뒤를 따라오고 있었습니다. 기아코는 속으로 말했습니다. "이야, 이게 다 내 것이라면 난 분명히 므웨루와 결혼할 자격이 있어." 기아코가 손에 쥐고 온 깃털과 뒤를 따라온 한 무리의 동물을 본 추장은 마을 원로회의를 소집했습니다. 마을 원로회의가 열렸습니다. 다음 날 기아코와 므웨루의 결혼식이 열렸습니다. 두 사람은 오랫동안 행복하게 살았습니다.

보이지 않는 사냥꾼 동화49

북미 인디언 사이에 전해 내려오는 이야기를 고쳐 썼다. 유명한 고전『신데렐라』유형의 이야기 중 내가 가장 좋아하는 이야기다. '괴롭히는 자와 괴롭힘을 당하는 자'의 구도를 가지고 있으며, 6세에서 8세 아이들에게 적합하다

옛날 옛적 바닷가 근처에 인디언 마을이 있었습니다. 마을의 가장자리에는 늙은 인디언 전사가 살고 있었습니다. 아내는 오래 전에 세상을 떠났고 세 딸과 함께 천막에서 살았습니다. 아버지는 하루 종

일 사냥을 하고 그동안 딸들은 요리하고 청소하고 동물 가죽을 손질했습니다.

두 언니는 오만하고 게으른 데다 집안일을 하찮게 여겼습니다. 아버지가 집을 비우시면 언니들은 막내를 때리고 괴롭히면서 온갖 일을 시켰습니다. 집안일은 모두 막내 차지였습니다.

아버지는 막내딸을 '떠오르는 아침 해'라고 불렀지만, 막내딸은 더 이상 아침 해처럼 생기가 넘치지 않았습니다. 몸은 비쩍 마르고 눈은 갈수록 슬퍼졌습니다. 새벽부터 밤까지 힘들게 일하느라 몸이 녹초가 되는 바람에 쓰러지듯 잠드는 일이 허다했습니다. 깜빡 졸다가 불 위로 넘어져 뜨거운 재에 얼굴을 데이기도 했습니다. 길고 검은 머리칼은 언니들처럼 반짝반짝 윤이 나지도 않았고, 항상 먼지가 뿌옇게 덮여있었습니다. 아버지가 열심히 사냥을 해오셨지만 온 가족이 옷을 해 입기엔 동물 가죽이 늘 턱없이 부족했기 때문에 '떠오르는 아침 해'는 옷을 짓고 남은 자투리를 이어 간신히 몸을 가릴 수밖에 없었습니다.

어느 날 저녁, 아버지가 돌아오시더니 딸들을 모닥불 곁으로 불러 앉혔습니다. 딸들에게 들려줄 이야기가 있기 때문입니다. 아버지는 테암이라는 사람에 대해 이야기하셨습니다. 그는 다른 사람들의 눈에는 보이지 않으며, 그를 볼 수 있는 어머니와 함께 마을 끝에 있는 사냥꾼의 오두막에 산다고 하셨습니다. 테암은 대단히 뛰어난 전사이자 사냥꾼이어서 위대한 '치누'가 그에게 '모습이 보이지 않게 하는 능력'을 선물했다고 했습니다. 그 능력 때문에 마을에 사는 아가씨 중 누구도 지금까지 그를 본 적이 없었지만, 사실 그는 대단히 잘생겼으며 그의 오두막에는 늘 먹을 것이 풍족하고 부드러운 동물 가죽도 넉넉하다고 하셨습니다. 아버지는 계속 말씀하셨습니다.

"테암의 어머니가 보이지 않는 사냥꾼 테암이 결혼할 아가씨를 찾는다고 공표했단다. 테암은 자신을 볼 수 있는 첫 번째 아가씨를 부인으로 맞을 거라는 구나. 벌써 많은 아가씨가 그의 오두막을 찾아갔지만 테암을 볼 수 있는 사람은 아무도 없었다더라. 어떠냐? 너희도 한 번 가보지 않겠느냐?"

두 언니는 흥분해서 밤늦도록 수다를 떨며 무엇을 입고 갈지 궁리했습니다. 다음 날 아침 첫째 언니는 가장 예쁜 옷으로 갈아입고 조개 목걸이를 두른 다음, 보이지 않는 사냥꾼 테암이 사는 큰 오두막으로 갔습니다.

테암의 어머니는 문 앞에서 첫째 언니를 맞이하며 말했습니다. "내 아들, 보이지 않는 사냥꾼 테암은 사냥을 하러 나갔어요. 우리가 호숫가에서 산책을 하고 있으면 언덕 너머로 오는 아들을 볼 수 있을 거예요."

첫째 언니는 테암의 어머니와 산책을 나섰습니다. 테암의 어머니는 작은 북을 들고 갔는데 조금 걷다 말고 북을 치며 노래를 시작했습니다.

"사냥꾼이 오네요, 언덕 너머로 오네요. 위대한 사냥꾼이 지금 오고 있네요. 그가 보이나요, 그가 보이나요?"

첫째 언니는 눈을 들어 앞을 바라보았습니다. 사실은 아무도 보이지 않았지만 보이는 척 했습니다. "그럼요, 그럼요. 그가 보여요."

테암의 어머니가 말했습니다. "정말 테암이 보인다면, 그가 들고 있는 활은 무엇으로 만들어졌나요?"

"자작나무로 만들었어요." 이 말을 들은 테암의 어머니는 첫째 언니가 테암을 보지 못한다는 걸 알았습니다.

그때 테암이 다가와 활이 든 사냥 가방을 어머니께 건넸습니다. 테암의 어머니가 가방을 손에 쥔 순간 첫째 언니의 눈에 가방은 보였지만, 테암은 볼 수 없었습니다. 언니는 자신이 시험에 떨어진 것을 알았습니다. 첫째 언니는 쓸쓸히 마을로 돌아왔습니다.

다음 날 아침 둘째 언니도 가장 예쁜 옷으로 갈아입고 조개 목걸이를 목에 두른 다음, 보이지 않는 사냥꾼 테암이 사는 큰 오두막으로 갔습니다.

테암의 어머니는 문 앞에서 둘째 언니를 맞이하며 말했습니다. "내 아들, 보이지 않는 사냥꾼 테암은 사냥을 하러 나갔어요. 우리가 호숫가에서 산책을 하고 있으면 언덕 너머로 오는 아들을 볼 수 있을 거예요."

둘째 언니는 테암의 어머니와 산책을 나섰습니다. 테암의 어머니는 작은 북을 들고 갔는데 조금 걷다 말고 북을 치며 노래를 시작했습니다.

"사냥꾼이 오네요, 언덕 너머로 오네요. 위대한 사냥꾼이 지금 오고 있네요. 그가 보이나요, 그가 보이나요?"

둘째 언니는 눈을 들어 앞을 바라보았습니다. 사실은 아무도 보이지 않았지만 보이는 척 했습니다. "그럼요, 그럼요. 그가 보여요."
테암의 어머니가 말했습니다. "정말 테암이 보인다면, 그가 들고 있는 활은 무엇으로 만들어졌나요?"
"물푸레나무로 만들었어요." 이 말을 들은 테암의 어머니는 둘째 언니가 테암을 보지 못한다는 걸 알았습니다.
그때 테암이 다가와 활이 든 사냥 가방을 어머니께 건넸습니다. 테암의 어머니가 가방을 손에 쥔 순간 둘째 언니의 눈에 가방은 보였지만, 테암은 볼 수 없었습니다. 언니는 자신이 시험에 떨어진 것을 알았습니다. 둘째 언니는 쓸쓸히 마을로 돌아왔습니다.
다음 날 아침, 떠오르는 아침 해는 일찍 일어나 자작나무 껍질로 몸을 가리고 아버지의 낡은 가죽신을 신었습니다. 언니들은 그런 차림으로 집을 나선다며 놀려댔지만 셋째는 언니들의 말에 신경 쓰지 않았습니다. 떠오르는 아침 해는 속으로 생각했습니다.
'물론 나도 테암을 못 보겠지만 테암의 어머니를 만나고 그의 오두막에 가보는 것만으로도 행복할 거야.'
마침내 떠오르는 아침 해는 보이지 않는 사냥꾼 테암의 큰 오두막에 도착했습니다.
테암의 어머니는 문 앞에서 셋째를 맞이하며 말했습니다. "내 아들, 보이지 않는 사냥꾼 테암은 사냥을 하러 나갔어요. 우리가 호숫가에서 산책을 하고 있으면 언덕 너머로 오는 아들을 볼 수 있을 거예요."
떠오르는 아침 해는 테암의 어머니와 산책을 나섰습니다. 테암의 어머니는 작은 북을 들고 갔는데 조금 걷다 말고 북을 치며 노래를 시작했습니다.

"사냥꾼이 오네요, 언덕 너머로 오네요. 위대한 사냥꾼이 지금 오고 있네요. 그가 보이나요, 그가 보이나요?"

떠오르는 아침 해는 눈을 들어 앞을 바라보더니 놀라서 눈이 휘둥그레졌습니다. "그럼요, 그럼요. 그가 보여요." 셋째가 작은 소리로 말했습니다.

테암의 어머니가 말했습니다. "정말 테암이 보인다면, 그가 들고 있는 활은 무엇으로 만들어졌는지 얘기해 주세요."

"세상에, 활이 무지개로 만들어졌네요!" 떠오르는 아침 해가 말했습니다. "아, 아가씨는 정말로 우리 아들을 보는군요. 이리와요. 어서 오두막으로 돌아가 그를 맞을 준비를 합시다."

오두막으로 돌아오자 테암의 어머니는 욕조에 따뜻한 물을 받고 향긋한 향이 나는 오일을 떨어뜨렸습니다. 그 물로 떠오르는 아침 해를 목욕시키며 손과 얼굴에 묻은 재를 씻어주자 두 볼이 환하게 빛나기 시작했습니다. 목욕을 마치자 조개와 구슬로 장식된 부드러운 흰 사슴 가죽옷을 입혀주었습니다. 마지막으로 떠오르는 아침 해의 머리를 곱게 빗질해서 반짝반짝 윤이 나자, 리본으로 땋고 조개로 장식했습니다. 테암의 어머니는 깨끗이 씻고 단장을 마친 셋째를 난로 옆 가죽에 앉게 했습니다. 떠오르는 아침 해가 자리에 앉자마자 테암이 오두막으로 들어오더니 셋째에게 다가왔습니다. 테암은 웃으며 말했습니다. "드디어 우리가 서로를 발견했군요." 떠오르는 아침 해도 미소로 답했습니다. 테암은 셋째에게 자신과 결혼해서 오두막에서 함께 살자고 청혼했고, 테암의 어머니는 결혼식 준비를 시작했습니다.

한편 떠오르는 아침 해의 아버지는 사냥에서 돌아와 막내딸이 집에 없는 걸 알고 걱정했습니다. 언니들에게 막내가 어디에 있냐고 물었지만 모른다고 했습니다. 아버지는 막내를 찾으러 나섰습니다.

온 마을을 다 헤매다 마침내 테암의 오두막까지 오게 되었습니다. 오두막 안에서 웃고 즐거워하는 소리가 들려왔습니다. 문틈으로 살짝 들여다보았지만, 오두막 안에 앉은 아름다운 아가씨가 자신의 막내딸인 줄을 처음엔 알아보지 못했습니다. 하지만 아버지를 알아본 떠오르는 아침 해가 달려 나와 아버지를 끌어안았고, 그날 있었던 놀라운 일을 이야기했습니다. 아버지는 결혼 잔치를 위해 오두막에 머물렀고, 떠오르는 아침 해는 두 언니도 결혼식에 참석하도록 사람을 보냈습니다.
그날 밤 떠오르는 아침 해와 테암은 결혼식을 올렸고, 둘은 오래오래 행복하게 살았답니다.

로도피스 동화50

이집트 옛이야기를 고쳐 쓴 이 이야기는 『신데렐라』 유형의 이야기에서 가장 오래된 판본에 속한다. '괴롭히고 괴롭힘 당하는' 주제의 대단히 훌륭한 이야기로 6세에서 8세 아이들에게 적합하다. 이야기를 들려준 다음에 인형극이나 연극으로 만들어볼 수 있다.

옛날 옛날에 초록 강물이 거대한 푸른 바다로 흘러가는 나라에 로도피스라는 이름의 어린 하녀가 살았습니다. 로도피스는 어렸을 때 노예로 잡혀 고향에서 멀리 떨어진 이 강까지 끌려와 일하는 가여운 소녀입니다. 로도피스의 주인은 하루 종일 시원한 나무 그늘 밑에서 낮잠만 자는 나이 많은 남자였습니다. 게으름뱅이 주인은 낮잠만 자느라 집안의 다른 하녀들이 로도피스를 놀리고 괴롭히는 광경을 한 번도 보지 못했습니다.
하녀들은 로도피스가 자신들과 생김새가 아주 다르다는 이유로 괴롭히고 놀렸습니다. 다른 하녀들의 머리는 검고 곧았지만 로도피스는 황금빛 갈색의 곱슬머리였습니다. 다른 하녀들의 눈은 모두 갈색이었지만 로도피스는 아름다운 초록빛이었습니다. 다른 하녀들의 피부는 검고 거칠었지만 로도피스는 매끈한 구릿빛인데다 입술은 장미처럼 붉었기 때문에 다른 하녀들이 로도피스를 '홍당무 로도피스'라고 불렀습니다.
집안의 하녀들은 로도피스에게 온갖 일을 다 시키며 하루 종일 소리를 질렀습니다.

"하얗게 새하얗게 빨아.
　이 옷도 깁고 저 옷도 기워.
　거위를 돌보고 바닥도 닦아라.
　빵도 굽고 문고리도 반짝반짝."

로도피스에게는 새와 동물들을 빼고는 친구가 단 한 명도 없었습니다. 로도피스는 손바닥에서 먹이를 먹도록 새를 길들이고 원숭이를 어깨 위에 태우고 다녔습니다. 아침마다 빨래를 하러 강에 가면 진흙 목욕을 하던 늙은 하마가 강둑으로 올라와 빨래하는 로도피스 옆에 다정히 앉아 있곤 했습니다. 로도피스에게는 매일매일이 똑같은 하루였습니다. 다른 하녀들은 아침부터 밤까지 로도피스에게 소리쳤습니다.

"하얗게 새하얗게 빨아.
　이 옷도 깁고 저 옷도 기워.
　거위를 돌보고 바닥도 닦아라.
　빵도 굽고 문고리도 반짝반짝."

하루 일을 모두 마친 로도피스는 조금이라도 기운이 남아 있는 날이면 강 아래로 내려가 동물 친구들과 함께 시간을 보냈습니다. 로도피스가 조금 더 기운이 있는 날이면 동물 친구들을 위해 춤추고 노래도 불렀습니다. 어느 날 밤 로도피스가 나비보다 더 가벼운 발걸음으로 사뿐사뿐, 바람처럼 빙빙 돌며 춤추고 있는데, 늘 잠만 자던 주인이 문득 깨어 이 모습을 보았습니다. 주인은 로도피스의 아름다운 자태와 춤 솜씨를 보고 감탄을 금치 못했습니다. 그런데 로도피스가 맨발인 것을 보고 이런 아가씨에겐 딱 맞는 구두가 있어야 한다고 생각했습니다.

주인은 로도피스에게 구두 한 켤레를 주문해 주었습니다. 솜씨 좋은 장인이 장미처럼 붉은 금에 부드러운 가죽으로 바닥을 덧대어 만든 구두였습니다. 그러자 다른 하녀들은 그 예쁜 구두가 탐이 나 로도피스를 더욱 더 싫어했습니다.

어느 날 그 나라 왕이 큰 축제를 열었고, 왕국의 모든 사람들을 초대한다는 방이 사방에 붙었습니다. 왕은 그 나라에서 가장 아름다운 아가씨를 찾아 왕비로 삼고 싶었습니다. 가엾은 로도피스도 다른 하녀들과 함께 왕의 잔치에 가고 싶었습니다. 그곳에 가면 춤도 추고 노래도 부르고 맛있는 음식도 배불리 먹을 수 있을 테니까요. 하지만 다른 하녀들은 한껏 단장을 하고 잔치에 가면서 로도피스에게는 자신들이 돌아오기 전까지 다 끝내라며 평소보다 훨씬 많은 일감을 주었습니다.

하녀들은 모두 작은 배에 올라타 왕이 사는 궁전을 향해 출발했습니다. 강둑에는 불쌍한 로도피스만 홀로 남았습니다. 로도피스는 강에서 빨래를 하며 일할 때 부르는 슬픈 노래를 흥얼거렸습니다.

한참 동안 그 노래를 듣고 있던 늙은 하마는 로도피스가 부르는 슬픈 노래가 듣기 싫었던지 강물 속으로 첨벙 뛰어 들어가 버렸습니다. 그 바람에 로도피스의 멋진 새 구두가 흠뻑 젖었습니다. 로도피스는 재빨리 구두를 벗어서 물을 닦아 햇빛 잘 드는 곳에 올려놓았습니다. 쉬지도 않고 열심히 집안일을 하는데 날이 갑자기 어두워졌습니다. 순간 하늘을 올려다보니 송골매 한 마리가 쏜살같이 내려와 로도피스의 구두 한 짝을 탁 잡아채서는 멀리 날아가 버렸습니다. 로도피스는 두려운 마음이 들었습니다. 구두를 물고 간 새가 마법의 새라는 걸 알기 때문입니다. 그래서 다른 한 짝을 주머니 깊은 곳에 잘 넣어두었습니다.

한편 왕은 왕좌에 앉아 잔치에 참석한 백성들을 내려다보고 있었습니다. 왕은 하품이 날 정도로 지루했습니다. 왕은 왕좌에 앉아 있기보다 전차를 타고 신나게 달리고 싶었습니다. 그 때 갑자기 송골매 한 마리가 쏜살같이 날아오더니 장밋빛 금으로 만든 구두를 왕의 무릎에 떨어뜨리고 가버렸습니다. 깜짝 놀라면서도 이게 어떤 좋은 징조라고 생각한 왕은 그 나라에 사는 아가씨들 모두가 그 구두를 신어봐야 하며, 구두의 주인을 왕비로 삼을 것이라 선포했습니다. 다른 하녀들이 축제에 도착했을 때 왕은 장밋빛 금으로 만든 구두의 주인을 찾아 떠나고 없었습니다. 하녀들은 배를 돌려 왕이 탄 배를 쫓아 다시 강을 따라 내려갔습니다.

로도피스는 징과 나팔이 울려 퍼지는 소리를 들었습니다. 곧 자줏빛 비단으로 돛을 단 왕의 배가 다가오는 것을 보고 로도피스는 황급히

덤불 속으로 달려가 꼭꼭 숨었습니다. 로도피스는 덤불에 숨어 왕의 배가 강가에 도착하자 다른 하녀들이 배에서 뛰어내려 구두를 신어 보려고 달려가는 모습을 조용히 지켜보았습니다. 하녀들은 장밋빛 금으로 만든 구두를 보고 로도피스의 것임을 알아보았습니다. 하지만 그들은 아무 말도 하지 않고 낑낑 대며 억지로 발을 구두 속으로 집어넣으려 애썼습니다.

그때 왕이 덤불 속에 있는 로도피스를 발견하고는 당장 나와 신어 보라고 명령했습니다. 로도피스의 조그만 발은 구두에 딱 맞았습니다. 주머니에서 다른 한 짝도 마저 꺼낸 로도피스는 사뿐사뿐 춤을 추기 시작했습니다. 왕은 로도피스의 아름다움과 춤 솜씨에 반해 왕비가 되어 달라고 청혼 했습니다.

다른 하녀들은 로도피스가 자신들과 같은 하녀일 뿐더러 왕비가 될 만큼 예쁘거나 훌륭하지 않다고 소리쳤습니다. 왕은 대답했습니다.

"이 아가씨는 나의 왕국에서 가장 아름다운 여인이오. 눈은 흐르는 강물과 같은 초록빛이며 머리카락은 파피루스 종이처럼 가볍고, 입술은 연꽃처럼 발그레하오."

로도피스와 왕의 결혼 잔치는 하루 낮, 하루 밤도 모자라 다음 날까지 계속되었고 두 사람은 그 후로도 오랫동안 행복하게 살았습니다.

딱정벌레는 어떻게 예쁜 빛깔을 갖게 되었을까? 동화51

타인에 대한 존중을 강조하면서 남을 무시하거나 잘난 척하지 말라는 경고를 담은 이야기. 브라질 민담을 고쳐 쓴 이 이야기는 6세 이상 아이들에게 알맞다.

옛날 아주 먼 옛날, 멀고 먼 숲 속에 딱정벌레 한 마리가 살았습니다. 딱정벌레의 몸은 전체가 칙칙한 갈색이었습니다. 딱정벌레는 울창한 밀림 속을 느릿느릿 돌아다니며, 남을 방해하거나 괴롭히지 않고 열심히 일했습니다.

숲에는 쥐도 한 마리 살았습니다. 그 쥐는 숲에 사는 다른 작은 동물과 곤충을 괴롭히는 데 선수였습니다. 쥐는 재빨리 돌아다닐 수 있는 자신이 동물 중에서 으뜸이라고 생각했습니다. 쥐가 제일 많이 놀리고 괴롭히는 동물은 바로 딱정벌레였습니다. 쥐는 자기를 따라다니는 다른 작은 동물들과 함께 딱정벌레에게 심술궂은 장난을 치며 놀렸습니다.

이 숲의 큰 나무 꼭대기에는 앵무새 한 마리가 살았습니다. 앵무새는 깃털이 대단히 화려한, 아름다우면서도 현명한 새입니다. 게다가 마법도 부릴 수 있습니다.

앵무새는 쥐가 딱정벌레를 괴롭히고 함부로 대하는 모습을 오랫동안 지켜보았습니다. 앵무새는 이제 쥐에게 가르침을 줘야 할 때가 왔다고 생각했습니다.

"너는 항상 잘난 척하면서 딱정벌레와 다른 동물들을 놀리고 괴롭히더구나. 네가 정말 그렇게 빠른지 모든 동물들 앞에서 한번 겨뤄보자." 앵무새가 말했습니다. "내가 너와 딱정벌레의 달리기 경주를 준비하마. 이기는 동물에게는 무늬나 색깔에 상관없이 가장 마음에 드는 아름다운 새 외투를 선택할 수 있게 해주지."

앵무새의 이런 제안에 쥐는 뛸 듯이 기뻤습니다. 자신이 얼마나 빠른지를 모두에게 보여줄 수 있는 절호의 기회라고 생각했기 때문입니다. 더군다나 딱정벌레와 달리기 경주라니. 그쯤이야 식은 죽 먹기일 겁니다. 딱정벌레는 바싹 마른 '나뭇가지' 같은 짧은 다리로 엉금엉금 기어 다니는 신세지만 자기는 크고 튼튼한 다리로 재빨리 달릴 수 있으니까요.

다음 날 숲에 사는 동물들은 경주를 보기 위해 커다란 무화과나무 밑에 전부 모였습니다. 앵무새는 길 저편에 있는 오래된 그루터기를 가리키며 말했습니다. "저기에 먼저 도착하는 동물이 새로운 외투를 가지는 거야."

앵무새가 출발 신호를 주자 경주가 시작되었습니다. 쥐는 신호가 떨어지자마자 번개처럼 앞질러 달려갔습니다. 달리면서도 쥐의 머릿속은 온통 새 외투를 입으면 자기가 얼마나 멋져 보일지, 어떤 무늬와 색깔을 선택해야 할지에 대한 생각뿐이었습니다. 쥐가 몇 번이고 뒤를 돌아보았지만 딱정벌레는 그림자도 보이지 않았습니다. 하지만 쥐는 전혀 신경 쓰지 않았습니다. 딱정벌레는 출발선 근처에서 빌빌거리고 있을 게 뻔하다고 생각했습니다. 그러나 쥐가 오래된 그루터기에 도착해보니 딱정벌레는 이미 도착해서 길 건너편에 앉아 있었습니다. "뭐하느라 그렇게 오래 걸렸니? 나는 아까 도착해서 여태 기다리고 있었어."

쥐는 너무 놀라 입을 다물 수가 없었습니다. "어떻게 이렇게 빨리 온 거야?" 쥐가 소리쳤습니다.

"내가 날 수 있다는 거 몰랐어?"

"날아? 너 날줄도 알아?" 생각지도 못한 일에 쥐는 어쩔 줄을 몰랐습니다.

앵무새도 날아 내려와 나무 그루터기 위에 앉았습니다.

"이 세상엔 네가 모르는 게 아주 많단다. 쥐야, 조금만 정성을 기울여 다른 동물들을 알아가다 보면 아주 많은 걸 배울 수 있을 거야. '보이는 게 다가 아니다'라는 말처럼 말이야. 넌 항상 겉모습으로만 판단하니까 다른 동물들의 본모습을 모르는 거야."

쥐는 투덜대면서 숲 속으로 들어가 버렸습니다. 딱정벌레는 상으로 하늘의 파랑과 비온 뒤 나뭇잎에서 볼 수 있는 싱싱한 초록을 떠올리며 파랑과 초록이 섞인 외투를 선택했습니다. 그리고 해님이 강 위에서 빛날 때처럼 반짝이는 금빛 날개도 선택했습니다.

그때부터 딱정벌레는 화려한 빛깔의 외투를 입게 되었고, 쥐는 칙칙한 갈색이나 회색 외투만 입고 다니게 되었답니다.

우락부락 숫염소 세 마리 [동화52]

노르웨이 전래 동화에 운율과 반복을 추가했다. 이 유명한 전래 동화는 3세에서 5세 아이들에게 적합하며, 아이들끼리 따돌리거나 괴롭히는 문제가 있을 때 들려주면 좋다. 이야기가 전달하는 바는 아주 단순하다. 남을 괴롭히는 자는 그에 따른 벌을 받게 되며, 작고 힘없는 사람들은 자기보다 크고 힘센 가족이나 친구들의 보호를 신뢰하면 된다는 것이다. 경험에 따르면 이 이야기를 연극으로 만들었을 때 치유 효과가 대단히 크다. 특히 평소에 괴롭힘을 자주 '당하는' 소극적인 아이가 제일 큰 숫염소 역을 맡고, 친구들을 '괴롭히는' 아이가 거인 역을 맡았을 때 (다음 날에는 역할을 바꾼다) 그 효과가 뛰어났다.

옛날 옛날 어느 한 옛날, 세 마리의 숫염소가 살았습니다. 숫염소들의 이름은 우락부락이었습니다. 첫 번째 숫염소는 작은 턱수염과 작은 뿔이 있었습니다. 두 번째 숫염소는 중간 크기의 턱수염과 중간 크기의 뿔이 있었습니다. 세 번째 숫염소는 아주 커다란 턱수염과 아주 커다란 뿔이 있었습니다.
어느 날 세 마리의 숫염소는 산에서 자라는 맛있는 풀을 먹으러 산에 가고 싶어졌습니다. 하지만 문제가 있었습니다. 산으로 가려면 다리를 건너가야 하는데, 그 다리 밑에는 거인이 살고 있었습니다. 눈은 주석으로 만든 접시만큼이나 둥글고, 코는 괭이자루만큼이나 기다란 이 거인은 누가 자기에게 오는 것을 아주 싫어했습니다.
가장 먼저 다리를 건너는 것은 작은 우락부락 숫염소입니다.

"또각또각 또각또각 다리 위에서
발소리가 들리네, 다리 위에서
누군가 내 다리를 지나고 있군,

대체 어떤 놈인지 만나봐야겠어!
　　네 놈은 누구냐, 깡충깡충 이 길로 뛰어온 놈은,
　　겁도 없이 내 다리를 또각또각 지나는 놈은!"

"저는 작은 우락부락 숫염소예요. 산에서 자라는 맛있는 풀을 먹으러 산으로 가는 길이어요."

"게 섰거라. 내가 네 놈을 한입에 꿀꺽 삼켜버리겠다!" 큰 소리로 외치며 거인은 기다란 코를 다리 위로 내밀었습니다.

"제발 절 잡아먹지 마세요. 전 뼈가 다 보일 정도로 앙상하게 말랐답니다. 금방 제 형이 올 테니 조금만 기다리세요. 형이 저보다 훨씬 먹음직스러울 거예요."

"좋다!" 욕심 많은 거인은 이렇게 말하며 다리 아래 집으로 다시 들어갔습니다. 작은 우락부락 숫염소는 무사히 다리를 건너 또각또각, 또각또각 열심히 걸어갔습니다. 드디어 산에 당도한 작은 우락부락 숫염소는 맛있는 풀을 잔뜩 먹었습니다.

다음으로 다리를 건너는 것은 가운데 우락부락 숫염소입니다.

　　"뚜걱뚜걱 뚜걱뚜걱 다리 위에서
　　발소리가 들리네, 다리 위에서
　　누군가 내 다리를 지나고 있군,
　　대체 어떤 놈인지 만나봐야겠어!
　　네 놈은 누구냐, 경중경중 이 길로 뛰어온 놈은,
　　겁도 없이 내 다리를 뚜걱뚜걱 지나는 놈은!"

"저는 가운데 우락부락 숫염소예요. 산에서 자라는 맛있는 풀을 먹으러 산으로 가는 길이어요."

"게 섰거라, 내가 네 놈을 한입에 꿀꺽 삼켜버리겠다!" 큰 소리로 외치며 거인은 기다란 코를 다리 위로 내밀었습니다.

"제발 절 잡아먹지 마세요. 전 뼈가 다 보일 정도로 앙상하게 말랐답니다. 금방 제 형이 올 테니 조금만 기다리세요. 형이 저보다 훨씬 먹음직스러울 거예요."

"좋다!" 욕심 많은 거인은 이렇게 말하며 다리 아래 집으로 다시 들어갔습니다. 가운데 우락부락 숫염소는 무사히 다리를 건너 뚜걱뚜걱 뚜걱뚜걱 열심히 걸어갔습니다. 드디어 산에 당도한 가운데 우락부락 숫염소는 맛있는 풀을 잔뜩 먹었습니다.

다음으로 다리를 건너는 것은 커다란 우락부락 숫염소입니다.

"쿵쿵 쾅쾅 쿵쿵 쾅쾅 다리 위에서
발소리가 들리네, 다리 위에서
누군가 내 다리를 지나고 있군,
대체 어떤 놈인지 만나봐야겠어!
네 놈은 누구냐, 껑충껑충 이 길로 뛰어온 놈은,
겁도 없이 내 다리를 쿵쿵 쾅쾅 지나는 놈은!"

"나는 커다란 우락부락 숫염소다. 산에서 자라는 맛있는 풀을 먹으러 산으로 가는 길이지."

"게 섰거라, 내가 네 놈을 한입에 꿀꺽 삼켜버리겠다!" 큰 소리로 외치며 거인은 기다란 코를 다리 위로 내밀었습니다.

"좋다, 올라와라. 기다리고 있을 테니." 커다란 우락부락 숫염소가 말했습니다.

거인이 다리 위로 올라왔습니다. 그러자 커다란 우락부락 숫염소는 커다란 뿔로 거인을 쿵하고 아주 세게 들이받았습니다. 커다란 숫염소는 욕심 많은 거인을 다리에서 떨어뜨렸고, 거인은 물속으로 깊이 깊이 가라앉기 시작했습니다. 거인은 저 아래 정말 거인이 살아야할 그곳까지 내려갔고 그 뒤로 다시 모습을 보이지 않았습니다. 커다란 우락부락 숫염소는 계속 쿵쿵 쾅쾅 걸어갔습니다. 드디어 산에 당도한 커다란 우락부락 숫염소는 맛있는 풀을 잔뜩 먹었습니다.

세상에, 세 마리 숫염소는 맛있는 풀을 어찌나 많이 먹었는지 집으로 다시 걸어 돌아오지 못할 정도로 살이 쪘답니다. 내가 알기론 지금도 그때만큼 살이 통통하다지요!

빨간 트럭 이야기 동화 53

전학을 와서 반 아이들에게 따돌림을 당하는 아이에게 교사가 전학 온 첫 학기에 대해 글을 써보라고 권했다. 이 이야기 덕분에 아이는 다음 학기에 자신감을 보였으며 친구를 대하는 태도도 상당히 달라졌다고 했다. 이 사례는 아이가 어느 정도 나이가 되면 자신의 상황에 대해 직접 이야기를 만들어보는 것이 문제 해결에 도움이 될 수 있음을 잘 보여준다. 8세 여자아이가 쓴 이야기의 줄거리만 수록한다.

자동차들이 모여 있는 넓은 마당에 새로 들어온 어느 트럭에 관한 이야기입니다.
마당에 있던 다른 차들은 새로 온 트럭을 놀려댔습니다. 그러던 어느 날 밤 어둠이 내려와 주위가 칠흑같이 어두울 때 트럭은 자신에게 환하게 빛나는 빨강을 칠하기로 마음먹었습니다. 다음 날 마당에 있던 다른 차들은 반짝반짝 빛나는 빨간 트럭을 보고 깜짝 놀랐습니다. 그 멋진 빨간 트럭이 사실은 얼마 전에 새로 들어온 낡은 트럭이라는 걸 아무도 눈치채지 못했습니다. 이제 다른 차들은 빨간 트럭을 괴롭히지 않고 존중해 주었습니다. 하지만 하루하루 시간이 흘러가면서 빨간 칠이 조금씩 비에 씻겨나갔고 그제야 다른 차들은 빨간 트럭이 자신들이 놀려댔던 낡은 트럭이라는 것을 알아보았습니다. 하지만 이제는 아무도 더 이상 새로 들어온 낡은 트럭을 괴롭히거나 놀려대지 않았고 트럭도 더 이상 속상해하며 슬퍼하지 않았습니다.

19 협동과 참여

파란 꼬마 수건 동화54

다음 이야기는 양육에서 가장 힘든 문제가 세 살 반 된 아이를 목욕시키는 일이라는 한 엄마(에밀리 스텝)의 작품이다. '창의적 양육' 강좌를 수강 중이던 엄마는 직접 이야기를 쓰면서 문제를 해결해 나갔다. 자신감을 얻은 엄마는 아이에게 간단한 인형극으로 만들어 들려주었으며, 중간에 반복되는 노래는 멜로디 없이 리드미컬한 시로 낭송했다. 이야기 뒤에 에밀리 스텝이 덧붙이는 말도 함께 수록한다.

옛날 어느 곳에 다정한 사람들이 사는 예쁜 집이 있었습니다. 그 집에는 커다란 벽장이 하나 있었습니다. 어느 날, 벽장 안에 차곡차곡 접힌 낡고 포근한 수건들 사이로 새로운 수건 하나가 이사를 왔습니다. 바로 며칠 전, 나무 벽장문이 열리고 깨끗이 빤 침대 시트와 담요, 수건들이 잔뜩 들어올 때 같이 끼어들어온 파란색 새 수건이었습니다. 파란 수건은 모험을 떠날 생각에 잔뜩 신이 난 꼬마 수건이었습니다. 수건은 누군가 자기를 이곳저곳에 많이많이 사용해주길 목이 빠지게 기다리고 있었습니다.
다음 날 벽장문이 열리고 엄마 손이 벽장 안으로 들어오더니 폭신폭신한 할아버지 수건을 꺼내들고 갔습니다. 새로 들어온 꼬마 수건을 잘 보살펴주고 말동무를 해주던 할아버지 수건이었습니다.
다음 날 아침, 할아버지 수건이 다시 벽장 안 꼬마 수건 옆으로 되돌아왔습니다. 꼬마 수건은 흥분해서 할아버지 수건에게 물었습니다.
"밖에 나가서 무슨 일을 하고 오셨어요?"
할아버지 수건은 대답했습니다. "이 집의 꼬마가 따뜻한 물로 목욕을 마치고 나왔을 때 머리부터 발끝까지 꼼꼼하게 닦아주었단다. 제일 먼저 얼굴을 닦아주고 그 다음엔 팔을, 그 다음엔 손가락과 발가락을, 그 다음엔 등을, 그 다음엔 턱 아래를 닦아주었지. 온몸이 물기 없이 보송보송해야 기분 좋게 잠옷을 입을 수 있거든. 그래서 이곳저곳 구석구석을 잘 닦아주었단다."
꼬마 수건은 신이 나서 온몸을 배배 꼬며 말했습니다. "할아버지, 정말 재미있었겠어요. 수건이 할 일이 그렇게나 많다니! 어딜 닦아야하는지 할아버진 한 번도 잊어버린 적이 없나요?"
"그럼. 절대 잊어버리지 않지." 할아버지 수건이 대답했습니다. "난 잊어버리지 않도록 항상 노래를 부르거든. 불러줄 테니 한번 들어볼래?"
"네, 좋아요." 파란색 새 수건이 말했습니다. 할아버지 수건은 노래를 불렀습니다.

"쓱쓱싹싹 쓱쓱싹싹 보송보송 톡톡톡톡
온몸을 감싼 다음 시작해 봐요. 맨 먼저 얼굴, 그 다음엔 머리.
이곳저곳 부드럽게 토닥토닥 두드려요.
팔을 올려 팔 아래를, 가슴, 등도 톡톡톡톡
구석구석 다 닦았나?
다리를 닦아야지, 발이랑 발가락도,
모두모두 닦았으면 마지막은 작고 예쁜 코!"

꼬마 수건은 이 노래가 아주 맘에 들어서 할아버지 수건에게 가르쳐 달라고 졸랐습니다. 다음 날, 벽장문이 다시 열리더니 또 할아버지 수건을 꺼내들고 나갔습니다. 꼬마 수건은 자기가 아닌 할아버지 수건이 또 나가게 되어 살짝 실망했지만 한편으로 궁금하고 흥분도 되었습니다.
다음 날 아침, 깨끗이 빤 할아버지 수건이 돌아왔습니다. 꼬마 수건은 펄쩍 뛰며 할아버지 수건을 환영했습니다. "어젠 어땠어요?" 파란 꼬마 수건이 물었습니다.

"아주 즐거웠단다." 할아버지 수건은 껄껄 웃으며 대답했습니다.

"저도 해보고 싶어요. 다음이 제 차례면 좋겠어요." 꼬마 수건은 발을 동동 굴렀습니다. "하지만 닦을 곳이 그렇게 많은데 혹시 한 군데라도 빼먹으면 어떡하지요?"

"걱정하지 않아도 된단다." 할아버지 수건이 말했습니다. "잘 해낼 수 있을 거야. 넌 아주 멋지고 아주 부드러운 수건이거든. 내가 알려준 노래를 부르면 절대로 잊어버리지 않을 거야. 같이 한번 불러볼까?"

"쓱쓱싹싹 쓱쓱싹싹 보송보송 톡톡톡톡
온몸을 감싼 다음 시작해 봐요. 맨 먼저 얼굴, 그 다음엔 머리.
이곳저곳 부드럽게 토닥토닥 두드려요.
팔을 올려 팔 아래를, 가슴, 등도 톡톡톡톡
구석구석 다 닦았나?
다리를 닦아야지, 발이랑 발가락도,
모두모두 닦았으면 마지막은 작고 예쁜 코!"

다음 날이 되었습니다. 벽장문이 열리고 엄마 옆에 작은 아이가 서있는 것이 보였습니다.

"엄마." 작은 아이가 말했습니다. "저 파란 수건은 처음 봐요. 목욕하고 나서 저 수건 써 봐도 돼요?"

"물론이지." 엄마가 말했습니다. "이 수건이 널 닦아주고 싶어서 얼마나 오래 기다렸는지 모른단다."

꼬마 수건은 벽장 밖으로 나가자 기뻐서 환호성을 질렀습니다. 그러고는 아이가 즐겁게 목욕하는 동안 수건걸이에서 얌전히 기다렸습니다. 아이가 욕조 밖으로 걸어 나오자 드디어 꼬마 수건이 활약할 차례가 되었습니다. 꼬마 수건은 노래를 부르기 시작했습니다.

"쓱쓱싹싹 쓱쓱싹싹 보송보송 톡톡톡톡
온몸을 감싼 다음 시작해 봐요. 맨 먼저 얼굴, 그 다음엔 머리.
이곳저곳 부드럽게 토닥토닥 두드려요.

팔을 올려 팔 아래를, 가슴, 등도 톡톡톡톡
구석구석 다 닦았나?
다리를 닦아야지, 발이랑 발가락도,
모두모두 닦았으면 마지막은 작고 예쁜 코!"

일을 다 마치자 꼬마 수건은 더 이상 새 수건이 아니었습니다. 하지만 꼬마 수건은 아이를 닦아줄 수 있어서 정말 기뻤습니다. 아이는 꼬마 수건이 아주 폭신폭신하고 부드러웠기 때문에 다음날에도 파란 꼬마 수건을 꺼내달라고 했습니다. 꼬마 수건은 한 군데도 빼먹지 않고 잘 닦아줄 수 있도록 노래를 열심히 연습했습니다.

엄마가 덧붙이는 말

『파란 꼬마 수건』은 목욕 뒤에 수건으로 물기 닦는 것을 싫어하는 우리 아이를 위해 쓴 이야기이다. 수건으로 몸 닦는 것을 싫어하는 데는 뿌리 깊은 두려움이 있는 것 같다. 딸아이는 태어난 지 몇 달 안 되었을 때부터 수건으로 몸을 닦으면 칭얼거리다가 결국엔 큰소리로 울곤 했다. 크면서 싫어하는 정도는 갈수록 더 심해져서 누가 죽이기라도 하는 듯 비명을 지르며 뛰쳐나가면서까지 수건 대는 것을 거부했다. 아무리 달래고 설명해 봐도 소용이 없었다. 언제나 억지로 붙잡아 놓고서야 간신히 닦을 수 있었다.
딸은 내가 이야기를 만들고 있다는 것을 알아서 인지, 처음 이야기를 들려줄 때부터 무척 열심히 듣는 것이 아닌가! 그 뒤 일주일 정도 계속해서 이 이야기를 밤마다 들려달라고 했고, 목욕 뒤에는 '수건 닦기' 노래를 불러달라고 졸랐다. 아이는 수건에 대한 거부감도 잊은 채 노랫말에 집중하면서 노랫말에 따라 몸의 이곳저곳을 가리켰다.
아이는 이 노래를 무척이나 좋아하고, 이제 아이와 남편은 가사를 완전히 외어버렸다. 리듬 있는 문장의 반복이 아이에게 큰 효과가 있는 것 같다. 밥을 먹거나 머리를 빗는 등 다른 일에서도 내가 하고 싶은 말을 노래나 운율 있는 문장으로 이야기하면 거의 언제나 선선히 협조하는 것을 보면 말이다. 이제 네 살이 된 아이에게 언어의 형태와 구조가 삼시세끼처럼 일상에 중요한 일부가 되었다. 아이는 가능한 모든 상황에서 말의 운율을 맞추려고 애쓰고, 수동태나 재귀목적어 등 문법 구조를 이용한 노래나 놀이를 만들어 놀기도 한다.

나는 이 이야기가 아이에게 큰 역할을 했다고 생각한다. 우리 부부에게도 보다 긍정적인 방향에 집중하는 법을 가르쳐 주었다. 아이를 키우면서 겪는 불안과 어려움을 증폭시키는 대신 어떻게 하면 상황을 긍정적으로 변화시킬 수 있을까를 생각하게 된 것이다.

지혜로운 비둘기 동화55

'여럿이 힘을 모으면 어려움을 이겨낼 수 있다'는 주제의 인도 전래 동화. 6세 이상의 아이들에게 적합하며, 초등학교에서 협동을 주제로 토론을 할 때 활용하면 좋다.

어느 상쾌한 아침이었습니다. 한 떼의 비둘기가 먹을 것을 찾아 들판을 날고 있었습니다. 갑자기 느티나무 아래에 하얀 쌀알이 흩어져있는 것이 우두머리 비둘기의 눈에 띄었습니다. 우두머리 비둘기가 쌀을 향해 날아가자 다른 비둘기들도 뒤따라갔습니다. 뜻밖의 행운에 뛸 듯이 기뻐하면서 모두 땅에 내려앉았습니다.

마침 배가 고팠던 비둘기들은 곡식을 허둥지둥 쪼아 먹기 시작했습니다. 하지만 곧 사냥꾼이 쳐놓은 그물에 모두 발이 걸려 꼼짝도 못하는 신세가 되었음을 깨달았습니다. 고개를 들어보니 저쪽에서 사냥꾼이 다가오고 있었습니다. 사냥꾼은 손에 커다란 방망이를 들고 있었습니다. 비둘기들은 이제 모두 죽었다고 생각하며 오들오들 떨었습니다.

우두머리 비둘기는 아주 지혜로우면서도 용감했습니다. 우두머리 비둘기는 비둘기들에게 말했습니다. "제 말을 잘 들으세요, 여러분! 분명히 우리는 대단히 위험한 상황에 처했습니다. 하지만 그렇다고 앉아서 죽기만 기다릴 수는 없습니다. 제게 좋은 생각이 있습니다. 우리에겐 날개가 있습니다. 우리가 모두 함께 그물을 물고 동시에 날아오른다면 위험에서 벗어날 수 있습니다. 우린 몸집도 작고 힘도 약해서 혼자서는 할 수 있는 일이 별로 없지만 모두가 힘을 모으면 쉽게 그물을 들어 올려 멀리 날아갈 수 있을 겁니다."

이 말을 듣고도 비둘기들은 정말 그럴 수 있을까 미심쩍은 마음이었지만 사실 다른 선택의 여지가 전혀 없었습니다. 비둘기들은 모두 주둥이로 그물을 단단히 물고 동시에 날개를 퍼덕여 나무 위로 힘껏 날아올랐습니다. 다가오던 사냥꾼은 깜짝 놀라 날아가는 비둘기 떼를 멍하니 바라보기만 할 뿐이었습니다.

멀리 떨어진 안전한 장소에 내려앉았을 때, 우두머리 비둘기는 다른 비둘기들에게 말했습니다. "이걸로 일단 급한 불은 껐습니다. 하지만 아직 위험에서 완전히 벗어난 것은 아닙니다. 보다시피 그물에서 발을 빼내야만 합니다. 친구 중에 작은 생쥐가 있습니다. 그는 저기 보이는 산기슭에 살고 있습니다. 그 친구가 날카로운 작은 이빨로 그물을 갉으면 우린 그물에서 풀려날 수 있을 겁니다."

비둘기들은 우두머리 비둘기의 멋진 제안에 또 한 번 기뻐했습니다. 그러고는 산기슭까지 다시 있는 힘껏 날아가 쥐의 집 앞에 내려앉았습니다. "이게 어떻게 된 일이니, 비둘기야?" 생쥐가 우두머리 비둘기에게 물었습니다. "내가 어떻게 도와주면 될까?"

"보다시피 발이 그물에 걸려 빼낼 수가 없어. 함께 힘을 합쳐 여기까지 겨우 날아왔지. 우리가 그물에서 풀려날 수 있게 도와줄 수 있을까?" "네 부탁인데 얼마든지 도와주지!" 쥐는 당장 그물에 달려들어 조각조각 잘라놓기 시작했습니다. 한 마리씩 차례차례 모든 비둘기가 그물에서 풀려났습니다.

비둘기들은 생쥐에게 고마워했습니다. 또 사냥꾼에게 꼼짝없이 잡힐 뻔 했던 자신들을 구해준 우두머리 비둘기에게도 고마워했습니다. 비둘기들은 모두 힘을 합치면 위험에서 벗어날 수 있다는 것을 가르쳐준 지혜로운 우두머리 비둘기를 자랑스러워했습니다. 비둘기들은 기쁨의 노래를 마음껏 부르며 넓디넓은 푸른 하늘 속으로 훨훨 날아올랐습니다.

벤지와 순무 동화 56

이 이야기는 이자벨 와이어트가 쓴 『7세 아이들을 위한 신기한 이야기』에 나오는 『후긴과 순무』가 원작이다. 원작을 좀 더 짧고 단순하게 다듬었다. '협동'이라는 주제를 담고 있으며 4세 이상의 아이들에게 적합하다.

옛날 옛날에 벤지라는 꼬마가 살았습니다. 벤지가 세상에서 제일 갖고 싶은 것은 동지축제 때 쓸 순무로 만든 초롱이었습니다. 벤지는 마당에 순무 씨 하나를 심고 노래를 불렀습니다.

"순무야, 순무야 쑥쑥 자라라.
나무만큼 집만큼 크게 자라면
동지 밤을 밝혀줄 초롱 만들지.
촛불이 반짝반짝 빛나는 초롱."

햇살이 순무 씨를 따뜻하게 비춰주고 비가 촉촉하게 적셔주어 순무는 무럭무럭 자랐습니다. 쏘옥쏘옥 자라고 쑤욱쑤욱 자라더니 와! 세상에서 제일 크고 제일 둥글고 제일 아삭아삭한 순무가 되었습니다. 벤지는 이제 순무를 뽑을 때가 되었다고 생각했습니다. 그래서 마당으로 가서 순무 꼭지를 단단히 잡고 힘껏 당겼습니다. 끙끙, 영차영차, 끙끙, 영차영차. 하지만 순무는 끄떡도 하지 않았습니다. 바로 그때, 엄마가 마당으로 나왔습니다. "벤지야, 뭐 하니?"

"끙끙, 영차 영차, 순무를 뽑아요
엄마, 엄마! 저와 함께 순무를 뽑아요.
영차 영차 당겨요, 힘껏 잡아당겨요."

엄마는 벤지를 잡고, 벤지는 순무를 잡고, 함께 끙끙, 영차영차, 끙끙, 영차영차. 하지만 순무는 끄떡도 하지 않았습니다. 바로 그때, 할아버지가 마당으로 나왔습니다. "벤지야, 뭐 하니?"

"끙끙, 영차영차, 순무를 뽑아요
할아버지! 저와 함께 순무를 뽑아요.
영차 영차 당겨요, 힘껏 잡아당겨요."

할아버지는 엄마를 잡고, 엄마는 벤지를 잡고, 벤지는 순무를 잡고 함께 끙끙, 영차 영차, 끙끙, 영차 영차. 하지만 순무는 끄떡도 하지 않았습니다. 바로 그때, 토끼가 마당으로 나왔습니다. "벤지야, 뭐 하니?"

"끙끙, 영차 영차, 순무를 뽑고 있지
토끼야! 나와 함께 순무를 뽑자.
영차 영차 당기자, 힘껏 잡아당기자."

토끼는 할아버지를 잡고, 할아버지는 엄마를 잡고, 엄마는 벤지를 잡고, 벤지는 순무를 잡고 함께 끙끙, 영차 영차, 끙끙, 영차 영차. 하지만 순무는 끄떡도 하지 않았습니다. 바로 그때, 생쥐가 마당으로 나왔습니다. "벤지야, 뭐 하니?"

"끙끙, 영차 영차, 순무를 뽑고 있지
생쥐야! 나와 함께 순무를 뽑자.
영차 영차 당기자, 힘껏 잡아당기자."

생쥐는 토끼를 잡고, 토끼는 할아버지를 잡고, 할아버지는 엄마를 잡고, 엄마는 벤지를 잡고, 벤지는 순무를 잡고 함께 끙끙, 영차 영차, 끙끙, 영차 영차. 하지만 순무는 끄떡도 하지 않았습니다. 바로 그때, 애벌레가 마당으로 나왔습니다. "벤지야, 뭐 하니?"

"순무를 뽑고 있지."

"그런데 말이야. 순무를 제대로 뽑으려면 어떻게 해야 하는지 모르니? 뽑아도 되는지 먼저 뿌리 요정에게 물어봤어?" 애벌레가 말했습니다.

어쩌나, 어쩌나! 벤지는 뿌리 요정에게 물어볼 생각은 꿈에도 하지 못했습니다. 벤지는 얼른 땅에 엎드려 큰 소리로 외쳤습니다.

"요정님, 요정님 착한 뿌리 요정님,
순무를 집으로 데려가도 될까요?
동지 밤을 환히 밝혀줄 초롱,
세상에서 제일 멋진 빛나는 초롱을 만들려고요.
초롱 안엔 촛불을 넣을 거예요."

그러자 갑자기 순무 옆쪽 땅에서 불쑥! 아주 조그만 뿌리 요정이 튀어나왔습니다.

"이런, 이런! 그런 줄 몰랐구나, 벤지야." 뿌리 요정이 말했습니다. "처음부터 그렇게 말하지 그랬니? 나는 계속 땅속에서 반대로 끙끙 영차 영차 당기고 있었지. 뿌리 요정이 제일 좋아하는 게 순무로 만든 초롱에서 빛나는 촛불인데 말이야. 이제 내가 허락할 테니 다시 한 번 당겨보렴." 말을 마친 뿌리 요정은 땅속으로 풀쩍, 뛰어들더니 흔적도 없이 사라졌습니다.

다시 애벌레는 생쥐를 붙잡고, 생쥐는 토끼를 잡고, 토끼는 할아버지를 잡고, 할아버지는 엄마를 잡고, 엄마는 벤지를 잡고, 벤지는 순무를 붙잡았습니다. 그리고 모두 함께 끙끙, 영차 영차, 끙끙, 영차 영차. 힘껏 당겼습니다. 그러다가 '쿵' 쥐가 애벌레 위로 넘어지고, '쿵' 토끼가 쥐 위로 넘어지고, '쿵' 할아버지가 토끼 위로 넘어지고, '쿵' 엄마는 할아버지 위로 넘어지고, '쿵' 벤지는 엄마 위로 넘어지고 말았습니다. 벤지의 손에는 세상에서 가장 크고 가장 둥글고 가장 아삭아삭한 순무가 들려있었습니다.

벤지는 벌떡 일어나 엄마에게 "미안해요."하고 말하고, 엄마는 벌떡 일어나 할아버지에게 "죄송해요."하고 말하고, 할아버지는 토끼에게 "미안해."하고 말하고, 토끼는 생쥐에게 "미안해."하고 말하고, 생쥐는 애벌레에게 "미안해."하고 말했습니다. 다행히 아무도 크게 다치지는 않았습니다. 벤지도, 엄마도, 할아버지도, 토끼도, 생쥐도, 애벌레도 모두 하하하하 배꼽이 빠져라 신나게 웃었고, 벤지는 순무를 집에 가져와 초롱을 만들고 그 속에 반짝반짝 빛나는 촛불을 넣었습니다. (그리고 나서 벤지는 엄마가 파낸 순무속으로 수프를 끓이는 것을 도와드렸답니다.)

20 거칠고 산만한 행동

왈가닥 붉은 조랑말 동화57

어린이집에 거칠게 행동하는 4세 남자아이가 있었다. 아이는 여기 저기 뛰어다니며 다른 아이들을 발로 차고 주먹으로 때리고, 잠시도 가만히 있지 않았다. 어린이집의 다른 아이들을 위해 교사 한 사람이 이 아이만 계속 따라다녀야 할 정도였다.

말을 세상에서 제일 좋아하는 아이는 조랑말이 나오는 이야기 속에 푹 빠져들었다. 교사는 이야기를 여러 번 들려주었고, 이야기가 끝나면 언제나 조랑말 놀이를 했다. 그것은 아이들이 차례로 한 명씩 원 중앙에 나와 누우면, 이야기 속 붉은 조랑말에게 하듯 다른 아이들이 와서 쓰다듬고 빗질을 해주는 놀이였다.

잠시도 가만히 있지 못하거나 행동이 거친 4세에서 6세 아이들을 돌보는 부모와 보육교사들은 이 이야기를 여러 방면에서 활용할 수 있다.

옛날 옛날에 붉은 꼬마 조랑말 한 마리가 있었습니다.

"다그닥 다그닥 다그닥 히히힝, 다그닥 다그닥 다그닥 히히힝.
나는야 붉은 꼬마 조랑말! 하루 종일 들판을 신나게 달리지!
다그닥 다그닥 다그닥 히히힝, 다그닥 다그닥 다그닥 히히힝."

아침마다 붉은 꼬마 조랑말은 마구간 안에서 이리저리 뛰고 코를 힝힝거리며 뒷발질을 해댔습니다. 꼬마 조랑말은 갇혀있는 걸 정말 싫어했습니다. 농부 아저씨가 꼬마 조랑말에게 아침 식사로 맛좋은 건초를 주었지만, 건초를 먹으면서도 꼬마 조랑말은 끊임없이 펄쩍펄쩍 뛰고 뒷발질을 해댔습니다. 하는 수 없이 농부 아저씨는 마구간 문을 열고 밖으로 나가게 해 주었습니다.

한번 밖으로 나가면, 꼬마 조랑말은 들판에서 하루 종일 뛰어놀았습니다.

"다그닥 다그닥 다그닥 히히힝, 다그닥 다그닥 다그닥 히히힝."

꼬마 조랑말은 눈만 뜨면 밖으로 뛰어나가고 싶어 했습니다. 하지만 한여름이 되자 들판의 풀조차 누렇게 변해버릴 정도로 해가 이글이글 타올랐습니다. 꼬마 조랑말은 온몸이 먼지범벅이 되어 털 속이 가렵고 근질근질했기 때문에 기분이 아주 나빴습니다. 밤에도 편안히 깊은 잠을 잘 수가 없었습니다. 온종일 뛰어다니느라 털이 먼지와 땀으로 엉망이 되어 온몸 여기저기가 참을 수 없이 덥고 가려웠습니다. 짜증이 난 꼬마 조랑말은 몸부림을 치고 데굴데굴 구르고 펄쩍펄쩍 뛰면서 소란을 피워댔습니다. 다른 조랑말들은 붉은 꼬마 조랑말 때문에 시끄러워 살 수가 없다고 불평하기 시작했습니다. "붉은 꼬마 조랑말이 좀 가만히 있었으면 좋겠어." "붉은 꼬마 조랑말이 조용히 잠 좀 잤으면 좋겠어!" 조랑말들끼리 서로 투덜댔습니다.

그런데 생각지도 못했던 친구 하나가 도움의 손길을 내밀었습니다. 그 친구는 바로 말빗이었습니다. 농부 아저씨는 저녁마다 마구간에서 조랑말들이 잠자리에 들기 전에 말빗으로 조랑말들의 털을 빗겨주었습니다. 말빗은 농부아저씨가 붉은 꼬마 조랑말도 다른 조랑말들처럼 잘 빗기고 보살펴주고 싶어 한다는 것을 잘 알고 있었습니다. 하지만 농부 아저씨는 붉은 꼬마 조랑말이 항상 너무나 거칠게 발로 차고 펄쩍펄쩍 뛰는 바람에 가까이 가려하지 않았습니다.

어느 날 밤 말빗은 붉은 꼬마 조랑말에게 농부 아저씨의 마음을 전해줘야겠다고 결심했습니다. 말빗은 마구간 선반 끝에 기대어 조용히 속삭였습니다.

"붉은 꼬마 조랑말아, 잘 들어봐, 특별한 비밀을 하나 알려줄게.
하루가 끝날 무렵 잠들기 전에 가만히 서서 조용히 있으면
농부 아저씨가 너를 곱게 빗어 편안하게 해주실 거야."

처음에는 함부로 차고 구르는 자신의 발소리 때문에 붉은 꼬마 조랑말은 말빗이 들려주는 비밀 이야기를 듣지 못했습니다. 그래서 말빗은 더 큰 소리로 말했습니다.

"붉은 꼬마 조랑말아, 잘 들어봐, 특별한 비밀을 하나 알려줄게.
하루가 끝날 무렵 잠들기 전에 가만히 서서 조용히 있으면
농부 아저씨가 널 곱게 빗어 편안하게 해주실 거야."

이번에는 말빗이 하는 이야기를 들었습니다. 붉은 꼬마 조랑말은 뛸 듯이 기뻤습니다. 사실 꼬마 조랑말도 매일 밤 편안하게 깊이 잠들고 싶었기 때문입니다. 다음 날 저녁이 되자, 붉은 꼬마 조랑말은 들판에서 일찍 돌아와 마구간 안에서 조용히 있으려고 애를 썼습니다. 네 다리를 움직이지 않고 가만히 있는 것은 정말 힘들었습니다. 네 다리는 뛰어오르고 발로 차고 달리는 걸 정말 좋아하기 때문입니다. 꼬마 조랑말은 여러 번 다리를 타일러야 했습니다. "조금만 가만히 있어보자, 조금만 더."

곧 꼬마 조랑말은 농부 아저씨가 다가오는 소리를 들었습니다. 농부 아저씨는 꼬마 조랑말이 얌전히 서 있는 것을 보고는 깜짝 놀라 눈이 휘둥그레졌습니다. 농부 아저씨는 곧장 가서 말빗으로 꼬마 조랑말을 찬찬히 빗어주기 시작했습니다. 조랑말의 등과 목과 다리 여기저기를 빗어주었습니다. 이쪽으로 긁어주고 저쪽으로 쓸어주었습니다. 목도, 다리도 하나씩 하나씩 찬찬히 긁어주고 빗어주었습니다. 아! 붉은 꼬마 조랑말은 정말정말 기분이 좋았습니다. 농부 아저씨가 빗으로 머리를 찬찬히 빗어주고, 등을 살짝 간질이면서 이쪽저쪽으로 쓸어줄 때마다 꼬마 조랑말은 날아갈 것처럼 시원하고 편안해졌습니다.

빗질이 끝나자 온몸 여기저기 가렵던 것이 싹 사라졌습니다. 그날 밤 붉은 꼬마 조랑말은 정말 오랜만에 푹 잠 들 수 있었습니다. 마구간의 다른 조랑말들은 붉은 꼬마 조랑말이 밤새도록 소란을 피우지 않아 정말 기뻤습니다. 다른 조랑말들은 비밀 이야기를 해준 멋진 말빗

에게 고마워했습니다.

그때부터 지금까지 붉은 꼬마 조랑말은 들판에서 신나게 뛰놀다가도 저녁이 되면 일찌감치 마구간으로 돌아옵니다. 그러곤 농부 아저씨가 와서 털을 빗어줄 때까지 마구간에서 얌전히 기다리지요. 농부 아저씨가 털을 빗어주면 날아갈 것처럼 기분이 좋아지기 때문입니다. 이제 붉은 꼬마 조랑말은 예전보다 훨씬 더 행복한 조랑말이 되었습니다. 매일 밤마다 기분 좋게 잠들 수 있기 때문입니다. 물론 지금도 꼬마 조랑말은 하루 종일 들판에 나가 신 나게 뛰어노는 것을 좋아합니다.

"다그닥 다그닥 다그닥 히히힝, 다그닥 다그닥 다그닥 히히힝."

물론 말빗도 기뻤습니다. 말빗이 가장 좋아하는 건 마구간에 있는 모든 조랑말들을 하나씩 하나씩 빗어주고 쓰다듬어주는 일이기 때문이랍니다.

달팽이와 호박 동화58

이 이야기는 작은 달팽이 껍질과 황토색 천에 올려놓은 호박, 이 두 가지 소품만으로도 인형극을 꾸밀 수 있다. 느리고 단순한 이야기에서 따뜻하고 편안한 분위기가 전해지기 때문에 치유 효과도 좋다. 나는 이 이야기를 들은 3, 4세 아이들이 자유 놀이 시간에 달팽이처럼 느릿느릿 기어가며 노는 것을 여러 번 보았다.

"느릿 느릿 느릿 느릿, 달팽이가 기어가요!"(노래)

옛날 옛날에 꼬마 달팽이

풀밭 길을 내려가요, 꼬마 달팽이
느릿 느릿 느릿 느릿
집 한 채를 등에 업고

길을 가던 달팽이, 호박을 보았어요.
엄청나게 커다랗고 노오란 호박
와아! 커다란 산이다
이 세상에서 제일 큰 산!

느릿 느릿 느릿 느릿
달팽이는 천천히 호박 위로 올라가요
열심히 열심히 애고애고 헥헥
가다가 힘들면 집으로 들어가요.

노래를 부르며 호박 위로 올라가요,
노래를 부르면 심심하지 않지요.

"느릿 느릿 느릿 느릿, 달팽이가 기어가요!"(노래)

호박 꼭지에 올라 한숨을 휴우~
잠깐 땀을 식힌 다음 계속해서 기어가요
곱고 고운 노래를 아름답게 부르며.

"느릿 느릿 느릿 느릿, 달팽이가 기어가요!"(노래)

이젠 다시 반대편으로 내려가야 할 시간
가다가 지치면 집으로 들어가요.
노래하며 조심조심 아래로 아래로
단단한 땅 위로 내려올 때까지

"느릿 느릿 느릿 느릿, 달팽이가 기어가요!"(노래)

땅 위로 내려와도 쉬지 않고 길을 가요.
집 한 채 등에 업고
노래하며 느릿 느릿 풀밭을 지나가요.

(끝나면서 노래를 여러 번 부른다)

잔디별 요정 동화59

잠시도 가만히 있지 못하는 '부산함'과 변형에 관한 유쾌한 이야기. 호주에서는 초여름에 잔디별(회전초)이 모래 언덕과 바닷가에 굴러 다니는 것을 흔히 볼 수 있다. 때로는 수백 개가 한꺼번에 굴러다니 기도 하는데 어느 날 그 모습을 보고 떠오른 이야기다. 운율과 반복 이 많고 점층적 구조로 이루어진 이 이야기는 3세에서 5세 아이들에 게 적합하며, 6세에서 8세 아이들에게도 들려줄 수 있다.

옛날에 자그마한 할머니 한 분이 높고 굵은 풀이 빽빽이 자란 모래 언덕을 지나가고 있었습니다. 할머니는 풀밭 속에서 풀로 된 둥근 공 같은 것을 발견했습니다. 할머니는 손을 뻗어 공을 집어 올렸습니다. 갑자기 공이 펑 하고 터지더니 잔디로 된 조그만 머리가 쑥 튀어 나오 고, 이어서 작은 팔과 다리까지 쑥쑥 튀어 나와 순식간에 조그만 잔 디별 요정이 되었습니다. 잔디별 요정은 금세 할머니 손바닥을 빠져 나가 바닷가로 데굴데굴 굴러갔습니다.
"잠깐만, 꼬마 잔디별 요정아! 나랑 놀지 않을래?" 자그마한 할머니 가 소리쳤습니다.
하지만 꼬마 잔디별 요정은 큰 소리로 대답했습니다.

"나랑 같이 놀자고요? 아니, 아니, 안돼요,

나는 지금 하늘로 돌아가는 길.
여기서 빈둥빈둥 시간을 보낼 순 없어요.
어서 해님이 계신 나라로 돌아갈래요.
쫓아올 테면 쫓아와 봐요.
날 잡을 순 없을 걸. 나는야 잔디별 요정!"

잔디별 요정은 계속해서 모래밭을 굴렀습니다. 데굴데굴 덱데굴 빙글빙글 빙그르르. 그 뒤를 자그마한 할머니가 쫓아갔습니다.

얼마 안 가 잔디별 요정은 갈매기를 쫓던 강아지를 만났습니다. 강아지는 잔디별 요정을 보자 소리쳤습니다. "잠깐만, 꼬마 잔디별 요정아! 나랑 놀지 않을래?"

하지만 꼬마 잔디별 요정은 큰 소리로 대답했습니다.

"나랑 같이 놀자고요? 아니, 아니, 안돼요,
나는 지금 하늘로 돌아가는 길.
여기서 빈둥빈둥 시간을 보낼 순 없어요.
어서 해님이 계신 나라로 돌아갈래요.
쫓아올 테면 쫓아와 봐요.
날 잡을 순 없을 걸. 나는야 잔디별 요정!"

잔디별 요정은 계속해서 모래밭을 굴렀습니다. 데굴데굴 덱데굴 빙글빙글 빙그르르. 그 뒤를 자그마한 할머니와 강아지가 쫓아갔습니다.

얼마 안 가 잔디별 요정은 모래밭 구멍에서 막 나온 게를 만났습니다. 게는 잔디별 요정을 보자 소리쳤습니다. "잠깐만, 꼬마 잔디별 요정아! 나랑 놀지 않을래?"

하지만 꼬마 잔디별 요정은 큰 소리로 대답했습니다.

"나랑 같이 놀자고요? 아니, 아니, 안돼요,
나는 지금 하늘로 돌아가는 길.
여기서 빈둥빈둥 시간을 보낼 순 없어요.
어서 해님이 계신 나라로 돌아갈래요.
쫓아올 테면 쫓아와 봐요.

날 잡을 순 없을 걸. 나는야 잔디별 요정!"

잔디별 요정은 계속해서 모래밭을 굴렀습니다. 데굴데굴 덱데굴 빙글빙글 빙그르르. 그 뒤를 자그마한 할머니와 강아지와 게가 쫓아갔습니다.

얼마 안 가 잔디별 요정은 바닷가에서 낚시를 하는 어부들을 만났습니다. 어부들은 잔디별 요정을 보자 소리쳤습니다. "잠깐만, 꼬마 잔디별 요정아! 우리랑 놀지 않을래?"

하지만 꼬마 잔디별 요정은 큰 소리로 대답했습니다.

"나랑 같이 놀자고요? 아니, 아니, 안돼요,
나는 지금 하늘로 돌아가는 길.
여기서 빈둥빈둥 시간을 보낼 순 없어요.
어서 해님이 계신 나라로 돌아갈래요.
쫓아올 테면 쫓아와 봐요.
날 잡을 순 없을 걸. 나는야 잔디별 요정!"

잔디별 요정은 계속해서 모래밭을 굴렀습니다. 데굴데굴 덱데굴 빙글빙글 빙그르르. 그 뒤를 자그마한 할머니와 강아지와 게와 어부들이 쫓아갔습니다.

그때 반짝반짝 해님이 황금빛 머리를 구름 창문 사이로 쑤욱 내밀자 황금빛 햇살들이 하늘에서 모래밭까지 쏟아져 내렸습니다. 황금빛 햇살 하나가 꼬마 잔디별 요정의 머리 바로 위에서 춤을 추더니 황금빛 가루를 뿌려 잔디별 요정을 반짝반짝 빛나게 해 주었습니다.

그러자 잔디별 요정은 구르기를 멈추고 자리에 앉아 아름다운 새 옷을 찬찬히 살펴보았습니다. 잔디별 요정은 멋진 옷이 자랑스러웠습니다.

"우와! 난 정말 특별한가봐. 내가 해님을 찾아갈 필요 없이 해님이 날 찾아와 주니 말이야!"

잔디별 요정이 황금빛 외투를 자랑스럽게 쓰다듬고 있는 동안 마침내 자그마한 할머니가 잔디별 요정을 잡았습니다.

"애야, 우리 집에 같이 가련? 크리스마스 밤을 밝히는 특별한 초롱으로 너를 우리 집에 걸고 싶은데." "아! 좋아요," 잔디별 요정이 대답했습니다. "따라 갈래요. 황금빛 새 외투를 입었으니 해님만큼 밝게 빛날 거예요."

자그마한 할머니는 주머니에서 실 한 가닥을 꺼내, 한쪽 끝은 할머니 손가락에 다른 끝은 잔디별 요정의 황금빛 외투에 묶어서 요정을 집으로 데리고 갔습니다. 그러곤 황금빛으로 환하게 빛나는 잔디별 요정을 크리스마스 밤을 밝히는 초롱으로 할머니 방에다 걸어두었습니다.

강아지는 갈매기를 쫓으러 돌아갔고, 게는 모래밭 구멍 속으로 다시 기어들어가 곤히 잠들었습니다. 그리고 어부들은… 바닷가에 가면 아직도 낚시를 하고 있는 어부들을 만날 수 있을 거예요.

제이든과 요정의 달걀 동화60

유치원 교사로 일하던 첫 해에 숲 산책 때 소리 지르며 사방팔방으로 뛰어다니는 아이들을 진정시키기 위해 '문지기 나무' 시를 만들었다.(3장 61쪽 참고) 얼마 안 가 숲 산책 때 문지기 나무에게 허락을 받는 것이 일종의 '전통'이 되었다. 아이들은 숲 입구에 있는 문지기 나무 주변에 모여 예의 바르게 문을 두드린 다음, 오늘은 숲이 무엇을 보여주고 들려줄지 눈과 귀를 활짝 열고 조심조심 숲으로 들어갔다. 시와 이야기 모두 숲으로 산책 나갈 때 아이들의 거칠고 산만한 행동을 차분하고 조용한 분위기로 바꾸는 데 큰 효과가 있다.

제이든은 구불구불한 길 끝에 있는 작은 마을에 살았습니다. 집 옆에는 공원이 있고 공원 주변은 숲이었습니다. 숲은 제이든이 가장 좋아하는 놀이터입니다. 제이든은 그곳을 '문지기 나무숲'이라고 불렀습니다. 숲길 입구에 문지기 나무가 있기 때문입니다. 숲에 문지기 요정이 사는 게 분명하다고 생각한 제이든은 늘 숲에 들어가기 전에 먼저 문지기 나무의 문을 공손히 두드렸습니다.

사실 숲에는 다른 문도 많습니다. 그곳은 문지기 요정의 친구들이 사는 집이었습니다. 직접 만난 적은 없지만 제이든은 요정들이 그곳에 산다는 걸 알고 있습니다. 숲에서 가끔씩 요정들이 깔깔거리면서 노는 소리를 들었기 때문입니다. 나뭇잎 사이로 비친 햇살 아래에서 누군가 춤추는 모습을 스치듯 본 것도 같았습니다. 요정들이 지나가면서 생긴 길이나 나무 아래 풀밭에서 춤추던 동그란 흔적을 발견한 적도 있습니다. 제이든은 속으로 생각했습니다. '아무튼 그렇지 않다면 나무마다 저렇게 문이 있을 이유가 없잖아.'

요즘 제이든은 부활절을 앞두고 몹시 들떠있습니다. 작년 부활절 아침에 일어나 밖으로 나가보니 문 앞에 색색의 반짝이는 달걀이 가득한 작은 바구니가 있던 것이 기억났습니다.

하루는 "숲 속 요정 아이들은 부활절 아침에 무엇을 찾을까요?" 하고 물었더니 엄마는 빙그레 웃으며 "네가 그 친구들보다 더 일찍 일어나서 가보면 알겠구나." 하셨습니다.

"와아, 그렇게 하면 되겠네요!"

부활 주간 금요일에 제이든은 핫 크로스 번을 굽느라 바빴습니다. 옆집 가족들에게 한 접시씩 보내기도 했습니다. 빵을 굽고, 이웃에 나누고, 또 배불리 먹느라 하루가 다 갔습니다.

부활 주간 토요일이 되었습니다. 다음 날을 기다리느라 하루가 아주 길게 느껴졌습니다. 그날 밤 제이든은 일찌감치 잠자리에 들었습니다. "엄마, 숲 속 요정 아이들이 언제 일어나는지 어떻게 알죠?" 제이든이 엄마에게 물었습니다. "아침 햇살이 아이들을 깨운단다. 웃음물총새[01]가 첫 울음을 울 때 일어나서 햇살이 비치기 전에 숲에 가보렴."

다음 날 아침 제이든은 웃음물총새가 첫 울음을 울자마자 일어나 창밖을 내다보았습니다. 부활절 아침에 일찍 일어났지만 문지기 나무

---

01 역주: kookaburras 호주에 흔한 물총새. 사람 웃음소리 비슷한 소리를 낸다.

숲에 갈 생각에 빠져, 정작 부활절 달걀 찾을 생각은 까맣게 잊고 있었습니다. 아직 사방이 캄캄했지만 제이든은 조용히 일어나 옷을 입고 조금씩 아침노을이 물들기 시작하는 공원을 지나 숲으로 달려갔습니다.

다행히 잔디가 이슬에 젖어 있어 아무 소리도 내지 않고 숲으로 들어갈 수 있었습니다. 시끄러운 발소리 때문에 숲 속 요정 친구들이 깨면 큰일이니까요. 문지기 나무 앞에 도착한 제이든은 가만히 서서 주위를 살폈습니다. 문 근처에는 이른 새벽부터 부지런히 일하는 바쁜 개미 몇 마리 말고는 아무것도 없었습니다. 잔뜩 기대에 부풀어 있던 제이든은 실망했습니다. '숲 속 요정 친구들은 부활절에 아무것도 받지 않나? 내가 너무 늦게 왔나? 아니면 아, 그래, 문지기 요정들에겐 아이가 없나보나!'

그 생각을 하자 제이든은 다시 기운을 내어 숲으로 조금 더 들어가 보기로 했습니다. 그래서 조그만 문이 있는 다음 나무를 향해 살금살금 숲길을 걸었습니다. 놀랍게도 그 나무 앞에는 세상에서 제일 작은 바구니가 현관 계단참 바로 옆에 놓여 있었습니다.

허리를 굽혀 안을 들여다보니 바구니 안에는 세상에서 제일 작은 달걀이 들어있었습니다. 지난 주에 엄마와 함께 텃밭에 심었던 당근 씨보다도 더 작은 달걀이었습니다.

제이든은 또 다른 문지기 나무를 찾아 계속 숲길을 걸어갔습니다. 다음 문 앞에는 작은 바구니 세 개가, 그 다음에는 두 개가, 그 다음에는 하나도 없고, 그 다음에는 하나… 문지기 나무 앞에 놓인 바구니를 찾다보니 어느새 숲이 끝나고 밖으로 나가는 길까지 나오게 되었습니다. 제이든은 뒤로 돌아 집을 향해 아까처럼 살금살금 걸어갔습니다. 작은 바구니 하나만 가져가서 엄마께 보여드리고 싶은 마음이 굴뚝같았지만 절대 그럴 수는 없는 일이지요. 숲 속 요정 친구가 일어나 문 앞에 아무것도 없는 걸 보면 얼마나 실망하겠어요!

그 순간 제이든은 서둘러 문지기 나무숲에 올 생각만 하느라 정작 자기 집 뒷문 계단참을 살피는 걸 까맣게 잊어버린 것을 깨달았습니다. 제이든은 공원을 지나 집 뒷문까지 쏜살같이 달려갔습니다. 햇살이 잔디밭을 지나 뒷문 계단을 비추고 있었습니다. 그리고 계단참에는 알록달록한 달걀이 가득한 부활절 바구니가 아침 햇살을 받으며 놓여 있었지요. 제이든은 집 안으로 들어와 부엌 탁자에 바구니를 놓고 꾸러미를 풀기 시작했습니다. 바닥에 있던 달걀을 들어 올리자 문지기 나무숲에서 보았던 것과 똑같은 조그만 요정 바구니가 숨어 있었습니다. 바구니 안 자그마한 달걀 위에 이런 편지가 놓여있었답니다.

"부활의 빛 가득한 요정의 달걀 몇 개를
상냥하고 지혜로운 소년에게 드립니다.
가을날 정원에 이 씨앗을 뿌려주세요.
이듬해 봄에는 예쁜 꽃으로 피어날 거예요."

IV

어려운 상황에 처한
아이들을 위한 이야기

아이들이 성장 과정 중 겪을 수 있는 힘든 상황에 대한 이야기를 담았다. 이사나 전학처럼 비교적 단순 명료한 경우부터 두려움이나 질병, 가까운 사람을 잃는 슬픔처럼 복잡한 상황까지, 다양한 어려움에 처한 아이들에게 힘을 줄 수 있는 이야기들이다. 이야기만으로 아이들의 큰 상처가 모두 해결되는 것은 아니지만, 이야기는 분명 아이들에게(사실 부모들에게도) 두려움과 걱정을 마주할 수 있는 용기를 선사하며, 상상력 넘치는 해결책을 찾아내게 도와준다.

21 변화와 적응

22 정리하기

23 두려움과 악몽

24 질병, 슬픔, 죽음

25 동생이 태어났어요

26 분리 불안

21 변화와 적응

새로운 건 다 싫어 동화61

이 이야기는 이사나 전학, 또는 그에 준하는 환경변화를 겪는 4세 이상의 아이들에게 적합하며, 웜뱃 대신 주머니쥐나 캥거루처럼 배주머니가 있는 다른 새끼주머니 동물을 등장시켜도 좋다.
　　학령기 아이들과는 장면별로 그림을 그리거나 짧은 연극으로 표현해보고, 집이나 학교를 옮기면 기분이 어떨지 토론해본다. 이 주제로 글쓰기를 할 수도 있다.

웜비 우는 새롭고 낯선 것은 뭐든지 싫어하는 꼬마 웜뱃입니다.
웜비 우는 지금 따뜻하고 복실복실한 엄마의 배주머니 안에서 살고 있습니다. 물론 앞으로도 계속 여기서 살 생각입니다. 정말 편안하거든요. 왜 이렇게 좋은 곳을 떠나 다른 곳에서 살겠어요?
가끔씩 웅덩이에서 물을 마시거나 달콤한 이끼 풀을 뜯어먹을 때는 주머니 밖으로 기어 나오기도 하지만 볼일을 마치면 얼른 돌아갑니다. 바람이 불어 털을 헝클어 놓기라도 하면 웜비 우는 부리나케 엄마의 배주머니 속으로 폴짝 뛰어들지요.
웜비 우는 새로운 것은 뭐든지 다 싫어한답니다.
빗방울이 머리 위로 톡톡 떨어지기만 해도 부리나케 배주머니 속으로 폴짝 뛰어들지요.
웜비 우는 새로운 것은 뭐든지 다 싫어한답니다.
다른 웜뱃들이 조금만 가까이 다가와도 부리나케 배주머니 속으로 폴짝 뛰어들지요.

웜비 우는 새로운 것은 뭐든지 다 싫어한답니다.

엄마의 배주머니는 웜비 우의 집이고 태어나서 지금까지 여기서만 살았습니다. 하지만 웜비 우의 키가 쑥쑥 자라고 몸집이 부쩍부쩍 커져도 엄마의 배주머니는 예전 크기 그대로였습니다.

어느 날 아침 일찍 웜비 우는 웅덩이에서 물을 엄청나게 많이 마시고 달콤한 이끼 풀도 평소보다 훨씬 많이 뜯어먹었습니다. 그런 다음 엄마의 배주머니로 다시 들어가려고 했습니다. 하지만 어찌된 일인지 머리만 간신히 들어가고 몸은 아무리 애를 써도 들어가지 않았습니다. 깜짝 놀란 웜비 우는 이번에는 배를 먼저 밀어넣고 다시 들어가려고 버둥대 보았지만 아무 소용이 없었습니다. 이번에는 발을 먼저 넣고 들어가려고 이리 꿈틀 저리 꿈틀 해보았지만 역시나 들어갈 수가 없었습니다.

웜비 우는 이제 어쩌면 좋을까요? 갑자기 엄마의 배주머니가 아닌, 넓고 넓은 세상에 뚝 떨어진 웜비 우는 모든 것이 새롭고 낯설었습니다. 웜비 우는 새로운 거라면 뭐든 질색을 하는 웜뱃인데 말이지요.

주위를 둘러보니 잔가지가 무성한 키 작은 덤불이 보였습니다. 웜비 우는 그 밑으로 기어가 모래에 구멍을 파고 몸을 둥글게 말고 웅크렸습니다. 엄마의 배주머니와는 비교도 할 수 없었지만 어쩌겠어요, 지금은 여기밖에 갈 데가 없는 걸요. 웜비 우는 눈을 감고 잠을 청했지만 사방이 낯설어 도무지 잠을 이룰 수가 없었습니다.

갑자기 나무 속 어딘가에서 지금껏 한 번도 들어본 적 없는 아주아주 시끄럽고 정말정말 괴상한 소리가 들려왔습니다.

"우, 우, 우, 우, 아, 아, 아, 아, 우, 우, 우, 우, 아, 아, 아, 아."

고개를 들어 올려다보니 바로 머리 위 나뭇가지에 흰색과 갈색이 뒤섞인 커다란 새가 앉아 있었습니다.

"아저씬 누구세요?" 웜비 우가 물었습니다. "왜 그렇게 시끄러운 소리를 내고 있어요?"

"난 웃는물총새야. 난 원래 이렇게 웃어. 그리고 난 지금 네가 웃겨서 웃고 있는 거야. 우, 우, 우, 우, 아, 아, 아, 아."

"뭐가 그렇게 웃겨요?" 웜비 우가 물었습니다.

"우, 우, 우, 우, 아, 아, 아, 아. 웜비 우야, 넌 참 웃겨. 새로운 거라면 뭐든지 다 싫어하다니 얼마나 웃긴지 몰라. 넌 '새로운 것'이 '재미난 것'일 수도 있다는 걸 모르는가 보구나?"

웜비 우는 이 말을 듣고 깜짝 놀랐습니다. "그렇지만 여기 추운 모래 구멍 속에 누워있는 건 하나도 재미없는 데요?"

"그래? 그럼 날 따라오렴." 웃는물총새 아저씨는 이렇게 말하면서 나무 위로 훌쩍 날아가 큰 소리로 웃으며 앞장섰습니다.

"우, 우, 우, 우, 아, 아, 아, 아, 우, 우, 우, 우, 아, 아, 아, 아."

웜비 우는 자리에서 일어나 미심쩍은 눈으로 조심스럽게 웃는물총새 아저씨를 따라갔습니다. 지금 막 언덕 위로 떠오른 달님이 밝게 빛나고 있었습니다. 길가에 핀 들꽃들도 웜비 우를 보고 예쁜 머리를 까딱까딱 흔들어주었습니다. 그 모습이 꼭 "넓은 세상에 온 걸 환영해."하며 반겨주는 것처럼 보였습니다. 잠자리들이 이 나무 저 나무로 너울너울 날아다니고, 개구리들이 사방에서 개굴개굴 울어댔습니다. 웜비 우는 바깥세상이 이렇게나 아름다운 것을 알고 깜짝 놀랐습니다.

길을 따라 걷다보니 물웅덩이가 나왔습니다. 그곳은 엄마가 한 번도 데려간 적이 없는 새로운 물웅덩이였습니다. 웅덩이 주위에는 수많은 꼬마 웜뱃들이 진흙 위를 뒹굴고 얕은 물속에서 찰박거리며 놀고 있었습니다. 모두 웜비 우와 비슷한 또래들이었습니다. 꼬마 웜뱃들이 웜비 우를 보고 소리쳐서 불렀습니다.

"웜비 우, 어서 와서 우리랑 놀자!"

웜비 우는 꼬마 웜뱃들과 밤새도록 신나게 놀았습니다. 다음 날 아침이 되자 엄마와 아빠 웜뱃들이 물웅덩이로 아이들을 데리러 왔습니다. 웜뱃들은 함께 나무 밑 부드러운 땅에 구멍을 여러 개 파고 하루 종일 구멍 속에서 쿨쿨 잤습니다. 웜뱃 식구들에게 둘러싸여 자는 것은 무척이나 따뜻하고 아늑했습니다.

다음 날 웜비 우는 눈을 뜨자마자 또 친구들과 어제처럼 신나게 놀고 싶었습니다. 정말 재미있었거든요. 친구들은 매일 밤마다 웜비 우가 새로운 것을 해보고 새로운 것을 배우도록 도와주었습니다. 놀랍게도 웜비 우는 이제 새로운 것을 좋아하게 되었습니다.

웜비 우는 웃는물총새 아저씨가 해질녘이나 해 뜰 무렵에 키 큰 나무 꼭대기에 앉아

"우, 우, 우, 우, 아, 아, 아, 아, 우, 우, 우, 우, 아, 아, 아, 아."

웃는 소리를 듣습니다. 하지만 웜비 우는 웃는물총새 아저씨가 더 이상 자기를 보고 웃는 것이 아니라는 것을 알고 있습니다. 웃는물총새 아저씨는 그저 신이 나서 즐겁게 웃는 것뿐이랍니다.

카멜레온의 하루 동화62

학교나 집에서 상황이 변하거나 활동이 전환되는 걸 받아들이기 힘들어하는 6세 아이가 있었다. 한 활동을 끝내고 다른 활동으로 넘어가는 것을 이상하리만치 싫어해서 아침 놀이를 끝내고 간식을 먹거나, 바깥놀이를 마치고 이야기를 듣는다거나, 목욕을 끝내고 잠자리에 들 때마다 엄마는 아이와 한바탕 씨름을 해야 한다고 했다.

카멜레온이 주인공인 이야기를 몇 개 짜보았다. 아이가 정원에 가끔씩 나타나는 카멜레온을 아주 좋아한다고 엄마가 귀띔을 해주었기 때문이다. 이야기 속에서 상황이 바뀔 때마다 색깔 카드를 이용해서 재미있게 연결되도록 구성하였다.

카멜레온은 아주 독특하고 특별한 동물이다. 몸 색깔을 주위 환경에 맞춰 자유자재로 바꿀 수 있으며, 보호색은 갈색, 초록, 파랑, 노랑, 빨강, 검정, 하양 등으로 다양하다. 이런 특성을 이용하여 카멜레온이 그려진 일곱 장의 색깔 카드를 놀이, 청소, 식사, 일,

목욕, 이야기 듣기, 잠자기의 일곱 가지 활동과 연결시켰다. 이야기를 들려준 뒤 일상생활에서도 활동이 바뀔 때마다 카드를 사용했더니 다른 활동으로 넘어가는 것에 대한 거부감이 확연히 줄어들었다.

이야기는 아이의 일과를 본 딴 꼬마 카멜레온의 하루 일과를 되짚는 단순한 구성이다. 각 가정의 일과와 필요에 따라 나머지를 채울 수 있도록 여기에는 이야기의 도입부분만 수록한다.

옛날 옛날에 꼬마 카멜레온 한 마리가 정원 구석에 놓인 속이 빈 통나무 안에서 가족들과 함께 살고 있었습니다. 꼬마 카멜레온은 아침이면 자리에서 일어나 갈색 옷으로 갈아입은 다음 갈색 애벌레를 아침밥으로 먹었습니다. 식사를 마치고 나면 초록색 옷으로 갈아입은 다음 밖으로 나가 초록 이끼로 덮인 바위 위에서 놀았습니다. 그러다가 정리 시간이 되면 꼬마 카멜레온은... 밤이 되면 꼬마 카멜레온은 밤하늘처럼 새까만 잠옷으로 갈아입었습니다. 잠옷에는 밤하늘의 총총한 별처럼 반짝이는 은빛 별이 수놓아져 있었습니다.
(활동이 바뀔 때마다 노래나 운율이 있는 문장을 덧붙이면 이야기가 더욱 풍부해진다)

"색깔이 바뀌면 하던 일을 바꿔요.
하루에도 몇 번씩 색깔을 바꾸죠."

'모두 제자리' 농부 아주머니 동화 63

'모두 제자리' 농부 아주머니네 농장의 모든 것은 각자의 자리와 쓰임이 있다. 찬장에 숨어 볼일을 보고 바지를 적시곤 하던 5세 남자아이가 있었다. 엄마는 아이를 혼내기보다 이 이야기를 변형시켜 재미있는 이야기처럼 들려주었다. '모두 제자리' 농부 아주머니의 농장에서 볼일을 보기에 적절한 장소는 당연히 화장실이다. 또 이 이야기에는 진흙탕 속에서 뒹굴고 노는 장면이 자주 등장한다. 이런 요소는 더러워지는 것을 못 참는 아이들이 흙 속에 손을 담가볼 마음을 내게 해줄 수 있다. 진흙투성이가 되긴 하겠지만 놀이가 끝난 다음 깨끗이 씻으면 된다는 생각을 갖게 해준다. 5세에서 8세 아이들에게 적합한 이야기로 환경이 변하는 상황에서 아이들이 안정감을 갖도록 도와준다.

옛날 옛날에 하얀 꼬마 오리가 살았습니다. 꼬마 오리는 다른 하얀 오리들처럼 연못에서 수영하며 노는 것을 좋아하지 않습니다. 대신 연못가의 진흙 웅덩이에서 첨벙거리고 노는 것을 좋아합니다. 그러다보니 꼬마 오리는 하얗고 깨끗한 날이 드물고 온몸이 진흙투성이인 날이 허다했지요. 친구들은 꼬마 오리를 '진흙 범벅이'라고 불렀습니다. 하루 종일 꼬마 오리는 진흙탕에서 혼자 놀았습니다. 그러다가 지치고 배가 고파지면 연못 속에 들어가 진흙을 깨끗이 씻어낸 다음 엄마 곁으로 헤엄쳐 오곤 했습니다. 꼬마 오리는 엄마 오리의 부드럽고 폭신폭신한 깃털에 푹 안겨 잠드는 것을 좋아합니다. 잠을 자면서도 꼬마 오리는 다음 날도 진흙탕에 가서 맘껏 질퍽거리고 놀 생각으로 즐거웠습니다.

오리들은 '모두 제자리' 농부 아주머니 농장의 연못에 살고 있었습니다. '모두 제자리' 농부 아주머니는 농장의 모든 것이 각자의 자리에 있는 것을 좋아했습니다. 아주머니는 매일매일 농장 일을 하러 가면서 노래를 불렀습니다.

"모든 건 자기 자리, 제자리가 있지."

농부 아주머니는 창밖으로 하얀 오리들은 연못에, 소들은 들판에, 닭들은 마당에, 돼지들은 돼지우리의 진흙탕에 있는 모습을 바라보면서 행복하게 웃었습니다.

그러던 어느 날 '모두 제자리' 농부 아주머니가 연못 옆을 지나다가 뭔가 동그랗고 진흙투성이인 것이 진흙 웅덩이에서 놀고 있는 것을 보았습니다. '이런, 새끼 돼지 한 마리가 돼지우리 밖으로 떨어졌구나.' 이렇게 생각한 아주머니는 별 생각 없이 그 둥그런 진흙 덩어리를 집어 돼지우리로 들고 갔습니다. 돼지우리에 다시 조심히 넣어주면서 노래를 불렀습니다.

"모든 건 자기 자리, 제자리가 있지."

길을 잃고 헤매는 것을 제자리로 돌려놓아서 뿌듯해진 아주머니는 다시 즐겁게 일을 하러 갔습니다.

하지만 그 둥그런 진흙 덩어리는 새끼 돼지가 아니었습니다. 실은 진흙 범벅이 된 하얀 꼬마 오리였답니다. 처음에 꼬마 오리는 돼지우리의 근사한 진흙 밭에서 뒹구는 것이 좋아 아무 불만이 없었습니다. 워낙 진흙 범벅이라 그 덩어리가 돼지가 아니라는 것을 아무도 눈치채지 못해 새끼 돼지들과 진흙 위를 데굴데굴 구르며 하루 종일 놀았습니다. 그런데 해가 지고 어둠이 내려앉자 꼬마 오리는 어쩐지 마음이 불편하고 안절부절하기 시작했습니다. 새끼 돼지들은 모두 푸근하고 넉넉한 엄마 돼지 품에서 잠이 들었지만 진흙 범벅이는 엄마 오리의 부드러운 깃털이 그리워서 잠이 오지 않았습니다.

게다가 진흙 범벅이는 꼬르륵꼬르륵 소리가 날 정도로 배가 고팠습니다. 아까 농부 아주머니가 돼지우리에 넣어주었던 음식 찌꺼기는 엄마 오리가 간식으로 주는 민달팽이나 애벌레만큼 맛있지 않았기 때문입니다. 결국 진흙 범벅이는 어떻게든 집으로 돌아가야겠다고 결심했습니다. 돼지우리 울타리까지는 뒤뚱거리며 간신히 도착했지만 온몸이 진흙투성이인 탓에 너무 미끄러워 울타리를 기어오를 수가 없었습니다. 아무리 올라가도 자꾸만 미끄러져 엉덩방아를 찧었습니다. 별 수 없이 올라가는 대신 울타리 밑으로 지나갈 방법을 찾아야 했습니다. 한참 동안 땅을 파야 했지만 진흙 범벅이에겐 단단한 주둥이가 있기 때문에 그나마 할 수 있었습니다.

땀을 뻘뻘 흘리며 한참을 애쓴 끝에 마침내 진흙 구덩이 밑으로 터널을 만들었습니다. 터널을 지나 돼지우리 울타리 바깥으로 나온 꼬마 오리는 평소보다도 몇 배나 더 진흙 범벅이 되었습니다. 귀에도, 눈에도, 입에도, 심지어 콧속까지도 진흙이 가득 들어갔습니다. 아무리 진흙 범벅이라 해도 이 정도로 진흙을 뒤집어쓰는 건 별로 내키지 않는 일이었습니다.

만약 '모두 제자리' 농부 아주머니가 그 순간에 마침 창밖을 내다보고 있었다면 웬 둥그런 진흙 덩어리가 돼지우리를 나와 뒤뚱거리며 연못으로 내려가고 있는 것을 보고 깜짝 놀랐겠지요. 하지만 아주머니는 하루 종일 농장의 모든 것들을 제자리에 정리해 놓느라 피곤해서 벌써 깊이 잠든 뒤였습니다. 진흙 탓에 미끄러지고 넘어지면서 뒤뚱뒤뚱 연못에 도착한 진흙 범벅이는 시원하고 깨끗한 물로 풍덩 뛰어들었습니다. 진흙을 깨끗이 씻어내는 데 평소보다 시간이 아주 많이 걸렸습니다. 돼지우리의 진흙은 연못가 진흙보다 훨씬 더 끈적끈적하고 질퍽한 것이 분명했습니다. 하지만 마침내 진흙 범벅이는 다시 하얗고 깨끗한 꼬마 오리가 되어 엄마 오리에게 헤엄쳐 갔습니다.

엄마 오리는 잃어버린 꼬마 오리가 달빛 아래 헤엄쳐 오는 것을 보고는 뛸 듯이 기뻤습니다. 게다가 엄마 오리는 진흙 범벅이를 위해 특별히 맛있는 달팽이와 애벌레를 잔뜩 남겨놓았기 때문에 꼬마 오리는 배부르게 저녁을 먹을 수 있었습니다. 밥을 다 먹은 꼬마 오리는 아무 말 없이 엄마 오리의 부드러운 깃털 속으로 파고들어가 편안히 잠을 잤습니다.

사실 지금도 엄마 오리는 그날 꼬마 오리가 어디를 갔다 왔는지 모릅니다. '모두 제자리' 농부 아주머니도 그 날 돼지우리에 넣어주었던 진흙 덩어리가 새끼 돼지가 아니었다는 것을 까맣게 모르고 계시지요.

아무튼 그 뒤로 지금까지 '모두 제자리' 농부 아주머니는 연못가 진흙 웅덩이에서 동그란 진흙 덩어리를 발견한 적이 없습니다. 진흙 범벅이는 여전히 진흙 구덩이에서 노는 것을 좋아하지만 농부 아주머니 눈에 띄지 않도록 아주 조심하기 때문이랍니다. 농부 아주머니가 창밖을 내다보고 있을 때면 언제나 하얀 오리들은 연못에, 소들은 들판에, 닭들은 마당에, 돼지들은 돼지우리 진흙밭을 구르고 있답니다. 농부 아주머니는 농장에서 오늘도 노래를 부르며 즐겁게 일을 합니다.

"모든 건 자기 자리, 제자리가 있지."

꼬마 조가비 〔동화64〕

새로 등원한 아이들이 유치원에 적응하는 시기에 많은 도움을 주는 이야기. '집처럼' 따뜻하고 편안한 분위기를 전해줄 뿐만 아니라, 아이들이 한 바구니의 조개껍질 같은 단순한 재료만 가지고 상상의 나래를 펼 수 있도록 자극한다.

　　　　3세에서 4세 아이들을 위해 쓴 이야기로 간단한 인형극 형태로 들려주는 것이 가장 효과적이다.

하얀 꼬마 조가비 하나가 파랗고 파란 바다 위를 혼자서 떠다니고 있었습니다. 조가비는 속으로 생각했습니다. '나는 어디로 가는 걸까? 나는 무엇이 될까?'
그 순간 갑자기 파도가 밀려와 꼬마 조가비를 데려갔습니다. 조가비는 파도에 휩쓸려 데굴데굴 굴러갔습니다.

　　앞으로 뒤로, 이쪽저쪽, 이리저리, 데굴데굴

꼬마 조가비는 물속에 거꾸로 떨어졌습니다. 그러자 다른 파도가 밀려와 조가비는 다시 데굴데굴 굴러갔습니다.

　　앞으로 뒤로, 이쪽저쪽, 이리저리, 데굴데굴

이번에는 꼬마 조가비가 거꾸로 떨어졌는지 똑바로 서있는지 생각할 겨를도 없이 엄청나게 큰 파도가 밀려왔습니다.

　　앞으로 뒤로, 이쪽저쪽, 이리저리, 데굴데굴

파도는 꼬마 조가비를 길게 뻗은 금빛 바닷가 모래밭에 떨어뜨렸습니다.
모래 위에 놓인 조가비는 아침 햇살에 반짝반짝 빛났습니다. 분홍색과 하얀색의 예쁜 무늬도 반짝반짝 빛났습니다. 꼬마 조가비는 속으로 생각했습니다. '나는 어디로 가는 걸까? 나는 무엇이 될까?'

그때 할머니 한 분이 이른 아침 산책을 즐기러 바닷가에 나왔습니다. 할머니는 모래밭을 따라 걷다가 분홍색과 하얀색에 예쁜 무늬가 있는 꼬마 조가비를 발견했습니다. 할머니는 조가비를 주워 이리저리 살펴보더니 "우리 손녀딸이랑 친구하면 좋겠구나." 하며 꼬마 조가비를 주머니에 넣고 집으로 돌아갔습니다.

집에 도착한 할머니는 손녀딸이 새근새근 잠들어 있는 침대로 살금살금 다가갔습니다. 할머니는 분홍색과 하얀색에 예쁜 무늬가 있는 꼬마 조가비를 손녀의 침대 옆 탁자 위에 올려놓았습니다. 그런 다음 할머니는 아침 식사로 먹을 죽을 만들러 부엌으로 갔습니다. 조가비는 책상 위에서 속으로 생각했습니다. '나는 어디로 가는 걸까? 나는 무엇이 될까?'

손녀딸이 잠에서 깨어 탁자 위에 예쁜 조가비가 놓인 것을 보고는 그것을 집어서 갖고 놀기 시작했습니다. 조가비는 인형들의 멋진 찻잔이 되어주기도 하고, 곰 인형의 작은 전화기가 되어주기도 했습니다.

곧 할머니는 아침 식사를 하라고 식구들을 불렀습니다. 손녀딸이 죽을 먹는 동안 작은 조가비는 탁자 위에 얌전히 앉아 기다렸습니다. 식사를 마친 손녀딸은 조가비를 집 앞 모래사장으로 데려가 온갖 놀이를 하며 놀았습니다. 모래도 파고, 성도 쌓고, 이런저런 모양을 만들기도 하면서 함께 재미나게 놀았습니다.

할머니는 베란다 의자에 앉아 손녀딸이 노는 것을 지켜보았습니다. "할머니 고맙습니다. 정말 멋진 장난감이에요." 아이가 외쳤습니다. 꼬마 조가비는 드디어 자기에게 친구와 살 집이 생겼다는 것을 알았습니다. 이제 꼬마 조가비는 자신이 어디에 있어야 하는지, 무엇을 해야 하는지 알게 되었답니다.

22 정리하기

정리 대왕 테디 〔동화 65〕

아이들(과 부모들)에게 방과 장난감을 깨끗하게 정돈하는 마음을 갖도록 돕는 이야기로 4세에서 8세 아이들에게 적합하다. 아이들이 어질러진 방(장난감이 온통 뒤죽박죽 섞이고 엉망진창 삐뚤빼뚤인 방)과 정리 대왕 테디, 램프 인형, 깨끗하게 정돈된 방(장난감이 종류대로 착착 제자리에 있고, 차곡차곡 쌓여있고, 나란히 나란히 정돈된 방)을 직접 그려 그림책을 만들어보는 활동으로 연결시킬 수도 있다.

곰 인형 테디는 작은 방 한쪽 구석에 놓인 장난감 상자에서 살고 있습니다. 원래는 상자 안에 테디와 함께 다른 장난감들도 많이 살았습니다. 그 상자는 아주 넓고 긴 집이지만 장난감들은 항상 바닥에서 이리저리 나뒹굴고 있어 방은 온통 장난감으로 뒤죽박죽 섞이고 엉망진창 삐뚤빼뚤이네요.

여기는 앰버라는 여자아이의 방입니다. 앰버는 방 정리에 통 관심이 없습니다. 그렇다고 앰버가 게으른 아이는 아닙니다. 부모님이 늘 방을 치워주시기 때문에 어지른 장난감을 직접 정리하는 게 얼마나 재미있는 일인지 알지 못할 뿐입니다. 앰버의 부모님은 앰버의 방에 들어오시면 장난감들이 온통 뒤죽박죽으로 섞이고 엉망진창 삐뚤빼뚤인 것을 보고 쯧쯧 혀를 차십니다. 그러고는 장난감을 차곡차곡 가지런히 정리하여 말끔하게 치워주시지요.

테디는 주변이 깔끔하게 정리된 것을 정말 좋아합니다. 그러면 마음이 차분해지고 편안해지거든요. 그런데 앰버가 몇 시간만 놀고 나면 물건들이 어질러지고 방은 온통 뒤죽박죽 섞이고 엉망진창 삐뚤빼뚤이 되어버리는 거예요.

그러던 어느 날 그 방에 아주 특별한 친구가 이사를 왔습니다. 그때부터 모든 게 달라지기 시작했답니다. 그 특별한 친구란 바로 앰버가 생일 선물로 받은 아름다운 램프 초롱이입니다. 초롱이는 어디서나 볼 수 있는 평범한 받침대의 흔하디흔한 램프가 아니었습니다. 받침대는 황금빛 인형이고 갓은 분홍색 꽃무늬를 수놓은 우산 모양의 멋진 램프였습니다. 초롱이는 앰버의 책장 위 높은 곳에 자리를 잡았습니다. 그곳에서는 방 전체를 한눈에 내려다 볼 수 있습니다.

바닥에 있는 장난감과 상자 안에 있는 장난감들 모두 초롱이를 올려다보았습니다. 저마다 초롱이가 예쁘다고 한마디씩 칭찬을 했지만 그 중에서도 테디는 초롱이가 들어온 순간부터 눈을 떼지 못했습니다. 이렇게 아름다운 광경은 처음입니다. 특히 저녁에 초롱이가 황금빛으로 환하게 방 안을 비출 때는 정말로 아름다웠습니다.

그런데 집에 온 지 며칠이 되지 않아 초롱이의 불빛이 그만 꺼져 버리고 말았습니다. 앰버가 아무리 버튼을 눌러도 소용이 없었습니다. 앰버의 부모님도 전구를 살펴보고 전기에 대해 잘 아는 이웃을 불러 물어보기도 했지만 누구도 초롱이가 왜 빛을 내지 않는지 이유를 알지 못했습니다.

테디는 아주 슬펐습니다. 하지만 테디가 할 수 있는 일은 아무것도 없었습니다. 장난감이 대체 뭘 할 수 있겠어요? 난장판이 된 방 안을 둘러보니 마음은 더욱 슬퍼졌습니다. 앰버의 부모님은 초롱이의 불이 왜 들어오지 않는지에만 열중하느라 더 이상 방 정리에 신경을 쓰지 않았습니다.

테디는 슬픈데다가 이젠 속까지 상하기 시작했습니다.

'대체 앰버는 왜 방 정리를 하지 않는 거야? 방이 깨끗하고 잘 정돈이 되면 모두가 기분 좋고 행복해진다는 것을 모르는 걸까?'

문득 테디에게 이런 생각이 떠올랐습니다. '어쩌면 그것 때문에 초롱이가 일부러 불을 껐을지도 몰라. 그렇게 예쁜 초롱이가 이렇게 엉망

진창인 방에다 빛을 비추고 싶겠어?'

테디는 엉망진창인 방을 어떻게든 해 봐야겠다고 생각했습니다. 테디는 그저 장난감일 뿐이지만 정리정돈 잘하는 장난감이 되지 말란 법은 없으니까요. 테디는 쓱쓱싹싹 정리를 시작했습니다. 인형은 인형집에 잘 넣어놓고, 책은 책꽂이에 착착 꽂고, 퍼즐 조각은 차곡차곡 주워 담고, 자동차는 차고에 나란히 나란히 세워놓았습니다. 그렇게 모든 것을 있어야 할 자리에 단정하게 정리해나갔습니다.

온통 뒤죽박죽 섞이고 엉망진창 삐뚤빼뚤이던 방이 몰라보게 달라졌습니다. 장난감과 물건을 착착 나누어 차곡차곡 쌓고 나란히 나란히 놓았습니다. 테디는 방이 얼마나 깨끗해졌는지 보려고 고개를 돌렸습니다.

그때 갑자기 초롱이가 저절로 켜지면서 방 전체를 아름다운 빛으로 환하게 비추었습니다. 불이 들어오는 순간 테디의 귀에 작은 속삭임이 들렸습니다. "고마워, 정리 대왕 테디야!" 초롱이가 테디에게 고맙다는 인사를 건넨 것이었습니다.

테디는 기쁨으로 가슴이 터질 것 같았습니다. 그리고 아주 자랑스러웠습니다. 테디는 장난감 상자 속으로 들어가 편안하게 누웠습니다. 그리고 아름다운 초롱이를 오랫동안 바라보고 있다가 스르르 잠이 들었습니다. 그날 밤 테디는 아주 달고 깊은 잠을 잤습니다.

앰버도 초롱이가 다시 불을 환히 밝혀주어 행복했습니다. 앰버의 부모님은 초롱이의 불도 기뻤지만 자기들이 도와주지 않아도 딸 방이 깨끗하게 정리된 것을 보고 더욱더 행복했답니다.

이때부터 테디는 어질러진 장난감을 보면 얼른 제자리에 정리했습니다. 전에는 하지 않던 일이었지만 매일 밤 예쁜 초롱이가 황금빛으로 방을 환하게 비추어 줄 것을 생각하면 조금도 귀찮지 않았습니다. 일하면서 테디는 혼자서 노래를 불렀습니다.

"나는야 정리 대왕 테디
뒤죽박죽 엉망진창 삐뚤빼뚤인 방을
차곡차곡 가지런히 정리하지요.
깨끗하고 단정하게 청소하지요."

얼마 지나지 않아 테디는 앰버가 예전만큼 방을 어지르지 않는다는 것을 알았습니다. 혹시 앰버가 테디의 노래를 들은 걸까요? 그리고 또 얼마 뒤에는 둘이 약속이라도 한 것처럼 같이 나누어 정리하기 시작했습니다.

처음에 테디는 방이 조금이라도 어질러지면 당장 장난감을 치우려고 했지만 이제는 그러지 않는답니다. 앰버가 마음껏 장난감을 꺼내 재미있게 노는 시간에는 방 안이 뒤죽박죽이라도 걱정하지 않습니다. 실컷 놀고 난 다음에는 '하루에 한 번씩' 정리하는 시간이 돌아오니까요. 매일 저녁 장난감을 착착 제자리에 넣고, 차곡차곡 쌓고, 나란히 나란히 정리하고 나면 초롱이는 방을 아름다운 황금빛으로 환히 비추어 주었답니다.

꼬마 싸리 빗자루 동화66

이 이야기는 아이들이 집안일에 참여하고 싶은 마음을 자극하기 위해 만들었다. 연령에 상관없이 아이와 어른 모두에게 들려주면 좋다. 주로 세 가지 색깔의 모자(파랑, 빨강, 황금)를 쓴 인형 셋이 나오는 인형극 형태로 들려주었다. 이 경우에는 꼬마 싸리 빗자루는 솔잎으로, 집은 나무토막이나 나무뿌리로 만들면 된다. 물론 연극도 효과적이다. 연극에서는 세 가지 색깔의 펠트 모자를 쓴 배우 세 명과 작은 빗자루 하나만 있으면 된다.

파랑모자 요정과 빨강모자 요정은 싸리나무 뿌리 밑에서 함께 살았습니다. 그런데 세상에! 두 요정이 사는 집은 여러분이 보면 기절초풍할 정도로 지저분하고 엉망진창이었답니다.

여기도 먼지, 저기도 먼지,
사방에 먼지가 데굴데굴
식탁 밑에도 먼지가 데굴데굴
의자 밑에도 먼지가 데굴데굴
깔개 위에도 먼지가 데굴데굴
침대 밑에도 먼지가 데굴데굴
심지어 요정들이 베고 자는
베개 밑에도 먼지가 데굴데굴

요정들의 집에는 꼬마 싸리 빗자루도 살고 있었습니다. 늘 방 한 구석에 얌전히 서 있었지요. 하지만 파랑모자 요정과 빨강모자 요정은 빗자루를 어떻게 써야하는지 잘 몰랐습니다. 꼬마 싸리 빗자루는 방을 둘러보면서 한숨을 푹 쉬곤 했습니다.
"에휴! 누가 나를 제대로만 써준다면, 이 방을 눈 깜짝할 사이에 깨끗하게 만들어 놓을 텐데..."
물론 파랑모자 요정과 빨강모자 요정도 방을 쓸어야한다는 것은 알고 있습니다. 그렇지만 파랑모자 요정은 자신의 차례가 되면 "에구, 귀찮아."하면서 대충 꼬마 싸리 빗자루를 잡고 방 안을 슬렁슬렁 돌아다녔습니다. '귀찮아, 귀찮아' 노래를 부르면서 말이죠.

"에이 귀찮아, 아이 귀찮아
청소하긴 정말 귀찮아
빗자루를 보면 걸음아 날 살려라
나는야 하루 종일 노는 게 좋아"

그러니 파랑모자 요정이 비질을 끝내도 청소하기 전이랑 똑같이 먼지가 데굴데굴 굴러다닐 밖에요.

여기도 먼지, 저기도 먼지,
사방에 먼지가 데굴데굴
식탁 밑에도 먼지가 데굴데굴
의자 밑에도 먼지가 데굴데굴
깔개 위에도 먼지가 데굴데굴

침대 밑에도 먼지가 데굴데굴
심지어 요정들이 베고 자는
베개 밑에도 먼지가 데굴데굴

빨강모자 요정도 차례가 되면 언제나 후다닥 해치우려고 했습니다. 꼬마 싸리 빗자루를 잡고 빨리빨리 비질을 합니다. '휘리릭 쓱싹' 노래를 부르면서 말이죠.

"휘리릭 쓱, 후다닥 싹
이리로 한번 휙, 저리로 한번 휙
후다닥 싹, 휘리릭 쓱
저리로 한번 휙, 이리로 한번 휙"

이러니 빨강모자 요정이 청소를 끝내면, 방은 전보다 더 엉망진창이 될 밖에요.

여기노 먼지, 저기도 먼지,
사방에 먼지가 데굴데굴
식탁 밑에도 먼지가 데굴데굴
의자 밑에도 먼지가 데굴데굴
깔개 위에도 먼지가 데굴데굴
침대 밑에도 먼지가 데굴데굴
심지어 요정들이 베고 자는
베개 밑에도 먼지가 데굴데굴

그러던 어느 날, 황금모자 요정이 놀러왔습니다. 황금모자 요정은 문을 열자마자 온 집안에 굴러다니고 날아다니는 먼지 뭉치를 보고 깜짝 놀랐습니다. "어이쿠, 세상에! 빗자루가 어디 있담? 방을 좀 쓸어야겠어." 황금모자 요정은 바로 방구석에 있는 꼬마 싸리 빗자루를 집어 들고 비질을 시작했습니다. '깨끗한 게 좋아' 노래를 부르면서 말이죠.

"쓱쓱 싹싹 비질을 하자
구석구석 비질을 하자

 황금모자 요정은 여기저기 잘 쓸어
 먼지를 한 데 모아 청소를 하지
 황금모자 요정은 반짝반짝 깔끔한 요정"

황금모자 요정은 온 집안을 구석구석 깨끗이 쓸었습니다. 탁자 밑도 쓸고 의자 밑도 쓸었습니다. 깔개 위도 모두 말끔히 쓸고 침대 밑도 쓸었습니다. 요정들이 베고 자는 베개 밑도 깨끗이 쓸었습니다.

황금모자 요정이 청소를 끝내자 먼지 뭉치들이 방 가운데 가득 쌓여 작은 언덕이 되었습니다. 황금모자 요정이 청소를 끝내고 꼬마 싸리 빗자루를 제자리에 갖다 두자마자 꼬마 싸리 빗자루는 너무 지쳐서 곧바로 쌔근쌔근 잠들어 버렸습니다.

이제 깨끗해진 방에서 황금모자 요정과 파랑모자, 빨강모자 요정은 식탁에 모여 앉아 달콤한 건포도 빵을 먹고 향긋한 차를 마셨습니다.

 요정 셋에 모자 셋
 요정 셋이 함께 모였네.
 파랑모자, 빨강모자, 그리고 황금모자
 작은 집에 옹기종기 함께 살면서
 청소도 비질도 사이좋게 같이 하지

23 두려움과 악몽

하느님의 정원 동화67

하늘에서 황새가 아이를 물어다 주는 옛 이야기에 착안하여 만든 이 이야기는 놀라고 겁에 질린 아이를 달콤한 꿈나라로 갈 수 있게 도와준다. 4세에서 8세 무렵 우리 아이들이 밤잠을 설치거나 악몽을 꿀 때 들려주면 아이들은 다시 편안한 마음으로 잠이 들곤 했다.

하느님은 과연 어디에 살고 계실까요? 하느님이 살고 있는 집을 마음 속에 그려보세요. 하느님은 우리가 사는 집과 달리 '천국'이라 부르는 아주 아름다운 정원에 살고 있습니다. 천국에서 자라는 풀과 나무 이파리는 어두운 밤바다를 비추는 달빛처럼 반짝이는 은으로 만들어져 있습니다. 꽃은 해님처럼 눈부시게 빛나는 황금색이랍니다. 천국에는 이렇게 아름다운 꽃이 가득 피어있는 정원이 아주아주 많습니다. 하얀 구름 섬마다 이런 정원이 하나씩 있고, 정원과 정원 사이에는 일곱 빛깔 무지개다리가 길게 걸려 있지요. 하느님의 정원에는 예쁘고 아름다운 것들이 얼마나 많은지 오늘 밤 다 이야기해 줄 수 없을 정도랍니다.

그런데 오늘 꼭 해 주고 싶은 이야기가 하나 있답니다. 천국에는 금빛 꽃과 은빛 이파리가 반짝이는 하느님의 아름다운 정원들 사이로 졸졸졸 흐르는 시냇물이 하나 있답니다. 그 시냇물에는 우리가 아는 냇물처럼 물이 흐르는 것이 아니랍니다. 천국의 정원에 흐르는 시냇물의 물방울은 모두 반짝이는 별빛이랍니다. 수천 개의 작은 별빛이 서로 손을 맞잡고 춤추고 데굴데굴 구르거나 폴짝폴짝 뛰어오르면서 반짝반짝 빛을 뿌리는 모습을 상상해보세요.

밤하늘 저쪽 끝에서 출발하는 시냇물은 졸졸졸 흘러오는 동안 새로운 아기 별빛들을 계속 하나씩 모아들여 함께 손잡고 하느님의 정원까지 흘러들어 옵니다. 먼 길을 지나 마침내 정원 한가운데, 그러니까 천국의 한복판에 이르면 시냇물은 엄청나게 큰 폭포를 만나 콸콸콸콸 저 아래 빛의 샘으로 떨어집니다. 그 샘에는 찬란하게 빛나는 별빛이 이미 넘치도록 가득한데, 그 빛이 어찌나 환한지 한낮의 햇빛처럼 환하고 눈부셔서 눈을 크게 뜨고 볼 수 없을 정도랍니다.

빛의 샘에 도착한 아기 별빛들의 기분은 어떨까요? 폭포 아래로 쏟아져 내려온 아기 별빛들은 멋진 빛의 샘에 함께 살게 된 것이 믿을 수 없을 만큼 벅차고 설레었습니다. 아기 별빛들은 엄마 별들이 수없이 되풀이해서 들려준 이야기를 떠올렸습니다. 엄마 별들은 이렇게 멋지고 아름다운 곳에 이르기까지 아주 먼 길을 가야하고 그 긴 여행 끝에 빛의 샘에 도착하면 눈처럼 빛나는 하얀 천사 새들이 따뜻하게 안아줄 거라고 이야기해주셨습니다. 지금 아기 별빛들의 눈앞에 그 천사 새들이 있습니다. 빛나는 하얀 날개를 서로 끝이 겹치도록 활짝 편 채 위엄 있고 당당한 모습으로 빛의 샘 주위를 둥글게 감싸고 서있습니다.

아기 별빛들은 마침내 고대하던 빛의 샘에 도착하게 되어 기쁘고 설레는 한편, 앞으로 떠나게 될 새로운 여행과 하느님께서 주실 특별한 임무를 생각하니 가슴이 두근거렸습니다. 아기 별빛들은 하얀 천사 새가 하느님의 특별한 전령이라는 것을 알고 있습니다.

천사 새들은 샘가에 서서 저 아래 세상에서 남자아이나 여자아이가 태어난다는 소식이 들려오기를 기다립니다. 그러다가 누군가 태어난다는 소식이 도착하면 곧바로 빛의 샘 한가운데로 날아가 아기 별빛 하나를 건져 올립니다. 천사 새는 비단으로 만든 요람에 아기 별빛을 소중하게 담은 다음, 날개를 펼치고 날아올라 하느님의 정원을 넘고 밤하늘을 가로질러 사람들이 사는 저 아래 세상으로 긴긴 여행을 떠납니다.

천사 새가 데려가는 아기 별빛은 하느님께서 세상에 갓 태어난 아기에게 주시는 천국의 귀한 선물입니다. 하얀 천사 새는 천국의 정원에서부터 멀고 먼 길을 날아 사람들이 사는 세상에 도착하면 하느님의 멋진 선물을 갓 태어난 아기에게 전해줍니다. 천사 새가 아기 별빛을 갓난아기의 심장 깊은 곳에 가만히 넣어주면 그 때부터 아기 별빛은 그곳에 영원히 머무르며 따뜻하고 환한 빛을 비추어줍니다.

다음은 아이와 평생 같이 살게 된 아기 별빛을 위한 짧은 기도입니다.

"먼 길을 날아 내게 온 아기별아
내 길을 인도하고 내 지팡이가 되어주렴.
따뜻하게 빛나는 촛불 같은 아기별아
깜깜한 어둠 속 나의 빛이 되어주렴"

여러분은 태어날 때 어떤 아기 별빛을 선물로 받았을까요?
하느님께서 천국에 있는 빛의 샘에서 아기 별빛을 골라 우리에게 하나씩 선물하시는 이유는 하느님의 정원과 하느님의 집을 우리 모두와 함께 나누고 싶기 때문일 거예요. 그러니 가끔 하느님이 어디 계신지 궁금할 때면 기억하세요. 그분의 집은 결코 멀리 있지 않다는 것을요. 우리 모두는 하느님의 집을 조금씩 우리 가슴에 품고 있답니다.

영양과 나비와 카멜레온 동화68

아프리카 동쪽 키쿠유 부족에 전해오는 이야기를 루시 니우구나가 고쳐 썼다. 어둠과 미지의 것에 대한 두려움을 극복하도록 도와주며, 5세 이상에게 적합하다.

옛날 옛날에 영양 한 마리가 살았습니다. 영양은 언제나 숲 속을 어슬렁거리며 다녔습니다. 다른 동물들은 모두 영양이 오면 맞붙어 싸우거나 쫓았습니다. 어느 날 영양은 숲에 있는 나무들 보다 더 큰 집을 짓기로 결심했습니다. 벽과 지붕을 다 지은 영양은 방을 여러 개로 나누었습니다. 다른 동물이 지나갈 때 집안 깊숙이 들어가 숨기 위해서입니다.

낮 동안 영양은 먹을 것과 마실 것을 찾아 이리저리 돌아다녔습니다. 가끔씩 친구를 찾아가 자기 집에 대해 자랑하기도 했습니다. 그러던 어느 날 집을 나가면서 그만 대문 잠그는 것을 깜빡 잊었습니다. 나비 한 마리가 꽃 사이를 펄럭이며 날아다니다가 영양의 집 대문이 열려 있는 것을 보았습니다. 나비는 살그머니 안으로 날아 들어가 가장 어두운 곳에 앉아 쉬었습니다.

집으로 돌아온 영양은 대문이 활짝 열린 것을 보고 너무 무서워 안으로 들어갈 수가 없었습니다. 영양은 큰 소리로 물었습니다. "내 집에 있는 게 누, 누, 누구요?" 그러자 나비가 대답했습니다.

"니니이 카부타부티 나 이구루, 니니이 키민자 무잉게.(나는 온 세상을 팔랑팔랑 날아다니는 분이시지)"

깜짝 놀란 영양은 동물 친구에게 도움을 청하러 숲으로 달려갔습니다. 한참 달려가던 영양은 코끼리를 만났습니다. 코끼리가 물었습니다. "영양아, 무엇을 보았기에 그리 급하게 뛰어가니?" 영양이 대답했습니다. "집에 누가 있어요. 너무 무서워서 들어갈 수가 없어요."
"같이 가보자. 내가 그놈을 당장 쫓아줄게."
영양의 집에 도착한 코끼리는 큰 소리로 외쳤습니다. "영양의 집 안에 몰래 들어간 놈이 누구냐?" 그러자 나비가 다시 대답했습니다.

"니니이 카부타부티 나 이구루, 니니이 키민자 무잉게"

놀란 코끼리도 숲으로 꽁지가 빠지게 달아나 버렸습니다. 영양은 다른 동물 친구에게 도움을 청하러 서둘러 숲으로 갔습니다. 다른 동물들도 차례로 영양의 집에 왔지만 코끼리처럼 집안에서 들려오는 소리가 너무 무서워서 안으로 들어가지도, 나비를 쫓아내지도 못하고 도망가 버렸습니다.

영양은 대문 옆에 털썩 주저앉아 어떻게 할까 궁리하다가 문득 아직 부탁하지 않은 동물 친구가 생각났습니다. 바로 카멜레온이었습니다. 그래서 쏜살같이 카멜레온을 찾아갔습니다.

카멜레온이 물었습니다. "영양아, 무엇을 보았기에 그리 급하게 뛰어오니?" 영양이 대답했습니다. "집에 누가 있어요. 너무 무서워서 안으로 들어갈 수가 없어요."

"같이 가보자. 내가 그놈을 당장 쫓아줄게"

그들은 함께 영양의 집에 도착했고 카멜레온이 큰 소리로 외쳤습니다. "영양의 집 안에 몰래 들어간 놈이 누구냐?" 나비가 다시 대답했습니다.

"니니이 카부타부티 나 이구루, 니니이 키민자 무잉게"

카멜레온은 안으로 성큼성큼 걸어 들어갔습니다. 숲 속 동물들도 옹기종기 모여 카멜레온이 집으로 들어가는 모습을 눈을 크게 뜨고 숨죽인 채 지켜보았습니다. 카멜레온은 방마다 차례로 들어가면서 계속해서 이렇게 물었습니다. "영양의 집 안에 몰래 들어간 놈이 누구냐?"

"니니이 카부타부티 나 이구루, 니니이 키민자 무잉게"

나비도 계속해서 대답했습니다. 마침내 카멜레온은 나비가 숨어 있는 어두운 구석에 도착했습니다. 카멜레온은 재빨리 나비를 잡은 다음 밖으로 나와 숲 속 동물들에게 보여주었습니다. 숲 속 동물들은 자신들이 무서워했던 것이 작은 나비인 것을 알고 모두 머리를 긁적이며 숲으로 돌아갔습니다. 이때부터 영양과 카멜레온은 둘도 없는 친구 사이가 되었답니다.

구두장이와 꼬마 요정 동화69

'불가능한 상황'에서도 희망을 잃지 않아야 하며, 생각지도 않았던 곳에서 도움이 올 것을 믿으라는 메시지를 전하는 이야기. 잠자리에서 들려주기 좋은 이야기로 5세 이상의 아이들에게 적합하다. 널리 사랑받는 요정 이야기를 저자가 고쳐 썼다.

옛날 옛날에 구두장이가 아내와 함께 작은 오두막에서 살았습니다. 오두막은 마을에서 멀리 떨어진 외딴 곳에 있었습니다. 구두장이는 열심히 일했지만 어쩐 일인지 점점 더 가난해졌고, 마침내 구두를 딱 한 켤레 만들 수 있는 가죽 살 돈만 남았습니다.

그날 저녁 마지막 가죽을 산 구두장이는 구둣방에 들어가 작업대 위에 가죽을 잘 펼쳐놓고 정성스럽게 재단했습니다. 다음 날 아침에 일어나자마자 일할 수 있도록 준비해놓은 다음 구두장이와 아내는 잠자리에 들었습니다.

두 사람 모두 깊이 잠들어 듣지 못했지만 구둣방에서 이상한 소리가 났습니다.

"한 땀 한 땀 당기고 박아서
탄탄하게 깁고 튼튼하게 꿰매자
빛처럼 재빠르게 요리조리
들락날락 왔다갔다"

다음 날 아침, 잠에서 깬 구두장이는 일을 시작하려고 구둣방 안으로 들어갔습니다. 그런데 놀랍게도 구두장이의 작업대 위에는 멋지고 근사한 구두 한 켤레가 놓여 있었습니다. 구두장이는 구두를 집어서 꼼꼼히 살펴보았습니다. 안쪽도 보고 바깥쪽도 보았습니다. 정말 훌륭하고 꼼꼼하게 박음질 된 구두였습니다. 구두장이는 이렇게 완벽한 구두는 생전 처음 보았습니다. 이 멋진 구두를 진열장에 내놓자마자 손님이 들어와 평소보다 돈을 더 두둑하게 주고는 얼른 사갔습니다. 그 돈으로 구두장이는 구두 두 켤레를 만들 가죽을 살 수 있었습니다.

그날 저녁 구두장이는 구둣방으로 들어가 작업대 위에 가죽을 잘 펼쳐놓고 정성스럽게 재단했습니다. 다음 날 아침에 일어나자마자 일할 수 있도록 준비해놓은 다음 구두장이와 아내는 잠자리에 들었습니다. 두 사람 모두 깊이 잠들어 듣지 못했지만 구둣방에서 이상한 소리가 났습니다.

"한 땀 한 땀 당기고 박아서
탄탄하게 깁고 튼튼하게 꿰매자
빛처럼 재빠르게 요리조리
들락날락 왔다갔다"

다음 날 아침, 잠에서 깬 구두장이는 일을 시작하려고 구둣방 안으로 들어갔습니다.
그런데 놀랍게도 구두장이의 작업대 위에는 멋지고 근사한 구두 두 켤레가 놓여 있었습니다. 구두장이는 구두 두 켤레를 집어서 꼼꼼히 살펴보았습니다. 안쪽도 보고 바깥쪽도 보았습니다. 정말 훌륭하고 꼼꼼하게 박음질된 구두였습니다. 구두장이는 이렇게 완벽한 구두는 생전 처음 보았습니다. 이 멋진 구두 두 켤레를 진열장에 내놓자마자 손님이 들어와 평소보다 돈을 더 두둑하게 주고는 얼른 사갔습니다. 그 돈으로 구두장이는 구두 네 켤레를 만들 가죽을 살 수 있었습니다.
매일 저녁 구두장이는 구둣방으로 들어가 작업대 위에 가죽을 잘 펼쳐놓고 정성스럽게 재단했습니다. 그리고 다음 날 아침에 일어나자마자 일할 수 있도록 모든 준비를 갖춰놓은 다음 잠자리에 들었습니다. 그러면 다음 날 아침 멋지고 근사하게 완성된 구두가 구두장이의 작업대 위에 놓여 있는 날이 계속 되었습니다.
어느 날 저녁 구두장이가 바쁘게 일하고 있는데 아내가 다가와 말했습니다. "지금까지 누군가가 우리를 밤마다 찾아와서 이렇게 고마운 일을 해 주었잖아요. 오늘밤에는 커튼 뒤에 몰래 숨어서 누가 이런 일을 해 주는지 지켜봅시다."
구두장이도 좋다고 생각했습니다. 구두장이와 아내는 가게 불을 켜놓은 채 커튼 뒤에 몰래 숨었습니다. 두 사람은 기다리고, 기다리고 또 기다렸습니다.
자정을 알리는 종이 울렸습니다. 그 순간 아주 조그만 꼬마 요정 두 명이 깡충깡충 춤추며 구둣방 안으로 들어왔습니다. 그들은 옷을 하나도 입지 않은 벌거숭이였습니다.
꼬마 요정들은 깡충 뛰어 작업대 위로 올라가더니 조그만 마법 망치와 조그마한 마법 바늘을 들고 일을 시작했습니다. 한 땀 한 땀, 뚝딱

뚝딱, 한 땀 한 땀, 뚝딱뚝딱. 일하는 내내 흥겹게 노래도 불렀습니다.

"한 땀 한 땀 당기고 박아서
탄탄하게 깁고 튼튼하게 꿰매자
빛처럼 재빠르게 요리조리
들락날락 왔다갔다"

꼬마 요정들은 밤새도록 열심히 일했습니다. 마침내 멋지고 근사한 구두가 완성되자 작업대 위에 올려놓았습니다.

일을 마친 아주 조그만 꼬마 요정 두 명은 다시 깡충하고 뛰어내리더니 춤추며 구둣방을 빠져나갔습니다. 구두장이의 아내가 남편에게 말했습니다. "우리에게 친절을 베풀어준 꼬마 요정들에게 뭔가 특별한 선물을 주는 게 좋겠어요. 옷을 만들어 주면 어떨까요?"

구두장이도 좋다고 생각했습니다. 구두장이는 아주 작은 장화 두 켤레를 만들 수 있는 조그만 가죽을 작업대 위에 펼쳐놓고 정성스럽게 재단한 다음 일을 시작했습니다. 한 땀 한 땀, 뚝딱뚝딱, 한 땀 한 땀, 뚝딱뚝딱.

마침내 아주 작은 장화 두 켤레가 완성되었습니다.

그러는 사이 구두장이의 아내는 바느질 바구니를 들고 옆에 앉았습니다. 아내는 실과 바늘로 한 땀 한 땀 꿰매어서 조그만 셔츠 두 벌과 조그만 바지 두 벌을 만들었습니다. 그런 다음 털실과 뜨개바늘을 꺼내 조그만 모자 두 개를 떴습니다. 구두장이의 아내는 정성스럽게 만든 옷과 모자를 장화 옆에다 나란히 올려놓았습니다. 구두장이와 아내는 가게 불을 켜놓은 채 커튼 뒤에 몰래 숨었습니다. 두 사람은 기다리고, 기다리고 또 기다렸습니다.

자정을 알리는 종이 울렸습니다. 그 순간 아주 조그만 꼬마 요정 두 명이 깡충깡충 춤추며 구둣방 안으로 들어왔습니다. 꼬마 요정들은 일을 하려고 껑충 뛰어 작업대 위로 올라갔습니다. 그런데 작업대 위에는 구두를 만들 가죽이 놓여 있지 않았습니다. "도대체 이것들은 어디에 쓰는 걸까?" 꼬마요정들은 작업대 위에 놓인 조그만 셔츠와 조그만 바지와 조그만 모자와 조그만 장화를 신기한 듯 살펴보았습니다.

그러다 하나씩 몸에 걸쳐보았습니다. 먼저 조그만 셔츠를 입어보니 예쁘게 꼭 맞았습니다. 다음에 조그만 바지를 입어보니 예쁘게 꼭 맞았습니다. 다음에 작은 장화를 신어보니 역시 예쁘게 꼭 맞았습니다. 마지막으로 조그만 모자를 써보니 그것 역시 예쁘게 꼭 맞았습니다.

"우리는 행복한 꼬마 요정들,
말쑥하게 차려입은 꼬마 신사들
더 이상 구두장이가 아니란 말씀!"

새 옷을 입은 꼬마 요정들은 노래 부르고 춤추며 구둣방 안을 빙글빙글 돌더니, 밖으로 나가 다시는 돌아오지 않았습니다. 친절을 베푼 꼬마 요정들에게 정성으로 보답한 구두장이와 아내는 오래오래 행복하게 잘 살았답니다.

마리아의 푸른 망토 동화70

"이 이야기는 아들의 여섯 살 생일 선물이었습니다. 어둠을 무서워하던 아들에게 도움을 주고 싶었던 나는 푸른 하늘이 멋지게 그려진 엽서 뒷면에 이 이야기를 직접 써서 선물했습니다." (저자인 수잔 해리스의 허락을 받아 이 책에 수록한다)

크리스마스를 주제로 한 이야기지만 종교를 초월하는 아름다운 메시지를 전하는 이야기.

옛날 아주 먼 옛날, 온 세상이 꽁꽁 얼어붙을 것 같이 추운 어느 겨울밤이었습니다. 아주 먼 베들레헴이라는 마을에 아기 예수가 태어났습니다. 어머니 마리아는 아름다운 빨간색 옷을 입고 머리와 어깨에는 짙은 푸른색 망토를 걸치고 있었습니다. 마리아는 망토를 펼쳐서 아기를 따뜻하게 감싼 다음 포근하고 안전하게 품에 안았습니다.

밤하늘은 구름 한 점 없이 맑고 무수히 많은 은빛 별들이 반짝이고 있었습니다. 아기 예수가 태어난 곳 바로 위 하늘에는 엄청나게 밝고 큰 별 하나가 빛나고 있었습니다. 아기가 놀라거나 보챌 때 마리아는 늘 아기를 짙은 푸른색 망토로 꼭 감싸 안고 밖으로 나왔습니다. 그리고 깜깜한 밤하늘에 밝게 빛나는 아름다운 별들을 올려다보게 해주었습니다.

달이 가고 해가 지나서 아기 예수는 어느새 아장아장 걷는 아이로 자랐습니다. 어느 날 친구와 둘이서 마당에서 놀고 있는데 갑자기 하늘에서 큰 폭풍이 몰아치더니 우르르 쾅쾅 우레가 치고 번개가 번쩍거렸습니다. 두 아이는 무섭고 겁이 났습니다. 두려움에 떨며 집안으로 뛰어 들어간 아이들은 어머니 마리아를 찾았습니다. 마리아는 두 아이를 짙은 푸른색 망토로 포근하게 감싸 안았습니다. 이제 더 이상 무섭지 않았습니다. 다시 안전하고 따뜻한 포근함을 느꼈습니다.

몇 해가 지났습니다. 어느 날 어린 예수는 집에서 멀리 떨어진 곳까지 놀러나갔습니다. 여러 명의 남자아이, 여자아이와 함께 숲 속으로 들어갔습니다. 아이들은 깔깔거리며 웃고 떠들며 신나게 놀았습니다. 목청껏 노래도 부르고 마음껏 춤도 추었습니다. 바람처럼 빨리 달리다가 구름에 닿을 만큼 높이 뛰어오르기도 했습니다.

그런데 갑자기 어디선가 무시무시한 짐승의 울음소리가 들려왔습니다. 소리는 조금씩 가까워지면서 점점 더 크게 들려왔습니다. 아이들은 불안해지기 시작했습니다. "무슨 소리지? 늑대일까? 아니면 사자일까?" 뭔지 알 수 없는 소리에 겁을 먹은 아이들의 손발은 꽁꽁 얼어붙을 듯 차가워졌습니다. 옆에 있는 막대기를 집어 든 아이도 있고, 가까운 나무로 올라가서 숨는 아이도 있었습니다. 무서워 벌벌 떨면서 덤불숲 뒤로 도망간 아이도 있었습니다. 하지만 어린 예수는 당황하지 않고 말했습니다. "얘들아, 모두 이리와. 힘껏 달려서 어머니 마리아를 찾아가자. 엄마가 짙은 푸른색 망토로 우리를 감싸주시면 세상 그 어떤 것도 무섭지 않을 거야."

한 여자아이가 물었습니다. "그렇지만 우리가 이렇게 많은데 마리아의 망토가 어떻게 우리를 다 감쌀 수 있겠어?"

"걱정 하지 마." 어린 예수가 말했습니다. "어머니의 짙은 푸른색 망토는 활짝 펼치면 온 세상을 다 감쌀 만큼 크고 넓거든. 세상의 모든 아이가 그 파란색 속에서 아늑하고 포근하게 쉴 수 있어."

그 말을 들은 아이들은 숲 속을 뛰어나와 마리아에게로 달려갔습니다. 아기 예수가 태어났던 그날 밤처럼 마리아는 짙은 푸른색 망토를 펼쳐서 모든 아이를 따뜻하게 감싸 안아주었습니다. 아이들은 짙은 푸른색 망토 안에서 아늑하고 포근하게 쉬었습니다.

토끼 가족과 덤불숲의 불 동화 71

이 이야기는 집에 불이 나서 겁을 먹은 4세 아이를 위해 쓴 것이다. 이성적인 설명보다 이야기를 통해 상상의 방식으로 설명하는 것이 훨씬 효과적임을 보여준다.(3장 66쪽 참고)

옛날 푸르른 초원 한가운데 땅굴이 하나 있었습니다. 그 굴에는 엄마 토끼와 여러 마리의 아기 토끼가 살고 있었습니다. 아기 토끼들은 매일 집 주변의 키 큰 풀숲에서 뛰어 놀았습니다. 누가 제일 빠른지 쌩쌩 달리기도 하고, 제일 긴 풀보다 더 높이 껑충 뛰어보기도 했습니다. 기다란 풀숲 속으로 폴짝폴짝 뛰어 들어가 숨으면 술래가 깡충깡충 찾아서 모두 모이면 부비부비 털을 부비고 떼굴떼굴 뒹굴며 술래잡기도 했습니다.

어느 날 엄마 토끼가 잠시 집을 비우고 외출할 일이 생겼습니다. 아기 토끼들은 토끼 굴속에서 포근하고 안전하게 낮잠을 자고 있습니다. 아기들이 자고 있는 사이 얼른 다녀오려고 엄마 토끼는 서둘러 출발했습니다. 들판을 건너 흙길을 따라 깡충깡충 뛰어갔습니다.

그런데 엄마 토끼가 집을 비운 동안 도랑 근처 덤불숲에 불이 났습니다. 때마침 불어온 덥고 건조한 여름 바람을 타고 불은 빠르게 번져갔습니다.

그날 오후 늦게 집에 돌아오던 엄마 토끼는 들판이 시커멓게 타버린 것을 보고 깜짝 놀랐습니다. 초원에는 검은 그루터기만 남았고 땅바닥은 아직도 너무나 뜨거워 발을 디딜 수도 없을 정도였습니다.

"우리 아기들이 집에서 잘 자고 있을까? 아기들이 무사하게 잘 있을까?" 엄마 토끼는 몹시 걱정이 되었습니다. 하지만 선선한 저녁 바람이 불어 땅을 식혀줄 때까지 초조하게 기다릴 수밖에 없었습니다.

발을 디딜 수 있을 만큼 땅이 식자 엄마 토끼는 반짝이는 별빛을 따라 서둘러 들판을 가로질러 토끼 굴로 왔습니다. 토끼 굴에 다다른 엄마 토끼는 조마조마한 마음으로 굴 안을 들여다보았습니다.

정말 다행스럽게도 아기 토끼들은 여전히 세상모르고 새근새근 깊이 자고 있었습니다. 아기 토끼들이 포근한 집에서 무사히 자고 있는 것을 본 엄마 토끼는 안도의 한숨을 길게 내쉬었습니다.

엄마 토끼는 아기들이 깰까봐 조용조용 굴속으로 들어가 아기 토끼들 옆에 누워 잠을 청했습니다. 토끼 가족은 이튿날 아침까지 곤하게 깊은 잠을 잤습니다.

시커멓게 타버린 들판은 하루하루 조금씩 다시 푸르러지기 시작했습니다. 아기 토끼들은 매일 그 모습을 기쁜 마음으로 바라보며 기다렸습니다. 검게 탄 땅 위로 작은 새싹들이 고개를 내밀었습니다. 새싹들은 하루가 다르게 쑥쑥 자랐고 얼마 지나지 않아 들판에는 다시 예전처럼 푸른 풀이 무성하게 자랐습니다. 아기 토끼들도 다시 예전처럼 길고 무성한 풀숲에서 즐겁게 뛰놀았습니다. 누가 제일 빠른지 쌩쌩 달리기도 하고, 제일 긴 풀보다 더 높이 껑충 뛰어보기도 했습니다. 기다란 풀숲 속으로 폴짝폴짝 뛰어 들어가 숨으면 술래가 깡충깡충 찾아서 모두 모이면 부비부비 털을 부비고 떼굴떼굴 뒹굴며 술래잡기도 했습니다.

왕이 될 아이 동화72

화장실 가는 것을 두려워하는 아프리카의 6세 남자아이(3세 때 유모에게 성추행을 당했다)를 도와주기 위해 쓴 이야기. (1장 34쪽 참고)

옛날 옛날에 한 남자아이가 살았습니다. 그 아이는 자라서 왕이 될 사람이었습니다. 아이가 어렸을 때 사람들은 모두 '작은 왕자'라고 부르면서 머리에 황금 왕관을 씌워주었습니다.

작은 왕자도 다른 아이들처럼 탐험하고 나무를 기어오르고, 달리고, 뛰며 여러 가지 신나는 모험을 좋아했습니다. 왕자는 하루 종일 친구들과 함께 왕궁의 숲과 정원에서 놀았습니다. 왕관은 햇빛에 반짝반짝 빛이 났고 친구들은 왕관의 황금빛을 좋아했습니다.

그러던 어느 날 정말 가슴 아픈 일이 벌어지고 말았습니다. 작은 왕자가 궁전의 성벽 가까이에서 친구들과 놀고 있는데 큰 아이 하나가 갑자기 작은 왕자를 확 떠민 것입니다. 어찌나 세게 밀었던지 성벽 위에서 놀던 작은 왕자는 저 아래 바위 위로 떨어지고 말았습니다. 작은 왕자는 그만 다리며 팔이며 온몸의 뼈가 다 부서지고 말았습니다.

궁전에서 일하는 사람들은 작은 왕자를 데리고 와서 궁전 안쪽에 있는 왕자의 침대에 눕혔습니다. 의사들은 튼튼한 붕대로 왕자의 팔과 다리를 꽁꽁 감아놓았습니다. 왕자는 몸이 낫기를 기다리며 침대에 꼼짝없이 누워 있어야 했습니다. 아주 오랫동안 뛰지도 걷지도 못한 채 그렇게 누워만 있던 왕자는 시간이 지나 상처가 다 아문 다음에도 침대에서 일어나려 하지 않았습니다. 걷는 법을 잊어버리고 말았던 것입니다. 엄마와 아빠가 일어나 보라고 아무리 애원해도 조금도 움직이려 하지 않았습니다.

어느 날 할머니에게 좋은 생각이 떠올랐습니다. 할머니는 커다란 손거울을 가지고 작은 왕자의 방으로 가서 침대 머리맡에 앉았습니다. 그리고는 왕자에게 거울을 내밀었습니다.

"너는 왕이 되기 위해 태어났단다." 할머니가 말했습니다. "그리고 네

머리에 있는 황금 왕관은 언제나 햇빛에 반짝이고 싶어 하지. 그런데 지금 황금 왕관이 어떤 상태인지 한번 보렴."

작은 왕자는 거울을 보고 깜짝 놀랐습니다. 황금 왕관은 침실 안의 어둠 속에서 칙칙한 회색으로만 보였습니다.

"절 밖으로 옮겨주세요." 왕자가 소리쳤습니다. "그러면 황금 왕관이 예전처럼 다시 햇빛에 반짝일 거예요."

"아니, 다른 사람이 널 옮겨주어서는 안 돼." 할머니가 대답했습니다. "네 발로 스스로 걸어 나가야 한단다. 도움이 필요하면 할머니가 도와주마."

작은 왕자가 손을 내밀자 할머니는 왕자가 천천히 침대에서 나와 바닥을 딛고 일어서도록 도와주었습니다. 할머니와 왕자는 함께 손을 꼭 붙들고 어두운 방을 뒤로한 채 궁전의 복도를 따라 밖으로, 정원으로, 햇빛 속으로 걸어 나왔습니다.

작은 왕자가 예전처럼 달리고 펄쩍 뛰어오르고 높은 곳을 기어오르고 모험을 하기 까지는 많은 시간이 흘러야 했습니다. 하지만 날마다 친구들이 왕자의 손을 잡아주고 왕자가 걷는 것을 도와주러 왔습니다. 왕자가 정원에서 많이 놀고 돌아다닐수록 황금 왕관은 햇빛 속에서 점점 더 찬란하게 빛났습니다. 얼마 안 가 왕자는 예전처럼 신 나게 놀게 되었습니다. 할머니는 궁전의 정원 한쪽에 앉아서 왕자와 친구들이 노는 모습을 지켜보았습니다. 할머니는 손자인 작은 왕자가 정말 자랑스러웠습니다. 작은 왕자도 자신이 왕이 될 귀한 사람이라는 것을 잘 알고 있었습니다.

소년의 어머니가 보내온 편지

아들에게 들려주었더니 얼마나 좋아했는지 모릅니다. 주인공이 왕자라는 걸 특히 좋아했습니다. (내가 제안한대로 어머니는 아들에게 금실을 이용해 손으로 뜬 왕관을 만들어주었다. 소품 사용에 관해서는 30장 참고) 아이는 잠자리에 누워 이 이야기를 듣습니다. 제가 야간대학 수업을 마치고 집에 돌아와 아들과 함께 할 수 있는 시간이 그 때밖에 없기 때문입니다. 아이는 이제 제 도움 없이 혼자서 화장실에 갑니다. 가끔은 변기에 물 내리는 소리를 듣고 아이가 화장실에 갔다는 걸 알게 될 때도 있습니다. 아이가 두려움을 조금씩 극복해가는 모습을 지켜보는 것이 말할 수 없이 기쁩니다. 더 이상 걱정하지 않습니다. 이제 저는 아이가 초등학교 생활에 잘 적응하기를 바라면서 기도합니다. 이 이야기는 제가 하는 일에도 큰 도움을 주었습니다. 상상이 풍부한 이야기가 아이들의 정서 발달을 얼마나 촉진하는지 직접 경험했기 때문입니다.

24 질병, 슬픔, 죽음

비단 꼬물이 이야기 동화73

이 이야기는 어린아이들에게 불치병 또는 가족이나 친한 친구의 죽음을 상상적인 방법으로 설명하기 위해 쓴 것이다. 저자인 수잔 헤리스의 허락을 받아 수록한다.

옛날 옛날에 언덕에 둘러싸인 어떤 마을이 있었습니다. 그 마을에는 하얀 집이 한 채 있고, 그 집에는 누에를 키우는 여자아이가 살았습니다. 아이는 뚜껑 없는 큰 상자에 누에를 넣어 키우면서 그 상자를 '누에의 궁전'이라고 불렀습니다.
이른 아침에 해님이 언덕 위로 떠오르면 아이는 뽕나무가 자라는 시냇가로 달려 내려갔습니다.
"뽕나무 님, 제 누에들을 위해 당신의 빛나는 초록 이파리를 조금 따도 될까요?"
늙은 뽕나무는 이렇게 대답했습니다. "물론이지 얘야. 네 누에들이 크고 통통하게 자라도록 도울 수 있다니 정말 기쁘구나."
아이는 날마다 나무에게 감사 인사를 건넨 뒤 잎사귀들을 따서 누에들의 궁전에 넣어주었습니다. 새끼손가락만큼 작은 누에들이 오물오물 사각사각 커다란 잎사귀들을 먹어치웠습니다. 매일매일 뽕나무 잎을 배불리 먹은 누에들은 날이 갈수록 점점 커졌습니다. 누에들은 궁전 여기저기를 꼬물꼬물 꿈틀꿈틀 행복하게 기어 다녔고, 날이 갈수록 크고 통통하게 그리고 포동포동하게 자랐습니다. 아이는 누에들을 보면 웃음이 절로 나왔습니다. 누에들이 먹는 모습도 사랑스러웠습니다. 아이는 누에가 자라고 꼬물대는 모습을 매일같이 보고 또 보았습니다.

그 많은 누에 중에서 아이가 특별히 좋아하는 누에가 한 마리 있었습니다. 아이는 그 누에를 '비단 꼬물이'라고 불렀습니다. 아이는 날마다 상자에서 비단 꼬물이를 꺼내 손과 팔에 올려놓고 말을 걸며 즐거워했습니다.

그러던 어느 날 상자를 들여다본 아이는 비단 꼬물이가 꿈틀거리지 않는다는 것을 알아차렸습니다. '왜 그러지? 비단 꼬물이가 죽었나?' 아이는 속으로 생각했습니다.

하지만 비단 꼬물이는 죽은 것이 아니었습니다. 비단 꼬물이는 황금처럼 반짝이는 작은 고치를 만들기 위해 빛나는 실을 아주 길게 잣기 시작했습니다. 다른 누에들도 똑같이 실을 자았습니다. 누에들은 하루 종일 실을 잣고 또 자았습니다. 모든 누에가 하나둘씩 은은한 황금빛의 반짝이는 고치로 변해 상자 밑바닥에서 꼼짝도 하지 않고 누워 있기 시작했습니다.

여자아이는 슬펐습니다. 아이는 비단 꼬물이와 다른 누에들이 신 나게 노는 모습을 보고 싶었습니다. 살아 있는 누에들이 꼬물꼬물 꿈틀꿈틀 먹고 자라고 기어가는 모습을 지켜보는 것이 아이에게 큰 즐거움이었기 때문입니다. 하지만 이제 상자 안은 쥐 죽은 듯 조용했습니다.

어느 날 아이는 상자 안을 들여다보며 큰 소리로 말했습니다. "비단 꼬물아, 나는 너와 네 친구들이 그리워. 네가 꼬물꼬물 꿈틀꿈틀 기어가고 자라는 모습을 지켜보는 것이 얼마나 즐거웠는지 몰라. 이제는 왜 꼼짝도 안 하니? 그래서 나는 너무 슬퍼."

아이의 말을 듣기라도 한 듯 갑자기 비단 꼬물이가 만들었던 반짝이는 고치가 열렸습니다. 쪼개진 고치 사이로 나방 한 마리가 나오더니 상자 구석에 내려앉았습니다. 아이는 깜짝 놀랐습니다. 나방의 날개는 아주 우아했고 여러 가지 색깔과 무늬로 반짝반짝 빛났습니다.

나방은 아이 주위를 세 번 맴돌더니 손에 사뿐히 내려앉아 맑은 목소리로 말했습니다.

"고치 안이 불편해졌어. 너무 좁아서 꼼짝달싹 할 수가 없었거든. 그래서 답답한 고치를 벗어버리고 나온 거야. 지금 나는 정말 행복하고 자유로워. 이제 빛나는 태양이 있는 곳까지 훨훨 날아갈 수 있단다. 내가 누에로 살면서 꼬물꼬물 꿈틀꿈틀 기어 다니던 때보다 지금이 훨씬 행복하구나. 안녕, 잘 있어. 그동안 맛있는 뽕나무 잎을 먹여줘서 정말 고마워. 이제는 뽕나무 잎이 필요 없단다. 나는 이제 자유야!"

아름다운 나방은 열린 창문을 통해 하늘 높이 빛나는 태양을 향해 날아갔습니다.

참고

죽음에 대해 이런 이야기를 들려줄 때 말하는 사람이 정말로 '죽음은 끝이 아니라 하나의 큰 전환일 뿐'이라고 생각해야 이야기가 힘을 얻는다. 아이들은 직관이 대단히 뛰어나다는 사실을 기억해야 한다. 그렇지 않은 경우라면 말하는 사람의 마음에 깃든 의심을 읽을 것이고, 그 의심이 이야기와 함께 아이들에게 스며들 것이다.

날아라, 독수리야 동화74

1990년대 후반 남아프리카에서 일할 때, 라디오에서 케이프타운에 있는 테이블 베이 지역 주교의 인터뷰를 들은 적이 있다. 주교는 그 인터뷰에서 암으로 죽음을 눈앞에 둔 자신의 여덟 살 난 딸에게 들려준 이야기를 했다. 그것은 가나에서 전해 내려오는, 부활을 주제로 한 옛이야기였다. 그 이야기는 어린 딸과 가족들에게 다가올 죽음을 의연히 맞이하는데 큰 힘이 되었다고 한다.

옛날에 닭의 둥지에서 태어난 아기 독수리가 있었습니다. 농부가 산속을 걷다가 땅에 떨어진 알을 주워 집에 가져왔고, 암탉 둥지에 넣어 품게 했던 것입니다.

아기 독수리는 다른 병아리들과 함께 자랐지만 늘 왠지 모르게 하늘 높이 날아오를 수 있을 것 같아 날개가 근질거렸습니다. 하지만 아무도 아기 독수리에게 나는 법을 가르쳐 줄 수 없었습니다.

농부의 아들이 아기 독수리를 도와주려고 했습니다. 처음엔 사다리 꼭대기에서, 다음엔 지붕에서 날기를 시도해 보았습니다. 하지만 독수리가 날개를 힘껏 펼치기엔 둘 다 너무 낮았습니다.

그래서 농부와 아들은 독수리를 처음 데려왔던 산으로 데리고 가서 높은 절벽 끝에 놓아 주었습니다. 아기 독수리는 날개를 힘껏 펼치고 높은 절벽 가장자리에서 날아올랐습니다. 날개 밑으로 지나가는 시원한 바람과 깃털 위에 내리쬐는 햇빛을 느끼면서 아기 독수리는 높이 더 높이 솟구쳐 올라갔습니다.

원래 태어난 곳인 높은 하늘로 돌아온 아기 독수리는 태양을 향해 힘차게 날아갔습니다.

시냇물과 사막과 바람 동화75

변화와 변형에 대한 아름다운 이야기. 작가 미상의 주옥같은 이야기를 저자가 고쳐 썼다. 8세 이상의 아이들(어른 포함)에게 들려주면 좋고, 시냇물의 여정에서 적당한 장면을 골라 그림 그려볼 수도 있다. 『날아라, 독수리야』, 『비단 꼬물이』처럼 한 존재가 죽으면 다른 방식으로 다시 태어난다는 메시지를 전한다.

시냇물 한 줄기가 높은 산꼭대기에서 태어났습니다. 시냇물은 바위를 돌아 폭포를 타넘고 들판을 가로질러 숲과 계곡을 지나 흘러갔습니다. 마침내 커다란 사막에 도착한 시냇물은 힘겹게 모래를 밀치며 앞으로 흘러갔습니다. 그러나 물은 흔적도 없이 사라져버렸습니다. 지금까지 자신만만하게 수많은 길을 헤쳐 왔던 시냇물은 이 어이없는 상황을 믿을 수가 없었습니다.

"내 물이 사라져 버렸어. 그럼 난 사막을 어떻게 건너가지?"

그때 어디선가 속삭이는 소리를 들었습니다. 그 소리는 사막에서 흘러나오는 것 같았습니다.

"바람에게 물어보렴. 바람은 사막을 건너는 방법을 알고 있지!"

시냇물은 생각했습니다. '바람은 날 수 있지만, 내가 할 수 있는 일이란 모래더미 속으로 사라지는 것뿐이야. 나는 사막을 건널 수 없어.'

"바람에게 몸을 맡기렴." 목소리가 속삭였습니다.

"그러기 위해선 내가 변해야 하잖아. 난 변하기 싫어. 난 나인 채로 남아있고 싶어." 시냇물이 소리쳤습니다.

"이대로 계속 사막으로 흘러 들어가면 넌 완전히 사라져버리거나 늪이 될 거야."

"하지만 난 나인 채로 남아있고 싶어." 시냇물이 말했습니다. "이 모습 그대로 다른 곳으로 건너갈 순 없을까?"

"자신의 참모습을 기억한다면 결코 변하지 않는다는 걸 알게 될 거야."

목소리가 속삭였습니다.

그 순간 시냇물은 오랫동안 잊고 있었던 꿈을 다시 기억해냈습니다. 그것은 바람의 품에 안겨 날아다니는 꿈이었습니다. 그 꿈을 기억해 낸 시냇물은 편안한 마음으로 땅 밑으로 흘러 들어갔다가 다시 수증기가 되어 올라왔습니다. 바람은 수증기가 된 시냇물을 싣고 사막을 가로질러 반대편에 있는 산맥에 닿을 때까지 멀리멀리 날아갔습니다. 마침내 시냇물은 높은 산꼭대기에서 가랑비가 되어 흩날렸습니다.

시냇물은 다시 새롭게 태어났습니다. 시냇물은 바위를 돌아 폭포를 타넘고 들판을 가로질러 숲과 계곡을 흘러갔습니다. 이렇게 굽이굽이 흐르는 동안에도 시냇물은 자신의 참모습을 언제나 기억하고 있습니다.

우유 단지에 빠진 개구리 동화76

유명한 러시아의 전래 동화를 각색했다. 끈기와 결단력의 가치를 전하는 이야기로 모든 연령대에 적합하다.

어느 날 개구리 한 마리가 우유 단지 속에 풍덩 빠졌습니다. 개구리는 단지 안에서 이리저리 헤엄치고 우유를 발로 힘껏 차면서, 단지 밖으로 나오려 갖은 애를 썼습니다. 지치고 힘들면 가끔씩 쉬기도 했습니다. 그럴 때면 개구리는 이 곤경에서 정말 빠져나갈 수 있을까 걱정했습니다.

개구리는 우유 단지 속을 헤엄치면서 노래를 부르기 시작했습니다. 노래를 부르면 기운이 난다는 걸 알기 때문입니다.

"나는야 작은 개구리
기운만 잃지 않으면
얼마 안 가
나갈 방도를 찾을 수 있을 거야."

개구리는 포기하지 않았습니다. 개구리는 헤엄치고 또 헤엄치고, 노래하고 또 노래했습니다. 그렇게 쉬지 않고 계속 헤엄치는 사이에 개구리는 자기도 모르게 우유를 버터로 만들고 있었습니다. 마침내 개구리는 단단해진 버터를 딛고 깡충 뛰어올라 우유 단지 밖으로 튀어나갈 수 있었습니다. 주인아줌마가 우유 단지를 가지러 헛간으로 들어오기 바로 직전에 말이죠.

진흙 아이 동화77

죽음과 변형에 대한 탄자니아 동화를 저자가 고쳐 썼다. 6세 이상 아이에게 적합하다.

　　옛날 옛날에 한 남자가 아내와 함께 숲 근처 강가에 작은 오두막을 짓고 살았습니다. 남자는 강둑에서 퍼온 진흙으로 항아리며 접시, 컵과 그릇 같은 멋진 물건을 하루 종일 만들었습니다. 아내는 텃밭에서 옥수수, 양배추, 호박과 콩을 기르며 부지런히 일했습니다. 그렇게 일주일을 보내고 토요일이 되면 부부는 그릇과 채소를 바구니에 가득 담고 시장에 가져가 팔았습니다.
　　부부는 그런 생활이 아주 만족스러웠습니다. 딱 한 가지 많이 아쉬운 것은 아이가 없는 것입니다. 두 사람은 아이를 간절히 바랐습니다. 불행하게도 그 집에는 아직까지 춤추며 깡충깡충 뛰는 꼬마의 모습이나 재잘재잘, 까르르 웃는 아이의 소리는 들리지 않았습니다.
　　남자는 진흙으로 그릇을 빚을 때면 노래를 불렀습니다.

　　"놀면서 일하고 일하면서 놀지. 진흙으로 만드는 건 정말 즐거워."

　　해님이 반짝반짝 빛나고 새들도 노래하듯 지저귀는 어느 날이었습니다. 기분이 아주 좋은 남자에게 한 가지 기발한 생각이 떠올랐습니다.
　　'오늘은 진흙으로 꼬마를 만들어 봐야겠다!'
　　무엇이든 뚝딱 만들어 내는 멋진 두 손으로 진흙을 조물조물 만지자 금세 아주 예쁜 여자아이가 만들어졌습니다. 여자아이의 얼굴은 반짝반짝 빛나는 갈색이고 머리카락도 굽실굽실한 갈색이었습니다. 남자는 완성된 아이를 아내에게 보여 주기 위해 예쁜 옷을 입힌 다음, 살포시 안아 올려 텃밭으로 데리고 갔습니다.
　　그런데 아내가 일하고 있는 텃밭에 도착하자 갑자기 진흙 아이가 품에서 폴짝 뛰어내리더니 뱅글뱅글 돌며 춤추기 시작했습니다.
　　난데없이 어린아이의 소리가 들리자 아내는 한걸음에 달려왔습니다. 아내는 진흙 아이가 춤추는 것을 보고는 몸을 굽혀 꼬옥 안아주었습니다.
　　"드디어 우리 집에도 웃고 춤추는 아이가 찾아왔군요!" 아내는 큰 소리로 외쳤습니다.

그날부터 진흙 아이는 그 집에 살면서 부부의 일을 도왔습니다. 남자가 항아리며 접시, 컵과 그릇 만드는 걸 돕기도 하고, 아내가 텃밭에서 옥수수, 양배추, 호박과 콩을 기르는 걸 돕기도 했습니다.
부부는 아이가 생겼다는 것이 믿어지지가 않을 만큼 기뻤습니다. 토요일이 돌아와 물건을 팔러 시장에 갈 때는 진흙 아이를 데려가지 않았습니다. 진흙 아이에게 집을 잘 지키고 있으라고 당부하고 둘만 시장에 다녀오곤 했습니다. 진흙 아이를 데리고 갔다가 혹시 비라도 오면 사랑스러운 아이가 다시 진흙덩이로 변할까봐 걱정이 되었기 때문입니다.
그래서 부부는 시장에 가면서 아이에게 늘 신신당부했습니다.
"멀리 나가지 말고 꼭 집 근처에서만 놀아야한다, 진흙 아이야! 혹시라도 비가 오면 우리가 돌아올 때까지 꼼짝 말고 집안에만 있어야 한단다."
진흙 아이는 항상 당부를 잘 지켰고, 시장에 갔다 오는 부부를 집안에서 얌전히 기다렸습니다.
그러던 어느 토요일, 진흙 아이가 혼자 집을 지키고 있는데 창밖으로 아이들이 깔깔깔 웃고 춤추면서 지나가는 소리가 들렸습니다. 아이들은 달콤한 딸기를 따러 숲으로 가는 길이었습니다. 진흙 아이는 아이들의 재잘거리는 노랫소리에 이끌려 자기도 모르게 따라갔습니다. 숲까지 가면서 진흙 아이는 다른 아이들과 함께 춤도 추고 딸기도 따먹었습니다.
바구니가 잘 익은 딸기로 가득 차자 아이들은 집으로 발길을 돌렸습니다. 진흙 아이도 춤을 추면서 아이들을 따라 숲길을 돌아 나왔습니다.
그런데 집이 저만큼 보일 때쯤 갑자기 폭풍우를 실은 먹구름이 머리 위로 몰려오더니 하늘에서 비가 억수같이 퍼붓기 시작했습니다. 하늘에서 하느님이 양동이로 물을 쏟아 붓는 것 같았습니다.
부부가 시장에서 돌아와 보니 집은 텅 비어있고 아이는 아무리 찾아봐도 보이지 않았습니다. 어느덧 비가 그치고 길 여기저기에 물웅덩이가 생겼습니다. 부부는 숲 쪽으로 눈길을 돌렸습니다. 숲 가장자리에 있는 잔디밭에 못 보던 진흙 덩이가 눈에 띄었습니다. 부부는 그 진흙 덩이가 사랑스런 진흙 아이란 사실을 깨달았습니다. 진흙 아이가 비에 녹아버린 것입니다.

남자는 진흙 덩이를 두 손으로 조심스럽게 감싸 쥐고는 집으로 돌아와 작업장에서 가장 아끼는 항아리에 잘 넣어 두었습니다. 아내는 그 항아리를 현관문 앞에다 놓아두었습니다. 부부는 날마다 아이를 떠올리면서 항아리에다 몇 방울의 물을 똑똑 떨어뜨렸습니다.

그러던 어느 날 진흙 덩이에서 초록빛 새싹이 빼꼼 고개를 내밀더니 날마다 조금씩 자라기 시작했습니다. 새싹은 무럭무럭 자라면서 잎을 하나씩 하나씩 펼쳤습니다. 얼마 안 가 탐스런 빨간 봉오리가 맺히더니 어느 날 세상에서 가장 예쁜 빨간 장미가 피어났습니다.

장미 덤불에서는 매일 한 송이씩 새로운 장미가 피어났습니다. 남자는 작업장에서 항아리며 접시, 컵과 그릇들을 구웠습니다. 일하는 동안 노래도 불렀습니다.

"놀면서 일하고 일하면서 놀지. 진흙으로 만드는 건 정말 즐거워."

아내는 정원에서 옥수수, 양배추, 호박과 콩을 길렀습니다. 정원을 가꾸는 동안 노래도 불렀습니다.

"놀면서 일하고 일하면서 놀지. 정원에서 일하는 건 정말 즐거워."

그때부터 부부는 토요일마다 바구니에 도자기와 채소를 실은 다음, 그 위에 세상에서 가장 아름다운 장미 한 다발을 얹어 시장으로 갔습니다.

실비아의 인형 동화78

실비아는 다섯 살 때 마을에 쏟아진 폭격으로 가족 전체를 잃고 하루아침에 고아가 되었다. 현재 나이로비의 어린이 구호 단체가 실비아를 입양했다. 그곳에서 열여덟 살까지 살 것이다. 담임교사가 실비아에게 이 이야기를 들려준 다음 날 아침, 실비아가 잠에서 깼을 때 침대 옆에는 금실과 은실로 수놓은 옷을 입은 특별한 인형이 앉아있었다. 실비아의 새 '엄마'는 이 이야기를 들은 뒤로 아이가 놀이와 다른 사람들과의 상호작용에 큰 변화가 있다고 전했다. (5장 116쪽)

실비아의 엄마와 아빠는 하늘나라에서 편안하게 살고 있습니다. 형제들도 모두 엄마, 아빠와 함께 살고 있지만, 어린 실비아만은 아직 이곳 땅 위에 남았습니다.

가족들은 모두 깊은 밤이 되면 반짝반짝 빛나는 별빛을 통해 침대에 곤히 잠들어 있는 작은 딸을 내려다본답니다. 실비아가 따뜻하게 보살펴주는 새 엄마와 안전한 새집을 갖게 되어서 정말 기뻤습니다. 하지만 실비아가 가끔씩 슬퍼하고 외로워하는 모습을 보고 가족들은 하늘나라에서 선물을 보내기로 했습니다. 가족들은 실비아와 함께 놀고 밤에 함께 잠들 수 있는 작은 친구를 선물하기로 했습니다.

하늘나라 천사들의 도움을 받아 해님에게서는 금실을, 달님에게서는 은실을 얻었습니다. 그런 다음 하늘나라의 베틀에 금실과 은실을 걸어 작은 인형에게 입힐 특별한 옷을 짰습니다.

인형이 준비되자 하늘나라 천사는 인형을 꼭 안고 별들이 반짝이는 하늘을 지나 인간 세상으로 내려왔습니다. 실비아의 새집에 도착한 천사는 창문을 통해 방으로 들어가 잠들어 있는 실비아의 머리맡에 인형을 살짝 놓아주었습니다.

다음 날 아침 실비아가 깨어났을 때 침대 옆에는 하늘에서 보낸 선물이 반갑게 인사하고 있었습니다. 인형이 입고 있는 옷은 아침 햇살에 금빛 은빛으로 반짝반짝 빛났습니다. 실비아는 인형을 보며 아주 행복했습니다. 실비아는 그 인형이 하늘나라의 선물이라는 것을 알았습니다. 실비아는 인형에게 'ㅇㅇㅇ'라는 이름을 붙여주었고, 실비아의 특별한 친구가 되었습니다.

하늘하늘 날개 나비 동화 79

이 이야기는 네 번째 생일을 몇 달 앞두고 독사에 물리는 사고로 세상을 떠난 어린 샬렘을 기리기 위해 썼다. (32장 387쪽 참고) 이야기를 쓴 산드라는 샬렘의 장례식 날을 이렇게 묘사했다.

"2007년 2월 18일 일요일 오후 4시, 우리는 샬렘이 자주 헤엄치며 놀던 바닷가 모래밭에 모였습니다. 썰물 때라 바닷물이 밀려나가면서 드러난 물웅덩이 바닥에 나무로 만든 토템폴[01]을 옮겨와서 경건하게 세웠습니다.

샬렘의 아빠와 엄마, 친구, 가족들은 샬렘을 기리기 위해 함께 토템폴을 만들었습니다. 기둥의 3/4지점에는 천사의 날개가, 부엉이, 여러 마리의 돌고래, 고래, 거북이 그리고 뱀이 아주 정교하고 아름답게 새겨진 토템폴이었습니다. 중앙에는 커다란 하트와 함께 샬렘의 사진이 걸려 있었습니다.

토템폴 옆에 마련한 제단에는 샬렘의 유해를 화장한 유골 항아리가 놓여있었습니다. 장례식에 참석한 사람들은 항아리 주변에 샬렘을 위해 가져온 선물을 두었습니다. 주변 모래밭에는 토

---

01 역주: totem pole_ 토템의 상을 그리거나 조각한 기둥. 북아메리카 인디언들은 대개 문 앞에 세워 놓는다.

템폴을 중심으로 조문객들이 가지고 온 아름다운 꽃들과 돌멩이, 조개껍데기들을 달팽이 모양(나선형)으로 늘어놓았습니다. 화로에 불을 피운 뒤 향기로운 풀과 송진을 넣어 태웠습니다.

  아이들은 모래밭에서 젖은 모래를 쌓아 성을 만들며 놀고 있습니다. 유가족들은 샬렘의 짧지만 아름다웠던 시간을 기억하기 위해 이 자리에 와준 사람들에게 감사 인사를 했습니다. 샬렘의 아버지에게 샬렘의 유치원 선생님이라는 소개를 받고 조문객들 앞에 선 나는 사람들에게 이 이야기를 들려주었습니다.

  이야기를 들은 사람들은 샬렘에 대한 기억을 떠올리며 노래를 부르고 음악을 연주했습니다. 사람들은 샬렘에게 보내는 기도를 종이에 써서 화로에 던졌습니다. 어느덧 밀물이 들어오기 시작했습니다. 샬렘의 부모는 화장하고 남은 재를 밀려들어오는 태평양 바닷물에 실어 보냈습니다. 물이 가득 찬 웅덩이 위로 토템폴의 끝이 십자가처럼 떠올랐습니다. 토템폴 주변에 놓았던 아름다운 꽃과 돌멩이는 밀려드는 파도에 이리저리 휩쓸려 다녔습니다. 샬렘을 위해 밝혔던 초도 바다로 둥실둥실 떠내려갔습니다.

  샬렘의 가족들은 장례식에 온 친구들에게 마당에 심으라고 새날개덩굴을 하나씩 나누어주었습니다.(이야기에서 새날개덩굴에 사는 노란 초롱꽃은 하늘하늘 날개 나비의 가장 친한 친구로 등장합니다.)"

옛날, 옛날 아주 무덥고 비가 많이 오는 밀림에 이루 다 헤아릴 수 없을 정도로 많은 친구가 살았습니다. 이들은 서로 정답게 얘기하고, 같이 어울려 놀고, 함께 일도 하며 지냈습니다. 물론 모든 친구가 다 그렇듯이 가끔은 싸울 때도 있었습니다. 그 중에 눈부시게 아름다운 푸른 나비가 하나 있었습니다. 이름은 '하늘하늘 날개'입니다. 하늘하늘 날개 나비는 숨바꼭질을 좋아했습니다. 파란 색의 하늘하늘 날개 나비가 날아가는 모습이 언뜻 보이다가도 순식간에 어디론가 사라져버리곤 했습니다. 하지만 자세히 들여다보면 날개의 파란 부분을 숨긴 채 나뭇잎인 척하고 숨어있는 것을 찾을 수 있습니다. 하늘하늘 날개 나비는 숨바꼭질을 정말 잘 했습니다.

"나는야 파란 나비, 숨바꼭질 선수죠.
날 찾아보세요, 어디 있을까요?
까꿍, 여기 있지요!"

(산드라는 이 대목에서 파란 나비가 눈앞에서 날아다니는 것처럼 파란 스카프를 허공에 흔들었다가 등 뒤로 숨겼다)

하늘하늘 날개 나비의 가장 친한 친구는 노란 초롱꽃이었습니다. 초롱꽃은 언제나 하늘하늘 날개 나비를 위해 달콤한 꿀을 준비해 놓았습니다. 하늘하늘 날개 나비는 초롱꽃의 노란 잎에 내려앉을 때마다 작고 예쁜 발을 내밀어 노란 초롱꽃을 살살 간질였습니다. 냠냠냠냠 나비는 꽃잎에 앉아 긴 대롱을 내밀어 노란 초롱꽃의 맛있는 꿀을 배부르게 마셨습니다. 그러는 동안 하늘하늘 날개 나비의 몸속에선 아주 작은 나비의 알들이 조금씩 자라고 있었습니다.

노란 초롱꽃은 울창한 밀림 속 작은 덤불 옆에 피어있고, 덤불 아래에는 바우어 새가 살았습니다. 바우어 새의 둥지 안에는 파란색 물건들이 아주 많았습니다. 파란색 핀, 파란색 끈 한 가닥, 반짝이는 파란색 사탕 껍데기 그리고 바우어 새가 떨어뜨린 파란 깃털까지 온통 파란 것 투성이였습니다. 둥지에 있는 신기한 물건들을 보러 늘 친구들이 모여들었습니다. 하늘하늘 날개 나비도 바우어 새의 둥지에 자주 놀러갔습니다. 하늘하늘 날개 나비는 바우어 새가 모아놓은 예쁜 것들을 구경 갈 때면 새의 눈앞에서 아름다운 파란 날개를 펄럭이며 약 올리는 장난을 치곤했습니다.

바우어 새의 둥지는 하늘하늘 날개 나비가 알을 낳기에 딱 좋은 곳이었습니다. 알에서 깨어난 배고픈 애벌레들이 배불리 먹을 나뭇잎도 무성하고, 가장 친한 친구인 노랑 초롱꽃도 바로 옆에 있기 때문입니다.(애벌레들에게 날개가 생기면 날아가 그 달콤한 꿀을 먹을 수도 있을 테지요)

그러던 어느 날 밤 하늘하늘 날개 나비는 밤하늘을 올려보다 이제껏 만난 친구 별들과는 아주 다른 별님을 보았습니다. 눈부시게 아름다운 꼬리가 있는 둥그렇게 반짝이는 공처럼 생긴 별이었습니다. 늘 이 친구 저 친구들을 따라하는 시끄러운 수다쟁이 공작의 꼬리보다도 더 큰 꼬리였습니다.

하늘하늘 날개 나비는 오래된 유칼리나무 꼭대기에 앉아있는 코알라 할아버지에게 날아갔습니다. "할아버지, 하늘의 저 아름다운 별님은 누구인가요?"

코알라 할아버지는 나뭇잎만 먹으며 한참 동안 아무 말도 하지 않았습니다. 큰 몸을 천천히 고쳐 앉더니 할아버지들이 으레 그러듯 헛기침을 몇 번 한 다음 입을 열었습니다.

"그건 말이지, 천국을 깨끗하게 쓸면서 예쁜 것들을 찾아 모으는 커다란 빗자루란다. 그 빗자루는 우리가 사는 이 세상에 귀한 선물들을 보내주기도 하지." 할아버지가 대답했습니다.

"어떤 선물을 주나요?" 하늘하늘 날개 나비가 물었습니다.

"곱고 아름다운 색깔이랑 밝음, 선한 것들을 주지." 코알라 할아버지가 말했습니다. 할아버지는 다시 헛기침을 한 다음 이렇게 덧붙였습니다. "우리는 그 선물을 먹기도 하고, 오르기도 하고, 들이마시며 숨 쉬기도 하고, 그 위를 걸어 다니기도 하지. 그리고 빗자루는 이곳 대지의 어머니가 보내는 선물을 하늘로 가지고가는 일도 한단다."

"아, 그렇군요." 하늘하늘 날개 나비가 대답했습니다. 그러고는 아래로 날아가 바우어 새 둥지가 있는 무성한 덤불 안에서 커다란 이파리를 찾았습니다. 하늘하늘 날개 나비는 그 이파리 아래에 알을 낳았습니다. 알을 다 낳자 어디선가 히히힝 말 우는 소리가 들렸습니다. 그 소리의 주인공은 친구 유니콘이었습니다.

"유니콘, 저 별님을 만나고 싶은데 나를 좀 데려다줄 수 있겠니?" 하늘하늘 날개 나비는 유니콘의 커다랗고 하얀 귓가에서 파닥이며 속삭였습니다. 유니콘은 마음만 먹으면 저 멀리 있는 무지개까지도 한 걸음에 뛰어올라 갈 수 있는 친구였습니다. 유니콘은 친절하고 다정하며 힘도 아주 셌습니다.

유니콘은 눈을 감고 하늘 저 높은 곳까지 날아올라 그 밝은 별빛에 닿는 상상을 했습니다.

"한 번 해보자." 유니콘이 조심스럽게 말했습니다. 유니콘은 하늘하늘 날개 나비를 우윳빛 커다란 귀 안에 조심스럽게 집어넣은 다음 뒷발을 구르며 천천히 걷기 시작했습니다. 조금씩 속도를 올리다가 마침내 쏜살같은 속도로 달려 하늘로 날아올랐습니다. 유니콘과 하늘하늘 날개 나비는 계속 하늘 위로 날아올라, 눈부시게 아름다운 꼬리가 달린 밝은 별님과 폭신폭신한 하얀 구름들이 술래잡기하며 노는 곳에 도착했습니다.

"사랑해." 하늘하늘 날개 나비는 날개를 파닥이며 유니콘에게 작별인사를 했습니다. 유니콘은 다시 발길을 돌려 구름을 지나고 별빛 가득한 밤하늘을 지나서 어머니 대지의 집으로 돌아왔습니다.

다음 날 아침 숲은 고요했습니다. 야자수는 긴 잎을 살랑살랑 흔들며 서있었습니다. 이슬 요정들은 바위와 나무 위에서 반짝였습니다. 따사로운 해님과 빗방울 요정들이 숲 이곳저곳에 아름다운 일곱 빛깔 무지개를 걸어놓았습니다. 유니콘은 높이뛰기 연습을 하면서 무지개다리를 훌쩍 뛰어넘거나 밑으로 지나갔다가 무지개를 통과하기도 하면서 놀았습니다.

할아버지 코알라는 유칼리나무에 앉아 나뭇잎을 먹으며 간밤에 보았던 별똥별과 눈부시게 아름다웠던 꼬리를 곰곰이 생각했습니다. 그러자 가슴속에 지혜가 가득 차오르는 것을 느낄 수 있었습니다.

바우어 새는 둥지 앞에 아름다운 푸른빛 천사의 날개가 떨어져있는 것을 발견했습니다. 노란 초롱꽃의 꽃잎은 그 어느 때보다도 더 은은하게 반짝이면서 아름다운 향기를 풍겼습니다. 하늘하늘 날개 나비의 모든 친구도 지금까지보다 훨씬 더 환하고 아름다워졌습니다. 그때부터 하늘하늘 날개 나비의 친구들 안에는 하늘하늘 날개 나비의 은은한 빛이 영원히 머물게 되었습니다. 🌸

25 동생이 태어났어요

마법 지팡이 동화80

부모는 그동안 외동으로 자라던 5세 딸아이가 곧 태어날 동생을 질투하고 거부할까 걱정했다. 이 이야기는 딸이 아기를 받아들이고 기쁜 마음으로 반갑게 기다리게 하는데 큰 도움을 주었다. 엄마는 딸이 색색의 털실과 깃털, 조개껍데기로 마법 지팡이를 만드는 것을 도와주었고, 이는 이야기의 힘을 더욱 강화하는 효과를 가져왔다.

옛날에 노는 것도 시시하고, 장난감도 영 재미없어 하는 여자아이가 있었습니다. 어느 날 아이가 마당의 큰 나무 아래에 앉아있을 때였습니다. 갑자기 작은 나뭇가지가 뚝 하고 부러져 땅에 떨어졌습니다. 아이 바로 옆에 떨어진 나뭇가지는 신기하게도 아이를 향해 노래를 부르기 시작했습니다.

"알록달록 예쁜 옷을 입혀주세요.
밤이나 낮이나 항상 저를 데리고 다녀주세요.
마법의 기운이 흐르는 날
보물이 있는 곳으로 안내할게요."

나뭇가지가 노래하는 것을 들은 아이는 신이 나서 팔짝팔짝 뛰었습니다. '이건 마법 지팡이가 틀림없어.' 아이는 나뭇가지를 주워 집으로 가져왔습니다. 집에 들어오자마자 곧바로 거실로 달려가 엄마가 색실을 담아두는 바구니를 찾아 꺼냈습니다. 아이는 예쁜 색깔의 털실을 하나씩 꺼내어 나뭇가지를 찬찬히 감기 시작했습니다. 다 감은 다음에는 지팡이를 방으로 가져가 침대 옆 탁자의 가장 좋은 자리에 소중하게 올려두었습니다.

이튿날 아침 아이가 잠에서 깨었을 때 마법 지팡이가 부르는 노랫소리가 들렸습니다.

"오늘은 마법의 기운이 흐르는 날
보물이 있는 곳으로 안내할게요."

지팡이를 집어 들자 파르르 떨리는 기운이 전해졌습니다. 마치 '날 따라오세요.' 하고 부르는 것처럼 느껴졌습니다. 아이는 지팡이가 이끄는 대로 걸음을 옮겼습니다. 지팡이를 따라 마당으로 나가 이리저리 걷다가 풀 위에 아름다운 깃털이 떨어져있는 곳에 이르렀습니다. 아이는 생각했습니다. '아하! 이게 바로 보물이구나.' 그리고 그 깃털을 마법 지팡이에 매달아 더 예쁘게 꾸며주어야겠다고 마음먹었습니다.

다음 날 아침 아이가 잠에서 깨었을 때 또 마법 지팡이가 부르는 노랫소리가 들려왔습니다.

"오늘은 마법의 기운이 흐르는 날
보물이 있는 곳으로 안내할게요."

아이는 마법 지팡이를 따라 바닷가로 갔습니다. 바닷가 금빛 모래밭 위에는 분홍색, 하얀색의 예쁜 무늬가 있는 고운 조개껍데기들이 아주 많이 있었습니다.

'아하! 이게 바로 보물이구나.' 아이는 조개껍데기들을 마법 지팡이에 매달아 더욱더 예쁘게 꾸며야겠다고 마음먹었습니다.

다음 날 아침 아이가 잠에서 깨었을 때 또다시 마법 지팡이가 부르는 노랫소리가 들려왔습니다.

"오늘은 마법의 기운이 흐르는 날
보물이 있는 곳으로 안내할게요."

그러나 어쩐 일인지 오늘은 마법 지팡이가 아이를 집 밖으로 데려가지 않습니다. 마법 지팡이는 계속 노래를 부르면서 아이를 안내했습니다. 지팡이를 따라간 아이는 마루를 지나 안방 문 앞에 이르렀습니다. 안방 침대 위에는 처음 보는 아주 작은 아기가 누워있었습니다. 아기는 포근하고 따뜻한 담요에 싸여 초롱초롱 빛나는 눈으로 아이를 바라보았습니다.

아이는 생각했습니다. '그래, 정말로 소중한 보물이 여기 있구나.' 그러고는 알록달록 색실과 아름다운 깃털과 고운 빛깔의 조개껍데기로 장식한 마법 지팡이를 아기가 볼 수 있도록 들어 올렸습니다. 지팡이를 본 아기는 얼굴 가득 환하고 눈부시게 행복한 미소를 지었습니다. 그 모습을 본 아이도 가슴이 벅차오르며 아주 행복했습니다.

지금까지도 마법 지팡이는 여자아이가 재미있는 모험을 떠나고 더 많은 보물을 찾도록 도와주고 있습니다. 그렇지만 지금까지 발견한 수많은 보물 중에 최고는 뭐니뭐니해도 담요에 싸여 안방 침대에 누워있던 갓 태어난 동생이랍니다.

물의 아이 _{동화 81}

이 이야기는 4세 남자아이에게 여동생이 곧 태어날 것이라는 소식을 알려주기 위해 만들었다. 아이 엄마가 집에서 수중 분만을 준비하고 있어서 아이가 물에서 온다고 설정했다.

옛날 옛날에 아주 특별한 친구를 둔 소년이 있었습니다. 이 친구는 다른 친구들하고는 많이 달랐습니다. 이 친구는 아주 멀리 떨어진, 하늘 높은 곳의 구름 나라에 살았습니다.

가끔씩 마당에서 놀고 있는 소년의 귀에 하늘 높은 곳에서 친구가 속삭이는 소리가 들렸습니다. 그리고 어떤 때는 꿈에서 친구를 만나 구름 천국에서 신 나게 놀기도 했습니다. 폭신폭신한 구름 위에서 데굴데굴 구르고 깡충깡충 뛰면서 신 나게 놀았습니다. 이 구름에서 저 구름으로 폴짝폴짝 뛰어다니기도 했습니다.

그러던 어느 날 특별한 친구는 이제 구름 나라를 떠나 땅으로 내려가 소년의 가족과 함께 살아야 할 때가 되었다고 생각했습니다. 특별한 친구는 구름 나라 친구들에게 작별 인사를 했습니다. 그러자 비의 요정이 구름 나라 친구를 보랏빛 망토에 감싸고 빗방울에 실어서 살며시 땅으로 내려왔습니다. 땅에 도착한 비의 요정은 깊고 고요하고 맑은 물웅덩이 속에 아기를 내려놓았습니다.

구름 나라 아이가 오기를 이제나저제나 기다리던 아빠와 엄마는 구름 나라 아기를 물에서 들어 올려 오빠에게 보여주었습니다. 엄마와 아빠는 "네 여동생이란다. 이름은 라일라야."라고 말했습니다. "우리와 함께 지내려고 왔단다. 혼자 걸어 다닐 만큼 자라고, 우리가 사는 땅에 익숙해지려면 시간이 조금 걸릴 거야. 하지만 금방 너와 함께 재미있게 놀 수 있을 거야."

그날은 하늘도 맑고 날씨도 화창했습니다. 소년의 가족은 구름 나라 아이가 집에 찾아와주어 정말 행복했습니다. 소년은 그림을 그려 아기 방 벽에 붙여주고, 아름다운 색의 이파리와 꽃을 모아 아기 침대 머리맡에 걸어주었습니다. 소년은 동생을 품에 꼭 끌어안고 자장가도 불러주었습니다.

라일라는 무럭무럭 자라 조금씩 기어 다니기 시작하더니 금방 걷고 뛰었습니다. 시간은 쏜살같이 흘러 어느덧 라일라의 첫 번째 생일이 되었습니다. 라일라가 오빠의 도움을 받아 첫 번째 생일 선물을 풀어보니 눈부시게 아름다운 황금 공이 들어있었습니다. 오빠가 마룻바닥에 공을 굴리자 동생도 오빠에게 다시 공을 굴려 보냈습니다. 소년은 깔깔거리며 웃고 동생도 꺄르륵 신나게 웃었습니다. 둘은 그 황금 공을 가지고 재미있게 놀았습니다. 구름 나라에서 함께 놀았던 때와 똑같이 말이지요. ❁

26 분리불안

원숭이 나무 동화82

자신의 집에서 다른 집 아이를 돌보아주는 가정보육사인 질리 노리스가 부모의 이혼으로 불안해하는 4세 여자아이를 위해 쓴 이야기다. 이혼한 부모는 아이의 양육권을 나누어가졌고 아이는 이런 상황 변화에 쉽게 적응하지 못했다. 아이에게는 십대인 형제자매가 3명 있는데 집은 늘 소란스럽고 뒤죽박죽 어질러져있었다. 그래서 질리는 원숭이를 주인공으로 택했다. 이별이나 분리 불안을 겪는 다양한 연령대의 아이들에게 상황에 맞춰 변형해서 들려준다. (32장 390쪽 참고)

옛날 어떤 밀림 한가운데 장난꾸러기 원숭이 가족이 원숭이 나무에 모여 함께 살았습니다.

    까불고 떠드느라 바빠요 바빠
    재잘대고 웃느라 바빠요 바빠
    꼬리 잡고 그네 타고, 등 긁어 벼룩 잡고
    와글와글 시끌시끌 원숭이 나무
    함께 모여 신나는 원숭이 나무

원숭이 나무에는 말리라는 꼬마 원숭이가 있었습니다. 말리는 언니 오빠들에게 포근하고 아늑한 잠자리 만드는 법을 배우는 중입니다.

낭창낭창 부드러운 나뭇가지를 이리저리 구부려서 엮고, 나무 이파리들을 이곳저곳 잘 밀어 넣어야 합니다. 하지만 튼튼하고 포근한 잠자리 만들기는 쉽지 않았습니다. 자다가 잠자리 바닥의 벌어진 틈으로 떨어질 때도 있었습니다. 하지만 여러 번 고치고 여러 번 연습한 끝에 아주 근사하고 튼튼한 잠자리를 만들었습니다. 구름이 누워도 폭신하다고 할 만큼 아늑했습니다.

말리는 포근한 잠자리에서 새근새근 잠들어요.
오손도손 원숭이 가족, 함께 모여 쿨쿨

어느 날 아침 말리가 사촌과 놀고 있는데 하늘에서 우르릉 쿵쾅하는 소리가 들려왔습니다. 말리는 별로 신경 쓰지 않았지만 언니 오빠들과 사촌들은 와글와글 시끄럽게 떠들더니 무슨 일이 벌어지는지 보려고 앞다투어 원숭이 나무 꼭대기로 올라갔습니다.

먹구름이 모여들고 천둥이 우르릉 꽝 치고 번개가 번쩍 하늘을 갈랐습니다. 비가 쏟아지고 바람이 윙윙 불기 시작했습니다. 원숭이들은 모두 나무 한가운데 모여 서로를 꼭 껴안고 폭풍우가 지나가기를 기다렸습니다. 숨죽인 채 아무 소리도 내지 않고 조용히 아주 조용히 기다리고 있는데... 갑자기 쾅! 하는 소리가 들리더니 원숭이 나무에서 큰 나뭇가지가 우지끈 떨어져 나가 저 아래 땅 위로 쿵 떨어졌습니다.

마침내 비가 그치고 바람도 잠잠해졌습니다. 먹구름이 물러가고 활짝 갠 하늘에 해님이 다시 방긋 웃으며 원숭이 가족들을 따뜻하게 비춰주었습니다.

함께 살던 원숭이 나무에서 큰 가지 하나가 부러졌기 때문에 원숭이 가족 몇몇은 이웃 나무로 옮겨가 잠자리를 새로 만들어야 했습니다. 모두들 분주하게 일했습니다.

말리는 다른 나무에 사는 가족들에게 건너가 노는 것도 재미있겠다고 생각했습니다. 그래서 자고 오고 싶을 때를 생각해 다른 나무에 잠자리를 하나 더 만들었습니다.

이제 원숭이 가족들이 사는 원숭이 나무는 두 그루가 되었습니다. 그리고 다시,

까불고 떠드느라 바빠요 바빠
재잘대고 웃느라 바빠요 바빠
꼬리 잡고 그네 타고, 등 긁어 벼룩 잡고
와글와글 시끌시끌 원숭이 나무
함께 모여 신나는 원숭이 나무

말리는 이제 잠자리가 두 군데나 있습니다. 그래서 밤이 되면,

말리는 포근한 잠자리에서 새근새근 잠들어요.
오손도손 원숭이 가족, 함께 모여 쿨쿨

엄마 달 동화83

이 이야기는 엄마가 갑자기 집을 나가는 바람에 친척 집에 맡겨진 5세 아이를 위해 쓴 것이다. 아이의 엄마는 5개월 뒤에 집으로 돌아왔다. 엄마를 기다리는 동안 이 이야기는 아이뿐 아니라 다른 가족들에게도 힘이 되었다. 작가 앨리슨 브루킹의 허락을 받아 이 책에 수록한다.

옛날 옛날에 저 높은 하늘나라에서 친구 별들과 행복하게 지내는 꼬마 별이 있었습니다. 꼬마 별은 언제나 반짝반짝 빛났습니다. 그래서 엄마 달이 곁에 있는 밤이 되면 땅에 사는 모든 아이가 캄캄한 밤하늘에서 빛나는 꼬마 별을 볼 수 있었습니다. 낮에도 꼬마 별은 반짝반짝 빛나지만 아빠 해님이 힘이 세고 환한 빛을 내고 있어서 꼬마 별의 빛은 보이지 않는 것뿐입니다.
아빠 해님이 잠자리에 들면 엄마 달이 다가와 꼬마 별들에게 밤새 땅 위에 사는 모든 아이를 잘 지켜주어야 한다고 얘기해주었습니다. 엄마 달은 꼬마 별들을 하나하나 깨끗하게 닦아주고 보살펴주었습니

다. 엄마 달과 별들은 함께 모여 반짝이는 별빛을 땅으로 보내면서 밤에 깨어있는 동물들이 먹이를 잘 찾을 수 있도록, 그리고 꽃과 풀들이 밤새 잘 자랄 수 있도록 도와주었습니다. 꼬마 별은 엄마 달이 곁에 있는 것이 좋았습니다. 엄마의 부드러운 달빛은 언제나 꼬마 별을 감싸주었습니다.

어느 날 저녁, 하루 종일 땅 위를 비추던 아빠 해님이 막 산 너머로 넘어갈 무렵이었습니다. 꼬마 별은 엄마 달이 찾아오기를 기다리고 있었습니다. 꼬마 별은 하늘에서 친구들과 함께 오랫동안 기다렸습니다. 하지만 아무리 기다려도 엄마 달이 오지 않았습니다. 이제 하늘의 모든 별이 엄마 달을 기다렸습니다. 날이 점점 춥고 어두워지면서 꼬마 별은 슬퍼지기 시작했습니다. 문득 꼬마 별은 생각했습니다. '엄마 달이 땅에 있는 친구들을 비추지 않으면 너구리도 부엉이도 아이들도 너무 캄캄할 거야.' 혼자서라도 얼굴을 깨끗이 닦고 땅을 반짝반짝 비추어 어둡지 않게 하면 엄마 달이 기뻐할 거란 생각이 들었습니다. 그래서 기운을 내어 씩씩하게 얼굴이 밝게 빛날 때까지 반짝반짝 깨끗이 닦았습니다. 그리고는 형 별, 동생 별, 누나 별을 비롯한 모든 별 아이에게 함께 얼굴을 씻고 빛을 비추자고 말했습니다.

하늘 아래 땅에서는 한 소녀가 창문에 기대어 어둡고 캄캄한 밤하늘을 바라보며 달이 뜨기를 기다리고 있었습니다. 밤이 깊어 추워졌는데도 반짝이는 별빛과 얼굴 가득 비춰주는 달빛이 보고 싶어 기다렸습니다.

소녀는 엄마가 자장가를 불러주고 나가시면 살금살금 침대를 빠져나와 창밖으로 밤하늘을 올려다보는 시간을 제일 좋아했습니다. 그런데 오늘은 어찌된 일인지 달빛도 별빛도 비추지 않았습니다. 하품이 나오고 눈꺼풀이 무거워지기 시작했지만 아직도 밖은 칠흑같이 캄캄하기만 했습니다. 깜빡 잠이 들려는 참에 저 멀리서 혼자 반짝이는 아주 작은 별 하나를 보았습니다. 별빛은 점점 더 밝아지더니 소녀를 향해 다가오는 것처럼 환해지기 시작했습니다. 바로 꼬마 별이었습니다. 그러더니 다른 별들도 하나둘씩 빛나기 시작했습니다. 마침내 하늘 전체가 반짝이는 환하고 아름다운 별들로 가득 차게 되었습니다. 별들은 행복한 얼굴로 재미있는 이야기를 속삭이는 것처럼 보였습니다. 소녀는 기쁘고 행복한 마음으로 편안하게 잠자리에 들었습니다.

다음 날 아침, 아빠 해님이 산과 바다, 언덕 너머, 모든 곳에 따뜻한 햇살을 비추자 꼬마 별은 밤새 너무 열심히 빛을 비추었던 탓에 피곤해서 깊이 잠이 들었습니다. 전에는 혼자서 그렇게 밝게 빛을 냈던 적이 없으니까요. 꿈에서 엄마 달이 말했습니다.

"꼬마 별아 정말 용감하고 멋지게 빛나는 별이 되었구나. 네가 정말 자랑스럽단다. 엄마는 금방 돌아가서 다시 하늘을 비출 거야. 하지만 그때까지 형, 누나들과 잘 지내면서 서로서로 깨끗하게 닦아주고 땅을 밝게 비추어주렴. 반짝반짝 빛을 내는 것이 힘들면 아빠 해님이 하루 일을 마치고 들어갈 때에 따뜻한 햇살을 조금 받아두렴. 그 빛을 함부로 휘두르지 않는다면 아빠 해님이 햇살을 잘 쓰는 법을 기꺼이 가르쳐주실 거야. 사랑한다, 꼬마 별아. 엄마는 늘 너를 생각하고 있어. 잘 자거라 꼬마 별아."

꼬마 별은 잠에서 깨어 마음속 깊은 곳에서 들려오는 엄마의 목소리를 들었습니다. 이제는 혼자가 아니라는 것과, 더 이상 슬퍼하지 않아도 된다는 것을 알았습니다. 꼬마 별은 엄마 달의 이야기를 곰곰이 생각했습니다.

다음 날 저녁 꼬마 별은 혼자서만 밝은 빛을 내느라 애쓰지 않고 아빠 해님의 따뜻한 빛을 조금 가져다가 별빛 속에 담아두어도 되는지 아빠 해님에게 물었습니다. 이렇게 꼬마 별은 하늘에서 가장 밝게 빛나는 별이 되었답니다.

아기 코알라 동화84

이 이야기는 유치원에서 엄마와 떨어지지 않으려는 4세 남자아이를 위해 쓴 것으로, 분리 불안을 위한 치유동화이다. 4장을 보면 이야기 결말에 대한 보충설명이 있다. (89쪽 참고)

옛날 숲에서 가장 높은 유칼리나무 위에 엄마 코알라와 아기 코알라가 살았습니다. 엄마 코알라는 하루 종일 배고픈 아기 코알라를 먹이려고 이 가지에서 저 가지로 맛있는 유칼리나무 잎을 따러 다녔습니다. 한쪽 가지에서 달콤하고 맛있는 잎을 다 따고 다른 가지로 옮겨 갈 때마다 엄마 코알라는 아기 코알라가 등에서 떨어지지 않도록 안전하게 고쳐 업은 다음 옆 가지로 옮겨갔습니다.

나무 위에 앉아있는 엄마 코알라
등에 업힌 아기는 울보라지요. "배고파, 으앙!"
맛있는 잎을 따다 아침밥으로 냠냠 점심밥으로 냠냠
우적우적 아삭아삭 맛있는 잎사귀
간식으로 냠냠 후식으로 냠냠
우적우적 아삭아삭 맛있는 잎사귀

엄마 코알라는 이쪽 가지에서 달콤하고 맛있는 잎사귀들을 다 따고 나면 등에 있는 아기 코알라를 단단히 고쳐 업은 다음 다른 가지로 내려갑니다.

나무 위에 앉아있는 엄마 코알라
등에 업힌 아기는 울보라지요. "배고파, 으앙!"
맛있는 잎을 따다 아침밥으로 냠냠 점심밥으로 냠냠
우적우적 아삭아삭 맛있는 잎사귀
간식으로 냠냠 후식으로 냠냠
우적우적 아삭아삭 맛있는 잎사귀

그 유칼리나무에는 가지가 아주아주 많았습니다. 매일매일 엄마 코알라는 아기를 위해 아삭아삭 맛있는 유칼리나무 잎을 찾아 새 가지로 옮겨 다녔습니다. 매일매일 엄마 코알라는 아기 코알라를 등에 업은 채로 유칼리나무를 오르락내리락 했습니다. 아기 코알라는 아무리 먹어도 돌아서면 또 배가 고프다고 울었기 때문입니다.

아기 코알라는 쑥쑥 자랐습니다. 맛있는 유칼리나무 잎을 아침으로 먹고 점심으로 먹고 간식으로 먹으면서 무럭무럭 자랐습니다. 키가 자라고 몸집이 커지면서 아기 코알라는 날이 갈수록 점점 무거워졌습니다. 어찌나 무거워졌는지 엄마 코알라는 아기 코알라를 업는 것만으로도 숨이 찰 지경이었습니다. 그러니 업은 채로 나무 위를 오르내리는 것은 얼마나 힘들겠어요!

엄마 코알라는 아기를 업고 다니는 것이 점점 힘에 부치기 시작했습니다. 그러던 어느 날 엄마 코알라가 나뭇가지가 갈라지는 곳에 앉아 있는데 아기 코알라가 또 "으앙, 배고파!"하며 울기 시작했습니다. 하지만 엄마 코알라는 어찌나 피곤했던지 그 자리에서 그만 잠이 들고 말았습니다. 아기 코알라가 아무리 크게 울어도 엄마 코알라는 너무 피곤해서 눈을 뜰 수가 없었습니다.

아무리 기다려도 엄마가 일어나지 않자 결국 아기 코알라는 곤히 잠든 엄마 등에서 내려와 옆 나뭇가지에 앉았습니다. 아기 코알라의 머리 위로 맛있는 잎들이 주렁주렁 매달려있었습니다.

"아유, 배고파." 아기 코알라는 그 맛있는 잎을 따먹고 싶어 안달이 났습니다. "저 달콤하고 맛있는 잎을 우적우적 아삭아삭 먹을 수 있으면 얼마나 좋을까?"

그러다가 문득 '이젠 나도 아기가 아니니까 혼자 올라가서 저 맛있는 잎을 딸 수 있지 않을까?' 하는 생각이 들었습니다. 하지만 선뜻 손을 내밀지 못하고 한참을 입맛만 다시고 있었습니다.

드디어 아기 코알라는 용기를 내어 나무 둥치를 기어오르기 시작했습니다. 조금 겁이 나기도 했지만 생각보다 어렵지 않았습니다. 아기 코알라의 발톱은 이제 꽤 길고 날카롭고 튼튼하게 자랐기 때문에, 발톱으로 나무를 꽉 움켜쥐고 천천히 올라갈 수 있었습니다.

조금씩, 조금씩 올라가던 아기 코알라는 마침내 다음 가지에 이르렀습니다. 그리고 조심스럽게 가지를 따라 기어갔습니다. 아래를 내려다보니 엄마는 저 아래 가지가 갈라진 곳에 앉아 아직도 깊이 잠들어 있었습니다. 이렇게 높은 곳에 오르고 보니 아기 코알라는 아주 뿌듯한 기분이 들었습니다. 아주 용감하고 다 큰 코알라가 된 것처럼 느껴졌습니다. 바로 눈앞에는 맛있는 잎들이 가득했습니다. 아기 코알라는 한 움큼 가득 따서 입에 넣고 우적우적 냠냠 맛있게 먹었습니다.

한숨 잘 자고 난 엄마는 주위를 두리번두리번 거리며 아기 코알라를 찾았습니다. '도대체 어디로 갔을까?' 엄마 코알라는 아래를 살펴보았습니다. '혹시 자는 사이에 등에서 미끄러졌나? 나무 밑으로 떨어졌나?' 하지만 아무리 둘러봐도 아기 코알라는 보이지 않았습니다. 그런데 어디선가 우적우적 맛있게 나뭇잎 먹는 소리가 들려와 엄마 코알라는 그쪽을 쳐다보았습니다.

세상에! 저 위 높은 가지 위에 아기 코알라가 있었습니다. 이제 더 이상 아기가 아니라 혼자서도 밥을 잘 먹는 꼬마 코알라가 된 것입니다.

엄마 코알라는 의젓한 꼬마 코알라를 보고 활짝 웃었습니다. 그리고 나무 위로 기어 올라가 꼬마 코알라 옆에 앉았습니다. 엄마 코알라와 꼬마 코알라는 함께 맛있는 나뭇잎들을 따서 점심밥으로, 간식으로 우적우적 아삭아삭 냠냠냠 맛있게 나누어 먹었답니다.

_# V
이야기 들려주기의 기술

이야기는 말로 들려줄 때 진정으로 생명력을 갖는다!

지금까지 이 책에서는 이야기 자체를 주로 소개할 뿐, 어떻게 들려주어야 하는지에 대해서는 별로 언급하지 않았다. V부에서는 이야기 들려줄 때의 요령과 몇 가지 시연 방식을 살펴볼 것이다. 하지만 여기 소개한 내용이 전부는 아니며 '맛보기' 정도로 받아들이기를 바란다. 이야기 들려주기는 인류역사상 아주 오래된 예술 중 하나로 범위도 방대하고 문화적 특성도 풍부하다. 내가 서던 크로스 대학Southern Cross University에서 강의한 '이야기 들려주기' 과목은 150시간짜리 과정이며 그나마도 이 주제를 충분히 다루기에는 턱없이 부족했다.

낸시 멜런Nancy Mellon이 쓴 『이야기 들려주기와 상상의 기술Storytelling and the Art of Imagination』과 『아이들에게 이야기 들려주기Storytelling with Children』는 이야기 들려주기에 대해 자세히 알고 싶은 독자에게 훌륭한 안내서가 될 것이다. 도움이 될 만한 여러 추천 도서와 웹 사이트 목록을 책 말미에 수록해두었다.

27   '들려주기'와 '읽어주기'

28   문화의 다양성 존중하기

29   청중과 상황에 따른 고려

30   소품 사용

31   이야기 들려주기 평가 기준

32   하루에 이야기 한 편

33   에필로그

27 '들려주기'와 '읽어주기'

이야기 들려주기

이야기를 들려주는 것과 읽어주는 것의 차이는 무엇일까? 방학 동안 아이들을 돌보는 보육 시설에서 일할 때, 나는 가능한 한 매일 일과 중에 이야기 들려주는 시간을 넣으려 애썼다. 한 번은 그 시간을 손꼽아 기다리던 7세 남자아이가 내게 "선생님, 전 '사람' 이야기가 '책' 이야기보다 훨씬 좋다고 생각해요."라고 말하는 게 아닌가!

"선생님은 혹시 이야기 나라에서 왔어요?"라는 질문을 받은 적도 있다. 그렇게 물은 아이는 '들려주는' 이야기를 그날 태어나서 처음 들었다고 했다. 아이들은 들려주는 것과 읽어주는 것을 전혀 다르다고 여긴다. 아직 어리기 때문에 말로 정확히 설명하거나 완전히 이해하지는 못해도 그 차이를 직관적으로 인식한다. 직접 들려주는 이야기는 읽어주기보다 훨씬 친밀하게 다가온다. 들려주는 사람이 바로 옆에 앉아 눈빛이나, 몸짓, 목소리까지 전달하기 때문에 듣는 사람들과 직접 교감할 수 있다. 책에 적힌 단어에 얽매이지 않고 이야기 테두리 안에서 자신의 언어로 자유롭게 이야기를 풀어낸다. 언어와 몸짓이 자유로워지면서 이야기가 개성을 지니게 된다.

아이의 상상력이 능동적으로 움직일 여지도 훨씬 커진다. 그림책은 이미 완성된 상을 제시할 뿐이지만, 이야기를 들을 때는 내면에서 끊임없이 자기만의 상을 창조한다. 들려주는 사람의 표정, 목소리, 몸짓, 개성 역시 이야기의 분위기나 의미를 더욱 풍부하게 전달하는데 한 몫을 한다. 이야기 강좌 참석자들은 '이야기를 들려주고 들을 때는 책이 중간에 끼지 않아 이야기를 좀 더 온전히 경험할 수 있다'는 것을 '들려주는' 이야기의 가장 큰 장점으로 꼽았다.

　　　　호주 원주민 이야기꾼인 모린 왓슨은 '들려주는' 이야기는 청중에게 직접 '가 닿는'다고 말한다. 나 역시 이야기꾼의 눈빛이나 목소리, 몸짓에서 눈에 보이지 않는 실이 뻗어 나와 청중을 '만지고' 이야기의 시작부터 마지막까지 청중을 '사로잡는' 것을 여러 차례 경험했다. 사실 이건 산만하고 소란스런 아이를 진정시킬 때 쓰는 방법이기도 하다. 짧고 강렬한 눈맞춤이나 손동작 또는 목소리 톤의 작은 변화만으로도 의도가 전달되기 때문에, 이야기 중간에 굳이 자리에서 일어나 주의를 주지 않아도 된다. 하고 싶은 말을 이야기 속에서 자연스럽게 전달하는 이런 '동종 요법'적인 방법은 어린아이들에게 적합하며 나이가 많아질수록 약의 용량과 강도를 높여야 한다.

　　　　듣는 이를 사로잡는 이야기의 힘은 아이들의 집중력 향상에도 큰 도움을 준다. TV 앞에 멍하니 앉아 수동적으로 화면을 응시하는데 익숙해진 요즘 아이들에게는 집중력이 부족한 경우가 많다. 내가 운영하던 유치원에서 1년짜리 이야기 들려주기 프로그램을 진행하면서 아이들의 집중력이 눈에 띄게 향상되는 경우를 여러 번 목격했다. 1학기 때는 단 2분도 조용히 앉아있지 못했던 5세 아이들이 그 해 말에는 최소 15분에서 20분을 이야기에 푹 빠져서 집중했다. 이 집중력은 다른 활동에도 영향을 주기 때문에 학교 교육을 시작하기에 앞서 꼭 필요한 준비 과정이라 할 수 있다.

　　　　이런 교육적 효과를 생각할 때 이야기 들려주기는 초등학교

과정에서도 중요한 의미를 갖는다. 유치원 연령의 아이들에게는 동일한 이야기를 반복해서 들려주는 것이 일과에서 중요한 부분을 차지한다.(앞장에서 설명했듯 이 나이 아이들에게는 반복이 좋은 교육 방법이기 때문이다) 초등학교 아이들에게는 긴 이야기를 며칠에 걸쳐 나누어 들려주는 것도 가능하다. 전날 들었던 내용을 다음 날 아이들이 자신의 말로 해보고 교사가 그 뒤를 이어 계속 들려준다. 이런 활동 역시 집중력과 기억력을 강화하는 효과가 있다.

이야기 읽어주기

이야기를 '들려주는' 것이 훨씬 생동감 있고 친밀한 방법인 것은 분명하지만, 읽어주는 것 역시 무시할 수 없는 의미를 갖는다. 두 방법 모두 어린아이를 돌보는 교사나 부모에게 필요하면서도 중요한 역할을 한다. 특히 영상 매체가 생활 속에 깊이 침투한 요즘 시대에는 이야기를 들려주거나 읽어주는 어른이 있다는 것만으로도 큰 축복이다. 아이와 단 둘이 있을 때 책이 둘 사이를 연결해주는 다리가 되기도 한다. 아이와 나란히 앉거나 무릎에 앉히고 책을 읽어주면서 친밀하고 따뜻한 시간을 가질 수 있다.

그림책의 그림은 아이들이 이야기를 이해하고 감상하는 것을 도와준다. 책을 읽어주면서 가끔씩 아이들과 눈을 마주치면 친밀함과 유대감을 높일 수 있다. 읽어주는 사람이 이야기를 완전히 숙지하고 있다면 적당한 부분에서는 굳이 책을 보지 않고 자기 말로 들려주면서 책의 그림을 '소품'처럼 활용할 수도 있다. 책을 그대로 읽는 경우라면 아이들에게 그림이 잘 보이도록 다양한 방법을 시도해

봐야 한다. 페이지가 끝날 때마다 그림을 들어 올려 보여줄 수도 있고, 모든 아이가 그림을 볼 수 있는 위치에 책을 놓고 읽어줄 수도 있다. 어떤 경우든 교사는 미리 이야기를 읽어 잘 아는 상태여야 한다.

요즘에는 아이들과 어른 모두가 좋아할 훌륭한 그림책이 많이 나와 있다. 그림책을 선택할 때 도움이 필요하다면 이 책 앞부분에 소개한 연령별 책 고르기 기준을 참고하기 바란다. 이때 꼭 명심할 점은 어린아이들에게 지나치게 무섭거나 강한 인상을 남기는 그림은 피해야한다는 것이다. 같은 맥락에서, 자라나는 아이들에게는 '행복하고 희망을 주는 결말'이 영혼의 양식으로 더 적합하다.

그림책을 졸업하고 스스로 책을 읽는 나이의 아이들과도 정기적으로 교사나 부모가 위대한 시인들의 시나 좋아하는 소설을 함께 읽는 것이 좋다. 이런 기억은 평생 동안 간직할 소중한 추억이 될 것이다. 아직도 나는 가끔씩 남편이 책 읽어주는 소리를 들으면서 깊고 편안한 잠에 빠져드는 것을 좋아한다.

이야기 들려주기는 구전 문화에서 탄생했다.
책으로 읽어줄 때 중요한 것은 내용이다.
들려주기와 읽어주기 모두 이야기를 나누는 중요한 방법이다.

중요한 것은 읽어주기와 들려주기가 어떻게 다른지 그 차이를 스스로 느껴보는 것이다. 주변에 동화 읽는 모임이나 이야기에 관심 있는 교사나 이야기꾼이 있다면 그들의 학교나 도서관을 찾아가서 직접 들어보라. 주변 사람들과 함께 실험을 해볼 수도 있다. 같은 이야기를 한번은 책으로 읽어주고, 다음 번엔 말로 들려주면서 그 차이를 느껴보는 것이다. 그 날의 뉴스나 '가십성 기사'를 이야기 소재로 활용할 수도 있다. 이것 역시 읽어주고 들려주면서 차이를 느껴보라. 사실 우리는 살면서 매일 수많은 이야기를 서로에게 들려주고 있지 않은가.

이야기 들려주기 기법과 의식

이야기꾼이 되는 가장 좋은 방법은 이야기를 많이 들려주는 것이다. 실제로 이야기를 들려주다보면 놀라운 깨달음을 얻게 된다. 이야기 들려주기의 기술은 지극히 개인적, 개별적이라는 사실이다. 모든 이야기꾼이 다르고 모든 청중이 다르기 때문에 똑같은 이야기도 들려줄 때마다 전혀 새롭고 다른 이야기가 된다.

하지만 이야기 기술이 본질적으로 사람마다 다르다 해도 도움이 될 만한 요령이나 보편적인 기법이 아예 없는 것은 아니다. 그중 몇 가지를 소개한다.

이야기 들려주기는 '함께하기'다.

초보 이야기꾼에게 주는 최고의 조언은 이야기 들려주기를 '공연'이 아니라 '함께하기'임을 늘 되새기라는 것이다. 이런 마음가짐으로 이야기를 대하면 많은 사람들 앞에서 처음 이야기 들려주기를 할 때 갖기 쉬운 긴장감이 훨씬 줄어든다. 이야기는 들려주는 사람과 듣는 사람 모두에게 즐거운 시간이어야 한다. 이야기 하는 사람이 신이 나야 청중도 즐겁기 때문이다.

또 다른 조언은 자신을 '거대한 이야기 그물망'의 일부라고 상상하라는 것이다. 우리는 세상 전체를 감싼 그물망에 속해있으며, 다른 사람에게 이야기를 들려주면서 이야기에 생명을 불어넣는 일에 동참한다. 이렇게 상상할 때 우리는 고립된 존재가 아니라 서로 이야기를 공유하는 전 세계 수백만 명 중 하나임을 느끼고 용기를 얻게 될 것이다.

사전 준비를 잘해두는 것도 긴장을 푸는데 도움이 된다. 아무 연습 없이도 이야기를 잘하는 재능을 가진 드문 경우가 아니라면 열심히 노력하고 연습하는 수밖에 없다. 하지만 어떤 이야기를 정말 '내 것'으로 만들었다면 그것은 영원히 당신의 이야기보따리 안에 살아있을 것이다.

사전 준비

이야기를 준비하고 외우는 데는 여러 방법이 있다.

- 글자 그대로 외우기
- 사건의 흐름을 외우거나 주요 장면을 상으로 떠올려서 연결하기: 이야기 여정의 장면들을 상상 속에서 순서대로 떠올리는 방법이다. 필요하다면 주요 장면을 그림이나 글로 요약해두는 것도 좋다.
- 즉석에서 말 만들기: 기본적인 흐름만 외워둔 상태에서 즉흥적으로 이야기를 들려주는 방법이다. 가능하면 이야기 처음과 끝부분은 완벽하게 소화해두지만 나머지는 그 자리에서 생각나는 대로 채운다.

무엇이든 본인이 좋다고 생각하는 방법을 선택하면 되지만, 중요한 것은 연습할 때 이야기를 '속으로'만 훑지 말고 직접 소리 내어 말해보는 것이다. 이야기를 '입 밖으로' 끌어내는 것은 (머리에서 목소리로) 이야기꾼이 되는 준비 단계에서 아주 중요한 연습이다.

이야기 들려주기 '의식' 만들기

소박한 의식과 함께 이야기를 시작하면 분위기를 조성할 수 있어서 청중이 첫 순간부터 이야기에 몰입할 수 있다. 이야기 의식이 일종의 다리가 되어 말하는 사람과 듣는 사람 모두를 분주한 일상생활에서 이야기 세상으로 건너오도록 도와준다. 이야기를 들려주기 전에 짧은 음악을 연주하는 정도로도 충분할 수 있다. 여러 문화권에서 주로 사용해온 이야기 의식과 전통은 밤에 모닥불 주위에 둘러앉아 이야기를 듣는 것이었다. 이는 시간과 공간을 연결해주는 효과가 있다.

    가정에서는 잠자리에 들기 전에 촛불을 켜고, 이야기가 끝나면 자장가를 불러주는 정도면 충분하다. 저녁 식사가 끝나고 짧은 이야기나 재미난 이야기를 들려주는 방법도 있다. 긴 산책을 가거나 장거리 자동차 여행을 할 때 서로 이야기를 들려주는 가족 전통을 만들 수도 있다.

    치료 센터라면 소품과 인형이 들어있는 이야기 가방이나 이야기 상자를 준비해둔다. 동물이나 사람 인형이 있는 모래 상자도 좋다. 아이들이 올 때마다 여기서 이야기가 솟아나게 한다.

    나는 교사로 일할 때 장소와 청중에 따라 다음의 요소(일부 혹은 전부)를 넣어가며 의식의 형태를 다양하게 변형시킨다.

- ☐ 이야기 시작과 끝에 음악 연주
- ☐ 촛불이나 등불 켜기
- ☐ 특별히 준비한 '이야기' 의자에 앉기

- 탁자나 특정 공간에 인형과 소품을 이야기에 맞게 펼쳐놓기
- 하루의 리듬 속에 '이야기'를 위한 시간 정해놓기
- 이야기 시작 전에 손가락 놀이를 하며 아이들이 집중할 수 있는 분위기 만들기
- '이야기 노래'를 부르면서 아이들을 교실로 데리고 들어오기

이야기 노래의 예

동아프리카에서 이야기 시간에 유치원 아이들을 실내로 데리고 들어오며 불렀던 노래. (스와힐리어 첨부)

"동화의 나라로 함께 떠나요
재미난 이야기가 펼쳐지는 나라로
무지개를 따라 다리를 건너
황금 정원으로 들어갑니다.

풍구아 믈랑고 크와 하디티 자 칼레
하포 마할라 크웬예 샴바 라 하디티
푸아타 므웽게 크웬예 샴바 라 드하하부"

초등학교 고학년 아이들에게 이야기를 들려줄 때는 의식의 비중을 최소한으로 줄이고 곧바로 이야기에 들어가는 것이 보통이다. 교사 또는 이야기꾼은 앉지 않고 아이들 앞에 서서 이야기를 들려준다. 선 자세일 때 이야기를 좀 더 극적으로 들려줄 수 있다. 이처럼 청중의 연령과 신화, 전설 등 이야기 내용에 따라 이야기꾼의 자세는 달라져야 한다. 시끄럽게 떠드는 아이들을 조용히 진정시키거나 특정 이야기에 맞는 분위기를 조성하기 위해 앉아서 이야기하는 방식

을 택할 수도 있다. 이때는 단순하고 덜 극적인 어조를 사용한다. (이런 어조는 보통 어린아이들에게 더 적합하다. 31장 384쪽 참고)

청중의 연령과 상관없이 악기(기타, 작은 하프나 북)를 연주하는 것은 이야기의 시작을 알리고 청중을 이야기 속으로 '초대'하는 데 탁월한 효과가 있다.

나는 바자회나 축제 때 사람을 모으기 위해 '하멜른의 피리 부는 사람'처럼 리코더를 불고 춤을 추면서 군중 사이를 누비고 다니기도 했다. 한번은 이야기 티피(아메리카 인디언들의 원뿔형 천막)를 세워놓고, 천막 앞에 징검다리로 마법의 디딤돌을 만들어 사람들이 그것을 딛고 들어오게 한 적도 있다. 그 천막은 이야기 들려주기에 더할 나위 없이 멋진 공간이었다. 한번은 아이들의 주의를 끌기 위해 나무 밑에 앉아 엄청나게 큰 비눗방울을 불다가 비눗방울 이야기로 이야기 시간을 열기도 했다.

28 문화의 다양성 존중하기

다른 문화에 대한 존중과 배려

다른 문화에 대한 존중과 배려는 이야기를 쓰거나 들려줄 때 반드시 염두에 두어야하는 요소다. 한번은 케이프타운에서 치유이야기 소재로 원숭이를 제안한 적이 있다. 갑자기 교실이 물을 끼얹은 듯 조용해졌다. 한 교사가 입을 열어 이렇게 말했다. "이 곳 사람들은 이야기에 원숭이가 등장하면 불행이 온다고 생각합니다." 그 교사가 더 자세한 설명을 꺼렸기 때문에 나도 더 캐묻지 않았다. 원숭이는 이야기에서 빠졌고, 대신 여러 제안과 승인을 거쳐 토끼가 그 자리에 들어갔다!

　　이 일로 인해 다른 나라나 다른 문화에서 일할 때에는 앞뒤를 더 꼼꼼히 살펴야 한다는 것을 깨달았다. 현지 출신 동료들과 아침 식탁에서 가벼운 담소를 나누면서 해결할 수도 있고, 인터넷을 뒤지거나 도서관에서 도움을 얻을 수도 있다. 다문화 학급의 교사라면 일단 아이의 부모에게 확인하는 것이 좋다.

다양한 문화권 이야기의 장점

모든 민담과 동화에는 그 이야기가 만들어진 문화의 고유한 특징이 담겨있다. 따라서 여러 민족의 옛이야기를 듣는다면 아이들은 자기 나라에 한정되지 않고 세계적인 공동체 의식을 키우게 된다. 어떤 아메리카 인디언 이야기꾼은 한 민족에 전해오는 이야기의 '결' 속에 민족혼의 정수가 담겨있다고 생각한다고 했다.

특히 문화의 다양성에 대한 인식을 키워야하는 학급이라면 가능한 한 다양한 민족의 옛이야기를 풍성하게 들려주는 것이 좋다. 이런 이야기는 우리 시대를 치유하는 연고와 같은 역할을 할 수 있다. 모든 아이에게 유익하지만 특히 소수 민족 아이들은 자신들의 문화가 녹아있는 이야기를 들을 때 얼굴이 '환해'지곤 한다. 공동체 사람들이 아이가 태어나고 자란 문화적 배경을 인지하고 인정해줄 때 아이는 자신감과 함께 안정감을 얻는다.

문화적 특성이 강한 이야기를 들려줄 때는 이면에 담긴 역사와 배경을 조사하는 것이 예의다.(추천 도서와 웹 사이트 목록 참고) 또 그 문화에 속하지 않은 사람이 그들 고유의 이야기를 들려주어도 괜찮은지 사전에 확인해두어야 한다. 물론 경험에 따르면 대부분의 공동체가 이 문제에 개방적이고 호의적인 태도를 보였다.(이야기를 사랑하는 마음이 서로를 연결하는 다리가 되어주는 것 같다) 또 하나 염두에 두어야 할 문제가 있다. 이야기를 들려주어도 괜찮다는 허락과 인쇄해도 좋다는 승인과는 전혀 다르다는 것이다.

그룸Groome이 쓴 『원주민 문화 효과적으로 가르치기Teaching Aboriginal Studies Effectively』[01]에 '꿈꾸는 사람들의 이야기 Stories of the Dreaming'라는 장이 있다. '꿈꾸는 시대'부터 호주 원주민들에게 전해오는 이야기에 관심 있는 이야기꾼이라면 한번 쯤 읽어봐야 할 책이다. 그룸은 이야기를 들려주려는 사람은 역사

---

01 역주: Howard Groome, 추천 도서 402쪽 참고

와 함께 그 이야기가 정신세계의 실재부터 지상 세계의 올바른 행동 양식과 가치 기준까지 방대한 영역을 포괄하고 있음을 이해해야 한다고 말한다. 그것은 세상의 '시초'에 관한 이야기이며, 유명한 호주 원주민 이야기꾼 모린 왓슨의 말을 빌자면 과거뿐만 아니라 현재에도 역시 유효한 이야기다. 나는 꿈꾸는 시대에 속한 호주 원주민 이야기를 존중하는 마음으로 들려준 적은 있지만 이 책에는 한편도 싣지 않았다. 그 이야기의 소유권은 원주민 원로 집단에 있지 한 개인에 속한 것이 아니기도 하고, 원주민이 아닌 사람이 책으로 펴내기를 요청하는 것은 적절치 않다고 생각한다.

문화마다 다른 이야기 의식

각 나라의 이야기 들려주기 방법을 조사하다 보면 문화마다 이야기를 시작하고 끝맺는 독특한 방법이 있음을 알게 된다. '옛날 옛날에' 말고도 이야기를 도입하는 방법은 무수히 많다.

이야기를 시작할 때

- 바로 오늘 같은 날이었어. 여기서 그리 멀지 않은 곳에 …
- 이야기야, 이야기야, 이리 오렴, 저리 가렴! … (서아프리카)
- 이야기꾼: 하디티 하디티 (이야기야, 이야기야)
  청중: 하디티 은주! (이야기야 오너라) (동아프리카)
- 율-부루 보우라 (아주 먼 옛날에 일어난 일이에요) …
  (호주 원주민들이 꿈꾸는 시대에서 온 이야기를 들려줄 때)

- □ 엄마에겐 보물이 있어요. 아이들을 위한 보물이지. 그게 뭔지 맞춰볼까? 바로 이야기란다! (남아프리카)
- □ 옛날에 이런 일이 있었을 수도, 없었을 수도 있어 …
- □ 옛날 옛날에, 여기서 일어났을 수도 있고, 저기서 일어났을 수도 있고, 어디에서라도 일어났을 수 있는 일인데 …

마무리 할 때

- □ 이야기야, 이야기야, 이리 오렴, 저리 가렴! (서아프리카)
- □ 하디티 하디티, 마지와 야 와토토 우테! (이야기야, 이야기야, 세상 모든 아이를 위한 엄마 젖 같은 이야기야!) (동아프리카)
- □ 엄마에겐 보물이 있어요. 아이들을 위한 보물이지. 그게 뭔지 맞춰볼까? 바로 이야기란다! (남아프리카)
- □ 펠라 펠라 은초미 (호사족 전통적인 이야기 의식. '이야기 끝'을 의미)
- □ 이제 저녁 먹고, 기도한 다음 잠자리에 들거라 … 아침은 저녁보다 현명하단다. (러시아)

　　여기 소개한 몇 가지 방법을 실제로 사용해보기를 권한다. 물론 직접 만들어볼 수도 있다. 특히 학급이나 청중 중에 다른 문화권에서 온 아이가 있거나 다른 문화의 이야기를 들려줄 때 여러분 문화에 독특한 방식이 있다면 그것을 사용해보라.(물론 사전에 해당 문화권 아이의 보호자에게 적절한지 여부를 확인해야 한다) 하지만 먼저 주의 깊게 관찰하고 신중하게 판단해야 한다. 위의 이야기 의식 중 어떤 것은 독자의 성향이나 문화적 배경, 사는 지역의 풍습에 맞지 않을 수도 있다. 그럴 때는 어딘가 부자연스럽고 불편한 느낌이 들 것이다. ◐

29 청중과 상황에 따른 고려

이야기의 종류

청중과 상황에 맞게 이야기를 들려주려면 먼저 이야기의 종류를 생각해봐야 한다. 대부분의 이야기는 아래의 범주 어딘가에 위치한다.

- ☐ 짧다 ——— ☐ 길다
- ☐ 재미있다 ——— ☐ 진지하다
- ☐ 지역적이다 ——— ☐ 보편하다
- ☐ 간단하다 ——— ☐ 복잡하다
- ☐ 일반적이다 ——— ☐ 특별하다
- ☐ 현실적이다 ——— ☐ 상상적이다

이외에도 강렬하고 극적인 이야기부터 가볍고 소소한 이야기, 청중의 참여가 많은 이야기와 적은 이야기, 운율과 노래가 있는 이야기와 없는 이야기 등 여러 기준에서 살펴볼 수 있다.

환경에 관한 동화 『빛의 정원』(12장 190쪽)은 길이는 중간 이상, 내용은 진지하고 구조가 꽤 복잡한 편이며 모두가 공감할 수 있는 보편한 상상 이야기다. 『영양과 나비와 카멜레온』(23장 318쪽)은 상상 이야기지만 현실적 요소를 가진 민담이다. 이야기 자체는 재미있으면서 두려움에 맞서는 용기에 대한 진지한 교훈을 담고 있다.

처음엔 이런 식의 이야기 분류가 복잡해 보일 수 있지만 겁

먹을 필요는 없다. 이야기의 본성은 본래 깔끔하게 한 단어로 정의하고 분류하기 어렵다. 하지만 이야기를 분류할 수 있는 여러 가지 기준을 알고 있다면 주나 연 단위 수업계획을 짤 때(교사의 경우), 이야기 시간을 준비할 때(이야기꾼의 경우), 가정생활에서(부모나 보호자의 경우) 이야기를 적절하게 선정하고 배치하는데 큰 도움이 된다.

   늘 비슷한 종류의 이야기만 들려주거나 읽어주었다면(재미있는 이야기나 현실적인 이야기, 혹은 슬픈 이야기 등) 이야기를 선택할 때 들려주는 사람의 취향에만 좌우되지 않도록 새로운 종류나 '정반대' 성향의 이야기를 찾아보기를 권한다. 나는 아프리카와 아프리카 이야기를 좋아한다. 그 때문에 한쪽으로 쏠리지 않도록 다른 문화권의 이야기도 골고루 들려주려고 늘 의식적으로 노력한다.

청중과 장소

이야기꾼으로서 여러분은 마음에 와 닿는 이야기를 발견할 때까지 여러 이야기를 검토하고 걸러낼 것이다. 다행히 이야기 우물은 끝을 모를 정도로 깊다. 일단은 스스로 정말 사랑하거나 적어도 좋아하고 공감하는 이야기를 선택하는 것이 최우선이다. 하지만 이야기를 선택할 때 청중이 누구인지도 반드시 고려해야 한다. 청중이 단일 문화권인지 다문화인지, 모두 남자아이인지 여자아이인지 아니면 남녀가 섞인 구성인지, 바로 전에 집중을 요하는 활동을 하고 왔는지 아니면 이제 막 학교에 도착했는지, 전에 이야기를 '들어본'(읽어주는 이야기가 아니라) 경험이 있는지 등을 생각해보아야 한다.

바자회나 축제에서 이야기를 들려주는 경우라면 주변의 소음이나 번잡함이 청중의 주의를 얼마나 산만하게 할지도 염두에 둔다. 시끄러운 곳이라면 높은 집중 수준을 요하는 길고 진지한 이야기보다 청중의 참여 비중이 높고 다양한 변화와 활동이 있는 이야기를 선택하는 편이 좋다.

앞에서 말했듯이 청중의 나이도 중요한 요소이며, 상식적으로 생각해보면 된다. 어떤 저명한 배우가 쓴 글에서 유아들 앞에서 '햄릿'의 대사를 낭송했는데 아이들이 처음부터 몸을 배배꼬며 지루해 하는 것에 놀랐다는 이야기를 읽은 적이 있다. 그 배우가 아이들에게 셰익스피어를 들려주고 싶었다면 『한여름 밤의 꿈』 중 장난꾸러기 요정 퍽의 재미난 대사를 고르는 편이 나았겠지만, 그것도 아이들의 관심을 오래 끌진 못했을 것이다. 마찬가지로 아이들이 자기들보다 어린 꼬마들을 위한 팬터마임 대본을 쓰는 경우가 아니라면, 열한 살짜리 아이들에게 『생강빵 아이』를 들려주는 것도 적절하지 않다.

혼합 연령의 청중

특정 학급의 담당 교사가 아닌 전문 이야기꾼의 경우에는 도서관처럼 4세부터 9세까지 아이들이 섞여있는 자리나 유치원 아이들 전부가 모인 자리에서 이야기를 해야 할 경우가 있다.

이럴 때 가장 좋은 방법은 다양한 연령대를 포괄할 수 있는 보편한 이야기를 선택하는 것이다. 대개 정말 좋은 이야기는 연령에 상관없이 누구에게나 적합하다. 일단 어린아이들을 고려해 결말은 '행복'해야 하지만, 큰 아이들도 즐겁게 들을 수 있도록 길이를 늘이고 구조를 복잡하게 만들거나 유머를 첨가한다. 경험에 따르면 옆에 있는 큰 아이들이 이야기에 푹 빠져있으면 어린아이들도 평소보다 긴 시간 집중하곤 한다. 큰 아이들의 '집중'을 모방하는 것이다.

  어린아이들이 대부분이고 큰 아이들이 몇 명 끼어있는 경우라면 어린아이 기준으로 이야기를 고르되 시작할 때 큰 아이들에게 이렇게 말해둔다. "오늘 이야기를 잘 들어두면 나중에 동생을 돌봐야 할 일이 있을 때 꽤 쓸모가 있을 거예요." 그러면 큰 아이들은 '애기' 취급을 받는 것 같아 속상했던 마음이 풀릴 것이다. 소품을 들고 있다가 적절한 순간에 건네주거나 타악기를 연주하는 역할을 줄 수 있으면 더 좋다.

즉흥적인 이야기

이야기 들려주기가 항상 미리 준비한 상황에서만 일어나는 것은 아니다. 이야기 들려주기를 즐길수록 이상하리만치 즉석에서 이야기를 들려주어야 하는 상황이 자주 찾아온다. 친구가 급한 일로 아이를 맡기고 외출을 한다거나, 식당에서 여러 명의 친구들과 밥을 먹는데 동행한 아이들이 시끄러워지는 경우가 그렇다.

  교사라면 먼 나들이를 가느라 정류장에서 버스를 기다리는 10분 동안 아이들을 집중시켜야 하는 경우도 있다. 유치원에서 유아반 담당 교사가 급한 전화를 받는 동안 잠깐 아이들을 돌봐달라는 요청을 할 수도 있다. 이런 예기치 못한 상황에 대비하는 방법은 이야기보따리를 넉넉하게 준비해 두는 것뿐이다.

부모라면 즉석에서 이야기를 들려주어야 하는 상황이 셀 수 없이 많을 것이다. 자동차 안에서, 잠자리에서, 먼 나들이를 할 때, 그림 그리거나 낙서를 하며 탁자에 앉아있을 때, 부엌에서 밀가루 반죽을 밀거나 빵을 만들 때 (이런 때는 『생강빵 아이』를 『밀가루반죽 아이』로 바꿀 수도 있을 것이다) 등. 이야기를 주고받는 과정에서 아이들에게 나온 아이디어를 이야기에 추가한다. 사실 가정은 이야기의 씨앗을 심고 살피고 가꾸어 갈 수 있는 가장 비옥한 토대다.

치료 센터나 상담 센터라면 아이가 처음 와서 낯설어할 때 이야기를 들려줄 수 있다. 인형과 소도구가 들어있는 주머니나 모래상자를 활용해서 언제든 들려줄 수 있도록 반쯤 미리 준비해두는 것이 좋다. 당연히 개별 아이의 상태와 요구를 고려한 이야기여야 한다. 바로 이런 상황에서 치료사의 순발력이 요구된다. ◉

30 소품사용

왜 소품을 이용할까?

특히 어린아이들에게 이야기를 들려줄 때 소품이나 보조 도구를 이용하면 이야기를 풍성하게 잘 전달할 수 있다. 소품의 종류는 무궁무진하지만 되도록 단순하게 준비하는 것이 좋다. 크게 두 가지 이유 때문이다.

1. 소품이 단순할수록 아이들의 상상력이 자유롭게 '활동'할 여지가 많아진다.
2. 이야기꾼이 준비할 사항이 적다.(이는 바쁜 교사와 상담사, 부모에게 중요한 문제다)

아이들은 빈 콩깍지를 『마법 물고기』(12장 201쪽)에 나오는 배로 쉽게 받아들이고 상상으로 나머지를 채운다. 고무나무 열매나 도토리 세 알을 『아기 돼지 삼형제』에 나오는 세 마리 돼지로, 솔방울을 늑대나 하이에나라고 해도 아무 문제가 없다. 마찬가지로 매끈한 큰 돌은 『더위 타는 하마』의 주인공 하마가 되고, 매듭을 몇 번 지어 만든 손수건 인형은 왕자와 공주가 될 수 있다.

놀랄 만큼 간단한 소품이 얼마나 탁월한 효과를 발휘하는지 직접 실험해보길 권한다. 다른 문화권에서도 좋은 아이디어를 얻을

수 있다. 예를 들어,

- 인도에서는 '그림이 그려진 천' 사용
- 유럽 몇 나라에서는 '그림이 그려진 두루마리' 사용
- 파푸아 뉴기니에서는 이야기판 사용
- 일본에서는 종이접기로 만든 인형 사용
- 아시아, 아프리카, 태평양 일부 지역에서는 줄 인형 사용
- 호주 원주민은 모래 그림 사용
- 노래, 춤, 악기 사용 (다수의 나라)

여러 해 전에 어떤 놀이 센터에서 처음으로 '책을 덮고' 『금발머리 아이와 세 마리 곰』을 들려주려 할 때, 나는 손발이 덜덜 떨릴 정도로 긴장했다! 이 난관을 헤쳐 나가기 위해서는 소품이 절실히 필요했다. 세 개의 그릇과 장난감 블록으로 만든 의자 세 개, 작은 상자로 만든 침대 세 개로 이야기 탁자를 준비해두고, 놀이 센터의 장난감 상자에서 가져온 인형 하나와 크기가 다른 곰 인형 세 개를 손에 쥐고 있다가 필요할 때 움직였다. 소품을 사건 순서대로 배치해두고 그대로 따라가다 보니 이야기 흐름을 놓치지 않고 마침내 결말에 이르렀다. 내 앞에 앉은 아이들은 내가 얼마나 긴장했는지는 짐작도 못한 채 눈을 커다랗게 뜨고서 이야기 하나를 더 해달라고 졸랐다.

소품 없이도 자신 있고 편안하게 이야기를 들려줄 수 있게 된 지금에도 가끔씩 소품을 사용한다. 어른이나 청소년에게 이야기를 들려 줄 때도 드물게 소품을 이용한다. 그 이유는 다음과 같다.

- 호기심을 불러일으킨다.

☐ 아이들이 귀를 기울이고 주의를 집중하도록 도와준다.
☐ 이야기꾼이 이야기 흐름을 기억하게 도와준다.
☐ 초보 이야기꾼에게 자신감을 준다.
☐ 이야기에 예술적인 깊이를 더한다.
☐ 이야기를 다양한 방식으로 들려줄 수 있다.

소품을 사용할 것인가 말 것인가?

어떤 이야기는 소품을 사용하는 것이 좋다. 특히 짧은 사건이 반복되는 유아용 이야기 대부분이 그렇다. (예: 『벤지와 순무』(19장 283쪽), 『마법 물고기』(12장 201쪽)) 아주 간단한 소품 하나로 경이롭고 신비한 분위기를 만들 수 있는 이야기도 있다.(예: 『별 사과』(9장 159쪽)에서 적절한 순간에 사과를 중앙에서 수평으로 잘라 가운데 숨어있는 별을 보여주면 이야기가 생생하게 살아날 것이다) 아메리카 인디언 동화인 『보이지 않는 사냥꾼』(18장 262쪽)을 들려주면서 작은 북을 둥둥 치면 반복되는 운율에 한결 힘이 실릴 것이다. 이 이야기는 상당히 길기 때문에 북을 치면서 노래를 '소품'으로 이용하면 청중의 집중을 높이는 효과도 있을 것이다.

　　이렇듯 소품은 어린아이들에게 이야기 들려줄 때 특히 효과적이지만 다른 연령의 청중에게도 분명한 효과가 있다. 최근에 성인을 대상으로 한 이야기 모임에서 무대 한쪽에 있던 빗자루를 소품으로 사용했는데, 이야기에 적당한 유머를 가미하는 멋진 역할을 했다!

소품의 범위

길이가 길고 복잡한 이야기는 소품 사용이 어려운 경우가 많다. 복잡한 소품을 여러 개 제작해야 하는 경우라면 차라리 인형극이나 연극으로 만드는 것이 낫다. 소품이 너무 크고 많으면 오히려 청중의 상상이나 집중을 방해할 수 있기 때문에, 이럴 땐 아예 청중의 상상 속에서 이야기가 펼쳐지도록 내버려두는 편이 효과적일 수 있다.

소품 준비에 얼마나 시간이 걸리는지도 잘 따져보아야 한다. 새로 제작하든 기존 사물을 이용하든 모든 소품은 안정적이고 '쓸 만해야' 한다. 소품이 혼자 서있지 못해 내내 잡고 있어야 한다거나, 두 손으로 다 감당할 수 없을 정도로 많아서는 안 된다. 또 '공연' 전에 소품을 가지고 여러 번 연습해보아야 한다. 소품을 사용할 때는 '동선'이나 '무대 감각'이 어느 정도는 필요하다. 청중에게 인형의 등을 보여주지 않는다든가, 인형을 무대 위에서 자연스럽게 움직이는 요령, 등장인물이 사람일 때 캥거루처럼 깡충깡충 뛰거나 동물 인형이 사람처럼 걷지 않게 하는 방법 등을 알아야 한다.

세월이 지나고 시행착오가 쌓이면서 언제 소품을 사용할지, 어느 대목에서 나오게 할지, 없는 게 더 나을지를 판단하는 감이 생길 것이다. 또 소품이 필요할 때와 소품 없이도 이야기를 들려줄 수 있을 때를 구별하게 될 것이다.

하지만 아직 경험이 부족하여 자신감이 없을 때는 소품을 사용해볼 것을 권한다.

다양한 소품의 예

보조 도구를 사용하는 편이 훨씬 효과적이면서 다양한 방식으로 소품을 사용할 수 있는 이야기도 있다.(물론 여러 방법을 한꺼번에 다 사용하지는 않는다) 노르웨이의 옛이야기『우락부락 숫염소 세 마리』(18장 273쪽)를 들려줄 때는 의자에 앉아서 무릎에 나무토막(다리)을 놓고 푸른 천(물)을 나무토막 밑에 끼워서 바닥까지 늘어뜨린다. 염소는 보통 뜨개질로 만든 동물 인형을 사용하지만 간단하게는 흰 양털 뭉치나 나뭇잎 뭉치를 사용할 수도 있다. 거인은 크게 한번 묶은 진한 갈색 양털뭉치 또는 솔방울로 표현한다.

  탁자나 모래 상자에 인형극 무대를 꾸미는 방법도 있다. 자연물로 장면을 꾸미고 뜨개 인형이나 점토 인형으로 등장인물을 표현한다. 큰 판 위에 펠트를 깔고 그 위에 펠트 인형을 붙여가며 이야기하거나, 한쪽 손을 다리로 사용하고 다른 손에는 손가락 인형을 끼워 이야기를 들려주는 방법도 있다.

  가끔은 아이들을 등장인물로 분장시키기도 한다. 크기가 다른 깃털을 머리띠에 달아 숫염소의 뿔을 표현하고, 거인에게는 모자가 달린 커다란 망토를 입힌다.(거인 역을 맡은 아이는 보통 내 옆의 광주리 속에 앉아 있다가 적절한 순간에 벌떡 일어났다) 염소가 된 아이들은 긴 벤치나 큰 통나무로 된 다리를 건넌다.

  악기를 이야기의 '소품'으로 사용한 적도 있다. 이때는 청중석의 모든 아이에게 등장인물 성격에 맞는 악기를 주었다.(예: 작은 염소는 트라이앵글이나 종, 중간 염소는 탬버린, 큰 염소는 북) 물론 이야기꾼이자 지휘자인 내 손이 올라갈 때(연주)와 내려갈 때(멈춤)를 잘 보고 있다가 지시에 따라 움직이도록 가르쳐두어야 한다.

여기 제안한 방법들 외에도 무궁무진한 방법이 가능하다. 이를 다른 많은 이야기에 적용하고 실험해보자. 소품 사용은 이야기꾼과 아이들(청중) 모두가 창의성을 발휘하고 함께 즐기며 웃을 수 있는 기회를 제공한다.

31 이야기 들려주기 평가 기준

치유이야기 **평가**

평가 요소	평가	비고
1_사전 준비	□ '이야기 들려주기' 공간이나 의자를 준비했는가? □ 이야기꾼이 잘 보이고 이야기가 잘 들리도록 자리를 배치했는가? □ 소품을 잡기 편한 곳에 잘 정리했는가?(필수는 아님)	
2_도입	□ 청중의 주의를 집중시키기 위해 어떤 방법을 사용했는가? (예: 노래, 음악 연주) □ 이야기 시작 전에 흥미를 돋우는 분위기가 조성되었는가?	
3_이야기 들려주기	□ 적절한 몸짓이나 손짓을 사용했는가? □ 말소리가 또렷하고 발음이 분명했는가? □ 물 흐르듯 편하고 자연스럽게 말했는가? □ 아이들 연령에 적합한 이야기와 이야기 방식인가? (유아에게 지나치게 자극적이지 않았는가) □ 속도가 적당하고 필요할 때 잘 쉬어주는가? 너무 빠르거나 늦지 않았는가? □ 등장인물에 따라 다른 목소리를 낼 경우(필수는 아님) 인물에 적합한 목소리이며 혼동을 주지 않았는가? □ 인물을 (지나치게) 과장해서 표현하지 않도록 주의했는가?(특히 청중이 유아인 경우) □ 수식 어구를 과도하게 사용하지 않도록 주의했는가?	
4_마무리	□ 이야기 시간을 마무리할 때 어떤 방법을 사용했는가? (예: 노래, 음악 연주, 게임)	
5_종합 평가	□ 준비가 충분했는가? □ 이야기를 숙지하고 '편안하게' 들려주었는가? □ 그날 들려준 분량이 완결성을 갖는가? (예: 길이가 적당했는가, 청중이 세세한 부분에 부족함을 느끼지 않았는가?) □ 청중을 '사로잡았는가?' 이야기의 마법이 펼쳐졌는가?	
4_마무리	□ **평가_** 유능 … 아직 부족 … 등등 □ **기타_**	

앞(383쪽)의 〈치유이야기 평가〉는 정식 이야기 강좌에서 이야기꾼의 기술을 평가할 때 실제로 사용한 양식이다. 독자들도 자신이나 다른 이야기꾼을 평가할 때 도움이 될 것이다. 물론 여기에 지나치게 구애받을 필요는 없다. 모든 이야기에는 이야기꾼의 개성이 반영되기 마련이며, 개별적으로 다르다. 정식 훈련을 한 번도 받지 않아도 이야기를 잘 들려주는 사람은 얼마든지 있다.

평가표를 수록한 이유는 이야기를 들려줄 때 '유의할 항목'을 분명히 해두기 위함이다. 이는 부모보다는 교사들에게 유용할 것이다.

그래도 모든 이야기꾼에게 당부해두고 싶은 점이 있다. 어린 아이들에게 이야기를 들려줄 때는 인물을 과장하거나 지나치게 극적인 어조(특히 동화나 민담을 들려줄 때 흔히 저지르는 실수 중 하나다)를 사용하지 않도록 주의해야 한다는 것이다. 우리의 목표는 어린 청중을 겁주거나 흥분시키는 것이 아니라 이야기의 내용을 통해 그들 영혼에 필요한 양식을 제공하고 영혼을 튼튼하게 키워주는 것이다. 상상의 힘이 아이들에게 이야기를 전달할 것을 신뢰하라. 이야기꾼으로서 우리의 역할은 그저 아이들에게 이야기를 전달하는 것뿐이다. 이야기꾼의 개성이 과도하게 개입하지 않아야 아이들의 상상력이 훨씬 더 잘 발휘될 수 있다. ●

32 하루에 이야기 한 편

"하루에 이야기 한 편을 들으면 의사가 필요 없다."

이 책이 본래의 목표를 달성했다면 여러분은 이미 '하루 한 편 이야기'의 약효를 실감하고 있을 것이다. 30년 동안 이야기를 들려주면서 아직도 이야기가 가진 치유의 힘에 새삼스레 놀라는 날이 많다. 오랫동안 전해 내려오는 이야기들은 매번 다른 모습으로 살아나고 새로 만든 이야기들도 우리의 삶과 일에 새로운 빛을 가져다준다.

최근 나는 큰 아들, 손자와 함께 자동차 여행을 했다. 며느리는 직장 때문에 함께 오지 못했는데, 아이는 엄마가 없다며 유아용 보조 의자에서 발버둥 치며 엉엉 울었다. 아무리 달래도 소용이 없었다. 큰 아들도 울고 떼쓰는 아들 때문에 덩달아 속이 상했다. 나는 조수석에 앉아 어떻게 할까 무슨 말로 달랠까 궁리하고 있었다. 그 때 차가 모퉁이를 돌면서 뒤쪽에 실려 있던 큰아들의 서핑보드들이 미끄러져 큰 소리로 삐거덕거리며 떨어졌다. 순간 『삐거덕 침대』이야기가 생각나 그 이야기를 들려주기로 했다. 손자가 너무 어려서(그 주에 막 세 살이 되었다) 효과가 없을 가능성이 아주 높은 도박이었다. 시끄럽게 우는 소리 때문에 내 목소리가 들리지도 않았다. 그러다 갑자기 마법처럼 차 안이 조용해졌다. 5분 뒤 내가 이야기를 끝내자 손자는 작은 목소리로 이렇게 말했다. "하나 더 들려주세요." 목적지에 다다랐을 때 우리 셋은 깔깔대며 노래를 부르고 있었다. 차 안의 분위기는 출발할 때와는 완전히 딴판이 되었다.
아무도 손쓰지 못하고 쩔쩔매던 상황이 '이야기의 힘'이라는 어이없이 단순하고 즉흥적인 방법으로 치유된 것이다. ●

33 에필로그

최근 마음에 와 닿은 이야기는 호주에 살면서 일하고 있는 옛 캐나다 동료 산드라가 쓴 것이다. 이야기 강좌에 참석했던 산드라가 몇 주 뒤 연락을 해왔다. 산드라의 유치원에 다니는 샬렘이라는 여자아이가 네 살 생일을 얼마 앞두고 가족과 숲으로 캠핑을 갔다가 뱀에 물려 죽는 일이 생겼고, 무거운 마음으로 아이의 추모식을 준비하고 있다는 소식이었다.(24장 341쪽 참고)

산드라는 아이의 부모와 이야기를 나눈 뒤 열대 우림을 비롯하여 샬렘이 좋아하던 것들, 최근의 자연 현상(아이가 죽은 날 혜성이 머리 위를 지나갔다), 또 자신이 교사로 아이에 대해 아는 모든 내용을 담아 아주 감동적인 추모식을 준비하면서 그날 들려줄 이야기도 만들었다.

샬렘을 아는 이들은 입을 모아 샬렘이 '공기 요정 같은 아이, 여기저기 팔랑거리며 날아다니는 나비 같은 아이, 상상력과 생기가 넘치는 아이'라고 했다. 아이는 할아버지와 사이가 좋았고 할아버지를 큰 코알라 같다고 여겼다. 샬렘은 까꿍 놀이와 자연에서 놀기, 파란색과 나비, 곤충, 바우어 새(호주에 사는 새. 숲에 둥지를 짓고 파란색 물건을 모아와 꾸미는 것을 좋아함)를 좋아했다. 샬렘이 죽은 다음 날 아침 바우어 새 한 마리가 샬렘 가족의 텐트 바깥에 파란색 플라스틱 천사 날개 한 쌍을 놓고 갔다고 했다.

아이 엄마의 제안으로 산드라는 파란색 율리시스 나비를 샬렘과 샬렘의 짧은 인생 여정을 나타내는 상징으로 선택해 이야기를 썼다. 『하늘하늘 날개 나비』는 자연과 생명이 순환하며 이 세상과 천상이 이어져있음을 보여준다. 추모식에서 산드라는 아이와 어른을 모두 앞으로 불러내 이야기 중에 숲의 소리를 효과음으로 내게 했다. 의식이 너무 무거운 분위기가 되지 않기 위한 방법이었다. 추모식이 끝난 다음 사람들에게 집 마당에 심을 수 있도록 '새날개덩굴'[01]을 나누어 주었다. 새날개덩굴에 피는 노란 초롱꽃은 산드라의 이야기에서 하늘하늘 날개 나비의 가장 친한 친구다.

이 사례는 이야기가 어린아이의 비극적 죽음을 애도하고 위로하는데 어떤 역할을 할 수 있는지를 잘 보여준다. 아이의 부모는 샬렘이 죽은 뒤로 큰 오빠가 전과 달리 용기 있고 강인한 성격으로 바뀌었는데, 마치 씩씩한 샬렘의 영혼이 오빠에게 들어온 것 같다고 전했다. 샬렘과 가장 친했던 베다니는 유니콘 장난감에 애착을 보였다. 베다니의 엄마는 아이가 추모식에서 이야기를 들을 때 놀라울 정도로 집중하더라고 했다.

샬렘의 죽음과 추모식 이후 이처럼 여러 사람이 달라지고 성숙해졌다는 소식이 들려왔다. 아이의 부모는 산드라의 도움에 무척 고마워했고, 샬렘이 산드라를 '요정 엄마'로 여기며 유치원 가는 것을 그렇게 좋아한 이유를 이제 알겠다고 했다. 이상하게도 샬렘은 어떤 유치원에도 적응을 하지 못했고, 샬렘과 산드라가 서로를 발견하기까지 엄마는 여러 유치원을 찾아다녀야 했다.

---

[01] birdwing vine 호주에서 자라는 덩굴과 식물

이야기 그물망

그동안 치유동화를 중심으로 진행한 일의 가장 뿌듯한 성과는 강좌 참가자들이 새로운 아이디어, 질문, 이야기 소재를 보내주는 네트워크가 점점 커지고 있다는 점이다. 대부분 이메일로 보내지만 아프리카의 동료들은 해외에서 휴대전화 메시지로 소식을 보내곤 한다.

"수잔, 도움필요 - 남자아이 위한 이야기 - 6세 - 다른 아이를 밀침 - 같이 놀 때 거친 행동 - 좋은 제안?"

길게 쓰기 어려운 문자메시지의 한계로 인해 난감한 처지에 놓이곤 한다.

"긍정적인 일에 엄니를 쓰는 멧돼지 이야기? - 먹이를 찾거나 보금자리를 만들기 위해 땅을 파는 - 처음에는 강한 엄니로 항상 친구들을 다치게 만들어서 점점 외톨이가 되는 것으로 시작 - 멧돼지의 도움이 필요한 누군가를 만남 - 예) 진흙에 파묻힌 친구, 멧돼지가 도와주고 친구를 얻음 - 어때요?"

다행히 이렇게 전보문처럼 요약해서 문장을 만드는 능력을 터득했다. 게다가 이제는 아프리카 동료들 중에 컴퓨터를 가진 이가 생겨 긴 이메일을 주고받기도 하고, 가끔씩은 잡음이 아주 많고 중간 중간 끊기기는 하지만 전화로 직접 통화도 한다.

얼마 전 메일 수신함을 열었더니 호주의 한 보육 교사가 보낸 이메일이 와있었다.

"선생님의 동화 강좌에 몇 번 참석했고, 올 4월 강의에도 참석했던 사람입니다. 편지를 보내도 좋다고 하셨기에 이 글을 씁니다. 저는 슈타이너 교육 철학에 바탕을 둔 어린이집을 운영하며 3~5세 아이들을 돌보고 있습니다.

제가 쓴 『원숭이 나무』를 첨부 파일로 보냅니다. 이것은 우리 어린이집에 다니는 4세 아이를 위해 쓴 이야기입니다. 아이의 부모가 작년에 이혼을 한 뒤로 아이는 엄마,아빠 집을 오가는 새로운 환경에 적응하지 못해 힘들어하고 있습니다. 10대 형제자매가 3명이나 있어 집에서의 생활이 시끄럽고 정신없는 경우가 많아 원숭이를 주인공으로 택했습니다.

선생님께서 조언과 평가를 해주신다면 정말 감사하겠습니다. 제가 제대로 했는지 모르겠네요. 선생님의 강좌에서 많은 걸 배웠고 이제는 직접 써보는 단계에 접어들었습니다!"

나는 첨부 파일을 열어 그 아름다운 이야기를 제일 먼저 읽어보는 행운을 누렸다. 단순하면서도 4세 아동에게 적합한 반복과 운율이 있고, '은유, 여정, 해결'의 구조를 멋지게 활용해 아이의 힘든 상황을 잘 녹여낸 이야기였다. 나는 칭찬으로 가득 찬 답장을 보내면서 치유이야기 평가에서 아주 중요한 몇 가지 질문을 던졌다.

- □ 선생님이 관찰하시기에 이야기를 들려준 뒤에 아이와 가족의 행동에 어떤 변화가 있었나요?
- □ 어린이집에서 그 이야기를 몇 번이나 들려주셨나요?
- □ 이야기를 부모/조부모/다른 교사에게 주어 아이에게 들려주게 하셨나요? 그분들의 평가를 들어보셨나요?

다음 날 위의 질문에 종합적으로 답하는 메일이 왔다.

"'Z'는 2006년 2월부터 어린이집에 등원했습니다. 부모가 작년에 처음 별거했을 때 'Z'는 분노로 가득 차 아주 불안정하고 눈에 띄게 자존감이 낮은 상태였습니다. 지금은 많이 안정되었지만 다른 아이들과의 관계에서는 아직도 자신감이 많이 부족합니다. 올해부터 양쪽 부모의 집을 번갈아 오가며 살게 되자 'Z'는 퇴행하기 시작했고, 부모와 헤어질 때면 불안해하며 울고 떼를 쓰거나 어떤 날엔 눈에 띄게 의기소침해졌습니다.

몇 번 그런 상황을 지켜본 저는 이야기를 쓰기로 결심했습니다. 아이 엄마에게 이야기를 주고 집에서 읽어주라고 부탁했는데 당장 어린이집에서 생활하는 모습이 좋아졌습니다. 아빠네 집에 있을 때는 엄마를 찾으며 울기도 한다지만, 어린이집에서 우리와 함께 있을 때는 아무 문제가 없고 1년 반 전과는 비교할 수 없을 만큼 자신 있고 명랑해졌습니다. 엄마와 이야기를 나누어보니 아이에게 몇 번밖에 들려주지 않았지만 'Z'가 가끔 『원숭이 나무』 이야기를 기억하고 있는 것 같다고 하셨습니다. 또 'Z'가 엄마를 덜 찾고 요구하는 것도 줄어 이제는 네 아이 중 정서적으로 가장 덜 보챈다고 하셨습니다. 얼마 전에 엄마에게 아이 사진 한 장을 보냈습니다. 아이가 정말 오랜만에 자연스럽게 진심으로 웃는 사진이었습니다."

저자가 허락해준 덕분에 감사하게도 이 책에 『원숭이 나무』를 수록했다. (26장 350쪽)

요즘 이메일 수신함에는 한 번도 만나지 못하고 가보지 못한 곳의 사람들이 보내주는 이야기가 마법처럼 쌓여간다. 오늘 아침에는 알래스카 국경 근처 화이트호스에서 온 귀한 이메일 한 통을 받았다.

"저는 선생님이 쓰신 치유이야기 몇 편을 구입한 독자입니다. 뉴질랜드 분인 어린이집 선생님이 추천해주셔서 알게 되었지요. 요즘 저는 이곳 알래스카 근처 캐나다 유콘의 어린이집에서 근무하면서 정기적으로 선생님의 이야기들을 들려주고 있습니다. 저는 선생님의 이야기를 정말 좋아하고 이야기를 들은 아이들도 언제나 특별한 감동을 받습니다.
선생님이 주최하시는 강좌에 참석하고 싶은데 북미에 오실 계획이 있다면 시간과 장소를 알고 싶습니다."

이 이메일을 계기로 다음 해 유콘을 방문할 계획을 추진하게 되었다. 새로 사귄 '온라인' 친구는 언제든 와도 좋다며 우리 부부를 초대해주었다. 그쪽에서는 잠자리와 식사를 제공하고 우리는 이야기 강좌를 진행하는 것으로 계획을 짰다. 알고 보니 그녀의 남편은 유기농 빵집을 운영하는 사람이었다. 어쩌면 그 강좌에서 우리는 맛있는 빵을 너무 많이 먹어 '하루에 이야기 한 편' 대신 '하루에 긴 산책 한 번'을 하게 될지도 모르겠다!

그렇게 하루 한 번씩 긴 산책을 하다보면 어떤 새로운 아이디어가 샘솟을 지, 골짜기를 걸으며 유콘 산맥 위로 부는 바람에 귀를 기울이다보면 어떤 이야기를 만나게 될 지 기대해본다.

이야기 한 편을 들려주며 이 책을 마무리하고 싶다. '린델웨의 노래'라는 제목의 이야기로 여러 해 전에 썼던 『마법의 호박』을 고쳐 쓴 것이다. 『마법의 호박』은 1997년 남아프리카 교사 교육에 참가했던 여성들에게 선물한 이야기다. 이야기의 은유, 여정, 결론은 노망게시 므자모라는 아프리카 친구가 들려준 말에서 영감을 받았다.

"우리 민족에게 노래가 없었다면 결코 인종 차별의 가시밭길을 헤쳐 나올 수 없었을 것입니다."

『린델웨의 노래』는 케이프타운의 흑인 거주 구역 내 많은 보육 시설과 학교에 전해졌다. 놈불레오 마제시라는 친구는 이 이야기를 새로운 남아프리카를 위한 치유동화라고 소개했다.

최근까지 나는 이 이야기가 아프리카에서 주로 통하는 의미와 목적을 가진다고 생각했다. 케이프타운과 케냐에서 만나고 함께 작업한 아이들과 어른들은 『마법의 호박』을 몇 번이고 다시 들려달라고 청했다. 어떤 아이들은 나를 '호박 아줌마'라고 부르기도 했다.

하지만 이야기가 하나의 '장소'와 '목적'에 국한되지 않는다는 사실을 간과하고 있었다. 호주에서 2년마다 열리는 영유아 교육 콘퍼런스 〈중요한 시기〉에서 놀랍게도 『마법의 호박』 이야기가 인형극으로 공연되었다고 한다. 한 친구가 전화로 그 소식을 전해주면서 자신도 호주 북동 해안 근처의 집에 돌아가면 학교 방문의 날에 이 인형극을 공연할 계획이라고 했다. 친구는 공연을 마치고 내게 다음과 같은 메일을 보냈다.

"수잔에게,

'린델웨' 이야기를 할아버지 할머니부터 유아에 이르기까지 많은 사람이 좋아했다는 소식을 전합니다. 사람들은 마법에라도 걸린 듯 인형극에 몰입했습니다. 선생님이 사용한 은유는 어느 나라 사람이든 모두가 공감할 수 있는 것이었습니다. 이번 목요일에 12학년 학생들을 위해 공연한 다음 교사들을 위한 공연도 열 계획입니다. 다시 한 번 감사드립니다.

안부를 전하며, 캐롤 G. 2007년 8월 4일"

린델웨의 노래 〖동화 85〗

아주 먼 옛날, 어느 마을 옆에 들판이 있었습니다. 들판 한가운데에 호박 씨앗 하나가 떨어져 싹을 틔웠습니다. 호박씨는 싹을 틔우고 줄기를 뻗고 꽃을 피우며 하루가 다르게 쑤욱쑤욱 자라났습니다. 마침내 초록빛 호박 덩굴이 들판을 온통 뒤덮을 정도로 무성해졌습니다. 그 호박밭 한가운데에 마을 사람들이 지금까지 본 것 중에 가장 크고 가장 아름다운 황금빛 호박이 열렸습니다.

아름다운 황금빛 호박은 평범한 호박이 아니고 들판도 평범한 들판이 아니었습니다. 호박이 커지면서 가시덤불이 호박밭을 에워싸며 자라기 시작했습니다. 날카로운 가시가 달린 덤불이 어찌나 무성하고 촘촘했는지 호박이 잘 익어 딸 때가 되었지만 아무도 가시덤불을 뚫고 호박밭에 들어갈 수가 없었습니다. 마을 사람들은 모두 모여 어떻게 하면 좋을지 의논했습니다. 할아버지 한 분이 나섰습니다. "우리 집 도끼가 날이 아주 잘 드니 가시덤불을 찍어보겠네." 할아버지는 도끼를 들고 가시덤불을 찍기 시작했습니다. 하지만 가시 줄기 하나를 잘라내면 다른 줄기 하나가 순식간에 그 자리에서 돋아났습니다. 결국 해질 무렵 할아버지는 고개를 저으며 포기했습니다.

그러자 한 엄마가 나섰습니다. "우리 집 삽이 아주 튼튼하니 가시덤불 밑으로 파고 들어갈 수 있을 거예요." 그 엄마는 삽을 들고 가시덤불 밑을 파내기 시작했습니다. 하지만 가시덤불 뿌리가 어찌나 억세고 빽빽하게 얽혀있는지 해질 무렵 그 엄마도 고개를 저으며 포기했습니다.

다음엔 남자아이가 나섰습니다. "제가 나무를 아주 잘 타니 가시덤불을 기어 올라가 볼게요." 아이는 덤불을 기어오르기 시작했습니다. 하지만 가시는 바늘처럼 길고 뾰족해 아이의 옷을 찢고 몸을 아프게 찔러댔습니다. 결국 해질 무렵 남자아이도 고개를 저으며 포기했습니다.

다음 날 그 나라에서 목소리가 가장 아름다운 '린델웨'라는 여자아이가 마을로 왔습니다. 아이는 황금빛 호박과 가시덤불 이야기를 듣더니 마을 사람들이 모인 곳을 지나 가시덤불 옆 바위 위에 앉아 노래를 부르기 시작했습니다.

"이탄가 엘리쿨루 이탄가 엘리쿨루, 리쉬렐리 에보베니 리쉬렐리 에보베니."

린델웨의 노래가 어찌나 아름다운지 근처 들판에 사는 온갖 동물들이 모여들어 귀를 기울였습니다.

"이탄가 엘리쿨루 이탄가 엘리쿨루, 리쉬렐리 에보베니 리쉬렐리 에보베니."

린델웨의 노래가 어찌나 아름다운지 하늘에 있는 새들이 나무에 내려와 귀를 기울였습니다.

"이탄가 엘리쿨루 이탄가 엘리쿨루, 리쉬렐리 에보베니 리쉬렐리 에보베니."

린델웨의 노래가 어찌나 아름다운지 벌레와 애벌레들도 땅속에서 기어 나와 린델웨의 발치에 쪼그려 앉아 노랫소리에 귀를 기울였습니다.

"이탄가 엘리쿨루 이탄가 엘리쿨루, 리쉬렐리 에보베니 리쉬렐리 에보베니."

린델웨의 노래가 어찌나 아름다운지 하늘에 떠 있는 구름마저 내려와 귀를 기울였습니다.

"이탄가 엘리쿨루 이탄가 엘리쿨루, 리쉬렐리 에보베니 리쉬렐리 에보베니."

그때 꼬마 구름 하나가 아주 낮게 내려오더니 린델웨 바로 앞에 멈췄습니다. 노래를 멈춘 린델웨는 숨죽이고 지켜보는 마을 사람들에게 방긋 미소를 보낸 다음 꼬마 구름에 올라탔습니다. 꼬마 구름은 린델웨를 가볍게 들어 올리더니 가시덤불 위를 스윽 넘어서 호박밭 한가운데로 갔습니다.

그곳에서 린델웨는 황금빛 호박을 따서 품에 안고 다시 꼬마 구름에 올라탔습니다. 꼬마 구름은 린델웨를 들어 올려 가시덤불을 넘어서 마을 사람들 사이로 데려다 주었습니다. 그날 저녁 호박을 요리해 큰 잔치를 벌였습니다. 마을 사람들은 린델웨가 아름다운 노래로 마법에 걸린 가시덤불 위를 넘어 세상에서 가장 잘 생기고 가장 아름다운 황금빛 호박을 따온 날을 축하했습니다.

동화 찾아보기

거대한 손톱 235
구두장이와 꼬마 요정 320
구름 소년 054
꼬마 싸리 빗자루 312
꼬마 조가비 307
꼬마의 뱃놀이 247
꼬집기쟁이 게 233
꽃을 사랑하는 소녀 184
나무 요정 '프랜지파니' 209
날아라, 독수리야 333
달팽이와 호박 289
도둑질하는 개 168
딱정벌레는 어떻게
예쁜 빛깔을 갖게 되었을까? 270
떼쟁이 아기 고래 155
로도피스 267
린델웨의 노래 393
마리아의 푸른 망토 324
마법 물고기 201
마법 지팡이 346
'모두 제자리' 농부 아주머니 303
모자라 모자라 229

못 자국 245
문지기 나무 061
물의 아이 348
벤지와 순무 283
별 사과 159
보이지 않는 사냥꾼 262
부끄럼쟁이 딸기와 왈가닥 산딸기 249
부활절의 비밀 162
브라우니 요정 040
비단 꼬물이 이야기 331
비둘기 두 마리 146
비둘기와 하이에나 166
빛나는 공주 257
빛의 정원 190
빨간 앵두 175
빨간 트럭 이야기 276
삐거덕 침대 158
새들의 합창 231
새로운 건 다 싫어 299
샴푸 곰돌이 052
세상에서 가장 작은 뽀글이 255

시냇물과 사막과 바람 334
실비아의 인형 340
심술쟁이 펠리컨 211
심심한 개코원숭이 음토토 152
아기 코알라 354
아기 피리새 삼형제 219
아난시와 그림자 205
아난시와 끈끈이 조각상 171
아난시와 새 207
아름다운 여왕 241
아킴바와 마법 소 174
어부 이야기 222
엄마 달 352
영양과 나비와 카멜레온 318
왁자지껄 난쟁이 226
왈가닥 붉은 조랑말 286
왕이 될 아이 328
욕심쟁이 주머니쥐 195
우락부락 숫염소 세 마리 273
우유 단지에 빠진 개구리 336
원숭이 나무 350
잔디별 요정 291

정리 대왕 테디 309
제 꾀에 넘어간 아난시 206
제레미와 마법 막대 237
제이든과 요정의 달걀 294
주머니칼과 성 179
지혜로운 비둘기 281
진흙 아이 336
참을성 없는 얼룩말 216
카멜레온의 하루 302
캥거루 형제 145
탁자 아주머니와 의자 아이들 147
털실 뭉치 182
템베의 장화 178
토끼 가족과 덤불숲의 불 326
파란 꼬마 수건 277
하느님의 정원 316
하늘하늘 날개 나비 341
할머니와 개미들 188
할머니와 당나귀 185
호박 요정 251
호수에서 건진 깃털 260

이야기 도표 완성본 5장 도표(113,114쪽)의 완성본

치유이야기 분석 - **일반적인 유형의 행동**

이야기	은유	여정	해결
『템베의 장화』 178쪽	작은 빨간 장화 '친구처럼 나란히'	한 쌍의 장화가 매일 겪는 모험 묘사(여러 가지 반복과 함께)	쉬는 시간에 장화를 벗으면 함부로 던져두지 않고 가지런히 놓는다.
『할머니와 당나귀』 185쪽	자연의 아이 할머니 당나귀 씨앗/꽃 길거리의 쓰레기 자연과의 연결성 상실	시골에서 도시로 이사 아름다움에서 추함으로, 다시 아름다움으로	아이들이 쓰레기를 치우고 정원에 꽃 심는 것을 돕는다.
『꼬마 싸리 빗자루』 312쪽	작은 요정 (인형으로 이용) 색깔 모자 반복과 운율	신경 안 쓰는, 너무 빠르며 거친, 꼼꼼하고 정성스럽게 일하는 세 명의 요정이 차례로 빗자루 사용	황금 모자는 먼지와 쓰레기를 한 곳에 잘 쓸어 모으는 법을 보여준다. 일을 잘 끝내서 빗자루가 만족스러워 함
『왈가닥 붉은 조랑말』 286쪽	야생 망아지 농부 털 빗는 빗 노래	항상 함부로 발길질하는 것을 멈추고 정성스런 손길로 털을 빗겨주는 것을 통해 가만히 있는 것을 좋아하는 법을 천천히 배운다.	친구끼리 함께 나눔 가만히 다른 사람의 손길을 받는 것을 긍정적인 것으로 경험 때리고 차는 것이 아닌 부드러운 접촉
『떼쟁이 아기 고래』 155쪽	조수 웅덩이 징징거리는 노래 고래의 노래 산호초 얕은 바다	어린 고래가 징징거리다가 길을 잃고 얕은 조수웅덩이에 갇힌다. 고래 노래를 불러 구조된다.	징징거리는 대신 목소리를 쓸모있는 방향으로 사용 소속감 노래 부르기의 기쁨
『참을성 없는 얼룩말』 216쪽	갈색 줄무늬 검은 줄무늬 그늘/ 해 반사	어른 얼룩말들처럼 검은 줄무늬를 갖고 싶어서 어린 얼룩말이 시무룩해서 돌아다님. 자신의 갈색 줄무늬를 검은색으로 바꾸기 위해 여러 방법 시도	자라는 데 시간이 필요함 때로는 기다림이 중요함 서두른다고 빨리 자라는 것은 아님 잘 먹고 잘 놀면 잘 자란다

치유이야기 분석 - **구체적인 상황**

이야기	은유	여정	해결
『아기 코알라』 354쪽	나무(세계) 자라느라 배고픈 아기 지치고 피곤한 엄마 싱싱한 나뭇잎 높은 쪽 가지	지친 엄마는 나무에서 잠이 들고 배고픈 아기는 혼자서 싱싱한 나뭇잎을 향해 나무를 기어올라간다	어린 코알라가 엄마 품을 떠나 혼자서 세상을 탐험할 만큼 힘과 용기 갖추기.
『꼬집기쟁이 게』 233쪽	집게발 속상한 바다 친구들 지혜로운 거북 해초로 짠 벙어리장갑	항상 집게발로 다른 사람들을 아프게 해서 친구들이 싫어하는 게. 거북이는 아기 게에게 집게발을 따뜻하고 포근하게 감싸주며 걸리적거리지 않게 해주는 장갑을 짜준다	집게발/손을 다른 사람을 아프게 하지 않는 방식으로 사용하는 법 배우기 다른 사람을 다치게 하는 행동에 대한 총체적인 해결
『주머니칼과 성』 179쪽	'노래하는' 주머니칼 성 꿈 은색 달빛	파괴적인 '자르기'와 그 결과의 반복, 그러다가 꿈을 꾸고 나무로 멋진 성을 조각	소년은 아름다운 것을 만드는 기쁨을 경험 손과 도구를 물건을 망가뜨리고 손상을 주는데 사용하는 대신 바람직한 방향으로 사용하도록 동기유발
『왕이 될 아이』 328쪽	왕자 부러진 뼈 성벽 지혜로운 할머니 할머니의 거울 햇빛 어두운 방 왕관 소품	사고가 일어나고 천천히 치유되는 과정 밝음에서 어둠, 다시 밝음으로 외부에서 내부로 다시 외부로	왕자는 스스로 햇빛 속으로 걸어나가야 함 자신감과 내면의 힘 키우기
『구름 소년』 54쪽	구름 위에 사는 소년 인형 소품	'구름 소년'이 세상에 살기 위해 내려옴	아이가 새 인형에 애착을 갖고 잘 돌봄 또래 집단과 상업적 인형의 영향을 변형시키기
『파란 꼬마 수건』 277쪽	할아버지 수건 작고 파란 새 수건 노래	아이의 몸을 닦아주는 법과 수건의 노래를 배운다	새 수건은 '수건으로 쓰일수 있어서 행복함 아이는 가만히 서서 수건으로 몸을 말리는 것을 긍정적인 느낌으로 경험

推천 도서와 웹 사이트

도서

- *Barfield, O. (1977),* 『물질, 상상력 그리고 정신, 의미의 재발견과 다른 에세이들Matter, Imagination and Spirit - The Rediscovery of Meaning and Other Essays』 Wesleyan University Press: Middletown, CT

- *Baldwin Dancy, Rahima (1989),* 『당신은 당신 아이의 첫 번째 선생님입니다 You Are Your Child's First Teacher』 정인출판사, 2004

- *Barton, B. (1991),* 『하나 더 들려주세요Tell Me Another』 Rigby Heinemann, Victoria

- *Bettelheim, B. (1976),* 『마법의 사용The Uses of Enchantment』 Penguin Books, Middlesex, England

- *Blaxland-de Lange, S. (2006),* 『오웬 바필드: 전기Owen Barfield: A Biography』 Temple Lodge: U.K.

- *Cassady, M. (1990),* 『이야기 들려주기의 단계Storytelling Step by Step』 Resource Publ., California

- *Dodd, S. (1994),* 『문제행동 관리하기Managing Problem Behaviours』 MacLennan&Petty Pty Ltd, NSW

- *Edmunds, L. Francis (2004),* 『슈타이너 교육 입문: 발도르프 학교Introduction to Steiner Education: The Waldorf School』 Rudolf Steiner Press, Sussex

- *Egan, K. (1988),*『이야기로 가르치기Teaching as Storytelling』 Routledge, London

- *Estes, C.P. (1992),*『늑대와 함께 달리는 여자들Women who run with the Wolves』이루, 2013

- *Gersie, A. (1991),*『사별의 이야기Storymaking in Bereavement』 Jessica Kingsley Publishers, London

- *Greer, C. & Kohl, H. (1995),*『인물의 부름: 아이들에게 들려주는 이야기, 시, 연극, 속담과 우화A Call to Character: A Family Treasury of Stories, Poems, Plays, Proverbs and Fables』Harper Collins, N.Y.

- *Groome, H. (1994),*『원주민 문화 효과적으로 가르치기Teaching Aboriginal Studies Effectively』Social Science Press, Sydney

- *Johnston, A. (1996),*『달빛 아래서의 식사Eating in the Light of the Moon』넥서스, 2003

- *Kilpatrick, W. & Wolfe, G. (1994),*『인성을 키워주는 책 - 아이에게 이야기를 통해 도덕규범 가르치기Books That Build Character - A Guide to Teaching your Child Moral Values through Storytelling』Touchstone, N.Y.

- *Mani, G. (1996),*『이야기꾼, 이야기 선생님: 수업과 인생을 위한 이야기 힘의 발견Storyteller, Storyteacher: Discovering the Power of Story Telling for Teaching and Living』Stenhouse, York

- *McDonald, M.R. (1993),*『이야기꾼 되기 첫걸음The Storytellers' Start-up Book』August House, Little Rock, Arkansas

- *Mckay, H. & Dudley, B. (1996),*『이야기 들려주기란: 실용적 안내서About Storytelling: A Practical Guide』Hale & Iremonger, Sydney

- *Mellon, N. (1992),*『이야기 들려주기와 상상력의 기술Storytelling and the Art of Imagination』Element, Dorset

- *Mellon, N. (2000),*『아이들에게 이야기 들려주기Storytelling with Children』Hawthorn Press, Stroud

- *Meyer, R. (1981),*『동화의 지혜The Wisdom of Fairy Tales』푸른씨앗, 2019

- *Milne, A.A. (1973),*『우리가 아주 어렸을 때When We Were Very Young』,『이제 우린 여섯 살Now We Are Six』Methuen: London

- *Okri, B. (1996),*『천국의 새Birds of Heaven』Phoenix, London

- *Pearmain, E.D. (2006),*『옛날 옛날에: 품격을 가르치고 따돌림을 방지하는 이야기 들려주기Once Upon a Time: Storytelling to Teach Character and Prevent Bullying』Marco Products, PA

- *Pellowski, A. (1990),*『이야기 들려주기의 세계The World of Storytelling』H.W. Wilson Company, N.Y.

- *Porter, L. (1999),*『유아의 행동: 보호자와 교사를 위한 실용적 접근Young Children's Behaviour: Practical Approaches for Caregivers and Teachers』MacLennan & Petty Pty Ltd, NSW

- *Steiner, R. (2001),*『자연 정령Nature Spirits – Selected Lectures』(GA 102) Rudolf Steiner Press, London

- *Steiner, R. (1989),*『시와 동화의 의미The Poetry and Meaning of Fairy Tales』(GA 62) Mercury Press, N.Y.

- *Van der Post, L. (1972),*『이야기는 바람과도 같다A Story Like the Wind』Penguin Books, London

- *Watson, M. (1986),*『핫도그에 창 꽂기 - 오늘날 아이들을 위한 이야기 들려주기To Spear a Hotdog – Storytelling for Today's Children』(『Coming Out!』에 수록) Nelson, Vic

- *Wyatt, I. (1975),*『7세의 경이The Seven-Year-Old Wonder Book』Dawn-Leigh Publications, CA

웹 사이트

@ 치유이야기 연합 Healing Story Alliance
http://www.healingstory.org/
이야기 들려준 경험과 기술을 나누면서 치유이야기를 장려하고 연구하기 위한 단체

@ 수잔 페로우 Susan Perrow
http://susanperrow.com/
치유이야기 쓰기에 관한 의견을 나누고 수잔 페로우의 동화책을 홍보하기 위한 웹사이트

@ 낸시 멜런의 웹 사이트 Nancy Mellon's Website
http://www.healingstory.com
국제적인 이야기 행사와 낸시 멜론의 치유동화 학교에 관한 정보

@ 엘리사 페어메인 Elisa Pearmain
http://www.wisdomtales.com/
옛날 옛날 어떤 돌봄 교실에서: 인성교육과 따돌림 방지를 위한 이야기 들려주기. 유치원~8학년

@ 원주민 문학 Indigenous Peoples Literature
http://www.indigenouspeople.net/
원주민 문학(전 세계)의 중심 사이트 - 수많은 링크가 연결되어 있음. 방대한 이야기와 문화의 보고

@ 이야기예술 Storyarts
http://www.storyarts.org
학교 수업에서 이야기를 활용할 수 있는 아이디어, 전 교과의 통합적인 이야기를 위한 수업 계획과 활동, 〈히더 포레스트 Heather Forest의 음악 이야기〉 오디오 샘플

@ 계절 이야기 Stories for the Seasons
http://www.h-net.org/~nilas/seasons
5~12세 아이들을 위한 계절과 자연이야기. 방대한 양의 동식물을 소재로 한 이야기 목록 정리

@ 카렌 체이스 Karen Chase
http://www.storybug.net
이 사이트에는 무궁무진한 자료가 망라되어있음. 세계 각국 민담의 전문 수록, 루드야드 키플링 Rudyard Kipling 이야기 전문 수록, 대화형 이야기 자료를 통한 인형극 사이트 등 다 읽는 데만 1년은 걸릴 자료가 가득!

@ 그림형제 동화 모음 Collection of Grimms Tales
http://www.cs.cmu.edu/~spok/grimmtmp/
마가렛 헌트 Margaret Hunt 번역에 바탕을 둔 209편의 이야기 전문. 일명 그림형제의 가정 이야기

@ 상상이 살아있는 교육 연구 집단 Imaginative Education Research Group
http://www.ierg.net/
학자, 교사, 대학원생, 부모 및 교육을 보다 효율적으로 만들고자 하는 사람들의 모임에서 운영하는 사이트. 이들은 자신의 방식을 '상상이 살아있는 교육Imaginative Education(IE)'이라고 부른다. 교사의 수업과 학생의 배움에 상상이 함께 하는 것이 배움을 학생들에게 생생하고 의미 있게 만드는데 무엇보다 중요하다고 여기기 때문. IERG는 2001년 캐나다의 브리티시 콜럼비아 주 사이몬 프레이저 대학 Simon Fraser University의 교육위원회에서 설립한 단체

@ 나무의 정령 웹 사이트 Spirit of Trees Website
http://www.spiritoftrees.org/
치료사, 교사, 환경운동가, 이야기꾼, 나무를 사랑하는 사람들을 위한 자료. 나무와 관련한 여러 민족의 다양한 민담과 신화를 모아놓았다.

@ 호주 꿈꾸는 시대의 이야기 | Australian Dreamtime Stories
http://www.dreamtime.net.au/
이야기꾼과 교사를 위한 훌륭한 자료가 가득하다. 이야기, 문화, 역사를 통해 호주의 본래 모습을 찾으려 노력. 꿈꾸는 시대의 이야기, 교사를 위한 자료, 학생을 위한 자료가 있다.

@ 꽃 피는 나무, 그 밖의 다른 인도 이야기 The Flowering Tree and other Indian Tales
http://ark.cdlib.org/ark:/13030/ft067n99wt/
라마누잔 A.K. Ramanujan이 들려주는 구전 동화 모음@ 경이로운 홈스쿨링 Wonder Homeschool

추천의 글

리타 테일러

수잔 페로우의 『마음에 힘을 주는 치유동화』는 귀한 보물이 가득 담긴 보물 창고와도 같습니다.

이 책에는 추상적, 이론적 요소가 전혀 없습니다. 모든 내용이 경험을 바탕에 두고 있으며 그 위에 인간적 따스함과 관심, 상상력을 녹여내고 있습니다.

저자는 먼저 자신이 부모, 교사, 상담사로서 이야기 여정을 어떻게 걸어왔는지를 들려줍니다. 세 아들을 키운 경험담을 통해 상황이나 성격, 가족 관계 속 갈등을 이야기 예술로 어떻게 풀어내는지를 보여줍니다. 저자의 개인사와 문제 해결 방식을 읽으면서 독자들은 이야기가 가진 힘을 확신하는 한편, 이야기 들려주기에 대한 자신감을 갖게 될 것입니다.

이 책은 크게 세 부분으로 나뉩니다. 가정과 직장(저자는 교사로 일했을 뿐 아니라 교육 현장과 부모 교육 영역에서 조력자로 활발하게 활동했다)에서 이야기꾼으로 살아온 경험담이 첫 번째 부분입니다.

두 번째는 치료·치유이야기의 정의와 함께 '문제' 행동을 어떻게 구별하는지에 대한 분명한 기준을 제시합니다. 또한 저자는 독자에게 '문제행동'을 경직된 태도로 정의하고 범주화하지 않도록 주의해야 한다고 경고하면서, 이 책의 분류와 명칭은 참고 자료로만 사용하되 이야기꾼 각자의 직관과 자유에 따라 유연하게 적용할 수 있어야 한다고 당부합니다.

수잔 페로우는 이야기 쓰기와 들려주기에 탁월한 재능을 갖고 오랜 세월 헌신해왔습니다. 세 번째로 그 경험을 바탕으로 '은유, 여정, 해결'이라는 핵심 요소를 기본 틀로 독자 스스로 치유이야기를 쓸 수 있도록 상세히 안내합니다. 먼저 균형을 회복시켜야 한다는 사실에서 시작합니다. 특정한 문제행동, 또는 특정한 상황을 다양한 각도에서 관찰(가족 전체를 포함)한 다음 상황에 맞는 적절한 '은유'를 만듭니다. 하지만 그보다 먼저 해결하려는 문제가 무엇인지를 구체적으로 짚고 그에 대한 '해결'을 찾아야 합니다. 예를 들어 유치원에서 아이들을 때리는데 힘을 사용하는 아이가 있다고 합시다. 이 경우 '해결'은 그 아이가 다른 사람을 돕는 방향으로 힘을 사용하도록 도와줌으로써 상황을 변형시키는 것입니다. 그 해결에서 출발해서 이야기와 이야기 '여정'을 담을 그릇으로 적당한 은유를 찾습니다. 물론 이야기 속 여정은 해당 아이의 특성 및 아이의 상황과 밀접하게 연결되어야 합니다. 나이가 어린 아이라면 세부사항이 너무 많고 복잡하지 않게, 사건의 발단, 전개, 결말이 명확하게 드러나도록 구성합니다. 가장 중요한 것은 이야기가 아이의 상상을 사로잡아야 한다는 점입니다.

은유는 이 과정의 핵심입니다. 은유는 이야기꾼과 관객을 연결하는 다리 역할을 합니다. 이야기꾼은 아이가 속한 세상에서 은유를 찾아내야 합니다. 이렇게 하면 전혀 폭력적이지 않은 방식으로 문제에 접근하고 언급할 수 있습니다. 아이에게 대놓고 도덕을 설교하는 방식은 피해야 합니다. 은유의 방식을 이용하면 아이는 내면 깊은 곳에서, 특히 타고난 상상의 힘을 가지고 이야기 속으로 들어갈 수 있습니다.

본문에서 저자는 오웬 바필드Owen Barfield가 상상에 대해, 정확히 말해 '상상적 활동'에 대해 했던 말을 인용합니다. 오웬 바필드는 상상 활동이 정신적인 것과 물질적인 것, '숨겨진 것'과 '일상적인 것'을 연결하는 다리라고 했습니다. 이야기 직조에서 중요한 역할을 담당하는 은유는 하나의 씨앗으로 이야기 여정이 성장하고 가지를 뻗어나가는 출발점이라 말할 수 있습니다. 은유는 아이의 영혼이라는 감추어진 세계로 들어가게 해주는 다리입니다. 은유는 직접 심장에 말을 건네며 신비로운 마법의 힘으로 가득 차 있습니다. 그것이 바로 은유가 가진 치유의 힘입니다. 그리고 치유는 정신적인 차원을 거칠 때 비로소 가능해집니다.

요즘에는 아이들에게 이성적인 언어로 말하도록 가르치고 그 연령마저 점점 낮아지고 있지만, 그렇다고 아이들이 자신의 혼돈스런 감정의 가닥을 잘 잡고 있다는 뜻은 아닙니다. 오히려 아이들에게 어른의 언어로 자신의 감정을 표현하라고 요구할수록 아이들은 자신의 내적 자아와 점점 멀어지게 됩니다. 그 결과 생겨나는 것이 일종의 이질감입니다. 이야기 들려주기는 그 이질감과 아이들만의 특성을 무시하고 거스른 결과로 생겨난 반사회적 행동을 다스리는 데 아주 중요한 치유의 매개체입니다.

은유가 가진 상image의 힘은 이 책 속의 치유이야기에서 쉽게 확인할 수 있습니다. 본문에 실린 여러 민족의 민담을 각색하거나 저자와 다른 이야기꾼들이 창작한 수십 편의 치유동화는, 모두 은유의 역할과 의미를 잘 보여줍니다. 그 속에는 웃음부터 슬픔까지 인간의 무수한 감정이 모두 담겨 있습니다. 저자가 말했듯 웃음과 눈물 모두 치유의 힘을 가지고 있습니다.

이 책은 또한 실제로 이야기를 들려주거나 공연을 할 때 도움이 될 만한 기법과 구체적인 요령을 소개합니다. 이야기 들려주기 의식, 소품 사용, 청중에 다양한 연령이 섞여 있을 때 모두가 공감하며 이야기를 듣게 하는 방법, 즉석에서 이야기 들려주기 등 수많은 실용적 제안들이 담겨 있습니다.

여행 경험이 풍부한 저자는 다른 문화에 대한 배려가 얼마나 중요한지도 일깨워줍니다. 세계 각국을 여행하면서 문화의 배경이 다른 곳(예를 들어 동아프리카)에서 사회적 환경, 연령이 다른 사람들에게 강의를 했던 경험은 곳곳에서 전문성, 진실성, 지혜로 반짝입니다. 하지만 이 책 전체에서 가장 선명하게 부각되는 것은 이야기를 통해 아이들에게 도움을 주려는 저자의 열정과 직관적 감각입니다. '이 책을 세계 각국의 모든 아이에게 바친다'는 헌사에도 그 뜻이 잘 나타나 있습니다. 저자는 '이야기의 빛'(어둠을 밝히는 이야기의 빛)을 독자와 함께 나누고, 독자 스스로 치유이야기를 쓰도록 돕는다는 이 책의 목적을 훌륭하게 수행하고 있습니다.

이야기 들려주기는 화자와 청자 모두를 변형시키는 힘을 갖고 있습니다. 이야기는 살아있는 생물과도 같아, 웃기도 하고 눈물을 흘리기도 하고 모습을 바꾸기도 합니다. 이야기는 아프리카 부시족의 말처럼 먼 곳에서 불어오는 바람처럼 우리에게 다가오고 우리는 그것을 느낍니다.

이야기 들려주기 예술의 지극히 실용적이면서도 꼼꼼한 안내서인 동시에, 참신하고 높은 가치를 전하는 영감으로 가득 찬 책을 찾고 있다면 이 책이 바로 그것입니다. 이 책은 부모와 교사, 상담사를 비롯하여 인간적, 정신적 가치를 추구하는 모든 사람, 가슴으로 소통하는 방법을 찾으려는 모든 사람에게 말할 수 없이 큰 가치를 지닙니다.

리타 테일러 전 영남대학교 영어영문학과 교수. 스위스 태생으로 캐나다 밴쿠버에서 살았다. 한국에서 발도르프 교육이 태동하던 2000년대 초반부터 2014년까지 수십 차례의 크고 작은 세미나와 워크숍, 강연을 통해 슈타이너 인지학에 바탕을 둔 동화와 생애 돌아보기 작업 biography workshop을 이끌었다. 한국에서 출간한 영문 저서로 『Mountain Fragrance』(녹색평론사, 2009)가 있다.
이 책의 출간을 앞둔 2016년 3월7일 월요일 아침 밴쿠버 자택에서 별세했다. 이 글이 한국에 주신 마지막 말씀이 되었다.

동화와 시, 인간에 대한 사랑으로
따뜻한 지혜의 빛을 아낌없이 나누어주셨던
리타 테일러 선생님께 깊은 감사를 드립니다.

푸른씨앗_책

첫 7년 그림

잉거 브로흐만 지음 심희섭 옮김

248쪽 18,000원

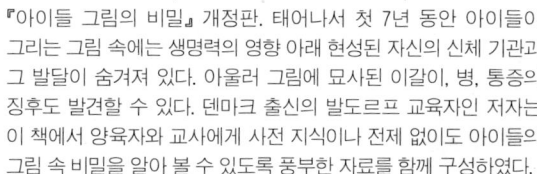

『아이들 그림의 비밀』 개정판. 태어나서 첫 7년 동안 아이들이 그리는 그림 속에는 생명력의 영향 아래 현성된 자신의 신체 기관과 그 발달이 숨겨져 있다. 아울러 그림에 묘사된 이갈이, 병, 통증의 징후도 발견할 수 있다. 덴마크 출신의 발도르프 교육자인 저자는 이 책에서 양육자와 교사에게 사전 지식이나 전제 없이도 아이들의 그림 속 비밀을 알아 볼 수 있도록 풍부한 자료를 함께 구성하였다.

동화의 지혜

루돌프 마이어 지음 심희섭 옮김

양장 412쪽 30,000원

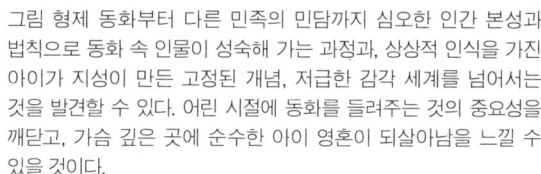

그림 형제 동화부터 다른 민족의 민담까지 심오한 인간 본성과 법칙으로 동화 속 인물이 성숙해 가는 과정과, 상상적 인식을 가진 아이가 지성이 만든 고정된 개념, 저급한 감각 세계를 넘어서는 것을 발견할 수 있다. 어린 시절에 동화를 들려주는 것의 중요성을 깨닫고, 가슴 깊은 곳에 순수한 아이 영혼이 되살아남을 느낄 수 있을 것이다.

12감각

알베르트 수스만 강의 서유경 옮김

양장 392쪽 28,000원

인간의 감각을 신체, 영혼, 정신 감각으로 나누고 12감각으로 분류한 루돌프 슈타이너의 감각론을 네델란드 의사인 알베르트 수스만이 쉽게 설명한 6일간의 강의. 감각을 건강하게 발달시키지 못한 오늘날 아이들과 다른 형태의 고통과 알 수 없는 어려움에 시달리고 있는 어른을 위해, 신비로운 12개 감각기관의 의미를 자세히 설명한 이 책에서 해답을 찾고자 하는 독자들이 더욱 많아지고 있다.

『영혼을 깨우는 12감각』 개정판

꿀벌과 인간

루돌프 슈타이너 강의 최혜경 옮김

233쪽 20,000원

발도르프교육 100주년 기념 완역본 출간. 괴테아눔 건축 노동자를 위한 강의 중 '꿀벌' 주제에 관한 강의 9편 모음. 양봉가의 질문으로 시작되는 이 강의록에서 노동자들의 거침없는 질문에 답하는 루돌프 슈타이너를 만난다. 꿀벌과 같은 곤충과 인간과 세계의 연관성을 설명하고, 이 연관성을 간과하고 양봉과 농업이 수익성만 중시한다면 미래에 어떤 일이 일어날 수 있는지 경고한다.

생명역동농법이란 무엇인가?

니콜라이 푹스 지음 장은심 옮김

72쪽 9,000원

유기농, 무농약 이상의 가치로 땅의 쇠퇴에 맞서는 생명역동농법은 시들어 가는 땅에 생명력과 재생의 힘을 회복시키는 농법으로, 1924년 루돌프 슈타이너가 주창한 이래로 전 세계 50여 개 나라의 농민이 가입한 국제데메테르Demeter라는 협회를 통해 확산되고 있다. 작물의 영양소를 되살리는 미래 농법 '생명역동농법'의 핵심 내용과 궁금증, 적용 사례 등을 쉽게 설명

인생의 씨실과 날실

베티 스텔리 지음 하주현 옮김

양장 336쪽 25,000원

너의 참모습이 아닌 다른 존재가 되려고 애쓰지 마라. 한 인간의 개성을 구성하는 요소인 4가지 기질, 영혼 특성, 영혼 원형을 이해하고 인생주기에서 나만의 문양으로 직조하는 방법을 모색해 본다. 미국 발도르프 교육기관에서 30년 넘게 아이들을 만나온 저자의 베스트셀러

책속에서_ 타고난 재능과 과제, 삶을 대하는 태도, 세상을 바라보는 눈은 우리도 깨닫지 못하는 사이에 인생에서 씨실과 날실이 되어 독특한 문양을 만들어낸다.

264쪽 14,000원

8년간의 교실여행_발도르프학교 이야기

토린 M. 핀서 지음   청계자유발도르프학교 옮김

한국 첫 발도르프학교를 시작하며 함께 공부하고 만든 책. 8년 동안 같은 아이들의 담임을 맡아 지내온 한 교사의 교실 여정.

머리말에서_이 책이 오늘날의 또 그들과 함께 길을 가는 행운을 누리고 있는 교사들에게 발도르프 교육이 지닌 뛰어난 치유력을 보여 주었으면 한다.

씨앗문고

문고 104쪽 6,000원

초록뱀과 아름다운 백합

요한 볼프강 폰 괴테 지음   최혜경 옮김

루돌프 슈타이너에게 깊은 영향을 준 괴테의 동화. 인간 정신과 영혼의 힘을 그림처럼 풍성하게 보여준다.

옮긴이글에서_커다란 강을 사이에 둔 두 세계 여기저기 사는 사람들과 환상 존재들이 하나의 목적지를 향해 가는 과정이 굉장히 압축된 시간 안에 거의 시詩에 가까운 문학적 표현을 통해 전개된다.

문고 112쪽 8,000원

발도르프학교의 아이 관찰_6가지 체질 유형

미하엘라 그렉클러 강의   하주현 옮김

괴테아눔 의학분과 수석을 맡고 있는 미하엘라 그렉클러가 전세계 발도르프 학교교사, 의사, 치료사를 대상으로 한 콜리코 컨퍼런스에서 한 강의.

자아가 세상과 어떤 관계를 맺고 있는지, 그 특성과 타고난 힘이 무엇인지에 따라 학령기 아이들을 6가지 체질 유형으로 소개하였다. 신체에 비해 머리가 큰 아이와 작은 아이, 지상적인 아이와 우주적인 아이, 환상이 많은 아이와 환상이 적은 아이를 관찰하는 방법과 교육, 의학적 측면에서 치유 방법을 제시한다.

수잔 페로우 Susan Perrow 지음

호주 태생으로 유치원 교사, 작가, 이야기꾼이자 교사 및 부모 교육 교사.

지난 30년간 세계 각지의 이야기를 수집하고 쓰고 들려주는 일을 비롯해 호주와 아프리카, 아시아, 유럽, 미국, 캐나다에서 아이들을 만나고 교사 및 치료사, 상담사 들을 위한 교육을 하고 있다. susanperrow.com

하주현 옮김

청계자유발도르프학교(옛과천자유학교) 담임교사, 안양발도르프학교(옛구름산발도르프학교) 영어교사로 일했다.

지금은 [도서출판 푸른씨앗]에서 번역기획팀장으로, 발도르프 교육 관련 모임을 이끌며 강연과 통역을 하고 있다.

주요 번역서로는 『발도르프학교의 미술수업』, 『청소년을 위한 발도르프학교의 문학수업』, 『발도르프학교의 수학』, 『발도르프학교의 연극수업』, 『배우, 말하기, 자유』, 『인생의 씨실과 날실』, 『TV 문제로 아이와 싸우지 않는 훈육법』 등이 있다

 재생 종이로 만든 책

푸른 씨앗의 책은 재생 종이에 콩기름 잉크로 인쇄합니다.
겉지_ 두성종이 마분지 209g/m²
속지_ 전주페이퍼 Green-Light 80g/m²
인쇄_ 도담 프린팅 | 031-945-8894

책크기_ 150*220 / 424쪽   본문 글꼴_ 윤서체